高职高专“十二五”规划教材

汉语阅读与写作

陈 英 主编

·北京·

本书精选古今中外文学佳作68篇，分“家国情怀”、“信念追求”、“人情世态”、“爱情婚姻”、“怀乡思亲”、“大美自然”、“科学小品”、“人物春秋”、“励志人生”、“社会职场”、“智慧哲理”、“经典名著”、“写作实践”十三个单元。作品文质兼美，既富有思想文化内涵，又可作为写作的范本。全书每篇文章有作家作品简介、注释、提示以及思考与练习，以培养学生的阅读、分析、概括和写作能力。

本书遵循学生学习汉语的规律，从其认知特点和汉语学习的基础出发，强调工具性和人文性，突出针对性和实用性。本书的编写旨在引导学生阅读、欣赏古今中外文学作品，以提升其人文素质，全面提高其阅读理解能力、实际运用汉语能力。

本书适合高等特殊教育院校、特殊教育职业技术学校、残疾人职业培训机构和残疾人远程教育、特殊教育师资培训班的学生作为教材使用，也适合社会读者阅读参考。

图书在版编目（CIP）数据

汉语阅读与写作/陈英主编．—北京：化学工业出版社，2012.3（2025.1重印）
高职高专“十二五”规划教材
ISBN 978-7-122-13328-1

Ⅰ．汉…　Ⅱ．陈…　Ⅲ．①汉语-阅读教学-高等职业教育-教材②汉语-写作-高等职业教育-教材
Ⅳ．H1

中国版本图书馆CIP数据核字（2012）第015401号

责任编辑：于　卉　　文字编辑：李　曦
责任校对：吴　静　　装帧设计：关　飞

出版发行：化学工业出版社（北京市东城区青年湖南街13号　邮政编码100011）
印　　装：北京科印技术咨询服务有限公司数码印刷分部
787mm×1092mm　1/16　印张15　字数388千字　2025年1月北京第1版第9次印刷

购书咨询：010-64518888　　售后服务：010-64518899
网　　址：http://www.cip.com.cn
凡购买本书，如有缺损质量问题，本社销售中心负责调换。

定　　价：40.00元

编写人员

主　　编　陈　英

副 主 编　白瑞霞　张林贺

参编人员　（以姓氏笔画为序）

史玉凤　张丽娟　陈　洁

陈勤香　罗　强

前 言

我国听障人高等教育始于20世纪80年代后期，现已经历了二十多年的发展历程，招生规模逐年扩大，层次不断提升，专业设置日益丰富。目前，培养听障者的本、专科高等教育院校已发展到20多所。从社会发展和进步的层面上看，听障者能有更多的机会接受高等教育，促进了社会的和谐发展与文明程度的提高。

汉语是听障者的第二语言。听障者学习汉语，不仅是在学习文化，更主要的是掌握汉语的基本沟通能力。听障大学生汉语基础薄弱，不仅影响其公共基础课的学习，而且会限制专业的发展。因此，提高听障生的汉语书面语能力具有重要意义。

在本书编写前，我们参阅了大量关于制定“大学语文”课程标准的文献，收集近几年来全国各地编写的本课程教材近二十种，分析其中的内容、体例和利弊得失。多次召开了此课任教教师及相关专家的研讨会，听取各种意见、建议。为了获取听障大学生的真实汉语水平，对中州大学2008、2009级听障生进行了问卷调查，重点研究其学习语言的特点，确定课程标准。在此基础上，我们广泛征询国内听障教育专家、学者及师生的意见，从而确定了本书编写应紧密结合听障生的认知特点、现有的汉语水平和学习规律，坚持实用性与人文性有机结合的基本原则和思路。

选文是否恰当，在相当程度上影响到教学的成败。本书强调选文的典范性。在选篇上充分考虑听障大学生的接受能力，反复斟酌、筛选，以现代文为主，精选古今中外的名家名作68篇，题材广泛、体式多样。作家、作品具有代表性，每篇各有特色，整体丰富多彩。文质兼美，既富有思想文化内涵，又可作为写作的范本。无论是材料的组织、结构的安排、写作的技巧，还是语言的运用，都可让学生从中得到有益的借鉴和启示。听障生在社会生活中会遇到许多问题，要同各种人、事打交道，需要培养观察、分析、综合等能力，这些能力的培养离不开接受人类优秀文化传统和生活经验这一根本。本书以“家国情怀”、“信念追求”、“人情世态”、“励志人生”、“社会职场”等为主题设定了十三个单元。如，听障大学生要面临毕业、择业和职场竞争，通过“社会职场”单元学习，培养学生在职业价值观的引领下评估自己的职业选择，提高职业素养。力求以选文的丰富性取得思想启迪、道德熏陶、文学修养、审美陶冶的综合效应。

本书突出汉语能力培养。写作实践部分强调文体知识与现实生活的紧密结合，达到学以致用。每篇精读课文后面安排了小练笔，读写结合，以切实提高学生阅读能力、口语能力和实际运用汉语的能力。重视内容的发散性。每个单元前都有“导读”，提纲挈领，整体探究，明确学习目标。每篇文章有作家作品简介、注释、提示以及思考与练习。为便于听障生理解，每篇文言文均附有译文。通过“提示”，力求体现选文的旨意、段落层次和主要艺术特色，引导学生把握文章内容，领悟作品的含义。通过“思考与练习”进一步拓展知识，引导学生思考，促使其去探索创新。

本书适用于全国高等特殊教育院校、特殊教育职业技术学校、残疾人职业培训机构和残疾人远程教育、特殊教育师资培训班的学生。作为文学经典赏析类图书，同时也适合高职高专非中文专业的学生和社会读者阅读参考。

本书由陈英提出总体构想并负责编写、组织及全书统稿、审稿、定稿，全体编写人员共同商定编写方案及内容体例。具体分工如下。

中州大学陈英编写第一、第三、第四单元；中州大学白瑞霞编写第二、第五、第十三单元；中州大学张林贺编写第六、第八、第十二单元；江苏南京特殊教育职业技术学院史玉凤编写第七、第九单元；郑州市商业技师学院张丽娟编写第十、第十一单元；中州大学陈洁、陈勤香两位老师负责附录内容的收录；中州大学罗强老师在书稿资料搜集、核对文字、打印等方面做了大量的工作。在此，感谢全组同志的密切合作。

本书为中州大学教学质量与教学改革工程实施方案的建设教材，也是三所院校的多位专业教师通力合作的成果。教材注重对学生能力的培养，以就业为导向，突出高素质技能型专门人才的培养目标，体现工学结合的特征，服务于高等职业教育。在编写过程中，我们得到了中州大学各级领导、同事们的大力指导与支持；我们还参阅了一些专家、同行的研究成果，在此一并表示感谢。

我们是在尝试，也是在探索。尽管我们对书稿尽心尽力，但由于时间仓促、水平有限，书中难免有疏漏之处，恳请读者批评指正，我们将不断努力，加以改进。

编　者
2011 年 12 月

目录

第九单元 励志人生

第十单元 社会职场

第十一单元 智慧哲理

第十二单元 经典名著

第十三单元 写作训练

附录

参考文献

第一单元

家国情怀

人生天地间，无论身处何地，总有一种永恒的牵挂。家，没有什么比它更能承受这人间最朴素的真情了。“无论海角与天涯，大抵心安即是家。”家，是心灵休憩的温暖港湾；家，是远足游子魂牵梦萦的牵挂。然而，自古迄今，中国人的家，向来与另一个词密切相关，那就是“国”！家是最小国，国是千万家，有国才有家。

“修身，齐家，治国，平天下。”向来是具有儒家思想传统的知识分子尊崇的信条，也是几千年来无数有识之士追求的最高理想。而那种以天下为己任的家国情怀，那种超越个人情感和利益的悲天悯人的精神，从来就是中华民族绵延数千年的传统。于是，就有了杜甫身居茅屋依然渴望“大庇天下寒士俱欢颜”的夙愿；有了岳飞“壮志饥餐胡虏肉，笑谈渴饮匈奴血”的赤诚；有了陆游“王师北定中原日，家祭无忘告乃翁”的执着；有了毛泽东“数风流人物，还看今朝”的豪迈；有了闻一多满腔悲愤、拍案而起，以自己的生命做的最后一次演讲；有了老舍生于忧患、死于忧患的对国家民族命运的反思……这些具有忧国忧民的人道情怀、忠诚家国的高尚品质、纯美无瑕的人格魅力的人，是华夏之英杰，是民族之脊梁，更是我们前进的动力和榜样。

1. 茅屋为秋风所破歌

杜　甫

杜甫（712—770），字子美，河南省巩县（今巩义市）人。自号少陵野老，杜少陵，杜工部等，盛唐时期最伟大的现实主义诗人。杜甫生活在唐朝由盛转衰的历史时期，其诗多涉及社会动荡、政治黑暗、人民疾苦，反映当时社会矛盾和人民疾苦，因而被誉为“诗史”。杜甫是我国古典诗歌的集大成者，诸体兼擅，无体不工，律切精深，沉郁顿挫，被后世尊为“诗圣”。杜甫现存诗1450余首，著有《杜工部集》，其代表作有《春望》、《三吏》、《三别》等篇。

八月秋高风怒号，卷我屋上三重茅[1]。茅飞渡江洒江郊，高者挂罥[2]长林梢，下者飘转沉塘坳[3]。

南村群童欺我老无力，忍能对面为盗贼[4]。公然抱茅入竹去，唇焦口燥呼不得[5]，归来倚杖自叹息。

俄倾[6]风定云墨色，秋天漠漠向昏黑[7]。布衾多年冷似铁，娇儿恶卧踏里裂[8]。床头屋漏无干处[9]，雨脚如麻[10]未断绝。自经丧乱[11]少睡眠，长夜沾湿何由彻[12]！

安得广厦千万间[13]，大庇[14]天下寒士[15]俱欢颜，风雨不动安如山！呜呼！何时眼前突兀[16]见[17]此屋，吾庐独破受冻死亦足！

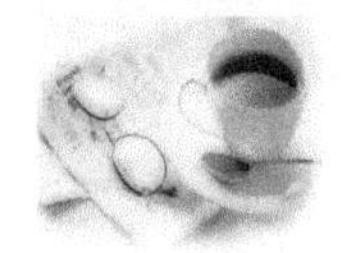

注释

[1] 秋高：秋深。三重茅：几层茅草。三，表示多数。

[2] 挂罥（juàn）：挂着，挂住。罥，挂。

[3] 沉塘坳（ào）：沉到池塘水中。塘坳，低洼积水的地方（即池塘）。

[4] 忍能对面为盗贼：竟忍心如此当面做“贼”。

[5] 入竹去：跑进竹林。竹，竹林。呼不得：喝止不住。

[6] 俄顷（qǐng）：一会儿，顷刻之间。

[7] 秋天漠漠向昏黑（hè）：指秋季的天空乌云密布，一下子就昏暗下来了。

[8] 布衾（qīn）：棉被。恶卧，睡相不好。

[9] 床头屋漏无干处：整个房子都没有干的地方了。

[10] 雨脚如麻：形容雨点不间断，向下垂的麻线一样密集。雨脚：雨点。

[11] 丧（sāng）乱：战乱，指安史之乱。

[12] 何由彻：如何才能熬到天亮呢？彻，通，这里指彻夜、通宵的意思。

[13] 安得：如何能得到。广厦 ：宽敞的大屋。

[14] 大庇（bì）：全部遮盖、保护起来。庇，遮蔽、掩护。

[15] 寒士：“士”原本指士人，即文化人，但此处是泛指贫寒的士人们。

[16] 突兀（wù）：高耸的样子，这里用来形容广厦。

[17] 见（xiàn）：同“现”，出现。

【译文】

八月，秋已深，狂风怒号，把我屋顶上几层茅草都卷走了。茅草乱飞，渡过江去，散落在对岸江边。飞得高的茅草缠绕在高高的树梢上；飞得低的茅草飘飘洒洒沉落到低洼的水塘里。

南村的一群儿童欺负我年老无力，竟忍心这样当面抢东西，毫无顾忌地抱着茅草跑进竹林去了。我喊得唇焦口干也没用处，只好回来，拄着拐杖，独自叹息。

一会儿风停了，天空中乌云黑得像墨，深秋天色阴沉迷蒙，渐渐黑下来。布被盖了多年，又冷又硬，像铁板似的。孩子睡相不好，把被里蹬破了。屋顶漏雨，屋子里都没有一点干的地方。像麻一样密集的雨点下个没完。自从战乱以来，睡眠的时间很少，漫长的黑夜，屋漏床湿，怎能挨到天亮！

哪里才能得到千万间宽敞高大的房子，普遍地遮蔽天下贫寒的士人，让他们个个都开颜欢笑，房子不为风雨所动摇，安稳得像山一样！唉！什么时候眼前出现这样高大的房屋，即使唯独我的茅屋被吹破，自己受冻而死也心满意足！

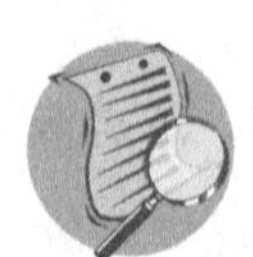

提示

杜甫在唐肃宗乾元二年（公元759年）因华州饥荒弃官，举家入蜀，几经周折，年底到达成都。次年春，在朋友的帮助下，他在成都郊区浣花溪边盖了几间草房，全家安顿下来。不料草堂建成的第二年8月，一阵大风把茅屋吹破，大雨又接踵而至，屋漏床湿，整个房子无干处，漫漫长夜诗人难以入眠，感慨万千，创作了这首著名的诗篇。本诗通过茅屋为秋风所破的惨状及屋漏床湿贫苦生活的描写，体现了诗人忧国忧民、舍己为人、兼济天下的博大胸襟和崇高思想境界，是杜诗中的典范之作。

全诗分四段。第一段写秋风破屋。8月的一天，狂风怒号，屋顶的几层茅草被狂卷而去。一个“怒”字，把秋风拟人化，“卷”字更富于动作性和感情色彩。“飞”、“渡”、“洒”、“挂罥”、“飘转”、“沉”等词

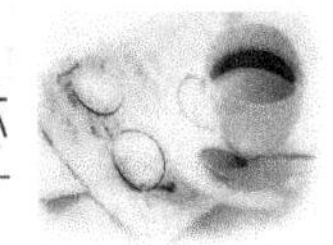

语写出了茅草漫天飞舞、纷纷飘落的各种形态，动态地组成了一幅幅图画。把风吹、屋破、茅飞的种种情景，诗人惊慌、焦灼、痛苦而又无奈的神情，写得跃然在目。通过对自然景物的渲染，给全诗定下了阴沉、灰暗的感情基调。

第二段写无草补屋。狂风“卷”走屋上的茅草，本已不幸，偏又遇到无知顽童抢走了茅草。诗人大声呼喊喝止，他们也不听，诗人无奈回屋。“倚仗自叹息”句不仅再现出诗人气喘吁吁的情形，也可窥视到诗人对屋破难修的无奈。这五句写儿童由心理到行动，写自己又从行动到心理，寥寥数语，使人物形象形神俱备。

第三段写屋漏难眠。狂风刚停，骤雨又至，屋漏床湿，夜不成眠。盖了多年、铁一般的破被又冷又硬，不懂事的“娇儿”胡乱踢蹬，竟把被里蹬裂。这两句生动形象地描写了诗人的贫困生活与凄惨处境。茅屋已破，秋雨不停，床头地下无一干处，更令人难以忍受。而这长期以来的贫困生活，与国家的“丧乱”有关。“自经丧乱少睡眠，长夜沾湿何由彻”两句，从眼前个人的恶劣处境扩展到天下人的痛苦、不幸，从风雨飘摇中的茅屋扩展到战乱频仍、残破不堪的国家。作者忧国忧民，彻夜难眠，由个人境况联想到处境类似的天下人，水到渠成，自然而然过渡到全诗的末段。

第四段写梦想华屋。诗人胸襟广阔，理想崇高，在身处逆境时推己及人，想到的是普天下和他一起受苦受难的人民，而把自己的苦难置之度外。“什么时候天下的寒士都能住在高大、宽敞、温暖的房子里，哪怕只有我的房子破陋，忍受寒冷，就算死我也满足了。”诗人的人文关怀意识和忧国忧民的博大胸襟使他宁愿冻死，以换取天下穷苦者的温暖。把诗人舍己为人，至死无悔的高尚情怀表现得淋漓尽致。这是何等崇高和难能可贵的精神啊！

本诗层次清晰，语言朴素，形式自由，感情浓郁。最突出的特色是把日常生活事件与反映重大社会现实问题结合起来，把描写、叙事与抒情紧密地结合起来，生动塑造了自我形象。

杜甫深受儒家“仁民爱物”思想的影响，他热爱生活，热爱人民，热爱祖国。他疾恶如仇，对朝廷的腐败、社会生活中的黑暗现象都给予批评和揭露。他的诗着眼于社会，取材于现实，描写广阔，手法多样，诗歌炼字精当，敢于创新与革新。杜甫以饱蘸情感的笔墨，创作出大量爱国忧民的诗作，表现了强烈的爱国主义思想。他炽热的忧国忧民之情和迫切要求变革黑暗现实的崇高理想，一直激励着人们，并对社会的发展起着积极的推动作用。

思考与练习

一、解释下面诗句中加点的词语。

八月秋高风怒号　　卷我屋上三重茅　　高者挂罥长林梢　　俄顷风定云墨色

布衾多年冷似铁　　骄儿恶卧踏里裂　　长夜沾湿何由彻　　大庇天下寒士俱欢颜

二、本诗记叙了一件什么事？表达了作者什么样的思想感情？

三、本诗中表现诗人高尚情操和博大胸怀的句子是什么？

四、想一想，你还知道哪些忧国忧民的名句，请写下来和同学交流。

2. 满江红[1]

岳　飞

岳飞（1103—1142），字鹏举，汉族。北宋相州汤阴县（今河南省安阳市）人。中国历史上著名战略家、军事家、民族英雄、抗金名将。官至枢密副使，封武昌郡开国公。以不附和议，被秦桧害死。孝宗时复官，谥武穆。宁宗时追封鄂王，理宗时改谥忠武。岳飞在军事方面的才能被誉为宋、辽、金、西夏时期最为杰出的军事统帅，同时又是两宋以来最年轻的建节封侯者，南宋“中兴四将”之首。岳飞代表作有《满江红》、《小重山》、《五岳祠盟记》。

怒发冲冠[2]，凭阑处，潇潇雨歇[3]。抬望眼，仰天长啸[4]，壮怀激烈。三十功名尘与土[5]，八千里路云和月[6]。莫等闲[7]，白了少年头，空悲切。

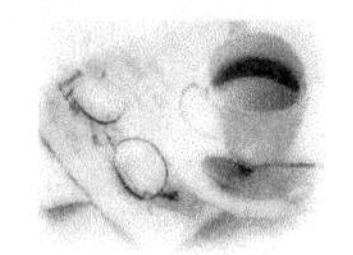

靖康耻[8]，犹未雪；臣子恨，何时灭？驾长车，踏破贺兰山缺[9]。壮志饥餐胡虏肉[10]，笑谈渴饮匈奴血[11]。待从头，收拾旧山河，朝天阙[12]！

注释

[1] 《满江红》，词牌名。

[2] 怒发冲冠：头发直竖，顶着帽子，形容愤怒至极。

[3] 凭阑处，潇潇雨歇：凭靠着栏杆时，急骤的大雨刚停。潇潇：风雨声。

[4] 长啸：感情激动时撮口发出清而长的声音，为古人的一种抒情举动。

[5] 三十功名尘与土：虽年过三十岁，但所建功业还不如尘土一般微不足道，没有价值。

[6] 八千里路云和月：转战八千里，披星戴月，但远征而无功。

[7] 等闲：轻易，随便。

[8] 靖康耻：指宋钦宗靖康二年，金兵攻陷汴京，虏走徽、钦二帝，北宋国亡之耻。

[9] 长车：兵车。贺兰山：在今宁夏回族自治区。宋时属西夏，不为金人所辖。但西汉时系与匈奴交战之地，故借指为金人所在地。缺：指狭隘的关口。

[10] 胡虏：对女真族侵略者的蔑称。胡：古时对北方、西方各少数民族的泛称。

[11] 匈奴：古代北方少数民族之一。这里实指女真族侵略者。

[12] 朝天阙：朝见皇帝。天阙，古指帝京，谓帝王宫阙所在。此处借指朝廷。

【译文】

我独自倚着栏杆，怒发冲冠，一场骤急的风雨刚刚停歇。我抬头远望天空一片高远壮阔。禁不住仰天长啸，万千思绪，一片报国之心充满心怀。三十多年的功名如同尘土，八千里经过多少风云人生。好男儿，要抓紧时间为国建功立业，不要空空将青春消磨，等头发白了才徒自悲切。

靖康年间的国耻，至今还没洗雪。臣子的复仇之恨，何时能灭？我要驾着远征的战车向贺兰山进攻，直把贺兰山踏为平地。我满怀壮志，发誓吃敌人的肉，喝敌人的鲜血。待我重新收复旧日山河，再向祖国报告胜利的消息！

提示

生于北宋末年的岳飞，亲眼目睹了祖国大好山河的破碎。他少年从军，转战各地，艰苦斗争。公元1136年，岳飞率军从襄阳出发北上，陆续收复了洛阳附近的一些州县，前锋直逼北宋故都汴京，大有一举收复中原，直捣金国的老巢黄龙府之势。但此时宋高宗一心议和，却命岳飞立即班师，岳飞不得已率军到鄂州。他痛感坐失良机，收复失地、洗雪靖康之耻的志向难以实现，在百感交集、悲愤中写下了这首至今仍令人士气振奋的千古绝唱《满江红》。

本诗通过凭栏眺望引起的联想，抒发了作者为挽救国家民族危亡而坚决击败敌人、抗金救国、恢复失地的必胜信念和大无畏的英雄气概，通篇洋溢着作者强烈的爱国主义激情。它既是战斗的誓言，又像是进军的号角。

上片凭栏眺望，表其壮怀。虽屡建奇功，但中原未复，仍以珍惜年华自勉，抒发了作者渴望为国杀敌立功的满腔忠义奋发的豪气。词一开头，作者以义愤填膺、怒发冲冠的肖像描写起笔，开篇奇突。凭栏眺望，指点山河，胸怀全局，正英雄本色。他“仰天长啸”，一吐胸中积闷。“三十功名尘与土”概括了岳飞自己戎马半生的战斗生活，表现了他蔑视功名，唯以报国为念的高风亮节。“八千里路云和月”概括了祖国山河的壮美，展现了披星戴月、转战南北的严峻激烈的复国征战之历程。时光易逝，永不复返，作者深知

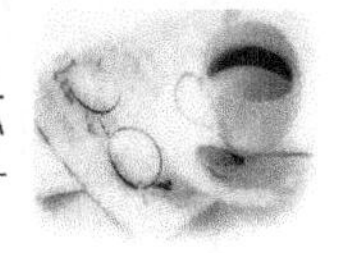

自己肩头责任之重大，更感到时间之宝贵，完成北伐大业任重道远、不可懈怠，于是不无感慨地叹道："莫等闲，白了少年头，空悲切。"

下片言其抱负，雪国耻、捣敌巢，收回故土，抒写了作者重整山河的决心和报效君王的赤胆忠心。开头四个短句，三字一顿，一锤一声，裂石崩云，这种以天下为己任的崇高胸怀，令人扼腕。"驾长车"一句为过渡句表达了作者的豪情壮志，笔锋一转，聚浑身力量、全部热血于笔端，吼出了铁骨铮铮的誓言。"饥餐"、"渴饮"虽是夸张，却表现了诗人足以震慑敌人的英雄主义气概。"待从头，收拾旧山河"，作者以必胜的信念终结全篇，表达了报效朝廷的一片赤诚之心。

《满江红》从内容到形式，都激荡着极为饱满的爱国主义精神，渗透着发奋图强的思想，不断激发起人们的爱国心与报国情。首先，全篇从首句到末句，慷慨激昂，气势磅礴，一气呵成；其次，词的节奏感强烈有力，急剧跳跃。第三，丰富的想象和成功的夸张，构成本诗最基本的表现手法。另外，语言纯朴自然，韵脚整齐，一韵到底，有自己独到的艺术风格和特色。

岳飞作为中国历史上的民族英雄，他精忠报国的精神深受中国各族人民的敬佩。他率领的军队被称为"岳家军"，流传至今的"撼山易，撼岳家军难"名句，表达了人民对"岳家军"的最高赞誉。《满江红》是一首慷慨激昂、气吞山河的爱国主义名篇，它广为传诵，对后世的影响极大，激励着中华民族的爱国心，鼓舞了一代又一代中华儿女。"千载后读之，凛凛有生气焉"（清陈廷焯《白雨斋词话》）。直到今天，当我们诵读它的时候，还有振奋人心的力量和极大的鼓舞作用。

思考与练习

一、简述《满江红·怒发冲冠》的思想情感与艺术特点。

二、本诗中"莫等闲，白了少年头，空悲切"表达了诗人怎样的情感？

三、你听过《岳母刺字》的故事吗？请你讲讲这个故事。

四、请查询资料，加深对岳飞的了解。写一篇小练笔《我心中的岳飞》。

3. 示儿[1]

陆　游

陆游（1125—1210）字务观，自号放翁，汉族，越州山阴（今浙江省绍兴市）人。南宋爱国诗人，他始终坚持抗金，在仕途上不断受到当权派打击，中年入蜀抗金，军事生活丰富了他的文学内容。著有《剑南诗稿》、《渭南文集》等数十个文集存世，自言"六十年间万首诗"，今尚存9300余首，内容丰富，大都洋溢着爱国热情，充满收复失地的信心。陆游是我国现有存诗最多的诗人。他在临终前写的《示儿》诗，更是一首感人至深、传诵千古的名作。

死去元[2]知万事空，但[3]悲不见九州同[4]。

王师北定中原[5]日，家祭无忘[6]告乃翁[7]。

注释

[1]　示儿：给儿子们看。"示"字兼有训示之意。

[2]　元：本来。元同"原"。

[3]　但：只，副词。

[4]　九州同：指中国统一。九州：指中国的领土。同，指一统江山。

[5]　王师：指南宋军队。中原：黄河中下游一带汉族人所居住的地方，这里指淮河以北被金兵占领的地区。

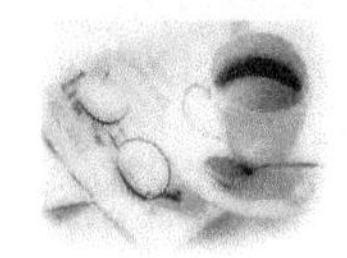

［6］ 家祭：旧时家庭中的祭祀，指祭祖先。无忘：不要忘记。

［7］ 乃翁：乃，代词，你。乃翁：即你的父亲，陆游自指。

【译文】

一个人死去本来就知道万事皆空，只令我悲痛的是看不到祖国的统一。当南宋大军北伐将中原平定的那一天到来之时，祭祀千万别忘了把这好消息告诉你的父亲。

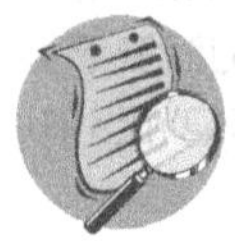

提示

公元1210年春，86岁的爱国诗人陆游怀着未见祖国统一的遗恨，离开了人间，临终前写了这首绝笔诗，可视为陆游“六十年间万首诗”中的压卷之作。这首传诵千古、气壮河山的诗，是陆游留给儿辈的遗嘱。没有只言片语的家事叮嘱，通篇洋溢着诗人强烈渴望收复失地，统一祖国的爱国热情，表达了诗人对正义事业必将胜利的信心。陆游一生坚持抗金，在少年时就立下了“上马击狂胡，下马草军书”的远大志向，遗憾的是他直到死也没看到祖国统一。本诗是他生命终点所爆发出的爱国火花，也可看做他一生爱国思想及诗作的总结。

收复中原，统一全国，是陆游一生最大的心愿，也是他诗作中的鲜明主题。诗歌开篇两句，写诗人垂危时对生死看得很轻，功名利禄、爱情的不幸、贫病的折磨，更不在话下，真可谓“万事”皆“空”。但是诗人心愿未了，至死也没有看到沦落到金人之手的北方大好河山收复，这是他唯一的悲哀。可见“九州同”是诗人最大的夙愿，“不见九州同”是诗人最大的憾恨。“但悲不见九州同”情怀悲壮，是诗人心声自然而真实的吐露。诗人自始至终想的是国家和民族的利益，这正是他人格的伟大之处。

第三、第四句是对儿子们的遗嘱。他告诉儿子们，等到宋王朝的军队收复了北方失地，你在祭祀祖先的时候，可不要忘记把胜利的消息告诉你的父亲啊。第三句表示自己虽死而“北定中原”的信念未曾动摇。末句“家祭无忘告乃翁”是对子孙后代的激励和教育，以殷切叮咛的口吻，教育子女要以天下为己任，要报效国家。诗句里对光复山河充满了希望，表现了诗人对祖国至死不渝的热爱和忠诚，读来感人肺腑、催人泪下。

全诗字里行间洋溢着诗人强烈的爱国主义精神，同时也流露出了诗人那种壮志未酬的遗憾。这个遗嘱乃千古奇绝！本诗以第一人称写来，自然亲切，明白如话。语言上浑然天成，不加雕饰，也无意雕饰，感情真挚而强烈，全是真情的自然流露。诗歌的风格深沉悲壮，虽有悲的成分，但基调激昂从容。《示儿》诗是陆游崇高人格的兀现，诗人的爱国主义思想永存，将昭示人们为国家的统一、民族的强盛而奋进。

思考与练习

一、《示儿》诗表达了诗人什么情感？

二、“王师北定中原日，家祭无忘告乃翁。”这句诗表达诗人什么感情？

三、临终前诗人的遗恨是什么？诗人的遗愿是什么？请用诗歌中原句回答。

四、背默这首诗。

4. 沁园春·雪

毛泽东

（1936年2月）

毛泽东（1893—1976），字润之。中国革命家、战略家、理论家、诗人和书法家，中国共产党、中国人民解放军和中华人民共和国的主要缔造者和领导人，毛泽东思想的主要创立者。1893年12月26日出生于湖南省长沙府湘潭县韶山冲一个农民家庭，1976年逝世于北

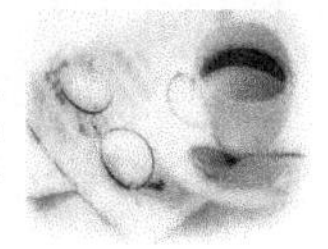

京。从1949年到1976年，毛泽东是中华人民共和国的最高领导人。他对马克思主义的发展、军事理论的贡献以及对共产党的理论贡献是毛泽东思想最重要的组成部分。毛泽东被视为现代世界历史中最重要的人物之一，《时代》杂志将他评为20世纪最具影响100人之一。

北国风光[1]，千里冰封[2]，万里雪飘。望长城内外，惟余莽莽[3]；大河上下[4]，顿失滔滔[5]。山舞银蛇，原驰蜡象[6]，欲与天公试比高[7]！须晴日[8]，看红装素裹[9]，分外妖娆[10]。

江山如此多娇，引无数英雄竞折腰[11]。惜秦皇汉武[12]，略输[13]文采[14]；唐宗宋祖[15]，稍逊风骚。一代天骄[16]，成吉思汗[17]，只识弯弓射大雕[18]。俱往矣[19]，数风流人物[20]，还看今朝[21]！

注释

[1] 北国：指中国北方。风光：风景，景色。
[2] 冰封：冰雪覆盖。
[3] 惟（wéi）余：只剩下；莽莽：无边无际，白茫茫一片。
[4] 大河上下：指黄河的上游和下游。
[5] 顿失滔滔：黄河立刻失去了波涛滚滚的气势，意思是黄河水结冰了。
[6] 原：高原，指秦晋高原，即黄土高原。蜡象：白色的象群。
[7] 天公：指天。“欲与天公试比高”是作者坚守不渝的雄心壮志。
[8] 须：等到。
[9] 红装：这里指红日照耀着大地。素裹：这里指白雪覆盖着大地。
[10] 分（fèn）外妖娆（ráo）：格外艳丽多姿。
[11] 折腰：鞠躬，倾倒。这里有称颂、赞美的意思。
[12] 秦皇汉武：指秦始皇嬴政和汉武帝刘彻。
[13] 输：和下文的“逊”，都是差，失的意思。
[14] 文采：和下文的“风骚”，本指辞藻。这里用来概括广义的文化。
[15] 唐宗宋祖：指唐太宗李世民和宋太祖赵匡胤。
[16] 一代天骄：指称雄一世的人物。在这里特指成吉思汗。
[17] 成吉思汗：元太祖铁木真。建立了横跨欧亚大帝国的蒙古征服者。
[18] 射雕：称匈奴善射者为“射雕者”。用射雕来称赞人武艺高强。
[19] 俱往矣：都已经过去了。俱：都。
[20] 数风流人物：数，算得上。称得上能建功立业的英雄人物。
[21] 今朝：现在，现今。

【译文】

北方的风光，千里冰封，万里雪飘，眺望长城内外，只剩下白茫茫的一片；宽广的黄河的上游和下游，顿时失去了滔滔水势。连绵的群山好像一条条银蛇蜿蜒在游走，高原上的丘陵好像许多白象在奔跑，似乎想要与苍天比试一下高低。等到天晴的时候，再看红日照耀下的白雪，格外的娇艳美好。

祖国的山川是这样的壮丽，令古往今来无数英雄豪杰为此而倾倒。只可惜像秦始皇、汉武帝这样勇武的帝王，却略差文学才华；唐太宗、宋太祖，稍逊文治功劳。称雄一世的天之骄子成吉思汗，却只知道拉弓射大雕（轻视了思想文化）。而这些都已经过去了，真正能够建功立业的人，还要看现在的人们。

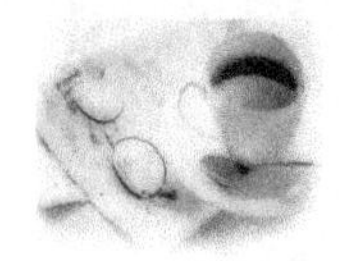

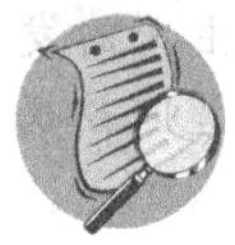

提示

1935年10月，中国工农红军完成了二万五千里长征，胜利到达陕北革命根据地。1936年2月初，毛泽东同志率领红军东征到了陕西清涧袁家沟（今高杰村），遇到大雪，面对壮丽的北国雪景，触景生情，抚今追昔，饱含激情，挥笔写下了《沁园春·雪》这首词。

本词通过对祖国大好河山的描绘和对历史人物的评述，抒发对祖国壮美河山无比热爱的豪迈情怀，赞美了无产阶级的革命精神和英雄气概，表达了革命必胜的信心。

全词分为上下两片。上片主要描写北国的雪景，赞美祖国山河的雄伟壮丽。开头三句气势磅礴总写祖国北方奇伟壮丽的雪景，把读者引入一个冰天雪地、广袤无垠的银色世界。“北国风光”是上片总领句，勾勒出一幅雄浑的风景画，既有北国大地冰冻千里的彻骨严寒，又有雪花满天飞扬的曼妙舞姿，把厚重与轻盈融为一体，瑰丽雄奇。“望”字通领下文：整个华北大地，完全笼罩在大雪之中，雄伟的长城内外，只剩下茫茫雪原，奔腾的黄河，顿时失去了滚滚的波涛；连绵起伏的山峦，像银白色的蛇在舞动，秦晋高原像白色的象群在奔跑。这里通过比喻和拟人化的手法，一下子赋予雪境以生命感，且有动中见静的艺术效果，写出“山”、“原”奋发的态势和竞争的活力。前十句写实景，而“须晴日，看红装素裹，分外妖娆”写的是虚景，“看”字与“望”字相照应，想象雪后晴日当空的景象，表达了诗人对祖国美好未来的向往。雪中的景象在苍茫中显得雄伟，而雪后的景象则在清朗中显得娇艳。词中把江山美景比作一位俏丽无比的美人，形容红日与白雪交相辉映的艳丽景象。多么自然巧妙的联想，对祖国的赞美之情溢于言表。

下片，由祖国山河的壮丽引出英雄人物，纵论历代英雄，指出封建帝王的历史局限性，颂扬无产阶级的革命精神和英雄气概，表达了革命必胜的决心。“江山如此多娇”句总结上片，表现了毛泽东热爱祖国山河的民族自豪感和自信心。“引无数英雄竞折腰”引领下文，展开对历史英雄的评论。这两句是上文写景与下文议论之间的过渡，过渡极为巧妙自然。一个“惜”字，引出了秦始皇、汉武帝、唐太宗、宋太祖、成吉思汗五位在历史上卓有政绩的帝王，指出他们虽都有雄才大略，武功卓著，不愧是他们那个时代的佼佼者，只可“惜”文采、风骚略为逊色，有历史和阶级的局限性，表现了诗人对历史帝王的批判。谁能成为今天祖国美好山河的主人呢？“俱往矣，数风流人物，还看今朝”是全文的结束词，点明主题。这些曾经显赫一时的“英雄”已成为历史。真正的风流人物，真正的英雄，属于人民大众，他们是苍茫大地沉浮的主人，只有他们才能担当重任，为祖国河山迎来那辉煌灿烂的“晴日”。

这首词表达明快有力，挥洒自如，浑然一体，运用了革命现实主义、英雄主义和浪漫主义相结合的艺术手法，将历史、现实、理想的内容超时空的融合在一起，组合成一个完整的新境界，画面雄伟壮阔，意境壮美而雄浑。在艺术手法上运用了比拟和对比的手法。如采取拟人化的手法描写北国风光，使本来静止的景物变得生动有致，栩栩如生。通过古今英雄治理“江山”成败的对比，更突出了今朝的革命英雄人物。

毛泽东有着诗人丰富充沛的激情，同时他又有着革命家和政治家大无畏的勇敢精神和战无不胜的必胜信心，诗人的气质和政治家的气度在他的诗词中得到了充分完美的体现。《沁园春·雪》是毛泽东的代表作，也是最重要、流传最广的篇章之一，不愧为古今咏雪诗词之绝唱。

思考与练习

一、分析词中“雪”的寓意。请找出相关“雪”的诗词。

二、作者在这首词中所要表达的思想是什么？本词是如何运用对比手法来表现主旨的？

三、“山舞银蛇，原驰蜡象”，“山”、“原”都是静物，却写它们“舞”和“驰”，为什么这样写？请谈谈你的理解。

四、试分析“江山如此多娇，引无数英雄竞折腰”一句的含义及在全词中所起的作用。

五、有感情地朗读并背诵这首词。

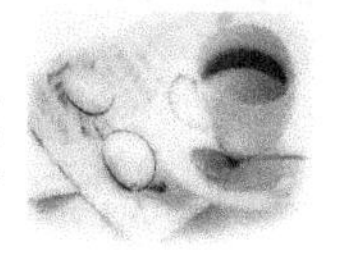

5. 断魂枪

老 舍

老舍（1899—1966）现、当代作家。原名舒庆春，字舍予，满族，北京人。出生于一个贫民家庭。曾因创作话剧《龙须沟》而成为新中国第一位被授予“人民艺术家”称号的作家。主要作品有：长篇小说《老张的哲学》、《赵子曰》、《骆驼祥子》、《四世同堂》；话剧《龙须沟》、《春华秋实》、《茶馆》。

沙子龙的镖局已改成客栈。

东方的大梦没法子不醒了。炮声压下去马来与印度野林中的虎啸。半醒的人们，揉着眼，祷告着祖先与神灵；不大会儿，失去了国土、自由与主权。门外立着不同面色的人，枪口还热着。他们的长矛毒弩，花蛇斑彩的厚盾，都有什么用呢？连祖先与祖先所信的神明全不灵了啊！龙旗的中国也不再神秘，有了火车呀，穿坟过墓破坏着风水。枣红色多穗的镖旗，绿鲨皮鞘的钢刀，响着串铃的口马[1]，江湖上的智慧与黑话，义气与声名，连沙子龙，他的武艺、事业，都梦似的变成昨夜的。今天是火车、快枪，通商与恐怖。听说，有人还要杀下皇帝的头呢！

这是走镖已没有饭吃，而国术[2]还没被革命党与教育家提倡起来的时候。

谁不晓得沙子龙是短瘦、利落、硬棒，两眼明得像霜夜的大星？可是，现在他身上放了肉。镖局改了客栈，他自己在后小院占着三间北房，大枪立在墙角，院子里有几只楼鸽。只是在夜间，他把小院的门关好，熟习熟习他的“五虎断魂枪”。这条枪与这套枪，二十年的工夫，在西北一带，给他创出来“神枪沙子龙”五个字，没遇见过敌手。现在，这条枪与这套枪不会再替他增光显胜了；只是摸摸这凉、滑、硬而发颤的杆子，使他心中少难过一些而已。只有在夜间独自拿起枪来，才能相信自己还是“神枪沙”。在白天，他不大谈武艺与往事；他的世界已被狂风吹了走。

在他手下创练起来的少年们还时常来找他。他们大多数是没落子弟，都有点武艺，可是没地方去用。有的在庙会上去卖艺：踢两趟腿，练套家伙，翻几个跟头，附带着卖点大力丸，混个三吊两吊的。有的实在闲不起了，去弄筐果子，或挑些毛豆角，赶早儿在街上论斤吆喝出去。那时候，米贱肉贱，肯卖膀子力气本来可以混个肚儿圆；他们可是不成：肚量既大，而且得吃口管事儿的[3]；干饽饽[4]辣饼子咽不下去。况且他们还时常去走会：五虎棍，开路，太狮少狮……虽然算不了什么——比起走镖来——可是到底有个机会活动活动，露露脸。是的，走会捧场是买脸的事，他们打扮得像个样儿，至少得有条青洋绉裤子，新漂白细市布的小褂，和一双鱼踏实鳞鞋——顶好是青缎子抓地虎靴子。他们是神枪沙子龙的徒弟——虽然沙子龙并不承认——得到处露脸，走会得赔上俩钱，说不定还得打场架。没钱，上沙老师那里去求。沙老师不含糊，多少不拘，不让他们空着手儿走。可是，为打架或献技去讨教一个招数，或是请给说个“对子”——什么空手夺刀，或虎头钩进枪——沙老师有时说句笑话，马虎过去：“教什么？拿开水浇吧！”有时直接把他们赶出去。他们不大明白沙老师是怎么了，心中也有点不乐意。

可是，他们到处为沙老师吹腾，一来是愿意使人知道他们的武艺有真传授，受过高人的指教；二来是为激动沙老师：万一有人不服气而找上老师来，老师难道还不露一两手真的吗？所以，沙老师一拳就砸倒了个牛！沙老师一脚把人踢到房上去，并没使多大的劲！他们谁也没见过这种事，但是说着说着，他们相信这是真的了，有年月，有地方，千真万确，敢

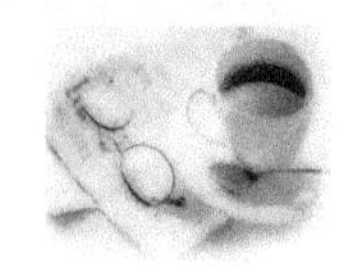

起誓！

王三胜——沙子龙的大伙计——在土地庙拉开了场子，摆好了家伙。抹了一鼻子茶叶末色的鼻烟，他抡了几下竹节钢鞭，把场子打大一些。放下鞭，没向四围作揖，叉着腰念了两句："脚踢天下好汉，拳打五路英雄！"向四围扫了一眼："乡亲们，王三胜不是卖艺的；玩艺儿会几套，西北路上走过镖，会过绿林中的朋友。现在闲着没事，拉个场子陪诸位玩玩。有爱练的尽管下来，王三胜以武会友，有赏脸的，我陪着。神枪沙子龙是我的师傅；玩艺地道！诸位，有愿下来的没有？"他看着，准知道没人敢下来，他的话硬，可是那条钢鞭更硬，十八斤重。

王三胜，大个子，一脸横肉，努着对大黑眼珠，看着四周。大家不出声。他脱了小褂，紧了紧深月白色的"腰里硬"，把肚子杀进去。给手心一口唾沫，抄起大刀来："诸位，王三胜先练趟瞧瞧。不白练，练完了，带着的扔几个；没钱，给喊个好，助助威。这儿没生意口。好，上眼[5]！"

大刀靠了身，眼珠努出多高，脸上绷紧，胸脯子鼓出，像两块老桦木根子。一跺脚，刀横起，大红缨子在肩前摆动。削砍劈拨。蹲越闪转，手起风生，忽忽直响。忽然刀在右手心上旋转，身弯下去，四围鸦雀无声，只有缨铃轻叫。刀顺过来，猛的一个"踩泥"，身子直挺，比众人高着一头，黑塔似的，收了势："诸位！"一手持刀，一手叉腰，看着四围。稀稀的扔下几个铜钱，他点点头。"诸位！"他等着，等着，地上依旧是那几个亮而削薄的铜钱，外层的人偷偷散去。他咽了口气："没人懂！"他低声地说，可是大家全听见了。

"有功夫！"西北角上一个黄胡子老头儿答了话。

"啊？"王三胜好似没听明白。

"我说，你——有——功——夫！"老头子的语气很不得人心。

放下大刀，王三胜随着大家的头往西北看。谁也没看重这个老人：小干巴个儿，披着件粗蓝布大衫，脸上窝窝瘪瘪，眼陷进去很深，嘴上几根细黄胡，肩上扛着条小黄草辫子，有筷子那么细，而绝对不像筷子那么直顺。王三胜可是看出这老家伙有功夫，脑门亮，眼睛亮——眼眶虽深，眼珠可黑得像两口小井，深深地闪着黑光。王三胜不怕：他看得出别人有功夫没有，可更相信自己的本事，他是沙子龙手下的大将。

"下来玩玩，大叔！"王三胜说得很得体。

点点头，老头儿往里走。这一走，四处全笑了。他的胳臂不大动；左脚往前迈，右脚随着拉上来，一步步地往前拉扯，身子整着[6]，像是患过瘫痪病。蹭到场中，把大衫扔在地上，一点没理会四围怎样笑他。

"神枪沙子龙的徒弟，你说？好，让你使枪吧，我呢？"老头子非常的干脆，很像久想动手。

人们全回来了，邻场耍狗熊的无论怎么敲锣也不中用了。

"三截棍进枪吧？"王三胜要看老头子一手，三截棍不是随便就拿得起来的家伙。

老头子又点点头，拾起家伙来。王三胜努着眼，抖着枪，脸上十分难看。

老头子的黑眼珠更深更小了，像两个香火头，随着面前的枪尖儿转，王三胜忽然觉得不舒服，那俩黑眼珠似乎要把枪尖吸进去！四处已围得风雨不透，大家都觉出老头子确是有威。为躲那对眼睛，王三胜耍了个枪花。老头子的黄胡子一动："请！"王三胜一扣枪，向前躬步，枪尖奔了老头子的喉头去，枪缨打了一个红旋。老人的身子忽然活展了，将身微偏，让过枪尖，前把一挂，后把撩王三胜的手。拍，拍，两响，王三胜的枪撒了手。场外叫了好。王三胜连脸带胸口全紫了，抄起枪来；一个花子，连枪带人滚了过来，枪尖奔了老人的

中部。老头子的眼亮得发着黑光；腿轻轻一屈，下把掩裆，上把打着刚要抽回的枪杆；拍，枪又落在地上。

场外又是一片彩声。王三胜流了汗，不再去拾枪，努着眼，木在那里。老头子扔下家伙，拾起大衫，还是拉拉着腿，可是走得很快了，大衫搭在臂上，他过来拍了王三胜一下："还得练哪，伙计！"

"别走！"王三胜擦着汗："你不离，姓王的服了！可有一样，你敢会会沙老师？"

"就是为会他才来的"老头子的干巴脸上皱起点来，似乎是笑呢。"走，收了吧，晚饭我请！"

王三胜把兵器拢在一处，寄放在变戏法二麻子那里，陪着老头子往庙外走。后面跟着不少人，他把他们骂散了。

"你老贵姓？"他问。

"姓孙哪，"老头子的话与人一样，都那么干巴。"爱练；久想会会沙子龙。"

沙子龙不把你打扁了！王三胜心里说。他脚底下加了劲，可是没把孙老头落下。他看出来，老头子的腿是老走着查拳门中的连跳步；交起手来，必定很快。但是，无论他怎么快，沙子龙是没对手的。准知道孙老头要吃亏，他心中痛快了些，放慢了些脚步。

"孙大叔贵处？"

"河间的，小地方。"孙老者也和气了些："真的，你那两手就不坏！"

王三胜头上的汗又回来了，没言语。

"月棍年刀一辈子枪，不容易见功夫！"

到了客栈，他心中直跳，惟恐沙老师不在家，他急于报仇。他知道老师不爱管这种事，师弟们已碰过不少回钉子，可是他相信这回必定行，他是大伙计，不比那些毛孩子；再说，人家在庙会上点名叫阵，沙老师还能丢这个脸吗？

"三胜，"沙子龙正在床上看着本《封神榜》，"有事吗？"

三胜的脸又紫了，嘴唇动着，说不出话来。

沙子龙坐起来，"怎么了，三胜？"

"栽了跟头！"

只打了个不甚长的哈欠，沙老师没别的表示。

王三胜心中不平，但是不敢发作；他得激动老师："姓孙的一个老头儿，门外等着老师呢；把我的枪，枪，打掉了两次！"他知道"枪"字在老师心中有多大分量。没等吩咐，他慌忙跑出去。

客人进来，沙子龙在外间屋等着呢。彼此拱手坐下，他叫三胜去泡茶。三胜希望两个老人立刻交了手，可是不能不沏茶去。孙老者没话讲，用深藏着的眼睛打量沙子龙。

沙子龙很客气："要是三胜得罪了你，不用理他，年纪还轻。"

孙老者有些失望，可也看出沙子龙的精明。他不知怎样好了，不能拿一个人的精明断定他的武艺。"我来领教领教枪法！"他不由地说出来。

沙子龙没接碴儿。王三胜提着茶壶走进来——急于看二人动手，他没管水开了没有，就沏在壶中。

"三胜，"沙子龙拿起个茶碗来，"去找小顺们去，天汇见，陪孙老者吃饭。"

"什么！"，王三胜的眼珠几乎掉出来。看了看沙老师的脸，他敢怒而不敢言地说了声："是啦！"走出去，噘着大嘴。

"教徒弟不易！"孙老者说。

"我没收过徒弟。走吧，这个水不开！茶馆去喝，喝饿了就吃。"沙子龙从桌子上拿起缎

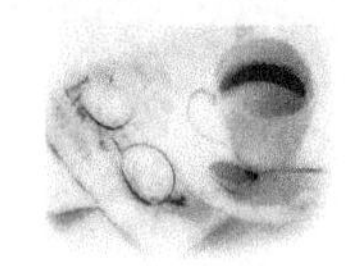

子褡裢，一头装着鼻烟壶，一头装着点钱，挂在腰带上。

“不，我还不饿!”孙老者很坚决，两个“不”字把小辫从肩上抡到后边去。

“说会子话儿。”

“我来为领教领教枪法。”

“功夫早搁下了，”沙子龙指着身上，“已经放了肉!”

“这么办也行，”孙老者深深地看了沙老师一眼：“不比武，教给我那趟五虎断魂枪。”

“五虎断魂枪?”沙子龙笑了：“早忘干净了！早忘干净了！告诉你，在我这儿住几天，咱们各处逛逛，临走，多少送点盘缠。”

“我不逛，也用不着钱，我来学艺!”孙老者立起来，“我练趟给你看看，看够得上学艺不够!”一屈腰已到了院中，把楼鸽都吓飞起去。拉开架子，他打了趟查拳：腿快，手飘洒，一个飞脚起去，小辫儿飘在空中，像从天上落下来一个风筝；快之中，每个架子都摆得稳、准，利落；来回六趟，把院子满都打到。走得圆，接得紧，身子在一处，而精神贯串到四面八方。抱拳收势，身儿缩紧，好似满院乱飞的燕子忽然归了巢。

“好！好!”沙子龙在台阶上点着头喊。

“教给我那趟枪!”孙老者抱了抱拳。

沙子龙下了台阶，也抱着拳：“孙老者，说真的吧；那条枪和那套枪都跟我入棺材，一齐入棺材!”

“不传?”

“不传!”

孙老者的胡子嘴动了半天，没说出什么来。到屋里抄起蓝布大衫，拉拉着腿：“打搅了，再会!”

“吃过饭走!”沙子龙说。

孙老者没言语。

沙子龙把客人送到小门，然后回到屋中，对着墙角立着的大枪点了点头。

他独自上了天汇，怕是王三胜们在那里等着。他们都没有去。

王三胜和小顺们都不敢再到土地庙去卖艺，大家谁也不再为沙子龙吹腾；反之，他们说沙子龙栽了跟头，不敢和那个老头儿动手；那个老头子一脚能踢死个牛。不要说王三胜输给他，沙子龙也不是他的对手。不过呢，王三胜到底和老头子见了个高低，而沙子龙连句硬话也没敢说。“神枪沙子龙”慢慢似乎被人们忘了。

夜静人稀，沙子龙关好了小门，一气把六十四枪刺下来，而后，拄着枪，望着天上的群星，想起当年在野店荒林的威风。叹一口气，用手指慢慢摸着凉滑的枪身，又微微一笑：“不传！不传!”

注释

［1］ 口马：口北出的马。泛指良马。

［2］ 国术：指我国传统的武术，是对武术的尊称。

［3］ 管事儿的：指肉类等高能量的食物。

［4］ 饽饽：方言，用杂粮面制成的面饼 、馒头之类面食。

［5］ 上眼：北京土话。提请您注意看。

［6］ 整着：僵硬。

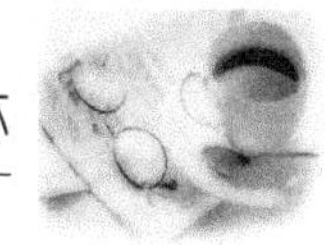

提示

《断魂枪》写于1935年秋。老舍本想写一部武侠长篇小说《二拳师》，后由于种种原因未写成，便将其中一个最精彩的段落改写成短篇小说《断魂枪》。叙述主人公沙子龙在西方列强入侵，社会急剧变化，镖局失去存在的意义之时，仍沉湎于自己过去的威风，不肯接受现实。作者通过沙子龙这一形象，反映清朝末年至辛亥革命前夕中国的社会风貌。

小说善于把个人遭遇和时代变迁的历史大背景结合起来，在短小的篇幅里，通过事件的展开，展现时局的动荡，表现作者对时局的感受。如“长矛”、“毒弩”与“厚盾”等这些中国人引以为豪的民族传统文化艺术，在帝国主义列强的入侵，洋枪洋炮等西方物质文明传入后的尴尬处境；同时，沙子龙职业的更换、辉煌不再的武艺和名声、事业，都是历史大变局的反映，与列强入侵而引发的中国社会变动密切相关。通过这些变化，表现当时进步知识分子心中的失落、对待传统文化的焦虑，对时局的惆怅与对国家未来前途的迷茫。

作者用烘托与对比的手法塑造人物形象。对于主人公沙子龙，老舍很少从正面落笔，而大量采用烘托来进行塑造。文中多次运用对比，王三胜的鲁莽气盛，争胜心强，沙子龙外表深藏不露，孙老者登门向沙子龙讨教绝技，他却绝口不提。从此威名一落千丈，连他的徒弟们也不再理睬他，他却无半点愠怒。这与他在夜静人稀时面对天上的群星一气刺出六十四枪的场面形成鲜明的对比，而这正是他真实的内心写照。同时，在对同一人物的描绘时，或用反差极强的对比，或用先扬后抑等手法刻画其性格特点。对人物复杂的心理活动，作品也不多用对话和直接的心理剖析，而是多用人物的外形和动作来描绘。

小说语言通俗、具有浓厚的地方色彩和强烈的生活气息。老舍是一位来自社会底层的艺术家，他善于从人民群众的口头语言中汲取和提炼文学语言；在使用口头语言时也能克服方言土语的弱点，成功地把语言的通俗性与文学性高度统一起来，使其脱离粗糙的自然形态，平易而不粗俗，恰当地反映所要表达的内容。同时，老舍在小说中抛弃了他惯常使用的幽默的手法，而是采用一种很深沉的语言来叙事，读来让人感觉沉重而又让人深思。充满了深沉而凝重的历史沧桑感，给读者留下巨大的审美想象空间。

老舍擅长写长篇小说，但他的短篇小说同样写得很精妙。本文情节曲折、手法多样、意味深长，令人深思，是公认老舍最优秀的短篇小说，无疑也是中国现代短篇小说中的精品，在中国现代文学的园地里独领风骚。

思考与练习

一、体会作品开头社会环境描写的意义和作用，理解小说的深刻思想内涵。
二、概括沙子龙、孙老者、王三胜三个人的个性特点。
三、分析《断魂枪》的艺术特色。

6. 最后一次讲演

闻一多

闻一多（1899—1946），原名闻家骅，又名多、亦多，字友三，亦字友山，湖北浠水人。中国现代伟大的爱国民主战士，中国民主同盟早期领导人，中国共产党的挚友。著名诗人、学者、新月派代表诗人，作品主要收录在《闻一多全集》中。

这几天，大家知道，在昆明出现了历史上最卑劣最无耻的事情！李先生（李公朴）1946年7月11日在昆明被国民党特务杀害。究竟犯了什么罪，竟遭此毒手？他只不过用笔写写

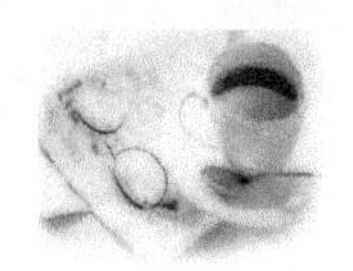

文章，用嘴说说话，而他所写的，所说的，都无非是一个没有失掉良心的中国人的话！大家都有一支笔，有一张嘴，有什么理由拿出来讲啊！有事实拿出来说啊！（声音激动）为什么要打要杀，而且又不敢光明正大地来打来杀，而偷偷摸摸地来暗杀！（鼓掌）这成什么话？（鼓掌）

今天，这里有没有特务？你站出来！是好汉的站出来！你出来讲，为什么要杀死李公朴先生？（厉声　热烈地鼓掌）杀死了人，又不敢承认，还要诬蔑[1]人，说什么“桃色事件”；说什么共产党杀共产党，无耻啊！无耻啊!!（热烈地鼓掌）这是某集团（国民党反动派）的无耻，但恰好是李先生的光荣。李先生在昆明被暗杀是李先生留给昆明的光荣！也是昆明人的光荣！（鼓掌）

去年“一二·一”昆明青年学生为了反对内战，遭受屠杀[2]？，那算是青年的一代献出了他们最宝贵的生命！现在李先生为了争取民主和平而遭受了反动派的暗杀，我们骄傲一点说，这算是像我这样大年纪的一代，我们的老战友，献出了最宝贵的生命！这两桩事发生在昆明，这算是昆明无限的光荣！（热烈地鼓掌）

反动派暗杀李先生的消息传出以后，大家听了都悲愤痛恨。我心里想，这些无耻的东西，不知他们是怎么想法，他们的心理是什么状态，他们的心是怎样长的！（捶击桌子）其实很简单，他们这样疯狂地来制造恐怖，正是他们自己在慌啊！在害怕啊！所以他们制造恐怖，其实是他们自己在恐怖啊！特务们，你们想想，你们还有几天？你们完了，快完了！你们以为打伤几个，杀死几个，就可以了事，就可以把人民吓倒了吗？其实广大的人民是打不尽的，杀不完的！要是这样可以的话，世界上早没有人了。

你们杀死一个李公朴，会有千百万个李公朴站起来！你们将失去千百万的人民！你们看着我们人少，没有力量？告诉你们，我们的力量大得很，强得很！看今天来的这些人，都是我们的人，都是我们的力量！此外还有广大的市民！我们有这个信心：人民的力量是要胜利的，真理是永远存在的。历史上没有一个反人民的势力不被人民毁灭的！希特勒、墨索里尼，不都在人民面前倒下去了吗？翻开历史看看，你们还站得住几天！你们完了，快完了！我们的光明就要出现了。我们看，光明就在我们眼前，而现在正是黎明之前那个最黑暗的时候。我们有力量打破这个黑暗，争到光明！我们的光明，就是反动派的末日！（热烈地鼓掌）

现在司徒雷登出任美驻华大使，司徒雷登是中国人民的朋友，是教育家，他生长在中国，受的美国教育。他住在中国的时间比住在美国的时间长，他就如一个中国的留学生一样，从前在北平时，也常见面。他是一位和蔼可亲的学者，是真正知道中国人民的要求的，这不是说司徒雷登有三头六臂，能替中国人民解决一切，而是说美国人民的舆论抬头，美国才有这转变。

李先生的血不会白流的！李先生赔上了这条性命，我们要换来一个代价。“一二·一”四烈士倒下了，年轻的战士们的血换来了政治协商会议的召开；现在李先生倒下了，他的血要换取政协会议的重开！（热烈地鼓掌）我们有这个信心！（鼓掌）

“一二·一”是昆明的光荣，是云南人民的光荣。云南有光荣的历史，远的如护国，这不用说了，近的如“一二·一”，都是属于云南人民的。我们要发扬云南光荣的历史！（听众表示接受）

反动派挑拨离间，卑鄙无耻，你们看见的联大走了，学生放暑假了，便以为我们没有力量了吗？特务们！你们错了！你们看见今天到会的一千多青年，又握起手来了，我们昆明的青年决不会让你们这样蛮横下去的！

反动派，你看见一个倒下去，可也看得见千百个继起的！

正义是杀不完的，因为真理永远存在！（鼓掌）

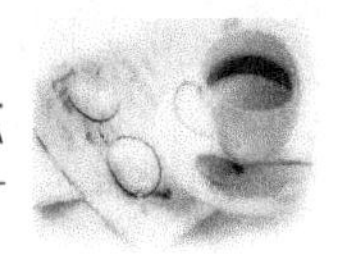

历史赋予昆明的任务是争取民主和平，我们昆明的青年必须完成这任务！

我们不怕死，我们有牺牲的精神！我们随时像李先生一样，前脚跨出大门，后脚就不准备再跨进大门！（长时间热烈地鼓掌）

注释

［1］ 诬蔑：诬，人没有做坏事，硬说他做了坏事。捏造事实败坏别人的名誉。

［2］ 屠（tú）杀：血腥、野蛮地大批残杀；宰杀。

提示

1945年抗日战争胜利后，中国人民在中国共产党领导下，坚持民主、和平、反对独裁和内战，开展了蓬勃的爱国运动。国民党当局为了镇压这一运动，疯狂制造白色恐怖，屠杀爱国民主人士。1946年7月11日，特务在昆明暗杀了爱国民主人士李公朴。闻一多的处境十分危险，但他置生死于度外。1946年7月15日，在悼念李公朴先生的大会上，面对国民党特务，闻一多拍案而起，慷慨激昂地地发表了著名的《最后一次讲演》。追悼会后，他又出席了民盟在《民主周刊》社为李公朴先生被暗杀事件举行的记者招待会。当天下午即被国民党特务杀害。

在演讲中，闻一多先生严厉声讨了反动派的无耻罪行和卑劣行径，高度颂扬了李先生为民主与和平而献身的伟大爱国主义精神，号召广大人民站起来，一起与反动派作坚决的斗争，指出反动派必然灭亡的可耻下场，表达了对民主和平的坚定信心。

虽然这是一篇即兴演讲，但无论是在演讲的思想内容还是在语言技巧上，都可以说是一次杰出的、最具代表性的讲演词。本篇结构严谨，内容生动。“这几天，大家都晓得，在昆明出现了历史上最卑劣最无耻的事情！”开门见山，直奔主题，先声夺人。演讲者满腔激情，义愤填膺，一开始便义正词严地痛斥国民党反动派的无耻罪行，痛斥暗杀李公朴先生是历史上最卑劣最无耻的事情。接着，剖析国民党反动派的虚伪本质，指出人民必胜，光明就在眼前。最后号召昆明人民发扬优良传统，坚持斗争，并表达自己为正义而献身的决心。

本篇辞格运用灵活多变，运用对比、连用、兼用、套用、递进等形式将辞格衔接起来，给人以美感享受，体现了演讲修辞的审美价值。如多次以反动派的“耻”衬托李先生的“荣”，又以李先生的“荣”反衬反动派的“耻”，两者互为作用。在强烈的对比中，表现出对反动派的愤怒与蔑视，对李先生的赞扬，也充分表达出大义凛然、爱憎分明的爱国主义感情。演讲中还多次运用感叹句、反问句、递进句来表达强烈的感情。如“特务们，你们想想，你们还有几天？你们完了，快完了！”连用反问句和感叹句，指出了特务们的可耻下场，表达出强烈的憎恨情感。最后以“我们随时像李先生一样，前脚跨出大门，后脚就不准备再跨进大门！”来结束演讲，这是向世人的宣言，悲愤地表达了为了民族与敌人血战到底的坚定决心。闻一多先生倒下的第六天，著名学者朱自清先生站在了悼念他的演讲台上，他激昂地说，闻一多先生是一团，火烧毁了自己，而遗烬里爆出个新中国。1949年8月，毛泽东同志在一文中这样说道：“我们中国人民是有骨气的。闻一多拍案而起，横眉怒对国民党的手枪，宁可倒下去，不愿屈服……表现了我们民族的英雄气概。”

闻一多是一位学贯中西、博古通今的大家，在中国古代文学研究方面亦成就非凡，郭沫若叹其为“前无古人，后无来者”。其诗沉郁奇丽，虽数量不算多，但却以感情深厚、艺术精美见长。内容上的突出特点就是具有强烈的民族意识和民族气质，表现出深沉、热烈的爱国主义精神，并从爱国爱民的真情出发，表现出对黑暗现实的厌恶，对人民疾苦的同情和美好未来的憧憬。《最后一次演讲》感情强烈，慷慨激昂，义正词严，催人奋进，不愧为一篇犀利的战斗檄文！激励着一代代青年去追寻这位民主斗士、著名学者的足迹。

思考与练习

一、闻一多先生演讲的主要内容是什么？

二、本篇演讲稿表现了闻一多先生怎样的思想感情？

三、本篇演讲稿有什么特色？

四、为了证明自己的观点，闻一多先生从正、反两方面举例，这两个例子分别是什么？

五、请你学习本文后，自己写一篇演讲稿。

7. 乡愁[1]

余光中

余光中（1928～），生于南京，祖籍福建永春，现居台湾。中国当代著名诗人、散文家、诗歌评论家和翻译家。1947年考入金陵大学外语系，1949年转入厦门大学外文系。余光中1948年发表第一首诗作，1949年随父母奔赴香港，次年赴台，就读于台湾大学外文系。1952年从台湾大学毕业，毕业前结集出版了第一部诗集《舟子的悲歌》。1953年与覃子豪、钟鼎文等共创“蓝星”诗社，主办《蓝星》诗刊。1953年10月参加《创世纪》诗刊，致力于现代诗歌创作。后赴美国进修，获爱荷华大学艺术硕士学位。现任“台湾中山大学”文学院院长。主要诗作有《乡愁》、《白玉苦瓜》、《等你，在雨中》等，诗集有《舟子的悲歌》、《蓝色的羽毛》、《钟乳石》、《万圣节》、《白玉苦瓜》等，散文集《左手的缪思》、《逍遥游》、《分水岭上》、《记忆像铁轨一样长》等。另外还有评论集《掌上雨》。

小时候
乡愁是一枚小小的邮票
我在这头
母亲在那头
长大后
乡愁是一张窄窄的船票
我在这头
新娘在那头
后来啊
乡愁是一方矮矮的坟墓
我在外头
母亲在里头
而现在
乡愁是一湾浅浅的海峡
我在这头
大陆在那头

提示

“乡愁”一直以来是都是中国文学历久弥新的主题，无数文人墨客都曾吟咏过这一世间最难舍的情感，为它写下过无数的诗文。余光中曾在文章里写过：“烧我成灰，我的汉魂唐魄仍然萦绕着那片厚土。”作为

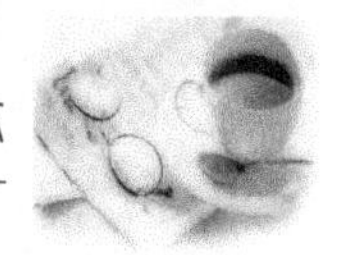

离开大陆三十多年的诗人，他创作的系列乡愁诗构思巧妙，意象独特，意境深远，描写精湛细致，韵律优美，情思绵长，感动了千百万读者，而备受人们喜爱和赞赏，因此他也被称为“乡愁诗人”。

《乡愁》采用托物寄情的技巧，把对母亲、妻子和祖国的思念、眷恋之情溶于一炉，抒发了千千万万游子浓郁的思乡之情，表现出渴望亲人团聚、国家统一的强烈愿望。

全诗共四节，四节诗一方面以时间的推移来串联意象，于复沓之间完成了诗意的层深递进：“小时候—长大后—后来—现在”四个人生阶段，浓浓的乡愁铭刻着诗人的一生；另一方面，诗人以空间上的阻隔作为这四阶段共同的特征：“小时候的母子分离—长大后夫妻分离—后来母子死别—现在游子与大陆的分离”。这四节诗层层推进，由乡情而亲情而爱情，最后归结为祖国情，章法的复沓升华了这首诗的思想意义。

《乡愁》构思奇特，不落俗套。乡愁原本是一种非常抽象的情感，而诗要讲究形象性，全诗通篇没有写愁，也没有写思，诗人把抽象的乡愁加以物化，把它们转化成具体可感的事物。诗人选择特定历史时期的这四个意象：“邮票”、“船票”、“坟墓”、“海峡”，寓意丰富、宏伟奇特，呈现在我们眼前的是四幅鲜明而又具体的画面。邮票、船票、坟墓、海峡，既是情的载体，也是情的变化。其次，这首诗形式美十分突出。结构上呈现出寓变化于统一的美；音乐美则主要表现在回环反复，一唱三叹；段与段、句与句之间的和谐对称，给人错落有致之感，如风行水上，气韵天成。全诗如同一曲美妙的旋律，使人回味无穷。

《乡愁》有如柔美而略带哀伤的“回忆曲”，是余光中众多乡愁诗中最有代表性，也是流传最广的一首诗，正如余光中回答作家流沙河的一句话：思蜀而不乐。诗人以其深厚的艺术修养、独特的审美视角，赋予了这古老主题新的内涵。他写的乡愁诗不愧为托物寄情、写尽愁思的佳作。

思考与练习

一、乡愁是一种抽象的情绪，诗人是通过哪些意象来表现乡愁？这些意象具体表现了诗人的什么感情？哪一种感情更崇高、更感人？这四个意象可否调换？

二、本诗的结构美和音乐美表现在哪里？

三、请大家搜集一些古今中外抒发思乡之情的诗歌，并写出自己最喜欢的表现乡愁的诗。

四、请以“母爱”或“友谊”为主题，写一首小诗。

第二单元

信念追求

在每个人的成长历程中，都会确立自己的人生目标，都会对未来充满美好的愿景。尽管人们的奋斗目标各不相同，但是在实现目标的过程中，都需要依靠坚定的信念和执着的追求。因为信念，支撑着人们生活，推动着人们进步，鞭策着人们奋斗。

本单元所选诗文，传递出的是作者坚定不移的理想信念和锲而不舍的人生追求。政治家曹操渴求建功立业，才有实现“天下归心”的宏伟志向；隐士陶渊明弃官归田躬耕自资，才体验到“欲辩已忘言”的真切感受；诗仙李白勇于追求理想，才表现出“天生我材必有用”的豪放豁达；诗人普希金坚信正义的力量，才有充满“欢乐的日子就要来临”的自信；革命作家高尔基深信沙皇黑暗统治必将崩溃，才会发出“让暴风雨来得更猛烈”的胜利呐喊。

信念是凝聚力量的源泉；信念是人们为之奋斗的内在精神力量。著名作家丁玲说过：“人，只要有一种信念，有所追求，什么艰苦都能忍受，什么环境也都能适应。”大学时代，是人生之舟起航之际，助推自己扬起生命风帆，伴随自己走过人生之旅，凭借的就是信念和追求。正如高尔基所言：“一个人追求的目标越高，他的才力就发展得越快，对社会就越有益。”唯有不懈的追求，自己的人生才会更加丰富，更加多彩。

1. 蒹葭[1]

《诗经》

《诗经》是我国第一部诗歌总集，共收录诗歌三百零五篇。全书分为“风”、“雅”、“颂”三部分。“风”是各地民谣，有十五国风，共160篇。“雅”多为贵族、士大夫作品，分为大雅和小雅，共105篇。“颂”多采宗庙祭祀舞曲，包括周颂、鲁颂、商颂，共40篇。

《诗经》以四言为主，多采用重章叠句，反复吟唱的形式，节奏简约明快，语言朴素优美，韵律和谐。《诗经》题材广泛，全面展示了我国周代时期的社会生活，真实地反映了我国奴隶社会从兴盛到衰败时期的历史面貌。不少篇幅揭露了统治阶级的剥削丑行；还有不少诗篇表现了青年男女的爱情和婚姻生活。《诗经》是中国现实主义文学的光辉起点，尤其是民歌部分所表现的“饥者歌其食，劳者歌其事”（《春秋·公羊传》）的现实主义精神，对后世文学创作影响很大。

蒹葭苍苍[2]，白露为霜[3]。所谓伊人[4]，在水一方[5]。溯洄从之[6]，道阻且长[7]。溯游从之[8]，宛在水中央[9]。

蒹葭萋萋，白露未晞[10]。所谓伊人，在水之湄[11]。溯洄从之，道阻且跻[12]。溯游从之，宛在水中坻[13]。

蒹葭采采，白露未已[14]。所谓伊人，在水之涘[15]。溯洄从之，道阻且右[16]。溯游从之，宛在水中沚[17]。

注释

[1] 本篇选自《诗经·秦风》。秦：周朝时期诸侯国名，在今陕西中部和甘肃东部一带。篇名取自首句的头两个字。蒹葭（jiān jiā）：芦荻，芦苇。

[2] 苍苍：茂盛的样子。后两章“萋萋”、“采采”义同。

[3] 白露为霜：晶莹的露水凝结成霜花。为：凝结成。

[4] 所谓：所说，这里指心里所想。伊人：这个人。指诗人所追寻的人。

[5] 在水一方：在河的那一边。

[6] 溯（sù）洄从之：沿着曲折的水边逆流而上去找他。溯洄：逆流而上。从之：追寻他。

[7] 阻：险阻，指道路崎岖难走。

[8] 溯游：顺流而下。“游”同“流”指直流的水道。

[9] 宛：好像。中央：中间。

[10] 晞（xī）：干。

[11] 湄（méi）：水和草交接的地方，也就是岸边。

[12] 道阻且跻（jī）：道路险阻而且地势渐高，难于攀登。跻：升高，即地势越来越高。

[13] 坻（chí）：水中小洲，小岛。

[14] 未已：指露水未被阳光蒸发完毕。“霜”、“晞”、“已”三个字表示时间的变化，大约是从清晨到午前的光景。

[15] 涘（sì）：水边。

[16] 右：指道路迂回曲折。

[17] 沚（zhǐ）：水中的沙洲。

【译文】

芦苇初生青青，白色露水凝结为霜。所恋的心上人，在水的另一边。逆着弯曲的河道追找她，路途艰难又漫长。顺流寻找她，她仿佛在水中央。

芦苇初生茂盛，白色露水还没干。所恋的心上人，在水的另一岸。逆着弯曲的河道追找她，路途艰难又坡陡。顺流寻找她，她仿佛又在水中小岛。

芦苇初生鲜艳，白色露水还没完。所恋的心上人，在水的那一头。逆着弯曲的河道追找她，道路艰难又曲折。顺流寻找她，她仿佛又在水中沙洲。

提示

《蒹葭》抒发了诗人对“伊人”的执着追求而追求不得的无奈惆怅之情。

本诗共分三章。每一章的开头都以秋日河边的芦苇起兴，借助经霜侵袭的芦苇凄清而苍茫的景色，表达诗人追求伊人而遭阻隔的惆怅情绪。后四句紧扣河水描述了追寻的状况。

这首诗把所抒情感与外在景物紧密结合，达到情与景的交融。“伊人”不确定，悠渺难寻，意境朦胧，韵味丰富。有人因此理解这是一首爱情诗，“伊人”指心上人；有人理解这是一首求贤诗，“伊人”指隐居的贤人；也有人把“伊人”理解为一种理想的境界。这几种说法皆可。不管诗人追寻的“伊人”是谁，均传达出了一种共通的情感，即执着追求而求之不得，可望而不可即的失落与惆怅。其实，情人难得、贤才难觅、理想难以实现的失望都涵盖了人生的种种境遇。

全诗采用重章叠句的形式，回旋往复、一唱三叹，增强了诗歌的韵律美，深化了诗歌的主题和意境。“伊人”“在水一方”、“在水之湄”、“在水之涘”，暗含了追求者的执著精神与追求时间的漫长；白露“为霜”、“未晞”、“未已”，形象地勾画出时间变化的轨迹，描绘出朝露成霜而又融为秋水的渐变过程；“宛在水中央”、“水中坻”、“水中沚”，描绘出了追寻对象的飘忽不定，暗含追寻过程中空间的转移与追求者的焦急和惆怅。虽然诗中文字变化不多，但每一个字的变化都涵盖着丰富的意蕴，读后令人回味遐想。

思考与练习

一、你认为《蒹葭》的中心意象是什么？这一意象有何象征意义？
二、诗歌中哪些诗句表现了诗人求而不得的苦闷感伤情怀？

2. 短歌行[1]

曹　操

曹操（155—220），字孟德，沛国谯（今安徽省亳县）人，我国历史上杰出的军事家、政治家和文学家。20岁举孝廉，曾任洛阳北部尉、议郎等官职。汉献帝时任大将军、丞相，封魏王。死后其子曹丕为帝，追尊其为魏武帝。曹操的诗歌受乐府民歌的影响，他的诗大多采用乐府旧题来表现新的内容，有的反映当时动乱的社会，有的抒写个人的政治抱负和理想不能实现的苦闷。其诗格调高昂，慷慨悲壮，是“建安风骨”的典范。著有《魏武帝集》。

对酒当歌[2]，人生几何？譬如朝露[3]，去日苦多[4]。慨当以慷[5]，忧思难忘。何以解忧[6]？唯有杜康[7]。青青子衿[8]，悠悠我心[9]。但为君故[10]，沉吟至今[11]。呦呦鹿鸣[12]，食野之苹[13]。我有嘉宾，鼓瑟吹笙[14]。明明如月，何时可辍[15]？忧从中来[16]，不可断绝。越陌度阡[17]，枉用相存[18]。契阔谈宴[19]，心念旧恩[20]。月明星稀，乌鹊南飞。绕树三匝[21]，何枝可依[22]？山不厌高，水不厌深。周公吐哺[23]，天下归心[24]。

注释

[1]《短歌行》是乐府旧题。曹操的《短歌行》共两首，所选的是第一首，是其代表作品之一。

[2] 当：对着。

[3] 朝露：早晨的露水，太阳一出来就被晒干。这里比喻人生的短暂。

[4] 去日：过去了的日子。苦多：很多。苦：感到痛苦、烦恼。

[5] 慨当以慷：就是慷慨激昂之意。慨慷：义同“慷慨”。指因不能实现自己理想而内心产生不平静的感情。

[6] 何以解忧：用什么东西来解除我的忧愁呢？

[7] 杜康：相传是古代最初造酒的人。这里代指酒。

[8] 衿（jīn）：同“襟”，古称衣服的交领。青衿是青色衣领，周代学子的服装。

[9] 悠悠（yōu）：长，形容思虑连绵不断。“青青”两句出自《诗经·郑风·子衿》篇，用来表达对贤才的思念。

[10] 君：指所思念的贤才。

[11] 沉吟：沉思吟味。指整日在心头回旋。

[12] 呦呦（yōu）：鹿鸣声。

[13] 苹：艾蒿（hāo）。嫩叶有香气。其干叶制成艾绒，用于针灸。

[14] 瑟：弦乐器。笙：管乐器。“呦呦”四句是《诗经·小雅·鹿鸣》中的句子。上两句以鹿群在旷野里欢乐地吃草起兴，后两句写宾主交欢饮宴的盛况。诗人借以表示招纳贤才的热情以及对贤才的渴望。

[15] 辍（chuò）：停止。

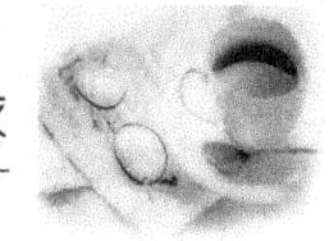

［16］　中：中心，内心。

［17］　越、度：跨过。阡、陌：都是田间的道路，南北的叫“阡”，东西的叫“陌”。

［18］　枉用相存：枉劳存问。枉：屈驾，屈就。用：以。存：问候，探望。

［19］　契（qiè）阔：聚散。契：相聚。阔：阔别，久别。这里有久别重逢的意思。

［20］　旧恩：旧日的情谊。以上四句是作者希望久别的朋友远道归来。

［21］　三匝（zā）：三周。

［22］　“月明”四句含有古语“良臣择主而事，良禽择木而栖”之意。意思是以乌鹊喻贤才，比喻贤才寻找归宿，但无所依托。

［23］　周公：姬旦。周武王之弟，虚心招纳贤才，辅佐成王治理天下。《史记》记载周公“一沐三握发，一饭三吐哺，犹恐失天下之士。”意思是说，周公忙于接待天下贤士，连洗头、吃饭都没有时间。吐哺：吐出口中正在咀嚼的食物。

［24］　“山不厌高”四句说贤才应多多益善，以周公的求贤若渴来表明自己同样有渴望贤才帮助建功立业的心愿。

【译文】

面对美酒应该高歌，人生短暂岁月如梭。比如朝露转瞬即逝，失去的时日实在太多！席间歌声慷慨激昂，忧郁愁思填满心胸。用什么来排解忧愁？唯有狂饮才能解脱。穿着青领的学子们，你们令我久思慕想。因为思念你们的原因，我至今低吟《子衿》之歌。阳光下鹿群呦呦欢鸣，在绿坡悠闲地吃草。一旦四方贤才光临舍下，我将以瑟笙酒宴款待你们。当空悬挂的皓月，何时才停止你的行动？我心中长久的忧愤，突然喷涌而出汇成江河。远方宾客踏着田间小路，一个个屈驾远道而来。久别重逢彼此宴饮畅谈，争先诉说往日情谊。明月升起，星星闪烁，寻巢的乌鹊飞向南边。绕树三周却没敛翅，哪里才有它们栖身之地？高山不辞土石才见巍峨，大海不弃涓流才见壮阔。只有像周公礼待贤才，才能使天下人心归向我。

提示

作者在《短歌行》这首诗里抒发了时光易逝、功业未成的感慨，表达了求贤若渴、建功立业的雄心壮志。

全诗共分四节。首八句为第一节，写诗人苦于人生短暂，渴望得到众多贤才的合作，共同抓紧时间建立功业。次八句为第二节，一是表达贤才难求的愁苦忧思，二是表达求得贤才将以酒宴款待的真挚情谊。再次八句为第三节，前四句表达愁苦之情，后四句设想贤才到来的情景。最后八句为第四节，希望贤才择善而栖，后表白自己能容纳贤才，使天下归心统一。

这首诗的格调是慷慨激昂的。作者写这首诗时年事渐高，时日见浅，而匡扶济世之才又极为难得，统一天下大业未成，因此有一种紧迫感。正是因为有这种思想，对于“越陌度阡”屈驾前来的贤才，方有“契阔谈宴”的真诚相待；对于“绕树三匝”、犹豫不决的贤士，发出“山不厌高，海不厌深”的呼唤，以此袒露自己求贤若渴的心迹。作者在这首诗里表达的情绪虽苍茫悲凉，但不消极低落，传递出的是为天下统一而奋发进取的精神。

本诗巧妙地化用了《诗经》里《子衿》、《鹿鸣》中的诗句和“周公吐哺”的典故，既贴切又典雅，丰富了诗的意蕴。诗中还运用了比兴、隐喻的手法，深化了主题。

思考与练习

一、这首诗共分几节，每一节表达的主要思想是什么？

二、请从诗中找出运用比喻的句子，并解释其含义。

三、这首诗引用了“周公吐哺”的典故，请说说这一典故在诗中的含义。

3. 饮酒（其五）[1]

陶渊明

陶渊明（365—427），字元亮，又名潜，世号靖节先生。浔阳人（今江西省九江市星子县人）。东晋著名诗人。据传陶渊明出身于官僚地主家庭，从小受儒家思想的教育，对生活充满幻想，希望通过仕途实现自己“大济苍生”的宏愿。自29岁起，先后担任江州祭酒、镇军参军、彭泽县令等小官。他不满当时官场黑暗，在担任彭泽县令时，因不愿“为五斗米而折腰”辞官归隐。从此“躬耕自资”，直至贫病交迫中去世。

陶渊明是我国最早大量创作田园诗的诗人。诗歌多描写自然景色及其在农村生活的情景，其中的优秀作品隐含着他对腐朽统治集团的憎恨和不愿同流合污的精神。陶渊明的诗歌语言质朴，平淡精炼。后人称其为我国第一位田园诗人。著有《陶渊明集》。

结庐在人境[2]，而无车马喧[3]。
问君何能尔[4]，心远地自偏[5]。
采菊东篱下，悠然见南山[6]。
山气日夕佳[7]，飞鸟相与还[8]。
此中有真意，欲辩已忘言[9]。

注释

[1] 《饮酒》诗共20首，本诗是第五首。写于陶渊明归隐后不久。据诗序文说，这组诗均为酒醉后所作，因此总题为《饮酒》。实际上是意不在酒，是借以抒怀，取其坦率不受拘束之意。

[2] 结庐：建造房舍。结，建造、构筑。庐，简陋的房屋。人境：人聚居的地方，人世间。

[3] 无车马喧：没有车马的喧闹声。指没有世俗交往的喧扰。无：没有。

[4] 君：指作者自己。何能尔：为什么能够这样。而：如此，这样。

[5] 心远地自偏：意思是只要思想远离尘世，不受世俗的干扰，虽处喧闹之境，也像住在偏僻安静之地一样。心远：心远远地超脱世俗。

[6] 悠然：闲适自得的样子。南山：应当是泛指。一说指柴桑以南的庐山。

[7] 山气：指山中景色。日夕：傍晚。佳：美好。

[8] 相与还，结伴而归。相与：相互结伴。

[9] “此中”二句：意思是说在这种隐逸生活中蕴含着人生的真正真义，即使想辩说，也忘记该怎么说才好了。此：指山中景色，也指作者的隐逸生活。真意：指人生的真正意义。辩：通“辨”，辨明。言：名词作动词，用言语表达。

【译文】

我家房舍建在人多的地方，可从没有世俗路人的车马喧扰。要问我怎能这样超凡洒脱，心灵远离尘俗自然偏僻安静。东墙下采撷清菊闲适自得，猛然抬头喜见南山优美景色。暮色中缕缕雾霭萦绕升腾，外出的鸟儿结伴返回林中巢穴。隐居生活蕴含着人生真谛，想辨别又无法用语言来表达。

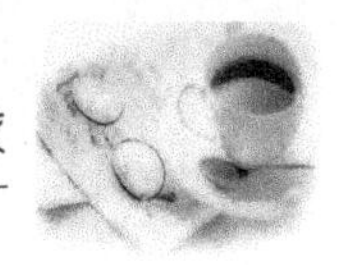

提示

这首诗主要描写作者弃官归隐后怡然自得的心态，体现了其摒弃世俗功名的决心，表明了作者的人生追求和态度。

这首诗所有的内容都围绕“心远”二字展开，以“心远”纲领全篇，并从三个层次揭示“心远”的内涵。开头四句中的“结庐”、“人境”、“喧”、“远”等词点明虽然自己身居人群聚居的地方，但没有世俗的喧扰，精神达到超凡脱俗，表明了诗人置社会功名、利禄、富贵、权势、祸福、成败、得失于度外，达到“忘世”心态。中间四句写作者“心”向大自然。通过静观周围景物“篱菊”、“南山”、“夕照”、“飞鸟”，表达物与我的交流，即“我就是物，物就是我”的“忘我”心态。最后两句写作者情感的升华。作者在静观、默化和陶醉中，感悟到物我浑化的人生真谛，达到“忘言”境界。

纵观全诗，本诗具有朴素自然、隽永疏爽、情境交融的特点。

思考与练习

一、简析诗中所体现的“忘世”、“忘我”、“忘言”三层心态。

二、谈谈你对“此中有真意”的理解。

三、学完陶渊明这首诗，我们了解了诗人因不满官场黑暗，辞官归隐，追求田园生活的人生态度和生命体验。请结合现实生活，谈谈自己的人生追求是什么？

4. 将进酒[1]

李　白

李白（701—762），字太白，号青莲居士。祖籍陇西成纪（今甘肃省天水市附近）。隋末，其先祖以罪迁徙碎叶城（今俄罗斯境内）。五岁时，随父迁居四川绵州彰明（今四川省江油市）青莲乡。少年时期即广学博览，吟诗作赋，显露才华。725 年，李白 25 岁时，离川远游，结交许多名流，并写下不少优秀诗篇。742 年，李白被召至长安，供奉翰林。一年后遭谗离去，从此漫游各地。在安史之乱中，参加永王李璘幕府，被牵连，流放夜郎（今贵州省境内），后途中遇赦。晚年过着漂泊不定的生活，卒于当涂（今属安徽省）。

李白的诗歌词采瑰伟绚丽，音律和谐多变，感情奔放豪迈，想象丰富奇特，充满了浪漫主义色彩。他的诗歌多表现对美好生活的向往，揭露和鞭挞了黑暗腐朽的政治。世人称李白为“诗仙”，与杜甫合称“大李杜”。韩愈评价“李杜文章在，光焰万丈长”（《调张籍》）。著有《李太白集》。

君不见黄河之水天上来[2]，奔流到海不复回。君不见高堂明镜悲白发[3]，朝如青丝暮成雪[4]。人生得意须尽欢[5]，莫使金樽空对月[6]。天生我材必有用，千金散尽还复来。烹羊宰牛且为乐[7]，会须一饮三百杯[8]。岑夫子[9]，丹丘生[10]，将进酒[11]，杯莫停。与君歌一曲，请君为我倾耳听。钟鼓馔玉不足贵[12]，但愿长醉不复醒。古来圣贤皆寂寞[13]，惟有饮者留其名[14]。陈王昔时宴平乐[15]，斗酒十千恣欢谑[16]。主人何为言少钱，径须沽取对君酌[17]。五花马[18]，千金裘[19]，呼儿将出换美酒[20]，与尔同销万古愁[21]。

注释

[1] 将（qiāng）进酒：乐府《鼓吹曲辞·铙（náo）歌》曲名。将：请。

［2］ 天上来：这是一种浪漫主义写法，极言黄河源头之高远。

［3］ 高堂：高大的堂屋。明镜：明亮的镜子。悲白发：见白发生悲。

［4］ 青丝：比喻黑发。雪：比喻白发。

［5］ 得意：指兴致很高的时候。

［6］ 金樽（zūn）：古代盛酒的器具，即酒杯。金：修饰语，并非确指。

［7］ 烹羊宰牛：意思是丰盛的酒宴。语见曹植《箜篌引》："中厨办丰膳，烹羊宰肥牛。"

［8］ 会须：应该。会，须，都有应当的意思。

［9］ 岑（cén）夫子：即岑勋。

［10］ 丹丘生：即元丹丘，当时的隐士。

［11］ 将进酒：请快快喝酒。

［12］ 钟鼓馔（zhuàn）玉：这里指富贵豪华的生活。钟鼓：古时富贵人家宴会时鸣钟击鼓。馔玉：形容饮食精美食物。馔：吃喝。玉：像玉一般美好。

［13］ 寂寞：这里是被世人冷落的意思。

［14］ 饮者：指不慕富贵，只以饮酒为乐的人。

［15］ 陈王昔时宴平乐（lè）：陈王曹植从前在平乐观举行宴会。陈王，即曹植。宴，举行宴会。

［16］ 斗酒十千恣（zì）欢谑（xuè）：喝着名贵的酒，纵情地欢乐。斗酒十千：一斗酒价值十千钱，夸张地说酒很名贵。恣：放纵，没有拘束。谑：玩笑。

［17］ 径须沽（gū）取：只管买来。沽取：买来。

［18］ 五花马：毛色斑驳的马。此指名贵的马。

［19］ 千金裘（qiú）：价值千金的皮袄。指极为贵重的衣物。

［20］ 将出：拿出。

［21］ 销：同"消"，消散。万古愁：千年万载的愁情。

【译文】

你难道没有看见，汹涌奔腾的黄河之水，有如从天上倾泻而来？它滚滚东去，奔向大海，永远不会回还。你难道没有看见，在高堂之上对着明镜，深沉悲叹那一头白发？早晨还是满头青丝，傍晚却变得如雪一般。因此，人生在世每逢得意之时，理应尽情欢乐，不要让金杯空对皎洁的明月。既然老天造就了我们这些栋梁之材，就一定会有用武之地，即使散尽了千两黄金，也会重新得到。烹羊宰牛姑且尽情享乐，今日相逢，我们真应该干他三百杯。岑夫子，丹丘生，请快快喝酒，不要停。我为你们唱一首歌，请你们侧耳为我细细听。在钟鼓齐鸣中享受丰美食物的豪华生活并不值得珍贵，但愿永远沉醉不愿清醒。自古以来那些圣贤无不感到孤独寂寞，唯有寄情美酒的人才能留下美名。陈王曹植过去曾在平乐观大摆酒宴，即使一斗酒价值十千也在所不惜，恣意畅饮。主人啊，你为什么说钱已经不多，快快去买酒来让我们一起喝个够。牵来名贵的五花马，取出价钱昂贵的千金裘，统统用来换美酒，让我们共同来消散这无穷无尽的万古长愁。

提示

作者在这首诗中抒发了岁月流逝，却不能建功立业和怀才不遇的苦闷，同时表现出慷慨自信、狂放不羁的情怀。

诗的第一部分从开头至"千金散尽还复来"。写人生短暂，应及时行乐，同时表现出对理想和事业的追求。诗篇开头就托物言志，描绘出黄河之水奔腾咆哮之气势，感叹时光飞逝。以满头青丝到暮成雪，生动形象地说明人生苦短。切莫辜负良辰美景，有兴致时应纵情行乐。人处逆境，要坚信"天生我材必有用，

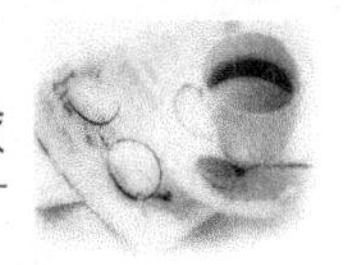

千金散尽还复来。”这是诗人不甘心在行乐中虚度短暂一生，流露出怀才不遇和渴望的积极思想感情。

第二部分是从“烹羊宰牛且为乐”至“惟有饮者留其名”。写诗人在痛饮狂歌中抨击了封建统治的腐朽政治。“烹羊宰牛且为乐，会须一饮三百杯”，描绘痛饮狂放之豪气。“与君歌一曲，请君为我倾耳听。”意在提醒朋友倾听自己的愤慨之言。“钟鼓馔玉不足贵，但愿长醉不愿醒。”写诗人用醉来傲视王侯的富贵，用醉来鄙视王侯的权利；“古来圣贤皆寂寞，惟有饮者留其名。”这一句表达自己怀才不遇，不能有所建树的愤慨之情。这种情绪的流露，是对压抑、毁谤、排挤自己的官僚权势的有力抗议。

第三部分从“陈王昔时宴平乐”至结尾。写尽情饮酒消散心中的忧愁，表现了诗人在黑暗现实中的苦闷。“陈王昔时宴平乐，斗酒十千恣欢谑”。一句，写曹植当年为了排解心中抑郁不惜美酒昂贵。“主人何为言少钱，径须沽取对君酌。”突出诗人内心深处无法排解的愁闷。“五花马，千金裘，呼儿将出换美酒，与尔同消万古愁。”一句，充分表明诗人心中的愁苦之深。

全诗以作者的感情发展变化为线索，气势纵横，感染力强。诗中巧妙地运用了比喻和夸张手法，体现作者的豪迈奔放之情。

思考与练习

一、李白在《将进酒》中表现了怎样的思想感情？你读后有何评价？

二、“钟鼓馔玉不足贵，但愿长醉不愿醒。古来圣贤皆寂寞，惟有饮者留其名。”四句诗中，蕴含了作者什么样的思想情绪？

三、请找出诗中运用夸张手法的句子，试举例说明其作用。

5. 假如生活欺骗了你[1]

普希金

普希金（1799—1837），出生于贵族世家，是19世纪俄罗斯伟大的民族诗人、小说家，同时也是俄罗斯现实主义文学的奠基人。他创立了俄罗斯民族文学和文学语言，史称“俄罗斯文学之父”。主要诗歌作品《青铜骑士》、《茨冈》；历史悲剧《鲍利斯·戈都诺夫》；小说《上尉的女儿》、《黑桃皇后》以及著名的长篇诗体小说《叶甫盖尼·奥涅金》等。普希金的文学作品塑造了“多余的人”、“小人物”等俄罗斯文学的典型形象，对俄罗斯文学产生很大影响。

假如生活欺骗了你，
不必悲伤，不必烦闷！
沮丧的日子暂且克制，
相信吧，欢乐的日子就要来临。

我们的心灵憧憬[2]未来，
眼前的时光却令人伤感，
万物短暂，转瞬即逝，
而逝去的岁月又倍感珍贵。

注释

[1] 题解：这首诗作于1825年。当时普希金从流放地被沙皇当局召回，软禁在米海洛夫斯科耶村，只和奥西波娃一家来往。这首诗题写在这家女儿姬姬的纪念册上。

[2] 憧（chōng）憬（jǐng）：向往。

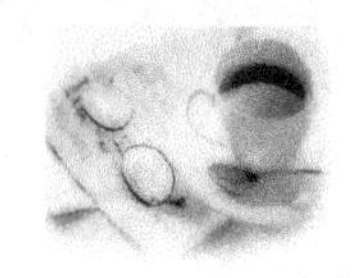

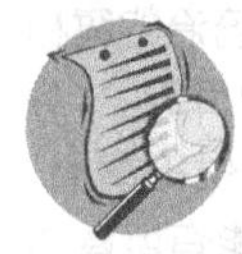

提示

这首诗表达了诗人执著地追求理想，相信光明必来的信念，阐明了一种积极乐观的人生态度。

诗的第一部分是写诗人对少女的教诲。如果生活中不顺心，不要消沉悲伤，这些都是暂时的，只要学会忍耐克制，一切总会过去，欢乐的时光一定会到来。第二部分是写憧憬美好的未来和正视现实生活。人们都渴望拥有幸福美好的未来，然而现实是无情残酷的，不过这终究是短暂的。当回首痛苦的往事时，那过去的一切将会成为宝贵的财富。

这首诗清新流畅，热烈深沉，有丰富的哲理意味，饱含了无限的温暖和深情。读这首诗，会让人感受到诗人真诚博大的情怀和坚强乐观的思想追求。

思考与练习

一、这首诗表达了作者怎样的人生态度？

二、在人的一生中，都会有许多的经历与体验，这些经历与体验都是一笔宝贵的人生财富，尤其是在逆境中的磨砺，更能考验一个人的意志，更能铸造精彩的人生。请讲述自己经历过的一次挫折或困苦，并谈谈当面临挫折或困苦的时候，自己是如何克服的？

第三单元

人情世态

“人情世态”指的是人世间的情态，多指人与人之间的交往情分。古往今来，大千世界，有形形色色的人，就有林林总总的事。正因为我们都是有着七情六欲的凡夫俗子，我们才时而勇敢、时而怯懦；时而慷慨，时而吝啬；时而坚韧，时而脆弱……我们才成了典型的“这一个”。而相对于不同的个体，人性又总是显得那么复杂诡谲，有诚实善良的就有贪婪虚伪的，有光明磊落的也有居心叵测的，有刚正不阿的也有阿谀奉承的，有雪中送炭的也有落井下石的……

高尔基说，文学即人学。正是因为人情世态的丰富多样性，文学作品才能为我们展现出一幅幅生动鲜活、千姿百态的人情世态图。《陌上桑》以浪漫主义手法塑造了勤劳美丽的采桑女罗敷，她严厉拒绝、嘲弄了卑鄙、贪婪的太守，显示了她坚贞、勇敢、机敏、不慕富贵的高贵品格。《东门行》以洗练的笔墨，刻画了鲁莽、果敢，被迫铤而走险的丈夫，善良、贤惠又逆来顺受的妻子。《绳子的故事》生动塑造了一位勤俭、诚实、倔强而抗争不当死于流言的奥史高纳老人。李清照的《声声慢》通过对秋景秋情的描绘，抒发了她亡国之痛、孀居之悲、沦落之苦，愁情犹如杜鹃啼血，令人心碎。《麦琪的礼物》中那对儿贫穷而可爱的小夫妻杰姆和德拉，为了爱而放弃自己最宝贵的东西，尽管最后彼此的礼物都失去了使用价值，但他们却从中获得更重要的东西——爱……

人情有冷暖，世事有炎凉。“世事洞明皆学问，人情练达即文章”，体味人情世态是青年学子走向成熟的必修课程。我们要学会从文学作品中阅读、理解人情世态，丰富自己的人文知识，提高自己的道德修养。我们要走出象牙塔，积极投入到丰富多彩的社会生活中，学会“从无字处读书”，从生动鲜活的人情世态中去揣摸、体味人生，经历人生风雨，从挫折、磨难中成长。

1. 汉乐府

“乐府”原指西汉武帝刘彻始设的专管音乐的官署，兼及创作、收集民间歌谣，以供朝廷制礼作乐之用，后来就将这个官署所采集、创作的乐歌称为“乐府”。据《汉书·艺文志》记载，当时“乐府”所采集的民歌，有一百三十八篇，而现仅存四十多篇，大都收在宋人郭茂倩所编的《乐府诗集》中。《孔雀东南飞》和《木兰辞》并称“乐府双璧”，是古乐府民歌的代表。

汉乐府民歌深刻反映了当时人民生活的艰难，揭露了统治阶级的荒淫残暴，歌颂了青年男女的反礼教斗争和他们坚贞的爱情。汉乐府民歌的主要特色是以叙事为主，常用比兴和铺陈的手法，句式有杂言、五言、七言。语言质朴、生动。汉乐府民歌继承了《诗经》中民歌的优良传统，对后世诗歌发展有很大的影响。

陌上桑[1]

汉乐府民歌，属相和歌辞，五言。题名出自郭茂倩《乐府诗集》，又叫《艳歌罗敷行》、《日出东南隅行》。

日出东南隅[2]，照我秦氏楼。秦氏有好女[3]，自名为罗敷[4]。罗敷喜蚕桑[5]，采桑城南隅。青丝为笼系[6]，桂枝为笼钩[7]。头上倭堕髻[8]，耳中明月珠[9]。缃绮为下裙[10]，紫绮为上襦[11]。行者见罗敷[12]，下担捋髭须[13]。少年见罗敷，脱帽著帩头[14]。耕者忘其犁，锄者忘其锄。来归相怨怒，但坐观罗敷[15]。

使君从南来[16]，五马立踟蹰[17]。使君遣吏往，问是谁家姝[18]。"秦氏有好女，自名为罗敷。[19]""罗敷年几何？""二十尚不足，十五颇有余。"[20]使君谢罗敷[21]，"宁可共载不？[22]"罗敷前置辞[23]："使君一何愚[24]！使君自有妇，罗敷自有夫。"

"东方千余骑[25]，夫婿居上头[26]。何用识夫婿[27]？白马从骊驹[28]，青丝系马尾[29]，黄金络马头[30]；腰中鹿卢剑[31]，可值千万余[32]。十五府小吏[33]，二十朝大夫[34]，三十侍中郎[35]，四十专城居[36]。为人洁白皙[37]，鬑鬑颇有须[38]；盈盈公府步[39]，冉冉府中趋[40]。坐中数千人，皆言夫婿殊[41]。"

注释

[1] 陌上：田埂上。桑：桑林。

[2] 东南隅：指东方偏南。隅：角。

[3] 好女：美女。

[4] 罗敷：古代美女名，汉代常作为美女的泛称。

[5] 喜蚕桑：很会养蚕采桑。喜，有的本子作"善"。

[6] 青丝为笼系：用黑色的丝做篮子上的络绳。青丝：青色丝绳。笼：篮子。系：络绳。

[7] 笼钩：一种工具。采桑用来钩桑枝，行时用来挑竹筐。

[8] 倭堕髻：即堕马髻，发髻偏在一边，呈坠落状。倭堕，叠韵字。

[9] 耳中明月珠：耳朵上戴着宝珠做的耳环。明月珠：一种大个儿的宝珠。

[10] 缃绮：杏黄色有花纹的丝织品。

[11] 襦：短袄。

[12] 行者：过路人。

[13] 下担捋髭须：放下担子，抚摸胡子。捋：抚摸。髭：嘴唇上方的胡须。

[14] 脱帽著帩头：把帽子脱下，只戴着纱巾。著：露出。帩头：古代男子束发的头巾。

[15] 但：只是。坐：因为，由于。

[16] 使君：东汉时对太守的称呼。

[17] 五马：五匹马，指（使君）所乘的五匹马拉的车。踟蹰：徘徊不前的样子。

[18] 姝：美丽，这里指美丽的女子。

[19] 秦氏两句为吏人询问后对太守的回答的话。

[20] 二十两句是吏人再问后对太守的答语。

[21] 谢：这里是"请问"的意思。

[22] 宁可：可不可。共载：同乘一辆车。这里指嫁给太守。不：通假字，通"否"。

[23] 前：走上前。置辞：同"致辞"，答语。

[24] 一何：何其，多么。

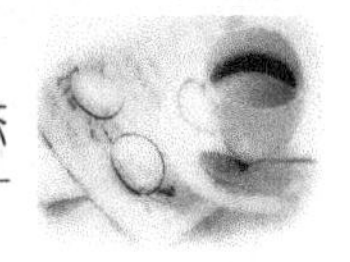

[25]　东方：指丈夫当官的地方。千余骑：指众多的骑马的随从。
[26]　夫婿：丈夫。居上头：在行列的前端。意思是地位高，受人尊重。
[27]　何用：用什么（标记）。识：识别，辨认。
[28]　骊驹：黑色的小马。这里指马。骊：纯黑色。
[29]　青丝句意思是说：那匹马用青丝系着马尾。
[30]　黄金络马头：马头上戴着金黄色的笼头。络：这里指用网状物兜住。
[31]　鹿卢剑：剑把用玉制成辘轳形。鹿卢：即辘轳，井上汲水的用具。
[32]　直：通"值"，价值。千万余：上千上万（钱）。
[33]　十五：指年龄，十五岁。小吏：太守府的小官。有的本子作"小史"。
[34]　朝大夫：朝廷上的一种高等文官 。大夫：汉代官名。
[35]　侍中郎：出入宫禁的侍卫官。
[36]　专城居：作为一城的长官（如太守等）。专：独占。
[37]　白皙：指皮肤洁白。
[38]　鬑鬑颇有须：胡须稀疏而长，须发疏薄的样子。颇：稍微。
[39]　盈盈：仪态端庄美好。公府步：摆官派，踱方步。
[40]　冉冉：走路缓慢。趋：小步快行。
[41]　殊：出色，与众不同，非同一般。

【译文】

太阳从东方升起，照到我们秦家的楼房。秦家有位美丽的少女，她的名字叫罗敷。罗敷很会养蚕采桑，（有一天在）城南边侧采桑。她用青丝做篮子上的络绳，用桂树枝做篮子上的提柄。头上梳着倭堕髻，耳上挂着明月珠；浅黄色有花纹的丝绸做成下裙，紫色的绫子做成上身短袄。走路的人看见罗敷，放下担子捋着胡子（注视她）。年轻人看见罗敷，脱掉帽子整理发巾。耕地的人忘记了自己在犁地，锄地的人忘记了自己在锄地，回来后互相埋怨生气，只因为看罗敷（的美貌）。

太守乘车从南边来了，拉车的五匹马停下来徘徊不前。太守派遣小吏过去打听，询问这是谁家的美女。小吏回答说："她是秦家的美女，她的名字叫罗敷。"太守又问："罗敷年龄多大了?"小吏回答说："二十岁还不足，比十五岁要大些。"太守问罗敷："能与我坐一辆车走吗?"罗敷上前对太守说："太守你多么愚蠢！太守你有自己的妻子，罗敷我本来有自己的丈夫。"

"东方出现了一千多车骑，我的夫婿就在最前头。随从人马一千多，他排列在最前头。凭什么识别我丈夫？马尾上系着黑色的丝带，那马头上戴着金黄色的笼头；腰中佩着鹿卢剑，宝剑可以值上千上万钱。十五岁在太守府做小吏，二十岁在朝廷里做大夫，三十做皇上的侍中郎，四十岁成为一城之主。夫婿有洁白的皮肤，长着疏朗的胡须。他轻缓地在府中迈着方步，从容地出入官府。在座的有几千人，都说我丈夫与众不同啊。"

提示

《陌上桑》是我国汉乐府中一首具有浓厚的喜剧色彩的叙事诗，格调高昂明快，语言清新流畅，在中国古代人物画廊上，塑造了一位美丽、勇敢、坚贞、机智，不向恶势力屈服的采桑女子罗敷的形象，是汉乐府民歌中反映妇女蔑视权贵、反抗压迫的代表作。此诗叙述了太守调戏采桑女子而遭到严词拒绝的故事，抨击了"以权凌人"的统治者，嘲讽其卑鄙无耻、愚蠢无能。

全诗分为采桑、拒婚和夸夫三节。第一节着重写采桑女子罗敷的貌美和人们对她的喜爱。"日出东南隅，照我秦氏楼”，先用环境描写烘托罗敷的美貌。“青丝为笼系”六句对罗敷外貌仍不着一笔，却用铺陈夸张的手法，对她随身采桑工具之精美及华丽的服饰进行了极尽细致地描写，以此来衬托罗敷的高贵和美好。接下来用行者、少年、耕者、锄者看到罗敷之后忘情失态的举动，从侧面进一步烘托出罗敷惊人之美艳。这种侧面衬托的写法，使人越发感到罗敷的美到了极致，比正面作直接的描写更生动、更真实得多。

第二节写罗敷的拒婚。这节是由对话组成，写得含而不露。路过此处的太守贪恋罗敷的美色，派小吏前去打听，向她提出“宁可共载不？”的无理要求，揭露了太守荒淫无耻。罗敷面对太守的权势淫威没有被吓倒，她沉着冷静，勇敢自信地“前置辞”，以“使君一何愚”极度轻蔑的口气表示对太守的鄙夷之情，并以封建伦理之道“使君自有妇，罗敷自有夫”严厉拒绝斥责太守的可耻行径。罗敷的严词拒绝充分体现了她勇敢、坚贞、爱憎分明、不畏权势、不慕富贵的高尚品格及敢于斗争的精神。

第三节写罗敷的夸夫。此为全诗的高潮。先夸耀夫婿官高位显，打击太守的气焰。再夸夫婿的坐骑饰物的华美、佩剑名贵。接着又盛夸夫婿仕途亨通，青云直上，说明前途无量；最后夸丈夫容貌出众，风度高雅。罗敷夸夫君的权势、富贵、官职、相貌风度，处处压倒面前的太守，使太守相形见绌，无地自容，更重要的是对其形成震慑，使他不敢对“大官之妻”轻举妄动，突出了罗敷的机智。全诗在诙谐的氛围中戛然而止。

本诗采用现实主义和浪漫主义相结合的手法，语言明丽生动，显得活泼诙谐，成功塑造了主人公罗敷这一光彩照人的形象。罗敷是来自现实中的、理想世界的人物。本诗故事性强，大量运用侧面映衬和烘托的写法，给读者留下了想象的空间，达到很好的艺术效果。《陌上桑》结构、技巧都达到了民间叙事歌曲成熟的阶段，是一篇寓严肃的主题于诙谐的风格之中的优秀诗篇。

思考与练习

一、请概括本文的主题思想。

二、简析罗敷和太守的性格特点。

三、本诗运用哪些手法来描绘罗敷的美丽形象？这样的描绘对表达主题起了什么作用？

四、罗敷为什么要夸其夫？这种夸说对强化主题起什么作用？

五、续写《陌上桑》。要求充分发挥自己的想象力，写出符合故事情节发展的小故事。

东门行[1]

出东门，不顾归[2]。来入门，怅欲悲[3]。盎中无斗米储[4]，还视架上无悬衣[5]。拔剑东门去，舍中儿母牵衣啼[6]：“他家但愿富贵，贱妾与君共哺糜[7]。上用仓浪天故[8]，下当用此黄口儿[9]。今非[10]！”“咄[11]！行！吾去为迟！白发时下难久居[12]。”

注释

[1] 本篇选自《乐府诗集·相和歌辞》。东门：指主人公所居城邑的东门。

[2] 顾：思，念。不顾归：决然前往，不考虑归来不归来的问题。

[3] 怅：失意，不痛快。

[4] 盎（àng 昂）：肚大口小的瓦罐。

[5] 还视：回身看，回头看。架：晋乐所奏作“桁（háng 杭）”，衣架。

[6] 儿母：孩子妈。舍中儿母：指主人公的妻子。

[7] 他家：别人家。哺：吃。糜：粥。

[8] 用：因为，为了。仓浪：青色。仓浪天：指青天、苍天。

[9] 黄口儿：幼儿。这两句是妻子用天道、人情劝说丈夫安贫守法。

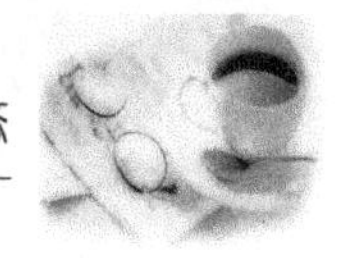

[10] 今非：现在的做法不对（是说今去铤而走险不对）。

[11] 咄：对妻子发出的呵斥声。

[12] 时：时常、不时。下：脱落。难久居：指苦日子难以久挨下去。

【译文】

出了东门，就不想回家。回到家里，进门惆怅悲愁。米罐里没有多少粮食，衣架上没有衣服。拔剑出东门，孩子妈牵着衣服哭泣说："别人家只管富贵，我情愿和你喝稀粥。上有青天，下有幼小的孩子，你这样做不对。"丈夫说："你不要管！我去了！我已走得太晚了！头发都白了掉了，这样的穷苦日子难以长久地熬下去了。"

提示

《东门行》描写一个为穷困所迫的城市平民，在封建统治阶级的剥削和压迫下，无衣无食，终于被逼拔剑而起走上反抗道路，表现了男主人公坚定不移的反抗决心。这首叙事诗截取生活的一个片段，在短篇尺幅之中写出了贫汉踏上反抗道路的心理变化过程，用行动和对话昭示了官逼民反的道理。

诗的开篇四句，用两组强烈对比的画面写了这位贫汉去而复归，在决心走上反抗道路前的矛盾心理。接下两句"盎中无斗米储，还视架上无悬衣。"具体描写无衣无食的生活，补充交代了主人公要铤而走险的原因。男主人公犹豫、经过一番激烈的反复思想斗争之后，最终再次下定决心，坚定不移地走上反抗之路。他这种破釜沉舟的心理通过"拔剑"这一突发性动作所表现出来。

本诗截取了生活中一组对话，描写了贫汉临行前和妻子的矛盾冲突。面对丈夫毅然决然的冒险行动，妻子为丈夫的性命安全考虑，为全家人平安生活考虑，故苦苦哀求、劝阻丈夫，既动之以情，又晓之以理，而丈夫却斩钉截铁地说："咄！行！"这两个字，坚定果敢、重若千钧。通过夫妻这段对话，塑造了两个性格迥异、个性鲜明的人物形象：妻子的柔顺善良、安分软弱、爱夫怜子，逆来顺受；丈夫的粗豪刚强果敢，义无反顾。

《东门行》通过人物语言和行动来表现人物心理，刻画鲜明的人物性格。语言质朴自然，挥洒自如、气韵天然。本诗语言以杂言为主，层次错落，急徐相映，与主人公性格完全一致。最后一幕，留下悬念，给读者留下无限想象的空间。

《东门行》是汉乐府诗中正面表现人民反抗行动的唯一诗篇，也是文学史上不可多得的塑造劳动人民反抗形象的优秀作品之一，历来为人称道。

思考与练习

一、诗中主人公悲愤之下，采取了什么行动？

二、诗中哪些句子表现了这家人的悲苦生活？妻子为什么要劝阻丈夫？她是如何劝阻丈夫的？请用课文原文写出。

三、诗中的两个人物各有什么性格？请分析写出来。

四、请你加入合理想象，把诗歌《东门行》改写成小剧本。

2. 声声慢[1]

李清照

李清照（1084—1151），号易安居士，济南（今山东省济南市）人。南宋杰出的女词人，父亲李格非为当时著名学者，母王氏亦工文章，家庭的熏陶，使李清照很小就有诗名。夫赵明诚，为宰相赵挺之之子，金石考据家。早年生活优裕，夫妇志同道合，作诗填词，相互唱和，整理研究金石书画，感情甚笃。北宋灭亡后，李清照与赵明诚南渡避难。赵明诚病故，李清照只身漂泊，颠沛流离于江浙皖赣一带，在孤寂凄凉中度过晚年。她工诗能文，词尤为宋代大家，前期词多写闺情相思、离情别绪，韵调优美，词风清丽婉转，表现出对大自然的热爱和美好爱情生活的追求。如《一剪梅》、《醉花阴》等篇都是脍炙人口的佳作。后期词风格突变，低回宛转，沉哀凄苦，多写故国之思、悲叹身世，抒发了国破家亡后的愁苦悲哀的心境，如《武陵春》、《声声慢》等。

李清照的词多属婉约，亦偶有豪放之作，如《夏日绝句》。她的词工于造语，善于创意出奇，形式上善用白描的手法，语言清丽。词论强调协律，崇尚典雅、情致，提出“词，别是一家”之说。李清照的词，是婉约派的代表，世称“易安体”。著有词集《漱玉词》传世。

寻寻觅觅，冷冷清清，凄凄惨惨戚戚[2]。乍暖还寒时候[3]，最难将息[4]。三杯两盏淡酒[5]，怎敌他，晚来风急[6]！雁过也，正伤心，却是旧时相识[7]。满地黄花[8]堆积，憔悴损[9]，如今有谁堪摘[10]？守着窗儿，独自怎生得黑[11]？梧桐兼细雨，到黄昏，点点滴滴。这次第，怎一个愁字了得[12]！

注释

[1] 声声慢：词调名，原调名《胜胜慢》。

[2] “寻寻觅觅”三句：此词起拍连用十四叠字，层层铺叙，表现了寂寞、空虚、复杂、细致的生活感受和心理状态。

[3] 乍暖还寒：指秋天时而暖和，时而冷的天气。

[4] 最：原本作“正”。将息：民间方言，休养、调理之意。

[5] 淡酒：言“淡”也暗含了无饮酒的意趣。

[6] 晚来：犹言“向晚”。一作“晓来”。

[7] “雁过也”三句：李清照以北方人流寓南方，见故土之雁，故称“旧时相识”。

[8] 黄花：菊花。

[9] 憔悴损：指花的凋残，也指人的消瘦。

[10] 有谁堪摘：有谁能与我共摘。暗指丈夫已逝，无人相伴摘菊赏玩。堪：可。

[11] 怎生得黑：怎样才能挨到天黑。怎生：怎样。

[12] 这次第：这光景，这情况。怎一个愁字了得：一个愁字怎能说得尽、概括得了。

【译文】

我独处陋室若有所失地东寻西找，可丢失的东西却找不到了，周围只有冷冷清清的环境，凄凉、惨痛、悲戚之情一齐涌来，令人忧伤苦恼。忽而暖和，忽而转冷的秋季，最难调养生息。饮进三杯两盏淡酒，怎么能敌得过夜晚吹来的急风！由北方飞来的大雁从头顶上飞过，见到它们不禁悲从心生，丈夫已故，雁却是老相识。满地堆积的是被风雨摧落的黄花，看它们憔悴破损的样子，如今还有谁愿意与我共采摘呢？

整天守在窗边，独自一人怎样才能熬到天黑？绵绵细雨洒落在风中的梧桐叶上，直到黄昏还在点点滴滴地坠落。这样的光景，一个愁字又怎么能够概括得了呢？

提示

《声声慢》又题“秋情”，是李清照南渡以后的一首震动词坛的传世之作，也是她晚年生活最真实的写照。通过对秋景秋情的描绘，抒发了词人的国破家亡、天涯沦落的悲苦。这首词在结构上打破了上下片的

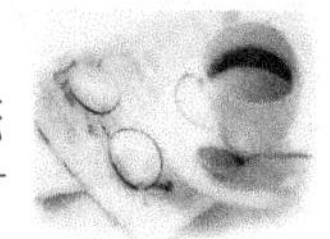

局限，全词一气贯注，采用层层递进的结构，一步步推出“愁”字，着意渲染愁情，如泣如诉，感人至深。

上片主要用清冷之景来衬托孤寂、凄凉的心境。词的开端落笔见奇，连用七组十四个叠字，写行为、环境、心情，包含恍惚、寂寞、悲伤三层递进的意境。这种写法不仅形式上创造了前所未有的奇迹，而且在内容上也营造了一种凄婉感伤的意境，为全词定下了孤苦、哀愁、凄厉的基调。寡居老人闷坐无聊，茫然若失，于是东张西望，“寻寻觅觅”，希望找到点什么。寻觅什么？自己也不清楚。寻到了没有呢？寻觅无着。往事如烟，物是人非，苦苦寻觅的只是冷冷清清，无法排遣的是空虚与寂寞，冷清变成了凄惨。

从“乍暖还寒时候”到“点点滴滴”，借景抒情，写了词人的生活感受。“乍暖还寒时候，最难将息”暗示了季节——秋季，言外之意是此时的天气寒暖不定，气候难以适应，人最容易因气候的反常而心情烦闷。“最难将息”只是表层意思，而更深层的含义则是作者心中那份愁苦难以冰释。“三杯”两句承上写借酒消愁驱寒，可淡酒不敌风寒，饮酒也不能排遣忧愁。“淡”字可以看出词人心中满是愁，酒力压不住愁，压不住心愁自然觉的酒味淡了。“雁过也，正伤心，却是旧时相识”词人抬头，目光从孤独狭窄的住所转移到了天上：看见一行行从北方飞来的大雁从头顶掠过，传来阵阵凄厉的叫声，这些“旧时相识”之雁，不禁勾起诗人多少苦恨。想起昔日曾借雁足传书给自己的丈夫，而今丈夫已逝，无书可传，自己沦落异乡，此种愁情犹如杜鹃啼血，令人心碎。

下片由远及近，转入对眼前残秋之景的细致描绘，进一步表现作者的凄苦之情。“满地黄花堆积，憔悴损，如今有谁堪摘？”由秋月高空转入自家庭院，以残菊自喻。园中秋意正浓，菊花盛开，可青春年华只剩下满地枯败的花瓣，生活的沧桑已把词人折磨得失去了往日的生活情趣，只好任凭庭前花开花落，这越发衬托出词人此刻心境的荒凉郁闷。悲郁之至，对自己无可奈何，几乎是无望了。

“守着窗儿，独自怎生得黑？”这一句写得尤其凄怆。一位孤苦无依的老妇人独自守着窗儿，似乎外界事物已不能再引起她的兴趣，也没有任何人任何事物与她为伴，只有窗儿成了与她相守之物。孤苦难耐，度日如年，盼不到天黑。“梧桐”句把伤感之情推向高潮，雨点声声，不是落到梧桐树上，而是敲在词人破碎的心上。“点点滴滴”前后照应，表现了作者孤独寂寞的忧郁情绪和动荡不安的心境。最后以“这次第，怎一个愁字了得！”句是独辟蹊径，此词于篇末托出一个“愁”字，这种愁远非李清照前期词中那种轻淡的春愁、离愁可比，它融合了亡国之痛、孀居之悲、沦落之苦，因而显得格外深广与厚重。

本词最大的特点是成功运用了叠字。首句七组叠字的连用，创意奇特，其独创性为人称道。词调取名《声声慢》，声调上也因此特别讲究，用了不少双声叠韵字来增强抒情效果，如将息，伤心，黄花，憔悴，更兼，黄昏，点滴，都是双声；冷清，暖还寒，盏淡，得黑，都是叠韵。其次，词含蓄委婉，通篇借平淡生活委婉曲折表现内心世界的愁苦。为了极力渲染一个字“愁”，词人写了眼前事，身边景——秋风秋雨，菊花败落，桐叶飘零，雁南飞等，似是信手拈来，但如此委婉巧妙地铺叙，情景交融，浑然天成。全词一字一泪，缠绵哀怨，极富艺术感染力。最深的“愁”却不直接说破，连末句的“愁”字也用反诘句“怎一个愁字了得？”写出来的。

李清照的悲剧是时代造成的，故虽写个人的遭遇和忧愁，却能“为一室之悲歌，下千年之血泪”。她将一生的故事和愁情化为凄清的悲剧之美，留下传世绝唱“声声慢”！

思考与练习

一、这首词中叠字的大量运用达到了什么艺术效果？

二、这首词在语言上有什么特点？

三、以李清照词中的意象为关键词，写一篇不少于500字的写景抒情短文。

四、背诵这首词。

3. 故乡[1]

鲁 迅

鲁迅（1881—1936），我国现代文学家、思想家、革命家和教育家。原名周樟寿，后改为周树人，字豫才，浙江绍兴人。1902年到日本留学，1909年夏回国，先后在杭州浙江两

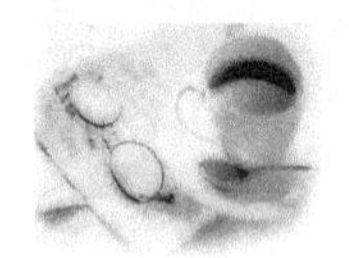

级师范和绍兴府中学堂任教。1918 年 5 月开始以“鲁迅”为笔名在《新青年》发表第一篇现代白话小说《狂人日记》。1923 年，出版短篇小说集《呐喊》，1926 年出版《彷徨》。除了小说，鲁迅还写了很多具有独特风格的杂文。1927 年 10 月定居上海，专门从事写作。1936 年因积劳和肺病在上海逝世，享年 55 岁。主要作品有短篇小说集《呐喊》、《彷徨》；杂文集《华盖集》、《南腔北调集》、《且介亭杂文》、《且介亭杂文末编》；散文集《朝花夕拾》、小说集《故事新编》等。

我冒了严寒，回到相隔二千余里，别了二十余年的故乡去。

时候既然是深冬；渐近故乡时，天气又阴晦了，冷风吹进船舱中，呜呜的响，从蓬隙向外一望，苍黄的天底下，远近横着几个萧索的荒村，没有一些活气。我的心禁不住悲凉起来了。阿！这不是我二十年来时时记得的故乡？

我所记得的故乡全不如此。我的故乡好得多了。但要我记起他的美丽，说出他的佳处来，却又没有影像，没有言辞了。仿佛也就如此。于是我自己解释说：故乡本也如此，——虽然没有进步，也未必有如我所感的悲凉，这只是我自己心情的改变罢了，因为我这次回乡，本没有什么好心绪。

我这次是专为了别他而来的。我们多年聚族而居的老屋，已经公同卖给别姓了，交屋的期限，只在本年，所以必须赶在正月初一以前，永别了熟识的老屋，而且远离了熟识的故乡，搬家到我在谋食的异地去。

第二日清早晨我到了我家的门口了。瓦楞上许多枯草的断茎当风抖着，正在说明这老屋难免易主的原因。几房的本家大约已经搬走了，所以很寂静。我到了自家的房外，我的母亲早已迎着出来了，接着便飞出了八岁的侄儿宏儿。

我的母亲很高兴，但也藏着许多凄凉的神情，教我坐下，歇息，喝茶，且不谈搬家的事。宏儿没有见过我，远远的对面站着只是看。但我们终于谈到搬家的事。我说外间的寓所已经租定了，又买了几件家具，此外须将家里所有的木器卖去，再去增添。母亲也说好，而且行李也略已齐集，木器不便搬运的，也小半卖去了，只是收不起钱来。

“你休息一两天，去拜望亲戚本家一回，我们便可以走了。”母亲说。

“是的。”

“还有闰土，他每到我家来时，总问起你，很想见你一回面。我已经将你到家的大约日期通知他，他也许就要来了。”

这时候，我的脑里忽然闪出一幅神异的图画来：深蓝的天空中挂着一轮金黄的圆月，下面是海边的沙地，都种着一望无际的碧绿的西瓜，其间有一个十一二岁的少年，项带银圈，手捏一柄钢叉，向一匹猹[2]尽力的刺去，那猹却将身一扭，反从他的胯下逃走了。

这少年便是闰土。我认识他时，也不过十多岁，离现在将有三十年了；那时我的父亲还在世，家景也好，我正是一个少爷。那一年，我家是一件大祭祀的值年[3]。这祭祀，说是三十多年才能轮到一回，所以很郑重；正月里供祖像，供品很多，祭器很讲究，拜的人也很多，祭器也很要防偷去。我家只有一个忙月（我们这里给人做工的分三种：整年给一定人家做工的叫长工；按日给人做工的叫短工；自己也种地，只在过年过节以及收租时候来给一定人家做工的称忙月），忙不过来，他便对父亲说，可以叫他的儿子闰土来管祭器的。

我的父亲允许了；我也很高兴，因为我早听到闰土这名字，而且知道他和我仿佛年纪，闰月生的，五行缺土，所以他的父亲叫他闰土。他是能装弶[4]捉小鸟雀的。

我于是日日盼望新年，新年到，闰土也就到了。好容易到了年末，有一日，母亲告诉我，闰土来了，我便飞跑的去看。他正在厨房里，紫色的圆脸，头戴一顶小毡帽，颈上套一

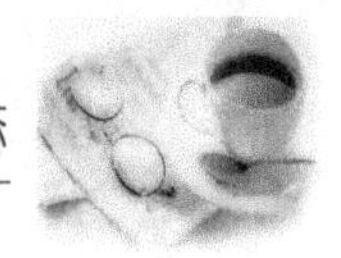

个明晃晃的银项圈，这可见他的父亲十分爱他，怕他死去，所以在神佛面前许下愿心，用圈子将他套住了。他见人很怕羞，只是不怕我，没有旁人的时候，便和我说话，于是不到半日，我们便熟识了。

我们那时候不知道谈些什么，只记得闰土很高兴，说是上城之后，见了许多没有见过的东西。

第二日，我便要他捕鸟。他说："这不能。须大雪下了才好。我们沙地上，下了雪，我扫出一块空地来，用短棒支起一个大竹匾，撒下秕谷，看鸟雀来吃时，我远远地将缚在棒上的绳子只一拉，那鸟雀就罩在竹匾下了。什么都有：稻鸡，角鸡，鹁鸪，蓝背……"

我于是又很盼望下雪。

闰土又对我说："现在太冷，你夏天到我们这里来。我们日里到海边捡贝壳去，红的绿的都有，鬼见怕也有，观音手[5]也有。晚上我和爹管西瓜去，你也去。"

"管贼么？"

"不是。走路的人口渴了摘一个瓜吃，我们这里是不算偷的。要管的是獾猪，刺猬，猹。月亮底下，你听，啦啦的响了，猹在咬瓜了。你便捏了胡叉，轻轻地走去……"

我那时并不知道这所谓猹的是怎么一件东西——便是现在也没有知道——只是无端的觉得状如小狗而很凶猛。

"他不咬人么？"

"有胡叉呢。走到了，看见猹了，你便刺。这畜生很伶俐，倒向你奔来，反从胯下窜了。他的皮毛是油一般的滑……"

我素不知道天下有这许多新鲜事：海边有如许五色的贝壳；西瓜有这样危险的经历，我先前单知道他在水果店里出卖罢了。

"我们沙地里，潮汛要来的时候，就有许多跳鱼儿只是跳，都有青蛙似的两个脚……"

阿！闰土的心里有无穷无尽的希奇的事，都是我往常的朋友所不知道的。他们不知道一些事，闰土在海边时，他们都和我一样只看见院子里高墙上的四角的天空。

可惜正月过去了，闰土须回家里去，我急得大哭，他也躲到厨房里，哭着不肯出门，但终于被他父亲带走了。他后来还托他的父亲带给我一包贝壳和几支很好看的鸟毛，我也曾送他一两次东西，但从此没有再见面。

现在我的母亲提起了他，我这儿时的记忆，忽而全都闪电似的苏生过来，似乎看到了我的美丽的故乡了。我应声说：

"这好极！他，——怎样？……"

"他？……他景况也很不如意……"母亲说着，便向房外看，"这些人又来了。说是买木器，顺手也就随便拿走的，我得去看看。"

母亲站起身，出去了。门外有几个女人的声音。我便招宏儿走近面前，和他闲话：问他可会写字，可愿意出门。

"我们坐火车去么？"

"我们坐火车去。"

"船呢？"

"先坐船，……"

"哈！这模样了！胡子这么长了！"一种尖利的怪声突然大叫起来。

我吃了一吓，赶忙抬起头，却见一个凸颧骨，薄嘴唇，五十岁上下的女人站在我面前，两手搭在髀间，没有系裙，张着两脚，正像一个画图仪器里细脚伶仃的圆规。

我愕然了。

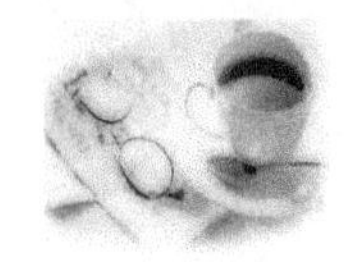

“不认识了么？我还抱过你咧！”

我愈加愕然了。幸而我的母亲也就进来，从旁说：

“他多年出门，统忘却了。你该记得罢，”便向着我说，“这是斜对门的杨二嫂，……开豆腐店的。”

哦，我记得了。我孩子时候，在斜对门的豆腐店里确乎终日坐着一个杨二嫂，人都叫伊“豆腐西施”[6]。但是擦着白粉，颧骨没有这么高，嘴唇也没有这么薄，而且终日坐着，我也从没有见过这圆规式的姿势。那时人说：因为伊，这豆腐店的买卖非常好。但这大约因为年龄的关系，我却并未蒙着一毫感化，所以竟完全忘却了。然而圆规很不平，显出鄙夷的神色，仿佛嗤笑法国人不知道拿破仑[7]，美国人不知道华盛顿[8]似的，冷笑说：“忘了？这真是贵人眼高……”

“那有这事……我……”我惶恐着，站起来说。

“那么，我对你说。迅哥儿，你阔了，搬动又笨重，你还要什么这些破烂木器，让我拿去罢。我们小户人家，用得着。”

“我并没有阔哩。我须卖了这些，再去……”

“阿呀呀，你放了道台[9]了，还说不阔？你现在有三房姨太太；出门便是八抬的大轿，还说不阔？吓，什么都瞒不过我。”

我知道无话可说了，便闭了口，默默的站着。

“阿呀阿呀，真是愈有钱，便愈是一毫不肯放松，愈是一毫不肯放松，便愈有钱……”圆规一面愤愤的回转身，一面絮絮的说，慢慢向外走，顺便将我母亲的一副手套塞在裤腰里，出去了。

此后又有近处的本家和亲戚来访问我。我一面应酬，偷空便收拾些行李，这样的过了三四天。

一日是天气很冷的午后，我吃过午饭，坐着喝茶，觉得外面有人进来了，便回头去看。我看时，不由的非常出惊，慌忙站起身，迎着走去。

这来的便是闰土。虽然我一见便知道是闰土，但又不是我这记忆上的闰土了。他身材增加了一倍；先前的紫色的圆脸，已经变作灰黄，而且加上了很深的皱纹；眼睛也像他父亲一样，周围都肿得通红，这我知道，在海边种地的人，终日吹着海风，大抵是这样的。他头上是一顶破毡帽，身上只一件极薄的棉衣，浑身瑟索着；手里提着一个纸包和一支长烟管，那手也不是我所记得的红活圆实的手，却又粗又笨而且开裂，像是松树皮了。

我这时很兴奋，但不知道怎么说才好，只是说：

“阿！闰土哥，——你来了？……”

我接着便有许多话，想要连珠一般涌出：角鸡，跳鱼儿，贝壳，猹，……但又总觉得被什么挡着似的，单在脑里面回旋，吐不出口外去。

他站住了，脸上现出欢喜和凄凉的神情；动着嘴唇，却没有作声。他的态度终于恭敬起来了，分明的叫道：

“老爷！……”

我似乎打了一个寒噤；我就知道，我们之间已经隔了一层可悲的厚障壁了。我也说不出话。

他回过头去说，“水生，给老爷磕头。”便拖出躲在背后的孩子来，这正是一个廿年前的闰土，只是黄瘦些，颈子上没有银圈罢了。“这是第五个孩子，没有见过世面，躲躲闪闪……”

母亲和宏儿下楼来了，他们大约也听到了声音。

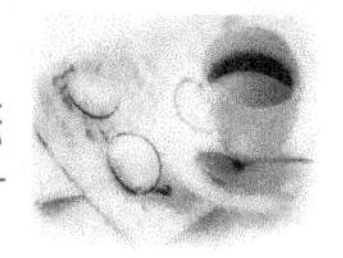

“老太太。信是早收到了。我实在喜欢的不得了，知道老爷回来……”闰土说。

“阿，你怎的这样客气起来。你们先前不是哥弟称呼么？还是照旧：迅哥儿。”母亲高兴的说。

“阿呀，老太太真是……这成什么规矩。那时是孩子，不懂事……”闰土说着，又叫水生上来打拱，那孩子却害羞，紧紧的只贴在他背后。

“他就是水生？第五个？都是生人，怕生也难怪的；还是宏儿和他去走走。”母亲说。

宏儿听得这话，便来招水生，水生却松松爽爽同他一路出去了。母亲叫闰土坐，他迟疑了一回，终于就了坐，将长烟管靠在桌旁，递过纸包来，说：

“冬天没有什么东西了。这一点干青豆倒是自家晒在那里的，请老爷……”

我问问他的景况。他只是摇头。

“非常难。第六个孩子也会帮忙了，却总是吃不够……又不太平……什么地方都要钱，没有规定……收成又坏。种出东西来，挑去卖，总要捐几回钱，折了本；不去卖，又只能烂掉……”

他只是摇头；脸上虽然刻着许多皱纹，却全然不动，仿佛石像一般。他大约只是觉得苦，却又形容不出，沉默了片时，便拿起烟管来默默的吸烟了。

母亲问他，知道他的家里事务忙，明天便得回去；又没有吃过午饭，便叫他自己到厨下炒饭吃去。

他出去了；母亲和我都叹息他的景况：多子、饥荒、苛税、兵、匪、官、绅，都苦得他像一个木偶人了。母亲对我说，凡是不必搬走的东西，尽可以送他，可以听他自己去拣择。

下午，他拣好了几件东西：两条长桌，四个椅子，一副香炉和烛台，一杆抬秤。他又要所有的草灰（我们这里煮饭是烧稻草的，那灰，可以做沙地的肥料），待我们启程的时候，他用船来载去。

夜间，我们又谈些闲天，都是无关紧要的话；第二天早晨，他就领了水生回去了。

又过了九日，是我们启程的日期。闰土早晨便到了，水生没有同来，却只带着一个五岁的女儿管船只。我们终日很忙碌，再没有谈天的工夫。来客也不少，有送行的，有拿东西的，有送行兼拿东西的。待到傍晚我们上船的时候，这老屋里的所有破旧大小粗细东西，已经一扫而空了。

我们的船向前走，两岸的青山在黄昏中，都装成了深黛颜色，连着退向船后梢去。

宏儿和我靠着船窗，同看外面模糊的风景，他忽然问道：

“大伯！我们什么时候回来？”

“回来？你怎么还没有走就想回来了。”

“可是，水生约我到他家玩去咧……”他睁着大的黑眼睛，痴痴的想。

我和母亲也都有些惘然，于是又提起闰土来。母亲说，那豆腐西施的杨二嫂，自从我家收拾行李以来，本是每日必到的，前天伊在灰堆里，掏出十多个碗碟来，议论之后，便定说是闰土埋着的，他可以在运灰的时候，一齐搬回家里去；杨二嫂发现了这件事，自己很以为功，便拿了那狗气杀（这是我们这里养鸡的器具，木盘上面有着栅栏，内盛食料，鸡可以伸进颈子去啄，狗却不能，只能看着气死），飞也似的跑了，亏伊装着这么高低的小脚，竟跑得这样快。

老屋离我愈远了；故乡的山水也都渐渐远离了我，但我却并不感到怎样的留恋。我只觉得我四面有看不见的高墙，将我隔成孤身，使我非常气闷；那西瓜地上的银项圈的小英雄的影像，我本来十分清楚，现在却忽地模糊了，又使我非常的悲哀。

母亲和宏儿都睡着了。

我躺着，听船底潺潺的水声，知道我在走我的路。我想：我竟与闰土隔绝到这地步了，但我们的后辈还是一气，宏儿不是正在想念水生么。我希望他们不再像我，又大家隔膜起来……然而我又不愿意他们因为要一气，都如我的辛苦展转而生活，也不愿意他们都如闰土的辛苦麻木而生活，也不愿意都如别人的辛苦恣睢而生活。他们应该有新的生活，为我们所未经生活过的。

我想到希望，忽然害怕起来了。闰土要香炉和烛台的时候，我还暗地里笑他，以为他总是崇拜偶像，什么时候都不忘却。现在我所谓希望，不也是我自己手制的偶像么？只是他的愿望切近，我的愿望茫远罢了。

我在朦胧中，眼前展开一片海边碧绿的沙地来，上面深蓝的天空中挂着一轮金黄的圆月。我想：希望本是无所谓有，无所谓无的。这正如地上的路；其实地上本没有路，走的人多了，也便成了路。

一九二一年一月。

注释

［1］ 本篇最初发表于1921年5月《新青年》第九卷第一号。

［2］ 猹：此字是鲁迅据乡下人所说的声音，生造出来的一个字，读作“查”，学名狗獾。

［3］ 大祭祀的值年：封建社会中的大家族，每年都有祭祀祖先的活动，由各房按年轮流主持，轮到的称为“值年”。

［4］ 弶（jiàng）：捕捉老鼠、鸟雀等的工具。

［5］ 鬼见怕和观音手：都是小贝壳的名称。

［6］ 西施：春秋时越国的美女，后来用以泛称一般美女。

［7］ 拿破仑：即拿破仑·波拿巴，法国资产阶级革命时期的军事家、政治家。

［8］ 华盛顿（1732—1799）：即乔治·华盛顿，美国政治家。

［9］ 道台：清朝官职道员的俗称。

提示

辛亥革命虽然推翻了清朝的统治，但是帝国主义和封建主义依然压在中国人民头上。在它们双重压榨下，农村经济濒于破产，农民生活日益贫困。1921年12月初，鲁迅先生回故乡绍兴接母亲去北京，目睹了农村的破败情景和农民的悲惨生活，这使他百感交集，深为悲愤。1921年1月，他以这次从北京回到故乡见闻为素材，创作了这篇优秀短篇小说。小说概括了1921年前三十年间，特别是辛亥革命后十年间我国农村日趋破败、农民生活日益贫困的历史，反映了那个时代的社会面貌。

小说按时间先后为序，以回到故乡的见闻为内容，着重描写农民生活，反映农村问题和农民问题。小说中着重描写了“我”、闰土和杨二嫂这三个人物，通过他们的遭遇反映了辛亥革命后农村破产和农民不觉悟的社会现实；小说把现实和回忆结合起来，揭示了封建传统观念对农民精神上的束缚，人与人之间的冷漠、隔膜；表达了作者找不到出路的苦闷和强烈不满，同时也表达了作者改造旧社会与创造新生活的强烈愿望和坚定信念。

作者通过运用多方面的对比来深刻揭示小说主题，具有很强的表现力。萧索、破败的“荒村”与海边“神异的图画”，是景物的对比。少年闰土与中年闰土，“豆腐西施”与“圆规”，是人物今昔的对比，同时，小说还运用其他诸多形式的对比，有力地突出了“农村凋敝，农民生活贫困、精神束缚”这一主题。

作者善于通过传神的人物肖像描写来表现人物独特的个性特征。他笔下所描绘的人物栩栩如生，各具特色。如少年闰土的肖像是：“红活圆实的手”，“紫色的圆脸，头戴一顶小毡帽，颈上套一个明晃晃的银项

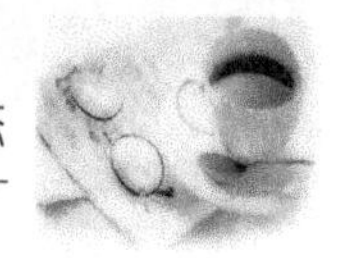

圈。”而中年闰土则成了：手是“又粗又笨而且开裂、像是松树皮”、“浑身瑟索着”……传神地再现了一个受尽了苦难与折磨的农民的典型形象。而对杨二嫂的素描肖像描写是“细脚伶仃的圆规”，更是草草几笔就勾画出一个典型的乡村妇女泼辣的形象。

小说语言犀利，准确深刻地揭露出个人或社会中存在的种种弊端。“多子、饥荒、苛税、兵、匪、官、绅，都苦得他像一个木偶人了。”把苦难的源头直接指向黑暗的社会。革命虽然取得了胜利，但农村却更加萧条，农民的命运并没有因为革命胜利而改变，依旧贫穷、愚昧。深刻揭露了双重压榨对人们精神和肉体造成的巨大痛苦和伤害，以及辛亥革命的不彻底和局限性。“我想：希望本无所谓有，也无所谓无的。走的人多了，也便成了路。”文章结尾的这一段话，是作者思索的结果，两种矛盾情感合一，找到了归宿。对未来充满信心，却也隐含一丝渺茫，看似戛然而止，实际又重新升起了悬念，给读者无限联想的余地。

鲁迅先生是中国新文化运动的旗手，他的作品被称为“投枪”、“匕首”，正是因为其语言文字中蕴含的战斗性、批判性。这篇小说在给读者沉重思考的同时，又予以引导，使无数后来者追从他指明的方向继续前进。

思考与练习

一、请分析小说中闰土的人物形象。

二、请简析《故乡》中对比的艺术效果。

三、请简析《故乡》的语言艺术。

四、如何理解作者记忆中的“故乡”，与“我”看到的“故乡”，景象迥异，判若两界。

4. 再别康桥[1]

徐志摩

徐志摩（1896—1931），浙江海宁人，我国现代著名诗人。1917年入北京大学学习，1918年赴美国，1920年赴英国留学。1922年回国，先后在北京大学、清华大学、南京中央大学任教。1923年发起成立新月社，成为“新月派”的代表诗人，先后主编北京《晨报副刊》和上海《新月》月刊和《诗刊》等。1931年因飞机失事遇难。主要作品有诗集《志摩的诗》、《翡冷翠的一夜》、《猛虎集》、《云游》等，散文集《落叶》、《巴黎的鳞爪》及书信集《爱眉小札》等。

轻轻的我走了，
正如我轻轻的来；
我轻轻的招手，
作别西天的云彩。
寻梦？撑一支长篙，
向青草更青处漫溯；
满载一船星辉，
在星辉斑斓里放歌。

那河畔的金柳，
是夕阳中的新娘；
波光里的艳影，
在我的心头荡漾。
但我不能放歌，

悄悄是别离的笙箫；
夏虫也为我沉默，
沉默是今晚的康桥！

软泥上的青荇[2]，
油油的在水底招摇：
在康河的柔波里，
我甘心做一条水草。

悄悄的我走了，
正如我悄悄的来；
我挥一挥衣袖，
不带走一片云彩。

那榆荫下的一潭，
不是清泉，是天上虹；
揉碎在浮藻[3]间，
沉淀着彩虹似的梦。

十月六日中国海上

注释

［1］ 本篇最早发表于1928年12月《新月》第一卷第10号，收入《猛虎集》。康桥：即剑桥。即英国著名的剑桥大学所在地。

［2］ 青荇（xìng）：即荇菜，一种水生植物。

［3］ 浮藻：浮在水面上的藻类植物。

提示

1920年，徐志摩从美国赴英国留学，在剑桥大学攻读博士学位，他大部分时间在那儿度过，第一次真正领悟了自我生命的律动。剑桥的一切，从此给他一生留下了难以磨灭的美好印象。徐志摩十分怀念当年在剑桥的生活，曾满怀深情地说："我的眼是康桥教我睁的。我的求知欲是康桥给我拨动的，我的自我意识是康桥给我胚胎的。"（《吸烟与文化》）可见，美丽的康桥曾在他生活中占据重要的地位。1928年秋，诗人再次到英国，重访剑桥大学，旧地重游，物是人非，往昔美好的回忆在眼前一幕幕地展开，由此勃发了诗兴，于同年11月6日归国途中在轮船上吟成了这首传世之作。

全诗共七节，以离别康桥时感情起伏为线索，抒发了诗人对康桥依依惜别的深情，同时体现出诗人对爱、自由和美的追求。第一节写诗人作别康桥时的离别情绪。连用三个"轻轻"，更加贴切地写出诗人对康桥的无限柔情。诗节奏轻快，并且以轻微跳跃的节奏，衬托出缓步而去的诗人形象，表现了诗人飘逸、洒脱的翩翩风度。既抒发了诗人对康桥依依不舍的淡淡忧愁，又定下了全诗哀而不伤的情感基调。

第二至第四节，诗人选取金柳、青荇和潭水三个意象，着意刻画康河之美，渲染和表现了对康桥的眷恋。柳枝映在荡漾的波光里，撩拨着诗人的心弦。在诗人眼中，这艳影新娘般美丽娇羞，诗人对康桥的爱何等浓烈，又何等温柔！水草绿油油的在水底摇曳，自己甘心做一条水草去接受康河的爱抚，诗人对康桥的依恋何等热烈，又何等缠绵！康桥如此之美，诗人如此之恋。在他眼中，那潭水就是天上的彩虹，而美梦最后沉淀在潭底浮藻间，散发出一缕淡淡的哀愁。

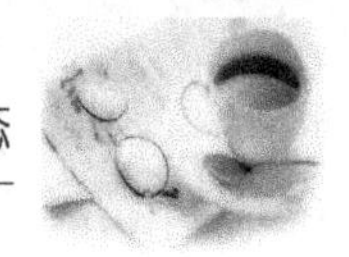

第五节，诗人故地重游，带着再寻旧梦的痴想而来。寻梦？诗人似乎乘着满载星辉的一叶小舟，撑着长篙，向青草萋萋的小河深处，击拍欢歌，去追寻他年轻时彩虹样的梦，直到星光点点还乐不思归，在美丽月夜下放歌。诗人驰骋在想象的世界中，早已忘情沉醉。这节以虚境写景，音乐旋律扬起，由轻快变为奔放，诗人情感达到了高潮，快乐也达到顶点。

第六节，梦能寻到吗？昔日美好不会重现，故友也杳无踪影，消失的梦无法追回。因此，诗人不能放歌，只好沉默，在沉默中体味着别离的怅惋。几声浸透着淡淡哀愁的笙箫，沉默的夏虫，沉默的康桥，一切的一切，都为诗人的离去而沉默，烘托出一种梦幻般的惆怅气氛。沉默无言，又胜过多少情语？诗绪一转，使全诗的情绪变得抑郁深沉。

第七节，尾结与首节句式相似，遥相呼应，有梦幻之感。诗人轻轻地来，终于又要悄悄离去了。他仿佛在悉心呵护一个情人的睡梦，不想惊动梦中那美景，那回忆。“挥一挥衣袖，不带走一片云彩”，一方面表现诗人的洒脱；另一方面是想让康桥这个梦绕魂牵的情感世界以最完整、最完美的面貌保存下来。这节轻柔的、叹息般的韵律与依依惜别的情绪完美地融合一体。

《再别康桥》这首诗语言清新秀丽，节奏轻盈婉转，意境超然脱俗，结构排列错落有致，可谓集“音乐美”、“建筑美”、“绘画美”三美于一体，达到了炉火纯青的艺术境地。诗人深崇“三美”的诗学主张，在音乐美上，更有自己的独创性。该诗除了节奏整齐，押韵和谐之外，他又强调音节的波动性，全诗构成一阕完整的乐曲。巧妙运用双声和叠韵词。非用韵处用双声：“艳影”、“清泉”；用韵处用叠韵：“荡漾”、“招摇”。声短韵长，“艳影”与“荡漾”，一前一后，从声音上传出了和谐的意境，织成了一片纯美的诗情。最后一节，轻音与重音结合，跌宕生姿，显示出一致中有变化，变化中有一致的“音乐美”。金柳、清荇、清泉等构成了五彩斑斓的画面，形象阐述了“绘画美”。本诗局部参差变化，每节四行，每行六至八字，在有规律的诗行错综中传达和体现了移步异景、错落有致的“建筑之美”。

诗人以“康桥情结”贯穿诗文中，用风一样轻盈、水一样明快的色调，渲染了自然美，描述了一幅幅流动的画面，并在画幅中揉进了自己的情愫，融汇在所抒写的康桥美丽的景色里，驰骋在想象之中，构成了一处处美妙的意境。诗人将自己对康桥的爱恋、对往昔生活的眷恋，对眼前的无可奈何的离愁表现得细致入微，真挚而隽永。这首诗时而轻快飘逸，时而温柔深情，时而热情放歌，时而浅吟低唱，从而构成了一种起伏跌宕的旋律，宛如一首轻盈柔和的小夜曲。

《再别康桥》是诗人一生追求“爱”、“自由”、“美”的理想的具体反映。诗人的自由天性，潇洒飘逸的风格与康桥宁静优美的自然风景融汇成别具一格的意境，不愧是20世纪中国最具影响力、最出色的别离诗之一。

思考与练习

一、这首诗表现了诗人怎样的思想情感？
二、请从美学的角度谈《再别康桥》的艺术特色。
三、本诗首尾在内容和形式上的前后呼应有何艺术效果？
四、阅读徐志摩的其他几首诗歌，谈谈他的诗歌的唯美倾向。
五、背诵全诗。

5. 绳子的故事[1]

莫泊桑

莫泊桑（1850—1893），法国19世纪后半期著名的批判现实主义作家，与契柯夫和欧·亨利合称“世界三大短篇小说之王”。他出身于法国诺曼底的一个没落贵族家庭。中学毕业后，普法战争爆发了，他应征入伍，两年的兵营生活启发了他的爱国思想。战争结束后，他到了巴黎，先后在海军部和教育部任小职员，同时开始了文学创作。1880年完成了轰动文坛的《羊脂球》。10年间，他写了300多个短篇和6个长篇小说，其中许多作品流传深远，成为一代短篇小说巨匠。他的长篇小说有《她的一生》、《漂亮朋友》等，中篇小说有《菲菲

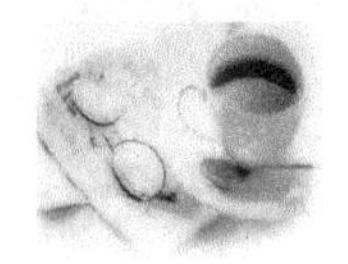

小姐》、《项链》等，这些作品都不同程度地讽刺和揭露了资本主义的罪恶。

这是个赶集的日子。戈德维尔附近的每一条路上都有农民带着娘儿们向镇上走来。男人们步履安闲，迈着弯曲的长腿，冉冉向前。繁重的田间劳动——左肩耸起歪着身子扶犁，两膝分开立得稳稳地割麦，以及农村中所有做起来又慢又吃力的活，使他们的双腿变成了畸形。他们的蓝布罩衫浆得笔挺，像上了凡立水[2]一样闪闪发光，袖口和领口用白线绣着花纹，鼓鼓囊囊地裹着瘦骨嶙峋的身子，活像个要腾空而起的气球，气球外面伸出一个脑袋，一双胳膊，两只脚。

有的人手里牵着一头奶牛或者一头牛犊。娘儿们跟在牲口后面，一手拿着根还带着叶子的树枝，抽着牲口的脊背，催促牲口向前。一手挽着大篮子，篮子口上东冒出个鸡头，西伸出个鸭头。比起她们的丈夫来，娘儿们的步子短小而急促。她们身体干瘦，腰杆挺直，一条窄窄的小披肩用别针别在平坦的胸前，头上贴发裹着块白布，上面再戴一顶便帽。

一匹马驹以短促的快步拉着一辆大车驰过，摇得车上的两男一女前俯后仰。两个男的并排坐着，女的坐在车后，双手撑着车挡，以期缓和一下车子激烈的颠簸。

戈德维尔的集市广场上，人群和牲畜混在一起，黑压压一片。只见牛的犄角，富裕农民的长毛线高帽，农妇们的头巾在集市上攒动。尖厉刺耳的嘈杂声嗡嗡一片，持续不断，气息粗犷。不时还可听到一声从乡下人结实的胸脯里发出的开怀大笑，或者系在墙边的母牛的一声长哞。

整个集市都带着牛栏、牛奶、牛粪、干草和汗臭的味道，散发着种田人所特有的那种难闻的人和牲畜的酸臭气。

布雷奥戴村奥士高纳大爷刚刚到达戈德维尔，正在向集市广场走来。突然他发现地下有一小段绳子。奥士高纳大爷具有真正诺曼底人的勤俭精神，认为一切有用的东西都该捡起来。他弯下身去，因为患风湿病而十分吃力。他从地上捡起了那段细绳子，并准备绕好收起来。这时他发现马具商马朗丹大爷在自家门口瞅着他。他们过去为了一根络头[3]曾有过纠葛，双方怀恨在心，至于互不理睬。现在奥士高纳大爷在粪土里捡绳头，被自己的冤家对头看见了，颇感坍台[4]他立即将绳头藏进罩衫，接着又藏入裤子口袋。然后他又装模作样在地上寻找什么东西，但没有找到，于是便向市场走去，脑袋冲在前面，身子因风湿病而躬着。

他很快便消失在赶集的人群中了。赶集的人吵吵嚷嚷，慢慢吞吞，由于没完没了地讨价还价而有点激动。农民们用手拍拍奶牛，走开去又走回来，拿不定主意，总是怕上当，永远下不了决心，偷偷瞧着卖者眼色，总想识破卖者的诡计，发现牲口的缺点。

娘儿们把手里的大篮子放在脚跟边，从里面拉出家禽，搁在地上。家禽的双脚缚着，两眼惊慌，鸡冠通红。

她们不动声色，面无表情，听任顾客还价，不肯松口，或者，突然决定接受顾客还的价钱，向慢慢走开去的顾客叫道：

“昂迪姆大爷，就这样吧，我卖给您了。”

随后，集市上的人群渐渐散去。教堂敲响了午祷的钟声。远道而来的农民纷纷走进镇上的各家客店。

朱尔丹掌柜的店堂里，坐满了顾客。大院里也停满了各式各样的车子：双轮马车，双轮轻便篷车，大马车，敞篷双座轻便马车，以及蹩脚的张篷马车，这些车子沾满黄土，东歪西斜，千补百衲。有的车辕翘到天上，像举着两只胳膊；有的车头冲地，车尾朝天。

在店堂的一边，大壁炉里火光熊熊。坐在右排的顾客，脊背被烤得暖洋洋的。三把铁叉

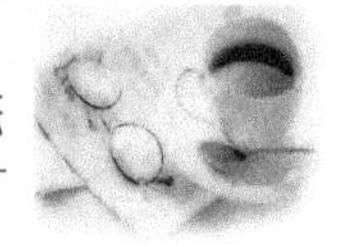

在炉上转动着，烤着小鸡、野鸽和羊肉。烤肉的香味，棕色肉皮上流着的油汁的香味，从炉膛里飘出来，闻得顾客们喜上眉梢，馋涎欲滴。

所有种田的老把式都在朱尔丹掌柜的店里吃饭，他既是客店老板又是马贩子，是个手头宽裕的精明人。

餐肴和黄色的苹果酒端上来，吃光饮尽。各人谈着自己的生意买卖，相互打听收成的前景。天时对青苗生长有利，但对麦子不佳。

突然，客店前面的大院里响起了一阵鼓声。除少数几个漠不关心的人以外，大家唰地站起身来，嘴里含着食物，手里拿着餐巾，向门口、窗口奔过去。

传达通知的乡丁敲了一阵小鼓之后，拉开嗓门背诵起来，声断断续续，重音读错，句子读破：

“戈德维尔的居民以及所……有赶集的乡亲们：今天早晨，十点钟……之间，有人在勃兹维尔大路上遗失黑皮夹子一只。装法郎五百，单据若干。请拾到者立即交到……乡政府，或者曼纳维尔村伏围内·乌勒布雷克大爷家。送还者得酬金法郎二十。特此通告。”

乡丁说完便走，远处隐隐约约又传来一次乡丁的击鼓声和叫喊声。

于是大家就这件事议论开来，数说着乌勒布雷克大爷寻找得到或者寻找不到皮夹子的种种可能。

午饭已经用毕。

大家正在喝着最后一点咖啡，这时，宪兵大队长突然出现在店堂门口。他问道：

“布雷奥戴村奥士高纳大爷在这儿吗？”

坐在餐桌尽头的奥士高纳大爷回答说：

“在。”

于是宪兵大队长又说：

“奥士高纳大爷，请跟我到乡政府走一趟。乡长有话要对您说。”

这位农民既感到诧异又觉得不安。他一口喝完了杯子里的咖啡，起身上路，嘴里连连说：“在，在。”他每当休息之后，起步特别困难，所以身子比早晨躬得更加厉害了。

他跟在宪兵大队长后面走了。

乡长坐在扶手椅里等着他。乡长是当地的公证人，身体肥胖，态度威严，说话浮夸。

“奥士高纳大爷，”他说，“有人看见您今天早上在勃兹维尔大路上拾到了曼纳维尔村乌勒布雷克大爷遗失的皮夹子。”

这位乡下人不知如何回答是好，瞅着乡长，自己也不知为什么，已经被这种对他的怀疑吓呆。

“我，我，我捡到了那只皮夹子？”

“是的，是您亲自捡到的。”

“我以名誉担保，我连皮夹子的影子也没见过。”

“有人看见您啦。”

“有人看见我，我啦？谁看见的？”

“马朗丹先生，马具商。”

这时老人想起来了，明白了，气得满脸通红。

“啊！他看见啦，这个乡巴佬！他看见我捡起的是这根绳子。乡长先生，您瞧！”

他在口袋里摸了摸，掏出了那一小段绳子。

但是乡长摇摇脑袋，不肯相信。

“奥士高纳大爷，马朗丹先生是个值得信赖的人，我不会相信他把这根绳子错当成了皮夹子。”

这位老农气呼呼地举起手来，向身边吐了一口唾沫，表示以名誉起誓，再次说：

“老天有眼，这可是千真万确，丝毫不假的啊，乡长先生。我再说一遍，这件事，我可以用我的良心和生命担保。”

乡长又说：

“您捡起皮夹子之后，甚至还在地上找了很久，看看是否有张票子从皮夹子里漏了出来。”

老人又气又怕，连话都说不上来了。

“竟然说得出！……竟然说得出……这种假话来糟蹋[5]老实人！竟然说得出！……”

他抗议也是白费，别人不相信他。

他和马朗丹先生当面对了质。后者再次一口咬定他是亲眼看见的。他们互相对骂了整整一个小时。根据奥士高纳大爷的请求，大家抄了他的身，但什么也没抄着。

最后，乡长不知如何处理是好，便叫他先回去，同时告诉奥士高纳大爷，他将报告检察院，并请求指示。

消息已经传开了。老人一走出乡政府就有人围拢来问长问短。有的人确是出于好奇，有的人则是出于嘲弄癖，但都没有任何愤慨。于是老人讲起绳子的故事来。他讲的，大家听了不信，一味地笑。

他走着走着，凡是碰着的人都拦住他问，他也拦住熟人，不厌其烦地重复他的故事，重复他的抗议，把只只口袋都翻转来给大家看，表明他什么也没有。

有人对他说：

“老滑头，滚开!”

他生气，着急，由于别人不相信他而恼火、痛苦，不知怎么办，总是向别人重复绳子的故事。

天色将晚，该回去了。他和三位村邻一起往回走，把捡到绳头的地方指给他们看，一路不停地讲他的遭遇。

晚上，他在布雷奥戴村里走了一圈，目的是把他的遭遇讲给大家听，但是没有一个人相信他。

他为此心里难过了整整一夜。

第二天，午后一时左右，依莫维尔村的农民布列东大爷的长工马利于斯·博迈勒，把皮夹子和里面的钞票、单据一并送还给了曼纳维尔村的乌勒布雷克大爷。

这位长工声称确是在路上捡着了皮夹子，但他不识字，所以就带回家去交给了东家。

消息传到了四乡。奥士高纳大爷得到消息后立即四出游说，叙述起他那有了结局的故事来。他胜利了。

“要知道，使我伤心的是，”他说，“根本不是那么回事，而是污蔑。由于污蔑而遭众人非难，这种事是再损人不过的了。”

他整天讲他的遭遇，在路上向过路的人讲，在酒馆里向喝酒的人讲，星期天在教堂门口讲。不相识的人，他也拦住讲给人家听。现在他心里坦然了，不过，他觉得有某种东西使他感到不自在。是什么东西，他说不清楚。人家在听他讲故事时，脸上带着嘲弄的神气。看来人家并不信服。他好像觉得别人在他背后指指戳戳。

下一个星期二，他纯粹出于讲自己遭遇的欲望，又到戈德维尔米赶集。

马朗丹站在家门口，看见他走过，笑了起来。为什么呢？

他朝克里格多村的一位庄稼汉走过去。这位老农民没有让他把话说完，在他胸口推了一

把，冲着他大声说："老滑头，滚开!"然后扭转身就走。

奥士高纳大爷目瞪口呆，越来越感到不安。为什么人家叫他"老滑头"呢？

他在朱尔丹的客店里坐下之后，又解释起来。

蒙迪维利埃村的一位马贩子对他大声说：

"好了，好了，老主顾，你那根绳子，我知道啦!"

奥士高纳大爷嘀咕道：

"皮夹子已经找到了嘛。"

但那个人接着说：

"老爹，别说了。有个人捡着了，又有个人送还了。俗话说，没人见，没人晓，骗你你也不知道。"

奥士高纳气得连话也说不上来。他终于明白了。人家指责他是叫一个同伙，一个同谋，把皮夹子送回去的。

他想抗议。满座的人都笑了起来。

他午饭没能吃完便在一片嘲笑声中走了。

他回到家里，又羞又恼。忿闷和羞耻使他痛苦到了极点。他特别感到狼狈，因为，凭他诺曼底人的刁钻，他是做得出别人指责他的事来的，甚至可以自夸手段高明。他的精明是出名的，所以他模模糊糊意识

到他无法证明自己是清白的了。他遭到无端的怀疑，因而伤透了心。

于是，他重新向人讲述自己的遭遇，故事每天都长出一点来，每天都加进些新的理由，更加有力的抗议，更加庄严的发誓。这些都是他一人独处的时候编出来的，准备好的，因为他的心思专门用在绳子的故事上了。他的辩解越是复杂，理由越是多，人家越不相信他。

有人背后议论说："这都是骗子的歪理。"

别人的议论，他有所感。他闷闷不乐，用尽了力气洗刷自己，还是白费。

他眼看着消瘦下去。

现在，爱开玩笑的人为了逗乐而请他讲绳子的故事，就像人家请打过仗的士兵讲他亲身经历的战斗故事一样。他那鼓到顶点的士气垮了下来。

将近年底的时候，他卧病不起。

年初，他含冤死去。临终昏迷的时候，他还在证明自己是清白无辜的，一再说：

"一根细绳……一根细绳……乡长先生，您瞧，绳子在这儿。"

注释

[1] 《绳子的故事》发表于1883年。该时期的法国资本主义制度，已经从自由竞争走向垄断阶段。普法战争以后，统治阶级更加反动，对内镇压人民，对外发动侵略，扩张殖民地。资产阶级之间互相倾轧，大鱼吃小鱼现象日益严重。随之而来的是社会道德败坏、尔虞我诈、相互欺骗、司空见惯、损人利己、暗箭伤人等等。人们视这种现象为天经地义，反而把诚实厚道、纯朴善良看作违反常态。本小说就是解释这样一种变态的心理状态和反常的社会道德观念，以及对人民造成的毒害。

[2] 凡立水：英文 Varnish 的音译。即"清漆"，是人造漆的一类。

[3] 络头：马笼头。

[4] 坍台：（方言）丢脸；出丑。

[5] 糟蹋：侮辱。

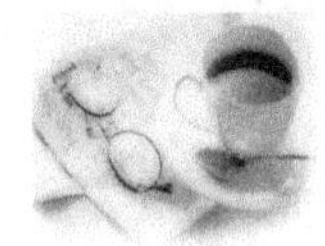

提示

《绳子的故事》是莫泊桑短篇小说的代表作。小说写法国诺曼地区一个叫奥士高纳的诚实农民受到诬陷蒙冤受辱，最后抑郁而死，深刻揭示了资产阶级社会尔虞我诈的变态心理。小说围绕诚实的农民奥士高纳在赶集的路上捡到一条绳子，却被冤家对头诬告捡了一个皮夹子，受到乡长的审讯与众人的怀疑、奚落，随后故事进一步发展，钱包被人捡到并送回失主，至此奥士高纳的冤情本应得到洗清解脱，但故事并没就此结束，他反而遭受了更大的冤屈，成了一个骗子，一个“老滑头”，最后抑郁而死。小说通过“设置悬念、制造波澜”的形式吸引、打动读者，情节巧妙真实，结局出人意料，又在情理之中。

小说中人物形象鲜明生动。作者以洗练、精确的细节描写，深入细致地心理刻画来塑造人物性格。奥士高纳是一个生活在法国社会底层的勤俭、诚实的农民，身心都遭受过严重的摧残，但作者没有着重描写他物质的贫穷，而是紧扣他因“诚实”这一特征，精心刻画他精神上受到的折磨。事情真相大白后，他满以为自己“胜利了”，整天给人们讲自己的遭遇，希望被人理解，但事实上众人还是不相信他。一个个打击，使他越来越感到自己无力反抗，于是在闷闷不乐中消瘦下去，卧病不起，最后忧郁而死。作者把奥士高纳的性格发展、心理变化，写得细致生动，自然而无雕琢，使人对他的悲惨遭遇和凄凉结局充满同情。

莫泊桑善于描绘场景。开篇作者用简洁的笔墨，把我们带入法国北部偏远农村的一个赶集场景：欢乐的集市，充满谈笑的马路，吵闹的、人畜混杂的集市广场，放满各式各样的车辆的大院、坐满顾客的客店，寥寥数笔，但却栩栩如生；作家同时在这幅“欢乐图”里勾勒出了他们的不幸：由于积年累月的繁重劳动，营养不良，男人的身体是变了形的“骨瘦如柴”，女人是“平坦”干瘦；集市散发出的是难闻的酸臭气味，店里停放的是“憋脚”的、“千补百衲”马车。把这种落后的农村面貌与繁荣的资本主义工业化放在一起，也寄寓了作者对社会的态度。

小说语言简洁而通俗，富于浓郁的乡土气息和诺曼底地域色彩。小说构思巧妙，故事一波三折，把奥士高纳被诬告受冤，最终含冤死去的整个过程写得生动逼真，曲折有致。最后作者以“一根绳子”来结束这篇小说和主人公的一生，含义丰富深刻，令人沉思。

莫泊桑是 19 世纪后期法国批判现实主义大师。继承了前辈福楼拜、巴尔扎克、斯汤达等的写实传统，小说通过选取日常生活中极其平凡的故事，以小见大，来深刻揭示法国社会中存在的道德问题，对后世现实主义作家产生深远影响。

思考与练习

一、请分析小说的主旨。
二、简要分析奥士高纳的形象。
三、分析小说的艺术特色。

6. 麦琪的礼物[1]

欧·亨利

欧·亨利（1862—1910）原名威廉·雪德尼·波特，美国著名的批判现实主义作家，世界三大短篇小说大师之一。他生于医生家庭，一生富于传奇性，做过会计、银行出纳员、办事员等，比较熟悉小市民的生活，故一生创作短篇小说近三百篇，多以此类人物为主人公。代表作品有短篇小说《麦琪的礼物》、《警察和赞美诗》、《最后一片藤叶》等，均能带着含泪的微笑，以寓含辛酸的幽默，描绘小人物的悲惨命运，从而暴露美国资本主义社会的某些真实现象。他的作品构思巧妙，语言诙谐，尤以出人意料的结局著称。他的作品风格独特，被誉为“美国生活的百科全书”。

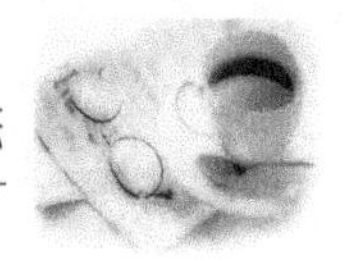

一块八角七分钱，全在这儿了。其中六角还是零钱凑起来的。这些小钱是每次一个两个向杂货店、菜贩和肉店的老板硬扣下来的；人家虽然没有明说，自己总觉得这种掂斤播两的交易未免落个吝啬的恶名，当时羞得脸红。德拉数了三遍，数来数去还是一块八角七分钱，而第二天就是圣诞节了。

除了倒在那张破旧的小榻上大哭一场之外，显然没有别的办法。德拉就这么办了。这就使一种精神上的感慨油然而生，认为人生是由啜泣、抽噎和微笑组成的，其中抽噎占主导地位。

趁这家的女主人的悲伤逐渐地由第一级降到第二级的时候，让我们看一看她的家吧！一套备有家具的公寓，租金每周八元钱。虽然不能说绝对的难以形容，实际上，确实与贫民窟也相差无几了。

楼下的甬道里有一个信箱，但是永远不会有信件投进去；还有一个电铃，鬼才能把它按响。那里还贴着一张名片，上面写着“杰姆斯·狄林汉·杨先生”几个字。

“狄林汉”这个名号是主人先前富裕时，也就是每周赚三十元时，一时高兴，加在姓名之间的，现在进款减缩到二十元了，“狄林汉”几个字看起来有些模糊，仿佛它们正在慎重地考虑是否缩成一个质朴而谦虚的“狄”字为妙。但是每逢杰姆斯·狄林汉·杨先生回家上楼，走进房门时，杰姆斯·狄汉林·杨太太——就是前面已经介绍过的德拉，总是把他叫做“杰姆”，并且热烈地拥抱他。这当然是很好的。

德拉哭完了以后，小心地用破粉扑在面颊上扑了些粉。她站在窗前，呆呆地看着外面灰蒙蒙的后院里有一只灰色的猫在一个灰色篱笆上走着。明天就是圣诞节了，而她只能拿一块八角七分钱给杰姆买一件礼物。几个月来，她尽可能地节省了每一分钱，结果不过如此。每周二十元本来不经花。支出的总比她预算的多。总是这样。只有一块八角七分钱拿来给杰姆买礼物。她的杰姆。为了给他买一件好东西，德拉自得其乐地筹划了好些日子。要买一件精致、珍奇而真正有价值的东西——够得上给杰姆持有的东西固然很少，可是总得有些相称才成呀。

屋里两扇窗户中间有一面壁镜。读者也许见过房租八元钱的公寓里的壁镜。一个非常瘦小灵活的人，从一连串纵的片断的映象里，也许可以对自己的容貌得到一个大致不错的概念。德拉全靠身材纤细，才精通了这种艺术。

突然她从窗口转过身来，站在镜子前面。她的两眼晶莹明亮，但是在二十秒钟内她的脸失色了。她很快地把头发解开，叫它完全披散下来。

且说，杰姆斯·狄林汉·杨夫妇有两样东西是他们特别引以自豪的。一样是杰姆三代祖传的金表。另一样是德拉的头发。如果希巴皇后[2]住在气窗对面的公寓里，德拉总会有一天把头发悬在窗外去晾干，只是为了使那位女皇的珠宝和首饰相形见绌。如果所罗门王做了看门人，把他所有的财富都堆在地下室里，杰姆每次经过那儿时会掏出他的金表看看，让所罗门忌妒得吹胡子瞪眼。

这时德拉的美丽的头发披散在身上，像一股褐色的小瀑布一样，波浪起伏，金光闪闪。头发一直垂到膝盖下，仿佛给她披上一件衣服。她又神经质地很快地把头发梳起来。她踌躇了一会儿，静静地站在那里，有一两滴泪水溅落在破旧的红地毯上。

她穿上她那褐色的旧外套，戴上她那褐色的旧帽子。眼睛里还留着晶莹的泪光，裙子一摆，她飘然走出房门，走下楼梯，来到街上。

她走到一块招牌前停住了，招牌上面写着：“莎弗朗尼娅夫人——经营各种头发用品”。德拉跑上楼，一面喘着气，一面定下神来。那位夫人身躯肥大，肤色白得过分，一副冷冰冰的样子，和“莎弗朗尼娅”这个名字太不相称。

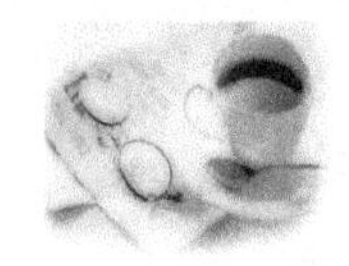

“您要买我的头发吗?”德拉问道。

“我买头发,”夫人说,“把你的帽子脱下来,让我看看你的头发什么样儿!”

那股褐色的小瀑布泻了下来。

“二十块钱。”夫人用熟练的手法抓起头发说。

“赶快把钱给我。”德拉说。

啊!随后的两个钟头仿佛长了玫瑰色的翅膀似地飞掠过去了。请不要理会这种杂凑的比喻吧!总之,德拉为了给杰姆买礼物,搜索了所有的铺子。

最后,她终于把它找到了。它确是专为杰姆,不为别人制造的。她把所有的商店都搅翻了一遍,各家都没有像那样的东西。那是一条白金表链,式样简单朴素,只以货色来宣示它的价值,不凭什么俗不可耐的装潢——一切好东西都应该是这样的。它还真配得上那只金表。她一看到这表链就认为非给杰姆买下来不可。它简直像他的为人,文静而有价值——这句话拿来形容表链和杰姆本人都恰到好处。店里以二十一块钱的价格卖给了她,她带着剩下的八角七分钱匆匆地赶回家。杰姆有了这条表链,在任何场合都可以毫无顾忌地看看钟点了。那只表虽然华贵,可是因为他用一根旧皮条来代替表链,他有时只是偷偷地看一眼。

德拉回家以后,她稍稍用谨慎与理智来代替了陶醉。她拿出烫发铁钳,点起煤气,开始补救由于爱情加上慷慨而造成的灾害。那始终是一件艰巨的工作,亲爱的朋友们——简直是了不起的工作。

不出四十分钟,她头上布满紧贴头皮的小发卷,变得活像一个逃学的小学生。她仔细而苛刻地对着镜子照了又照。

“如果杰姆看了我一眼不把我杀死才怪呢,”她自言自语地说,“他会说我是康奈岛游戏场里的卖唱的姑娘。但是我有什么办法?——唉!只有一块八角七分钱,叫我有什么办法呢?”

到了七点钟,咖啡已经煮好了,煎锅也放在炉子后面热着,随时准备煎肉排。

杰姆一向准时回家。德拉把表链对折了握在手里,在他进来必经的门口的桌子角上坐下来。接着,她听到楼下梯级上响起了他的脚步声,她立刻脸色变白了。她有一个习惯,往往为了日常最简单的事情默祷几句,现在她悄声说:“求求上帝,让他认为我还是美丽的。”

门开了,杰姆迈步走进来把门关上。他很瘦削,非常严肃。可怜的人,他只有二十二岁——就担负起家庭的担子!他需要一件新大衣,手套也没有。

一进门杰姆就站住了,像一条猎犬嗅到鹌鹑似的纹风不动。他两眼盯着德拉,有一种她捉摸不透的表情,这使她大为惊慌。那既不是愤怒,也不是惊讶,又不是不满,更不是厌恶,不是她所预料的任何一种神情。他只是带着那种奇怪的神情死死地盯着她。

德拉忐忑不安地从桌上跳下来,走到他身边。

“杰姆,亲爱的,”她喊道,“别那样盯着我看。我把头发剪掉卖了,因为我不送你一件礼物,我过不了圣诞节。头发会再长起来的——你不会在意吧,是不是?我实在没办法才这么做的。我的头发长得快得要命。说句‘恭贺圣诞’吧!杰姆,让我们高高兴兴的。你猜不到我给你买了一件多么好——多么美丽的礼物。”

“你把头发剪掉了?”杰姆吃力地问道,仿佛他绞尽脑汁之后,还没有把那个显而易见的事实弄明白似的。

“不但剪了,而且卖了,”德拉说,“不管怎样,你还是一样地喜欢我,是不是,没有了头发,我还是我,不是吗?”

杰姆好奇地向房里四下张望。

“你说你的头发没有了?”他带着近乎白痴的神情问道。

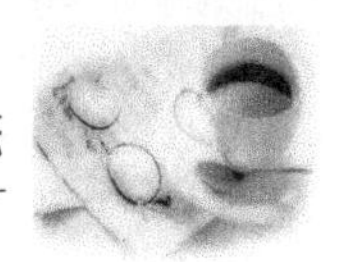

“你用不着找了，”德拉说，“我告诉你，已经卖了——卖了，没有了。今天是圣诞前夜，亲爱的，好好地对待我，我剪掉头发为的是你呀，我的头发可能数得清，”她突然非常温柔地接下去说，“但是我对你的爱情谁也数不清，我把肉排烧上好吗？杰姆！”

杰姆好像忽然从恍惚中醒过来。他把德拉搂在怀里。为了不要冒昧，让我们花十秒钟工夫瞧瞧另一方面无关紧要的东西吧。每周八块钱的房租，或者每年一百万块钱的房租，其中有什么区别？一个数学家或是一个滑稽家可能给你一个不正确的答复。麦琪带来了珍贵的礼物，但是其中没有那样东西，这句晦涩的话，下文将有说明。

杰姆从大衣口袋里掏出一包东西，把它扔在桌上。

“不要对我有任何误会，德拉，”他说，“不管是剪发、修脸、洗头，我对我的姑娘的爱情是绝不会减低一分的。但是，你一打开那包东西，就会明白，刚才你为什么把我愣住了。”

白皙的手指敏捷地撕开了绳子和包皮纸。接着是一声狂喜的叫喊；紧接着，哎呀！突然转变成女性神经质的眼泪和号哭，立刻需要公寓的主人用尽办法来安慰她。

因为摆在眼前的是那套插在头发上的梳子——全套的发梳，两鬓用的，后面用的，应有尽有；那是百老汇路[3]一个橱窗里的、德拉渴望了好久的东西。纯玳瑁做的、边上镶着珠宝的美丽的发梳，配那已经失去的美发，颜色恰恰合适。她知道这套发梳是很贵重的。她心向神往了好久，但从来没有存过占有它的希望。现在居然为她所有了，可是用来装饰那一向向往的装饰品的头发却没有了。

但是她还是把它紧紧地抱在怀中，隔了好久，她才能抬起迷蒙的泪眼，含笑对杰姆说：“我的头发长得多快啊，杰姆！”

接着，德拉像一只挨了烫的小猫似地跳了起来，喊道：“噢！噢！”

杰姆还没有看到送给他的美丽礼物呢！她热切地把它托在自己掌心上递给他。这无知无觉的贵重金属似乎闪闪地反映着她的快活和热诚的神情。

“漂亮吗，杰姆？我跑遍了全城才找到它，现在你每天要把表看上一百次了。把你的表拿给我。我要看看它配上是什么样子！”

杰姆并没有照她的话去做，却倒在小榻上，双手枕着头，微笑着。

“德拉，”他说，“让我们把圣诞节的礼物搁在一边，暂时保存起来。它们实在太好了，现在用了未免可惜。我是卖了金表换了钱给你买的发梳。现在请你煎肉排吧！”

那三位麦琪，读者都知道，全是有智慧的人——非常有智慧的人——他们带来礼物，送给生在马槽里的圣婴耶稣。他们首创了圣诞节馈赠礼物的风俗。他们既然有智慧，他们的礼物无疑也是聪明的，可能还附带一种碰上收到同样的东西时可以交换的权利。我的拙笔在这里向读者叙述了一个没有曲折、不足为奇的故事：那两个住在一间公寓里的笨孩子，极不聪明地为了对方牺牲了他们家里最宝贵的东西。但是，让我对目前一般聪明人说一句最后的话，在所有馈赠礼物的人当中，他们两个是最聪明的。在一切授受礼物的人当中，像他们这样的人也是最聪明的。他们就是麦琪。

（刘若瑞　译）

注释

[1] 选自《欧·亨利短篇小说选》。麦琪（Magi），指《圣经》所载基督初生时来自东方送礼物的三贤人：“光明之王”梅尔基奥尔赠送黄金表示尊贵；“洁白者”加斯帕赠送乳香象征神圣，巴尔撒泽赠送没药预示着基督后来遭受迫害而死。麦琪首开圣诞馈赠礼物的风俗。

[2] 希巴皇后（Queen of Sheba）：希巴古国在阿拉伯西南，就是今日的也门。希巴皇后以美貌著称。

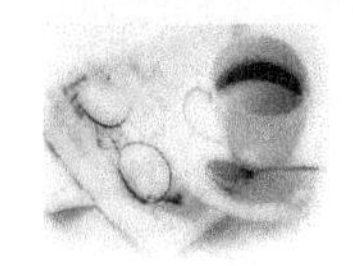

[3] 百老汇路：美国纽约市的一条大街，长约50里，其英文名称Broadway，意思是宽街，中文音译为百老汇路。

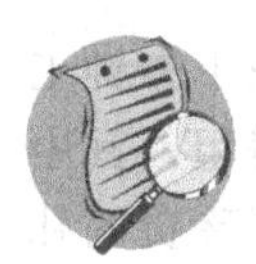

提示

《麦琪的礼物》是美国著名作家欧·亨利的短篇杰作。在这篇小说中，他用笔调诙谐又带有淡淡哀伤的艺术语言讲述了一个平凡而感人的故事。全篇小说以馈赠圣诞礼物为中心线，通过一对贫困的年轻夫妇为互赠圣诞礼物而忍痛卖掉引以自豪的长发和祖传金表的故事，反映了当时美国下层人民生活的艰难和辛酸，赞美了主人公的善良心地、美好品德和纯洁的爱情。以情动人的真爱中，忧郁凄凉的气氛始终贯穿全文，折射出作者对当时美国现实的深深思考，也表达了作者对生活在下层社会的小人物深深的同情和祝福。

小说讲述的是圣诞节前夜，妻子德拉因家庭条件的拮据而卖掉了引以自豪褐色的秀发，为丈夫买回一条白金表链，而丈夫杰姆却卖掉了珍贵的祖传金表，买来了妻子羡慕渴望已久的一套漂亮的发梳，结果阴差阳错，当他们都拿出各自的礼物时，却发现俩人珍贵的礼物都变成了无用的东西。文章的结尾是作者对这对主人公的评价：这对主人公是真正的“麦琪”。爱是人间最无价的，而那些真正富有的人花大钱买来的礼物并非包含着彼此忠贞、纯洁的真情。这对夫妇得到了比任何事物都宝贵的东西——真挚、圣洁、永恒的爱。文章就此戛然而止，干净利落，给读者留下了非同寻常的回味和思考。小说通篇未提一个“爱”字，但字里行间充满着圣洁无私的爱。爱是至高无上的就是这篇小说的主旨。

《麦琪的礼物》是一篇歌颂真挚爱情的短篇小说。小说构思非常巧妙，一实一虚两条线索并行。作者运用了巧合和悬念，使不复杂的情节充满变化，引人入胜。小说善于细节描写，通过行为描写、表情刻画来反映人物心理活动。人物的心理和神情，描写得细腻、逼真。作品中用了不少夸张、渲染的手法来叙事写人，语言幽默风趣。小说写了一个喜剧故事，可其中又夹杂、渲染着难言酸楚的悲剧之色彩，充分体现了欧·亨利小说“含泪的微笑”的独特风格。

《麦琪的礼物》也是欧·亨利短篇小说中最优秀、最典型、最有代表性的作品之一，给读者带来无穷的回味。

思考与练习

一、请概括小说的主题思想。

二、为什么说作品采用“一虚一实，双线并行”的构思方式？这样剪裁和结构有何好处？

三、阅读德拉下决心卖掉秀发一段描述。说明作者是怎样通过动作和表情描写来显现她的心理活动。

四、作者为什么在小说末尾说“在所有馈赠礼物的人当中，他们两个是最聪明的”？为什么赞叹德拉夫妻“他们就是麦琪”？

五、体味小说“含泪的微笑”的独特风格和幽默诙谐的语言特色。

六、本文是以德拉为主线叙说故事的，请试从杰姆角度改写这个故事。

第四单元

爱情婚姻

“问世间情为何物？直叫人生死相许”。古往今来，什么样的情感最能打动人？是爱情。爱情乃是人世间第一绝唱。上至皇帝嫔妃、才子佳人，下至黎民百姓、青楼歌女，爱情没有贵贱之分，只有魂牵梦绕，难舍难分。爱情是如此多姿多彩，它缠绵悱恻，它轰轰烈烈；它剪不断，理还乱；它才上眉头，却上心头；它惊天地、泣鬼神……

在中华文明的长河中，先人为我们记录下无数生死别离、刻骨铭心的爱情诗篇。《诗经·卫风·氓》女主人公发出“反是不思，亦已焉哉！”，她的觉醒，在当时社会需要何等的勇气和胆识，是何等的难能可贵！《上邪》诗中女主人公直抒胸臆，如火山爆发，如江河奔涌，大胆表达了她对心上人一颗热烈而忠贞的心。杜十娘怒沉百宝箱，以自己的死来反抗封建礼教的压迫，她“宁为玉碎，不为瓦全”的斗争精神，有着震慑人心的力量；吴组缃的《菉竹山房》中的二姑姑，守着姑爷的灵牌，在压抑和痛苦中煎熬一生，让人重温了梁祝死后化蝶双飞带给人们的沉重和悲伤；舒婷的《致橡树》中木棉与橡树比肩而立，以各自独立的姿态深情相对，象征爱情双方的独立人格和真挚爱情，也倾注了诗人自己的理想情怀……

爱情是婚姻的前奏，婚姻是爱情的归宿；纯洁的爱情令人神往，幸福的婚姻令人渴求。岁月在流逝，社会在发展，人类在进步，但爱情婚姻这一永恒的主题，似乎永远也说不完、写不尽……月有阴晴圆缺，人有悲欢离合，尽管如此，我们唯有一个共同的心愿：但愿人长久，千里共婵娟！

1. 氓[1]

《诗经》

氓之蚩蚩[2]，抱布贸丝[3]。匪[4]来贸丝，来即我谋[5]。送子涉淇[6]，至于顿丘[7]。匪我愆期[8]，子无良媒[9]。将子无怒[10]，秋以为期[11]。

乘彼垝垣[12]，以望复关[13]。不见复关，泣涕涟涟[14]。既见复关，载笑载言[15]。尔卜尔筮[16]，体无咎言[17]。以尔车[18]来，以我贿迁[19]。

桑之未落，其叶沃若[20]。于嗟鸠兮[21]，无食桑葚[22]！于嗟女兮，无与士耽[23]！士之耽兮，犹可说也。女之耽兮，不可说也[24]。

桑之落矣，其黄而陨[25]。自我徂尔[26]，三岁食贫[27]。淇水汤汤，渐车帷裳[28]。女也不爽[29]，士贰其行[30]。士也罔极[31]，二三其德[32]。

三岁为妇[33]，靡室劳矣[34]；夙兴夜寐[35]，靡有朝矣[36]。言既遂矣，至于暴矣[37]。兄弟不知，咥其笑矣[38]。静言思之[39]，躬自悼矣[40]。

及尔偕老[41]，老使我怨。淇则有岸，隰则有泮[42]。总角之宴[43]，言笑晏晏[44]。信誓旦旦，不思其反[45]。反是不思[46]，亦已焉哉[47]！

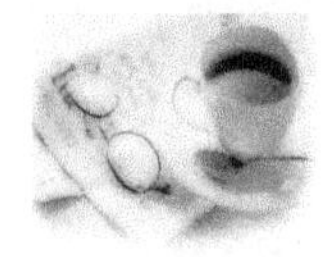

注释

[1] 《氓》：《诗经·卫风》中的一篇。
[2] 氓（méng）：民。这里指弃妇过去的丈夫。蚩蚩（chīchī）：老实的样子。
[3] 抱布贸丝：带着钱买丝。布：古代钱币。贸：买卖，交易。
[4] 匪（fēi）：通“非”，不是。
[5] 即我：到我这里。即：靠近，前来。谋：商量。这里指商量婚事。
[6] 子：您，对男子的尊称。涉：渡过。淇（qí）：淇水，卫国的河流，今河南省北部。
[7] 顿丘：卫国地名。
[8] 愆（qiān）期：过期，误期。
[9] 媒：媒人。
[10] 将：愿，希望。
[11] 秋以为期：以秋为期，把秋天作为婚期。期：这里指婚期。
[12] 乘：登上。垝（guǐ）垣（yuán）：倒塌的墙。
[13] 复关：诗中男子的住地。
[14] 泣涕：哭泣。涟涟：泪流不止。
[15] 载：则，又。载笑载言：（因为高兴而）又说又笑。
[16] 尔：你。卜：用龟甲卜吉凶。筮（shì）：用蓍草占吉凶。
[17] 体：卦体，卦象，即占卜的结果。咎（jiù）言：凶，不吉利的话。
[18] 车：指南方迎娶的车子。
[19] 贿：财物，嫁妆。
[20] 沃若：沃然，饱满润泽的样子。比喻女子年轻貌美。
[21] 于（xū）嗟：同“吁嗟”，感叹词。鸠（jiū）：斑鸠。
[22] 桑葚（shèn）：桑树的果实。据传说斑鸠吃多了桑葚会醉。
[23] 士：未婚男子的通称。耽（dān）：过分迷恋于欢乐。
[24] 说（tuō）：通“脱”，摆脱。
[25] 黄：指叶黄。陨（yǔn）：坠，落。
[26] 徂尔：嫁到你家。徂（cú）：往，到。
[27] 三岁：指多年。食贫：吃苦受穷。
[28] 汤（shāng）汤：水势盛大的样子。渐：浸湿。帷裳：车上围挂的幔帐。
[29] 爽：差错。
[30] 贰：贰读为“二”。行：行为。士贰其行指行为前后不一。
[31] 罔极：没有准则，反复无常。罔：没有。极：准则。
[32] 二三其德：改变言行，言行前后不一。德：德行，言行。
[33] 妇：媳妇。
[34] 靡室劳：不以操持家务为劳苦。靡：不，无。室：家，指家务事。
[35] 夙兴：早起。夜寐：晚睡。
[36] 靡有朝矣：没有一天不这样。朝：日。
[37] 言：句首语助词。既：已经。遂：顺心，随意。暴：粗暴。
[38] 兄弟：指同胞弟。不知：不知内情。咥（xì）：大笑的样子。
[39] 静言思之：静而思之。言：语助词，无义。
[40] 躬：自己，自身。悼：悲伤。
[41] 及：与。偕老：共同生活到老。
[42] 隰（xí）：湿地。泮（pàn）：通“畔”，岸，水边。
[43] 总角：男女未成年时，把头发扎成左右两角，称总角。宴：欢乐。
[44] 晏（yàn）晏：温柔和蔼的样子。

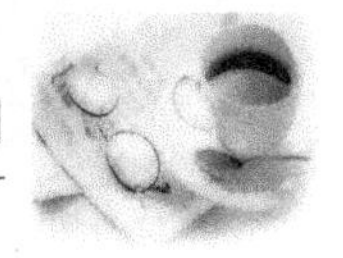

[45] 信誓：诚恳的发誓。旦旦：诚恳的样子。

[46] 反是不思：不去想违反誓言的事。反：违反。是：代词，这，指当初的誓言。

[47] 已：止，罢了。焉：语气词。哉：感叹词。亦已焉哉：算了罢了。

【译文】

那个男子笑嘻嘻，抱着布匹来换丝。原来不是真换丝，找我商量谈婚事。我曾送你渡淇水，到了顿丘不忍还。不是我要拖佳期，而是无人做良媒。请你不要生我气，我们秋天作婚期。我曾登那断墙上，眺望复关盼情郎。望穿秋水不得见，低声饮泣泪汪汪。情郎忽从复关来，有说有笑喜洋洋。你占卜来你问卦，卦辞都是吉利话。赶着你的车子来，我带嫁妆到你家。桑叶未落密又繁，又嫩又润真好看。斑鸠鸟呀斑鸠鸟，见了桑葚别嘴馋。姑娘们呀姑娘们，见了男人莫胡缠。男人要把女人缠，想甩就甩他不管。女子若是恋男子，要想摆脱难上难。桑树终有叶落时，枯枝叶黄任飘零。自从嫁到你家来，多年挨饿受贫寒。淇水滔滔送我归，水花打湿车布幔。女人丝毫无过错，男子行为不一样。男子做人无准则，三心二意品不正。做你妻子已多年，繁重家务全我干。早起晚睡少休息，日日月月无怨言。你的目的一达到，粗暴对我来虐待。兄弟不知我处境，见我回家来讥笑。静坐下来想一想，独自悲伤泪千行。曾经你说同到老，如今未老生怨愁。淇水虽宽也有岸，湿地再大也有边。少年时日多欢乐，想你言笑多温雅。当年山盟又海誓，没有想到你会变。再不考虑你背叛，从此分手就两断！

提示

《氓》是一首弃妇诗，采用第一人称，自叙了女主人公从恋爱、结婚、受虐到被弃的全过程，抒发了她痛苦、悔恨和怨愤的心情，表示了她对忘恩负义的丈夫决绝的态度。通过这个女子不幸婚姻的遭遇，深刻揭露了封建礼教的罪恶，反映了当时妇女在男女不平等的社会制度下的悲惨命运，表达了古代妇女追求自主婚姻和幸福生活的强烈愿望。

全诗六十句，每十句为一章，共分六章。按故事情节发展分为“恋爱”、“婚变”、“决绝”三个阶段，男女主人公婚恋三部曲情感线索则顺着“热烈、冷却、冰冻”的轨迹而发展变化。

第一、第二章追述婚前恋爱时的生活。第一章写男子求婚，女子许婚。第二章写男女相恋结婚。女子“送子涉淇”，又劝氓“无怒”；“既见复关，载笑载言”，表明她是一个单纯、热情、温柔的姑娘，对幸福美满的爱情生活充满憧憬。

第三、第四、第五章追述婚后的生活。第三、第四章写女子婚后的无限追悔及对男子的谴责。以“桑之未落”，“桑之落矣”起兴，以桑叶鲜亮润泽到枯萎凋零来暗示女主人公从年轻貌美到体衰色减，象征着爱情由盛而衰。“无食桑葚”、“无与士耽”、“不可说也”，劝诫被爱情冲昏头脑女子不要沉湎爱情。“女也不爽，士贰其行”表达出对男子移情别恋的谴责，指出这不是女人的过错，而是男子的反复无常。第五章写女子婚后日夜操劳反被丈夫虐待抛弃。“至于暴矣”，“兄弟不知，咥其笑矣”，饱含着女主人公无尽的痛楚和伤感，写出女子孤苦无依又被兄弟讥笑的处境。

第六章总括全诗，写女子的决绝。叙事兼抒情，抒发女子对个人婚姻生活的感受。回忆年少时青梅竹马，愉快玩耍、尽情说笑的情景。当年海誓山盟的诚恳，反衬今日背信弃义的无情。抚今追昔，更怨恨丈夫辜负了自己一片痴情、痛斥他虚伪和欺骗，愤然决定一刀两断。“反是不思，亦已焉哉”，充分表现出弃妇的清醒、刚烈、果敢和坚强，她以勇毅的决断维护了一个女人的尊严。

《氓》艺术成就很高。其一，结构完整，情节紧凑。故事性强，生动感人。其二，成功塑造了两个鲜明的人物形象。女主人单纯善良、勤劳、坚强，她也是中国历代遭受婚姻之变的不幸妇女的缩影。氓是一位虚伪狡诈、专横暴戾，绝情弃义的负心男子。其三，融叙事、抒情、议论为一体。叙事与抒情巧妙结合，同时运用夹述夹议的方法表达自己内心的愤慨。其四，赋、比、兴手法交替使用。叙事多用赋笔，议论、抒情多用比兴。比兴的运用恰到好处，由斑鸠食桑葚引出女子对负心男子的沉迷；用桑树的变化来比喻弃妇由青春年华到芳华已逝的转变，充满了沉痛和悲哀。其五，诗中回忆中多处采用了对比手法：男子婚前婚后对女子态度的对比；男女主人公形象的对比；女主人公自身婚前婚后的对比。

《氓》是《诗经》中最杰出的作品之一，也是中国文学史上最早反映妇女婚姻问题的叙事名篇，对我国后世诗歌创作，有着至为重要的影响。历代很多评论家对《氓》有着极高的评价。譬如，清代经学家陈澧在他的《读诗日录》中赞誉道“此诗绝妙。”

思考与练习

一、简析诗中女主人公和氓的性格特征。

二、《氓》中哪两章用了兴的手法？品味这些起兴诗句的艺术效果。

三、简析诗中对比手法的运用。

四、女主人公为什么会被抛弃？诗中女主人公从自己的遭遇中认识到了什么？

五、我们应如何看待诗中男女主人公的爱情悲剧？谈谈你对爱情婚姻的看法。

2. 上邪[1]

汉乐府

“执子之手，与子偕老”，从古至今都是人们对爱情婚姻最美好的承诺。“坚贞不渝，白头偕老”历来都是中国人对爱情和婚姻的理想。早在《诗经·柏舟》中，一位姑娘就曾大胆地唱出：“之死矢靡它（发誓至死不另求）”，以表露对爱人全心全意、至死不变的心。这种质朴而坦率的爱情誓言，到《上邪》有了重大突破和发展。

上邪！[2]我欲与君相知[3]，长命无绝衰[4]。山无陵[5]，江水为竭，冬雷震震，夏雨雪[6]，天地合，乃敢与君绝[7]！

注释

[1] 本篇选自《乐府诗集·鼓吹曲辞》，是汉乐府《饶歌十八曲》之一，篇名取自首句二字。

[2] 上邪（yé）：天啊！这句是指天为誓。上，指天。邪，语助词，表示感叹。

[3] 相知：相亲相爱。

[4] 长命无绝衰：这句意思是“使我们的爱情永远不衰减。”命：使，让。

[5] 山无陵（líng）：高山变为平地。陵：山峰。

[6] 雨雪：降雪。雨：落，名词活用动词。

[7] 乃敢：才敢。“敢”字是委婉的用语。绝：断绝。

【译文】

天啊！我要和你相爱，让我们的爱情永不衰竭。除非是高山变成了平原，江河水都干枯了，冬天雷声隆隆，夏天下起了大雪，天与地合到一起，我才敢同你断绝！

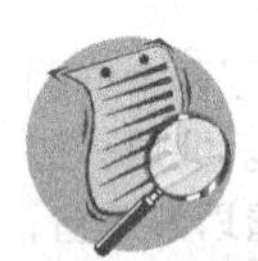

提示

《上邪》是汉乐府民歌中的一首感情真挚，大胆、泼辣的情歌。它是一位热恋中的痴情女子对爱人的热

烈表白，表达了她对爱情的忠贞不渝和执着坚定。

开篇三句，指天发誓，直吐衷情，表达了“与君相知，长命无绝衰”的愿望，从正面表明要与情人相亲相爱到永远的心愿。一个“欲”字既表现了姑娘不甘受封建礼教束缚的反抗精神，又写出了她欲相爱而不得的愤激之情。此三句用的是直笔。

“山无陵”以下五句从反面表明自己对爱情的忠贞不移。女主人公一连假设了五种现实中不可能出现的自然现象：高山变平地，江水流干，冬雷，夏雪，天地合，并以此五种自然现象的同时出现作为断情绝义的先决条件，淋漓尽致地表达了主人公不可动摇的决心。诗歌语言纯朴而直率，情感如炽热的岩浆，袒露出女子对心上人一颗赤诚不变的心，这也是她对爱情忠贞不渝的誓言。此六句用的是曲笔。

本诗在艺术创作上独具匠心。首先，这首诗想象丰富，构思奇特。其次，全诗采用杂言体，从二言到六言，错落相间，句式的长短、急缓与感情的跌宕起伏极其吻合。开篇女主人公自吐衷情时感情哀怨，句式较长；接着女主人公表达自己对爱情的忠贞，内心的情感如火山爆发、江河奔涌，已没有任何力量能阻挡，诗句随之变得简短而急促，语气显得连贯而紧迫，与少女吐露爱情时激荡、起伏的感情相吻合，突出了她敢与命运抗争的坚定性格与热烈心情。第三，全诗语言质朴浅白、不加雕饰，极尽纯净之美；情感炽烈，给人以惊心动魄的力量，这正是汉乐府民歌的魅力所在。

我国古代的爱情诗，以含蓄委婉、缠绵悱恻者居多，而《上邪》深情奇想，以其奔放的格调，大胆直接地抒发了炽烈的感情。《上邪》是用热血乃至生命铸成的诗篇，对后世情歌产生了深远的影响，的确不愧为“短章之神品”。

思考与练习

一、这首诗的内容、体裁及抒情风格有何特点？

二、作者假设了哪几种她认为不可能出现的自然现象？

三、为什么说本诗“山无陵”起六句，突出了女主人公对爱情的坚贞不渝？

四、敦煌曲子词中有一篇《菩萨蛮》，堪称为《上邪》的姊妹篇。全诗为“枕前发尽千般愿，要休且待青山烂。水面上秤锤浮，直待黄河彻底枯。白日参辰现，北斗回南面，休即未能休，且待三更见日头。”试比较它们的同异。

五、背诵这首诗。

3. 杜十娘怒沉百宝箱（节选）

冯梦龙

冯梦龙（1574—1646），字犹龙，别署龙子犹，又号墨憨斋主人，别署姑苏词奴、顾曲散人等。江苏长洲（今江苏省苏州市）人，与兄冯梦桂、弟冯梦雄三人被称为“吴下三冯”。明代著名通俗文学家、戏曲家。他少有才气，虽有仕进之心，然一生在科举上不得意，五十七岁才补一贡生，六十一岁被选任福建寿宁知县。明亡后积极从事抗清活动，后忧愤而死。他思想受市民意识的影响，提倡重视小说、戏曲和通俗文学，毕生从事通俗文学的搜集、整理、编辑工作。他所编辑的话本集《喻世明言》、《警世通言》、《醒世恒言》，世称“三言”，对繁荣晚明短篇白话小说，起了重要作用。此外，还编有民歌时调集《挂枝儿》、《山歌》，散曲集《太霞新奏》，笔记故事《古今谈概》等。

不一日，行至瓜洲，大船停泊岸口，公子别雇了民船，安放行李。约明日侵晨，剪江而渡。其时仲冬中旬，月明如水，公子和十娘坐于舟首。公子道：“自出都门，困守一舱之中，四顾有人，未得畅语。今日独据一舟，更无避忌。且已离塞北，初近江南，宜开怀畅饮，以舒向来抑郁之气，恩卿以为何如？”十娘道：“妾久疏谈笑，亦有此心，郎君言及，足见同志耳。”公子乃携酒具于船首，与十娘铺毡并坐，传杯交盏。饮至半酣，公子执卮对十娘道：

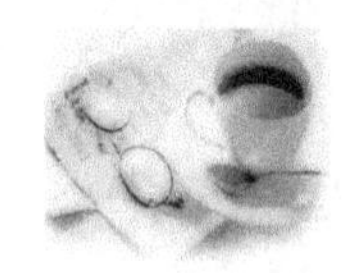

“恩卿妙音，六院推首。某相遇之初，每闻绝调，辄不禁神魂之飞动。心事多违，彼此郁郁，鸾鸣凤奏，久矣不闻。今清江明月，深夜无人，肯为我一歌否？”十娘兴亦勃发，遂开喉顿嗓，取扇按拍，呜呜咽咽，歌出元人施君美《拜月亭》[1]杂剧上“状元执盏与婵娟”一曲，名《小桃红》。真个：

声飞霄汉云皆驻，响入深泉鱼出游。

却说他舟有一少年，姓孙名富，字善赉，徽州新安人氏。家资巨万，积祖扬州种盐[2]。年方二十，也是南雍中朋友。生性风流，惯向青楼买笑，红粉追欢，若嘲风弄月，到是个轻薄的头儿。事有偶然，其夜亦泊舟瓜洲渡口，独酌无聊。忽听得歌声嘹亮，凤吟鸾吹，不足喻其美。起立船头，伫听半晌，方知声出邻舟。正欲相访，音响倏已寂然。乃遣仆者潜窥踪迹，访于舟人。但晓得是李相公雇的船，并不知歌者来历。孙富想道：“此歌者必非良家，怎生得他一见？”展转寻思，通宵不寐。捱至五更，忽闻江风大作。及晓，彤云密布，狂雪飞舞。怎见得，有诗为证：

千山云树灭，万径人踪绝。
扁舟蓑笠翁，独钓寒江雪。

因这风雪阻渡，舟不得开。孙富命艄公移船，泊于李家舟之傍。孙富貂帽狐裘，推窗假作看雪。值十娘梳洗方毕，纤纤玉手揭起舟傍短帘，自泼盂中残水，粉容微露，却被孙富窥见了，果是国色天香。魂摇心荡，迎眸注目，等候再见一面，杳不可得。沉思久之，乃倚窗高吟高学士[3]《梅花诗》二句，道：

雪满山中高士卧，月明林下美人来。

李甲听得邻舟吟诗，舒头出舱，看是何人。只因这一看，正中了孙富之计。孙富吟诗，正要引李公子出头，他好乘机攀话。当下慌忙举手，就问：“老兄尊姓何讳？”李公子叙了姓名乡贯，少不得也问那孙富。孙富也叙过了。又叙了些太学中的闲话，渐渐亲熟。孙富便道：“风雪阻舟，乃天遣与尊兄相会，实小弟之幸也。舟次无聊，欲同尊兄上岸，就酒肆中一酌，少领清诲，万望不拒。”公子道：“萍水相逢，何当厚扰？”孙富道：“说那里话！‘四海之内，皆兄弟也’。”喝教艄公打跳，童儿张伞，迎接公子过船，就于船头作揖。然后让公子先行，自己随后，各各登跳上岸。

行不数步，就有个酒楼。二人上楼，拣一副洁净座头，靠窗而坐。酒保列上酒肴。孙富举杯相劝，二人赏雪饮酒。先说些斯文中套话，渐渐引入花柳之事。二人都是过来之人，志同道合，说得入港[4]，一发成相知了。孙富屏去左右，低低问道：“昨夜尊舟清歌者，何人也？”李甲正要卖弄在行，遂实说道：“此乃北京名姬杜十娘也。”孙富道：“既系曲中姊妹，何以归兄？”公子遂将初遇杜十娘，如何相好，后来如何要嫁，如何借银讨他，始末根由，备细述了一遍。孙富道：“兄携丽人而归，固是快事，但不知尊府中能相容否？”公子道：“贱室不足虑。所虑者老父性严，尚费踌躇耳！”孙富将机就机，便问道：“既是尊大人未必相容，兄所携丽人，何处安顿？亦曾通知丽人，共作计较否？”公子攒眉而答道：“此事曾与小妾议之。”孙富欣然问道：“尊宠必有妙策。”公子道：“他意欲侨居苏杭，流连山水。使小弟先回，求亲友宛转于家君之前，俟家君回嗔作喜，然后图归。高明以为何如？”孙富沉吟半晌，故作愀然之色，道：“小弟乍会之间，交浅言深，诚恐见怪。”公子道：“正赖高明指教，何必谦逊？”孙富道：“尊大人位居方面[5]，必严帷薄[6]之嫌，平时既怪兄游非礼之地，今日岂容兄娶不节之人？况且贤亲贵友，谁不迎合尊大人之意者？兄枉去求他，必然相拒。就有个不识时务的进言于尊大人之前，见尊大人意思不允，他就转口了。兄进不能和睦家庭，退无词以回复尊宠。即使留连山水，亦非长久之计。万一资斧困竭，岂不进退两难！”

公子自知手中只有五十金，此时费去大半，说到资斧困竭，进退两难，不觉点头道是。孙富又道："小弟还有句心腹之谈，兄肯俯听否？"公子道："承兄过爱，更求尽言。"孙富道："疏不间亲，还是莫说罢。"公子道："但说何妨？"孙富道："自古道：'妇人水性无常。'况烟花之辈，少真多假。他既系六院名姝，相识定满天下；或者南边原有旧约，借兄之力，挈带而来，以为他适之地。"公子道："这个恐未必然。"孙富道："既不然，江南子弟，最工轻薄。兄留丽人独居，难保无逾墙钻穴之事。若挈之同归，愈增尊大人之怒。为兄之计，未有善策。况父子天伦，必不可绝。若为妾而触父，因妓而弃家，海内必以兄为浮浪不经之人。异日妻不以为夫，弟不以为兄，同袍不以为友，兄何以立于天地之间？兄今日不可不熟思也！"

公子闻言，茫然自失，移席问计："据高明之见，何以教我？"孙富道："仆有一计，于兄甚便。只恐兄溺枕席之爱，未必能行，使仆空费词说耳！"公子道："兄诚有良策，使弟再睹家园之乐，乃弟之恩人也。又何惮而不言耶？"孙富道："兄飘零岁余，严亲怀怒，闺阁离心，设身以处兄之地，诚寝食不安之时也。然尊大人所以怒兄者，不过为迷花恋柳，挥金如土，异日必为弃家荡产之人，不堪承继家业耳！兄今日空手而归，正触其怒。兄倘能割衽席之爱，见机而作，仆愿以千金相赠。兄得千金，以报尊大人，只说在京授馆，并不曾浪费分毫，尊大人必然相信。从此家庭和睦，当无间言。须臾之间，转祸为福。兄请三思，仆非贪丽人之色，实为兄效忠于万一也！"

李甲原是没主意的人，本心惧怕老子，被孙富一席话，说透胸中之疑，起身作揖道："闻兄大教，顿开茅塞。但小妾千里相从，义难顿绝，容归与商之。得其心肯，当奉复耳。"孙富道："说话之间，宜放婉曲。彼既忠心为兄，必不忍使兄父子分离，定然玉成兄还乡之事矣。"二人饮了一回酒，风停雪止，天色已晚。孙富教家僮算还了酒钱，与公子携手下船。正是：

逢人且说三分话，未可全抛一片心。

却说杜十娘在舟中，摆设酒果，欲与公子小酌，竟日未回，挑灯以待。公子下船，十娘起迎。见公子颜色匆匆，似有不乐之意，乃满斟热酒劝之。公子摇首不饮，一言不发，竟自床上睡了。十娘心中不悦，乃收拾杯盘，为公子解衣就枕，问道："今日有何见闻，而怀抱郁郁如此？"公子叹息而已，终不启口。问了三四次，公子已睡去了。十娘委决不下，坐于床头而不能寐。到夜半，公子醒来，又叹一口气。十娘道："郎君有何难言之事，频频叹息？"公子拥被而起，欲言不语者几次，扑簌簌掉下泪来。十娘抱持公子于怀间，软言抚慰道："妾与郎君情好，已及二载，千辛万苦，历尽艰难，得有今日。然相从数千里，未曾哀戚。今将渡江，方图百年欢笑，如何反起悲伤？必有其故。夫妇之间，死生相共，有事尽可商量，万勿讳也。"

公子再四被逼不过，只得含泪而言道："仆天涯穷困，蒙恩卿不弃，委曲相从，诚乃莫大之德也。但反覆思之，老父位居方面，拘于礼法，况素性方严，恐添嗔怒，必加黜逐。你我流荡，将何底止？夫妇之欢难保，父子之伦又绝。日间蒙新安孙友邀饮，为我筹及此事，寸心如割！"十娘大惊道："郎君意将如何？"公子道："仆事内之人，当局而迷。孙友为我画一计颇善，但恐恩卿不从耳！"十娘道："孙友者何人？计如果善，何不可从？"公子道："孙友名富，新安盐商，少年风流之士也。夜间闻子清歌，因而问及。仆告以来历，并谈及难归之故，渠意欲以千金聘汝。我得千金，可藉口以见吾父母；而恩卿亦得所天。但情不能舍，是以悲泣。"说罢，泪如雨下。

十娘放开两手，冷笑一声道："为郎君画此计者，此人乃大英雄也！郎君千金之资既得恢复，而妾归他姓，又不致为行李之累，发乎情，止乎礼，诚两便之策也。那千金在那里？"

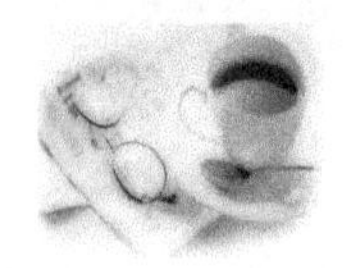

公子收泪道："未得恩卿之诺，金尚留彼处，未曾过手。"十娘道："明早快快应承了他，不可挫过机会。但千金重事，须得兑足交付郎君之手，妾始过舟，勿为贾竖子所欺。"时已四鼓，十娘即起身挑灯梳洗道："今日之妆，乃迎新送旧，非比寻常。"于是脂粉香泽，用意修饰，花钿绣袄，极其华艳，香风拂拂，光采照人。装束方完，天色已晓。

孙富差家僮到船头候信。十娘微窥公子，欣欣似有喜色，乃催公子快去回话，及早兑足银子。公子亲到孙富船中，回复依允。孙富道："兑银易事，须得丽人妆台为信。"公子又回复了十娘，十娘即指描金文具道："可便抬去。"孙富喜甚，即将白银一千两，送到公子船中。十娘亲自检看，足色足数，分毫无爽。乃手把船舷，以手招孙富。孙富一见，魂不附体。十娘启朱唇，开皓齿道："方才箱子可暂发来，内有李郎路引[7]一纸，可检还之也。"孙富视十娘已为瓮中之鳖，即命家僮送那描金文具，安放船头之上。十娘取钥开锁，内皆抽替[8]小箱。十娘叫公子抽第一层来看，只见翠羽明珰，瑶簪宝珥，充牣于中，约值数百金。十娘遽投之江中。李甲与孙富及两船之人，无不惊诧。又命公子再抽一箱，乃玉箫金管；又抽一箱，尽古玉紫金玩器，约值数千金。十娘尽投之于大江中。岸上之人，观者如堵。齐声道："可惜，可惜！"正不知什么缘故。最后又抽一箱，箱中复有一匣。开匣视之，夜明之珠，约有盈把。其他祖母绿、猫儿眼，诸般异宝，目所未睹，莫能定其价之多少。众人齐声喝彩，喧声如雷。十娘又欲投之于江。李甲不觉大悔，抱持十娘恸哭[9]，那孙富也来劝解。

十娘推开公子在一边，向孙富骂道："我与李郎备尝艰苦，不是容易到此。汝以奸淫之意，巧为谗说，一旦破人姻缘，断人恩爱，乃我之仇人。我死而有知，必当诉之神明，尚妄想枕席之欢乎！"又对李甲道："妾风尘数年，私有所积，本为终身之计。自遇郎君，山盟海誓，白首不渝。前出都之际，假托众姊妹相赠，箱中韫藏百宝，不下万金。将润色郎君之装，归见父母，或怜妾有心，收佐中馈，得终委托，生死无憾。谁知郎君相信不深，惑于浮议[10]，中道见弃，负妾一片真心。今日当众目之前，开箱出视，使郎君知区区千金，未为难事。妾椟中有玉，恨郎眼内无珠。命之不辰，风尘困瘁，甫得脱离，又遭弃捐。今众人各有耳目，共作证明，妾不负郎君，郎君自负妾耳！"于是众人聚观者，无不流涕，都唾骂李公子负心薄幸。公子又羞又苦，且悔且泣，方欲向十娘谢罪。十娘抱持宝匣，向江心一跳。众人急呼捞救。但见云暗江心，波涛滚滚，杳无踪影。可惜一个如花似玉的名姬，一旦葬于江鱼之腹！

三魂渺渺归水府，七魄悠悠入冥途。

当时旁观之人，皆咬牙切齿，争欲拳殴李甲和那孙富。慌得李、孙二人，手足无措，急叫开船，分途遁去。李甲在舟中。看了千金，转忆十娘，终日愧悔，郁成狂疾，终身不痊。孙富自那日受惊，得病卧床月余，终日见杜十娘在傍诟骂，奄奄而逝。人以为江中之报也。

却说柳遇春在京坐监完满，束装回乡，停舟瓜步。偶临江净脸，失坠铜盆于水，觅渔人打捞。及至捞起，乃是个小匣儿。遇春启匣观看，内皆明珠异宝，无价之珍。遇春厚赏渔人，留于床头把玩。是夜梦见江中一女子，凌波而来，视之，乃杜十娘也。近前万福，诉以李郎薄幸之事。又道："向承君家慷慨，以一百五十金相助，本意息肩之后，徐图报答。不意事无终始；然每怀盛情，悒悒未忘。早间曾以小匣托渔人奉致，聊表寸心，从此不复相见矣。"言讫，猛然惊醒，方知十娘已死，叹息累日。

后人评论此事，以为孙富谋夺美色，轻掷千金，固非良士；李甲不识杜十娘一片苦心，碌碌蠢才，无足道者。独谓十娘千古女侠，岂不能觅一佳侣，共跨秦楼之凤，乃错认李公子。明珠美玉，投于盲人，以致恩变为仇，万种恩情，化为流水，深可惜也！有诗叹云：

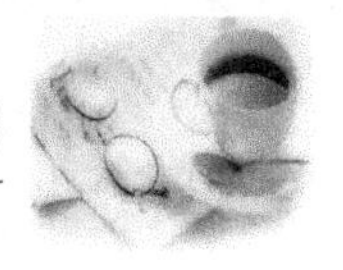

不会风流莫妄谈，单单情字费人参；
若将情字能参透，唤作风流也不惭。

注释

[1] 《拜月亭》：南戏戏文之一，又名《闺怨记》。这里误称为杂剧。
[2] 种盐：做盐商。
[3] 高学士：明代诗人高启。
[4] 入港：这里作言语投机解释。
[5] 方面：旧时以一省的最高官吏为方面官。李甲的父亲只是布政使，这里是尊谀之词。
[6] 帷薄：旧时官场里面对于有关家庭妇女的事情都用帷薄这两个字来概括。
[7] 路引：这里指国子监准许回籍的证件。
[8] 抽替：抽屉。
[9] 恸哭：放声痛哭。
[10] 惑于浮议：被别人的闲话迷惑。

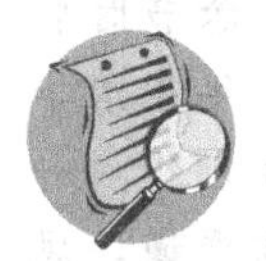

提示

本篇选自冯梦龙“三言”的《警世通言》第三十二卷，是明代白话小说集《三言》乃至中国古代白话小说中最优秀的短篇小说之一。

《杜十娘怒沉百宝箱》是一部反封建反礼教的爱情悲剧小说。故事讲述的是万历二十年间，京城名姬杜十娘为了赎身从良，追求真爱，将自己的终身托付给富家子弟李甲并不惜倾囊相助，可李甲生性软弱、自私，虽然对杜十娘也真心爱恋，但又屈从于社会、家庭的礼教观念，再加上孙富的挑唆，他出卖、背叛了杜十娘，最终杜十娘心灰意冷抱箱投江而死。作品通过杜十娘从良不成而携百宝箱投江自尽的悲剧，表现出作者对追求爱情自由和幸福的杜十娘寄予了深切的同情和赞美，对背信弃义的纨绔子弟李甲和利用金钱破坏他人幸福的孙富表现了极大的憎恨，深刻揭示出封建制度残害妇女的罪恶。

本篇小说艺术成就是多方面的，主要表现在精妙的构思和塑造人物形象的手法上。首先，小说艺术构思颇具匠心，平中见奇，巧设伏笔。采用一环套一环的连缀式结构，单线发展，依次递进，如笋之剥皮，层层剥开，并层层深入。人物善恶分明，与事件完全融合，人物塑造主要在情节发展中完成。“百宝箱”是叙事编辑的妙笔，在小说中出现四次，对情节发展起着暗示和推动作用。“百宝箱”先合后开，延长了故事的秘密，给读者巧设了悬念，引人入胜，增强了作品的可读性，这正是作者构思巧妙所在。其次，运用细节刻画、衬托对比、个性化的人物语言等艺术手法，刻画人物形象。小说通过人物的语言、行动，并运用典型的细节描写、对比衬托等艺术手法，成功地塑造出杜十娘、李甲等丰满而鲜活，各具特性的人物形象。比如写杜十娘得知李甲之意时，起初“大惊”，后来“冷笑”、“挑灯梳洗”，再到“微窥公子”，这一连串的细节描写，将杜十娘由震惊到伤心再到强作镇静，最后绝望的心路历程，表现得一清二楚。

本小说成功塑造了杜十娘这一典型的文学形象，她美丽善良、聪明机智，独立自主，坚强果敢，坚韧不屈，始终和命运做着顽强的抗争，她是对自由幸福与独立人格有着更为热切向往的新女性形象的代表。小说主要从逃出苦海的谋划、面对背弃的选择和义无反顾的诀别这三方面刻画了杜十娘的坚强果敢，其中杜十娘希望破灭后的“悲愤投江”使故事达到高潮，尤显悲壮苍凉。小说之所以具有悲剧的美，在于它表现了杜十娘宁愿反抗而死，不愿屈辱而生的“宁为玉碎，不为瓦全”的刚烈性格。作者以杜十娘的死，以百万金银珠宝与佳人共沉江心的悲壮，控诉了害人的罪恶社会，表达了对封建礼教的反抗精神，这种和黑暗势力毫不妥协的斗争精神，具有震慑人心的力量。

《杜十娘怒沉百宝箱》所反映的时代内容，所表现的深邃思想，所采用的艺术手法，都是非常卓越的。这个最具悲剧色彩的杜十娘，一直是现当代文学评论界赞美的对象。杜十娘将光辉的生命随着纯洁

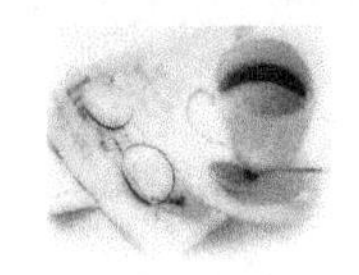

的爱情一起毁灭，具有鲜明的时代特征和深刻的社会意义。这篇小说也被认为是最能表现冯梦龙进步思想的典型作品。

思考与练习

一、结合当时的社会环境，分析造成杜十娘悲剧的原因有哪些？

二、试分析小说的主题。

三、在把握情节的基础上，试分析杜十娘人物形象。

四、百宝箱在文中前后共出现了几次？请分析百宝箱的意义。

五、作品中充满了悲剧气氛，但文中却描述杜十娘同李甲在南归船上饮酒赏月。请简述这样写的好处。

4. 菉竹山房

吴组缃

吴组缃（1908～1994），原名吴祖襄，字仲华，安徽泾县人。中国现当代著名作家、学者。1921年起先后在宣城安徽省立八中、芜湖省立五中和上海求学。在芜湖五中念书时曾编辑学生会创办的文艺周刊《赭山》，并开始在《皖江日报》副刊发表诗文。1930年在清华大学读书时即开始文学创作。1932年创作小说《官官的补品》，获得成功。1934年创作《一千八百担》。他创作的小说以鲜明的写实主义风格享誉文坛。文笔朴素细腻、结构严谨，风格悲凉，擅长描摹人物的语言和心态，有浓厚的地方特色。主要著作有《西柳集》、《饭余集》以及长篇小说《鸭嘴涝》（后更名为《山洪》）等。

阴历五月初十日和阿圆到家，正是家乡所谓“火梅”[1]天气：太阳和淫雨交替迫人，那苦况非身受的不能想象。母亲说，前些日子二姑姑托人传了口信来，问我们到家没有；说“我做姑姑的命不好，连侄儿侄媳也冷淡我。”意思之间，是要我和阿圆到她老人家村上去住些时候。

二姑姑家我只于年小时去过一次，至今十多年了。我连年羁留外乡，过的是电灯电影洋装书籍柏油马路的另一世界的生活。每当想起家乡，就如记忆一个年远的传说一样。我脑中的二姑姑家，到现在更是模糊得如云如烟。那座阴森敞大的三进大屋，那间摊乱着雨蚀虫蛀的古书的学房，以及后园中的池塘竹木，想起来都如依稀的梦境。

二姑姑的故事好似一个旧传奇的仿本。她的红颜时代我自然没有见过，但从后来我所见到的她的风度上看来：修长的身材，清癯白晰的脸庞，狭长而凄清的眼睛，以及沉默少言笑的阴暗调子，都和她的故事十分相称。

故事在这里不必说得太多。其实，我所知道的也就有限；因为家人长者都讳[2]谈它。我所知道的一点点，都是日长月远，家人谈话中偶然流露出来，由零碎摭拾起来的。

多年以前，叔祖的学塾[3]中有个聪明年少的门生，是个三代孤子。因为看见叔祖房里的幛幔，笔套，与一幅大云锦上的刺绣，绣的都是各种姿态的美丽蝴蝶，心里对这绣蝴蝶的人起了羡慕之情：而这绣蝴蝶的姑娘因为听叔祖常常夸说这人，心里自然也早就有了这人。这故事中的主人以后是乘一个怎样的机缘相见相识，我不知道，长辈们恐怕也少知道。在我所摭拾的零碎资料中，这以后便是这悲惨故事的顶峰：一个三春天气的午间，冷清的后园的太湖石洞中，祖母因看牡丹花，拿住了一对仓皇失措的系裤带的顽皮孩子。

这幕才子佳人的喜剧闹了出来，人人夸说的绣蝴蝶的小姐一时连丫头也要加以鄙夷。

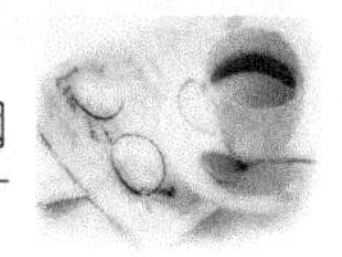

放佚风流[4]的叔祖虽从中尽力撮合周旋，但当时究未成功。若干年后，扬子江中八月大潮，风浪陡作，少年赴南京应考，船翻身亡。绣蝴蝶的小姐那时才十九岁，闻耗后，在桂花树下自缢，为园丁所见，救活了，没死。少年家觉得这小姐尚有稍些可风之处[5]，商得了女家同意，大吹大擂接小姐过去迎了灵柩；麻衣红绣鞋，抱着灵牌参拜家堂祖庙，做了新娘。

这故事要不是二姑姑的，并不多么有趣；二姑姑要没这故事，我们这次也就不致急于要去。

母亲自然怂恿我们去。说我们是新结婚，也难得回家一次。二姑姑家孤寂了一辈子，如今如此想念我们，这点子人情是不能不尽的。但是阿圆却有点怕我们家乡的老太太。这些老太太——举个例，就如我的大伯娘，她老人家就最喜欢搂阿圆在膝上喊宝宝，亲她的脸，咬她的肉，摩挲她的肩膊；又要我和她接吻给她老人家看。一得闲空，就托支水烟袋坐到我们房里来，盯着眼看守着我们作迷迷笑脸，满口反复地说些叫人红脸不好意思的夸羡的话。这种种罗唣[6]，我倒不大在意；可是阿圆就老被窘得脸红耳赤，不知该往哪里躲。——因此，阿圆不愿去。

我知道弊病之所在，告诉阿圆：二姑姑不是这种善于表现的快乐天真的老太太。而且我会投年轻姑娘之所好，照二姑姑原来的故事又编上了许多的动人的穿插，说得阿圆感动得红了眼睛叹长气。听说二姑姑决不会给她那种罗唣，她的不愿去的心就完全消除；再听了二姑姑的故事，有趣得如从线装书中看下来的一样；又想到借此可以暂时躲避家下的老太太；而且又知道金燕村中风景好，菉竹山房的屋舍阴凉宽畅：于是阿圆不愿去的心，变成急于要去了。

我说金燕村，就是二姑姑的村；菉竹山房就是二姑姑的家宅。沿着荆溪的石堤走，走的七八里地，回环合抱的山峦渐渐拥挤，两岸葱翠古老的槐柳渐密，溪中暗赭色的大石渐多，哗哗的水激石块声越听越近。这段溪，渐不叫荆溪，而是叫响潭。响潭的两岸，槐树柳树榆树更多更老更葱茏，两面缝合，荫罩着乱喷白色水沫的河面，一缕太阳光也晒不下来。沿着响潭两岸的树林中，疏疏落落点缀着二十多座白垩瓦屋。西岸上，紧临着响潭，那座白屋分外大；梅花窗的围墙上面探露着一丛竹子；竹子一半是绿色的，一半已开了花，变成槁色。——这座村子便是金燕村，这座大屋便是二姑姑的家宅菉竹山房。

阿圆是外乡生长的，从前只在中国山水画上见过的景子，一朝忽然身历其境，欣跃之情自然难言。我一时回想起平日见惯的西式房子，柏油马路，烟囱，工厂等等，也觉得是重入梦境，作了许多缥缈之想。

二姑姑多年不见，显见得老迈了。

“昨天夜里结了三颗大灯花，今朝喜鹊在屋脊上叫了三四次，我知道要来人。”

那张苍白皱摺的脸没多少表情。说话的语气，走路的步法，和她老人家的脸庞同一调子：阴暗，凄苦，迟钝。她引我们进到内屋里，自己蹒跚颤颤地到房里去张罗果盘，吩咐丫头为我们打脸水。——这丫头叫兰花，本是我家的丫头，三十多岁了。二姑姑陪嫁丫头死去后，祖父便拨了身边的这丫头来服侍姑姑，和姑姑作伴。她陪姑姑住守这所大屋子已二十多年，跟姑姑念诗念经，学姑姑绣蝴蝶，她自己说不要成家的。

二姑姑说没指望我们来得如此快，房子都没打扫。领我们参观全宅，顺便叫我们自己拣一间合意的住。四个人分作三排走，姑姑在前，我俩在次，兰花在最后。阿圆蹈着姑姑的步子走，显见得拘束不自在，不时昂头顾我，作有趣的会意之笑。我们都无话说。

屋子高大，阴森，也是和姑姑的人相谐调的。石阶，地砖，柱础，甚至板壁上，都染涂着一层深深浅浅的暗绿，是苔尘。一种与陈腐的土木之气混合的霉气扑满鼻官。每一进屋的

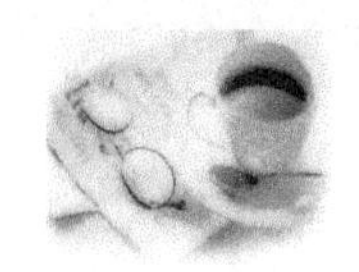

梁上都吊有淡黄色的燕子窝，有的已剥落，只留着痕迹；有的正孵着雏儿，叫得分外响。

我们每走到一进房子，由兰花先上前开锁；因为除姑姑住的一头两间的正屋而外，其余每一间房，每一道门都是上了锁的。看完了正屋，由侧门一条巷子走到花园中。邻着花园有座雅致的房，门额上写着“邀月”两个八分字。百叶窗，古瓶式的门，门上也有明瓦纸的册叶小窗。我爱这地方近花园，较别处明朗清新得多，和姑姑说，我们就住这间房。姑姑叫兰花开了锁，两扇门一推开，就噗噗落下三只东西来：两只是壁虎，一只是蝙蝠。我们都怔了一怔。壁虎是悠悠地爬走了；兰花拾起那只大蝙蝠，轻轻放到墙隅里，呓语着似地念了一套怪话：

“福公公，你让让房，有贵客要在这里住。”

阿圆惊惶不安的样子，牵一牵我的衣角，意思大约是对着这些情景，不敢在这间屋里住。二姑姑年老还不失其敏感，不知怎样她老人家就窥知了阿圆的心事：

“不要紧。——这些房子，每年你姑爹回家时都打扫一次。停会，叫兰花再好好来收拾。福公公虎爷爷都会让出去的。”

又说：

“这间避月庐是你姑爹最喜欢的地方；去年你姑爹回来，叫我把它修葺[7]一下。你看看，里面全是新崭崭的。”

我探身进去张看，兜了一脸蜘蛛网。里面果然是新崭崭的。墙上字画，桌上陈设，都很整齐。只是蒙上一层薄薄的尘灰罢了。

我们看兰花扎了竹叶把，拿了扫帚来打扫。二姑姑自回前进去了。阿圆用一个小孩子的神秘惊奇的表情问：

“怎么说姑爹？……”

兰花放下竹叶把，瞪着两只阴沉的眼睛低幽地告诉阿圆说：

“爷爷灵验得很啦！三朝两天来给奶奶托梦。我也常看见的，公子帽，宝蓝衫，常在这园里走。”

阿圆扭着我的袖口，只是向着兰花的两只眼睛瞪看。兰花打扫好屋子，又忙着抱被褥毯子席子为我们安排床铺。里墙边原有一张檀木榻，榻几上面摆着一套围棋子，一盘瓷制的大蟠桃。把棋子蟠桃连同榻几拿去，铺上被席，便是我们的床了。二姑姑蹒跚颤颤地走来，拿着一顶蚊帐给我们看，说这是姑爹用的帐，是玻璃纱制的；问我们怕不怕招凉。我自然愿意要这顶凉快帐子；但是阿圆却望我瞪着眼，好像连这顶美丽的帐子也有可怕之处。

这屋子的陈设是非常美致的，只看墙上的点缀就知道。东墙上挂着四幅大锦屏，上面绣着“菉竹山房唱和诗”，边沿上密密齐齐地绣着各色的小蝴蝶，一眼看上去就觉得很灿烂。西墙上挂着一幅彩色的《钟馗捉鬼图》[8]，两边有洪北江[9]的“梅雪松风清几榻，天光云影护琴书”的对子。床榻对面的南墙上有百叶窗子可以看花园，窗下一书桌，桌上一个朱砂古瓶，瓶里插着马尾云拂。

我觉得这地方好。陈设既古色古香，而窗外一丛半绿半黄的修竹，和墙外隐约可听的响潭之水，越衬托得闲适恬静。

不久吃晚饭，我们都默然无话。我和阿圆是不知在姑姑面前该说些什么好；姑姑自己呢，是不肯多说话的。偌大屋子如一大座古墓，没一丝人声；只有堂厅里的燕子啾啾地叫。

兰花向天井檐上张一张，自言自语地说：

“青姑娘还不回来呢！”

二姑姑也不答话，点点头。阿圆偷眼看看我。——其实我自己也正在纳罕着的。吃了饭，正洗脸，一只燕子由天井飞来，在屋里绕了一道，就钻进檐下的窝里去了。兰花停了

碗，把筷子放在嘴沿上，低低地说：

“青姑娘，你到这时才回来。”悠悠地长叹一口气。

我释然，向阿圆笑笑；阿圆却不曾笑，只瞪着眼看兰花。

我说邀月庐清新明朗，那是指日间而言。谁知这天晚上，大雨复作，一盏三支灯草的豆油檠摇晃不定，远远正屋里二姑姑和兰花低幽地念着晚经，听来简直是“秋坟鬼唱鲍家诗”；加以外面雨声虫声风弄竹声合奏起一支凄戾的交响曲，显得这周遭的确鬼气殊多。也不知是循着怎样的一个线索，很自然地便和阿圆谈起《聊斋》[10]的故事来。谈一回，她越靠紧我一些，两眼只瞪着西墙上的《钟馗捉鬼图》，额上鼻上渐渐全渍着汗珠。钟馗手下按着的那个鬼，披着发，撕开血盆口，露出两支大獠牙，栩栩欲活。我偶然瞥一眼，也不由得一惊。这时觉得那钟馗，那恶鬼，姑姑和兰花，连同我们自己俩，都成了鬼故事中的人物了。

阿圆瑟缩地说：“我想睡。”

她紧紧靠住我，我走一步，她走一步。睡到床上，自然很难睡着。不知辗转了多少时候，雨声渐止，月光透过百叶窗，映照得满屋凄幽。一阵飒飒的风摇竹声后，忽然听得窗外有脚步之声。声音虽然轻微，但是入耳十分清楚。

“你……听见了……没有？”阿圆把头钻在我的腋下，喘息地低声问。

我也不禁毛骨悚然。

那声音渐听渐近，没有了；换上的是低沉的戚戚声，如鬼低诉。阿圆已浑身汗濡。我咳了一声，那声音突然寂止；听见这突然寂止，想起兰花日间所说的话，我也不由得不怕了。

半晌没有声息，紧张的心绪稍稍平缓，但是两人的神经都过分紧张，要想到梦乡去躲身，究竟不能办到。为要解除阿圆的恐怖，我找了些快乐高兴的话和她谈说。阿圆也就渐渐敢由我的腋下伸出头来了。我说：

“你想不想你的家？”

“想。”

“怕不怕了？”

“还有点怕。”

正答着话，她突然尖起嗓子大叫一声，搂住我，嚎啕，震抖，迫不成声：

“你……看……门上！……”

我看门上——门上那个册叶小窗露着一个鬼脸，向我们张望；月光斜映，隔着玻璃纱帐看得分外明晰。说时迟，那时快。那个鬼脸一晃，就沉下去不见了。我不知从那里涌上一股勇气，推开阿圆，三步跳去，拉开门。

门外是两个女鬼！

一个由通正屋的小巷窜远了；一个则因逃避不及，正在我的面前蹲着。

“是姑姑吗？”

“唔——”幽沉的一口气。

我抹着额上的冷汗，不禁轻松地笑了。我说：

“阿圆，莫怕了，是姑姑。”

一九三二，十一，二十六。

注释

[1] “火梅”天气：我国长江下游，每年四五月间，梅子黄熟，连日阴雨，被称为梅雨季节。因为太阳和淫雨交替迫人，又叫“火梅”天气。

［2］ 讳：因为有所故忌而不说。

［3］ 学塾：又称私塾。旧时私人举办的学馆。

［4］ 放佚风流：旧时指人有风度，有才气而不受礼法拘束，品格清高，举止潇洒。

［5］ 可风之处：可以教化之处。

［6］ 罗唣：吵闹，纠缠。此处同“唠叨”

［7］ 修葺（qì气）：泛指修理房屋。

［8］《钟馗捉鬼图》：钟馗是传说中一个捉鬼的勇士，旧时民间有悬挂《钟馗捉鬼图》以驱除邪祟的风俗。相传最早的钟馗像是唐朝画家吴道子所作。

［9］ 洪北江：即洪亮吉，清乾隆时的进士，研究经史、地理的学者，善诗文。

［10］《聊斋》：即《聊斋志异》，清初文言短篇小说集，蒲松龄作。

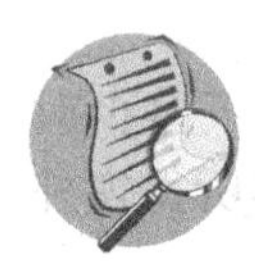

提示

本文写作于1932年11月26日，发表于1933年1月《清华周刊》。当时，由于受到辛亥革命和五四运动的洗礼，一些大城市中人们的思想观念有所转变，而在广大农村封建礼教、封建思想意识依然十分沉重地压抑着人民，我国冥婚习俗仍然存在。本篇小说正是从这个角度批判封建传统思想对于人民尤其是妇女的摧残。

小说通过新婚夫妇“我”和阿圆从城市回老家去看望二姑姑为线索，透过对菉竹山房的描写和窥房奇遇，从独特的视角展现了一个无爱的传统女性凄苦的人生历程，揭示出封建传统文化对人性和生命的压抑和摧残，表现了反封建礼教的深刻主题。

小说主要讲述的是“我”的二姑姑的爱情悲剧。她年轻时曾与一个少年爱慕相恋，但这段私情为世俗所不容，最终少年意外身亡，二姑姑自缢未遂，抱灵牌成亲，一生过着寂寞孤苦的日子。多年后，我带着新婚妻子阿圆探望姑姑，两人夜宿菉竹山房。深夜，风雨交加，窗外戚戚如诉，鬼脸张望。惊悚之下“我”冲门而出，原来如幽灵般在门前窥房的鬼竟是二姑姑和兰花。小说在高潮之后戛然而止，给读者留下无限广阔的想象空间。窥房虽有悖于作为长辈的二姑姑的身份、年龄和情理，但这一举动无疑是她在畸形生活下变态心理的反映。新婚夫妇的到来，唤起了她对正常生活的向往。窥房正是她长久压在心底，始终没有死灭的生活欲念所驱使的行动，也正是人性的体现，既表现了她灵魂的扭曲，又表现了爱欲的挣扎，透露出她生活在孤寂环境中，但内心深处仍对美好生活充满羡慕和向往。结尾看似轻松却令人叹惋：“我”和阿圆离开菉竹山房，而二姑姑却要永远囚禁在那座阴森的大屋里，孤寂地哀叹，呻吟着。小说处处充满聊斋式的鬼魅色彩，但在鬼气背后却揭示了二姑姑愁苦、寂凉、无爱而悲惨的人生。作品所写的人们所作所为，无一不是受封建礼教的规范，而正是这些规范造成了二姑姑一生的悲剧命运。她的爱情和幸福是被封建文化的死水潭吞没的，她的凄凉人生是封建文化对人性和生命摧残的见证。本文由此深刻揭露了造成二姑姑婚姻悲剧的根源就是封建社会和封建礼教。

《菉竹山房》充分展现出作者深厚的艺术功力。首先，小说叙事视角独特，没有采用以女主人公为第一人称的叙述视点，而另辟蹊径，以旁观者“我”的眼光来看二姑姑的悲剧故事。其次，运用环境烘托人物的内心世界，象征人物的悲剧命运。小说对二姑姑与姑爹年轻时相知相恋的细节没详细交待，而是将如幽灵般生活在菉竹山房内的二姑姑和兰花的心境同菉竹山房的那种阴森、苍凉的环境联系在一起，起到极强的渲染效果。山房内一景一物，充分体现了二姑姑的生存状态。小说中采用的凄美意象则有力烘托了小说的悲剧氛围。如屋舍的高大、阴森，屋内的苔尘、霉气、燕子窝、壁虎和蝙蝠，写出岁月的漫长、居处的荒凉、人生的孤寂。这些环境描写具有强烈的象征意味，营造出一种凄清冷艳、悲凉的情感氛围。

作者以散文笔法、借经典意象和典型环境的渲染来塑造人物，抒写了作者对人性的信仰，揭示了因人性被压抑、被扭曲而造成的悲剧。

《菉竹山房》笔调清隽，被公认为吴组缃的代表作，被誉为“吴氏最富诗味的小说”。

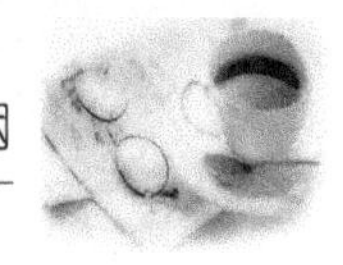

思考与练习

一、简要分析小说中二姑姑身世的悲剧意义。
二、分析这篇小说侧面烘托和渲染的写作手法。
三、分析小说独特的叙事视角。
四、分析这篇小说中景物描写的作用。
五、请你写一处景物或一个场面。

5.《金锁记》节选[1]

张爱玲

张爱玲（1920—1995），中国现代作家，本名张瑛，1920年生于上海。她一生创作大量文学作品，包括小说、散文、电影剧本以及文学论著。1995年因为动脉硬化心血管病逝世于美国加利福尼亚州，终年75岁。主要作品有：《半生缘》、《倾城之恋》、《天才梦》、《爱》、《谈女人》、《色戒》、《茉莉香片》等。

他妹子长安二十四岁那年生了痢疾，七巧不替她延医服药[2]，只劝她抽两筒鸦片，果然减轻了不少痛苦，病愈之后，也就上了瘾。那长安更与长白不同，未出阁的小姐，没有其他的消遣，一心一意地抽烟，抽的倒比长白还要多。也有人劝阻，七巧道："怕什么！莫说我们姜家还吃得起，就是我今天卖了两顷地给他们姐儿俩抽烟，又有谁敢放半个屁？姑娘赶明儿聘了人家，少不得有她这一份嫁妆。她吃自己的，喝自己的，姑爷就是舍不得，也只好干望着她罢了！"

话虽如此说，长安的婚事毕竟受了点影响。来做媒的本就不十分踊跃，如今竟绝迹了。长安到了近三十的时候，七巧见女儿注定了是要做老姑娘的了，便又换了一种论调，道："自己长得不好，嫁不掉，还怨我做娘的耽搁了她！成天挂搭着个脸，倒像我该她二百钱似的。我留她在家里吃一碗闲茶闲饭，可没打算留她在家里给我气受！"

姜季泽的女儿长馨过二十岁生日，长安去给她堂房妹子拜寿。那姜季泽虽然穷了，幸喜他交游广阔，手里还算兜得转。长馨背地里向她母亲道："妈想法子给安姐姐介绍个朋友罢，瞧她怪可怜的。还没提起家里的情形，眼圈儿就红了。"兰仙慌忙摇手道："罢！罢！这个媒我不敢做！你二妈那脾气是好惹的？"长馨年少好事，哪里理会得。歇了些时，偶然与同学们说起这件事，恰巧那同学有个表叔新从德国留学回来，也是北方人，仔细攀认起来，与姜家还沾着点老亲。那人名唤童世舫，叙起来比长安略大几岁。长馨竟自作主张，安排了一切，由那同学的母亲出面请客。长安这边瞒得家里铁桶相似。七巧身子一向硬朗，只因她媳妇芝寿得了肺痨[3]，七巧嫌她乔张做致[4]，吃这个，吃那个，累又累不得，比寻常似乎多享了一些福，自己一赌气便也病了。起初不过是气虚血亏，却也将合家支使得团团转，哪儿还能够兼顾到芝寿？后来七巧认真得了病，卧床不起，越发鸡犬不宁。长安乘乱里便走开了，把裁缝唤到她三叔家里，由长馨出主意替她制了新装。赴宴的那天晚上，长馨先陪她到理发店去用钳子烫了头发，从天庭[5]到鬓角一路密密贴着细小的发圈。耳朵上戴了二寸来长的玻璃翠宝塔坠子，又换上了苹果绿乔琪纱旗袍，高领圈，荷叶边袖子，腰以下是半西式的百褶裙。一个小大姐蹲在地上为她扣揿钮，长安在穿衣镜里端详着自己，忍不住将两臂虚虚地一伸，裙子一踢，摆了个葡萄仙子的姿势，一扭头笑了起来道："把我打扮得天女散花似的！"长馨在镜子里向那小大姐做了个媚眼，两人不约而同也都笑了起来。长安妆罢，便向高椅上端端正正坐下了。长馨道："我去打电话叫车。"长安道："还早呢！"长馨看了看表道："约的是八点，已经八点过五分了。"长安道："晚个半个钟头，想必也不碍事。"长馨猜她是存心要搭点架子，心中又好气又好笑，打开银丝手提包来检点了一下，借口说忘了带粉镜子，径自走到她母亲屋里来，如此这般告诉了一遍，又道："今儿又不是姓童的请客，她这架子是冲着谁搭的？我也懒得去劝她，由她挨到明儿早上去，也不干我事。"兰仙道："瞧你这糊涂！人是你约的，媒是你做的，你怎么卸得了这干系？我埋怨过你多少回了——你早该知道了，安姐儿就跟她娘一样的小家子气，不上台盘[6]。待会儿出乖露丑的，说起来是你姐姐，你丢人也是活该，谁叫你把这些是是非非，揽上身来，敢是闲疯了？"长馨咕嘟着嘴在她母亲屋里坐了半晌，兰仙笑道："看这情形，你姐姐是等着人催请呢。"长馨道："我才不去催她呢！"兰仙道："傻丫头，要你催，中什么用？她等着那边来电话哪！"长馨失声笑道："又不是新娘子，要三请四催的，逼着上轿！"兰仙道："好歹你打个电话到饭店里去，叫他们打个电话来，不就结了？快九点了，再挨下去，事情可真要崩了！"长馨只得依言做去，这边方才动了身。长安在汽车里还是兴兴头头，谈笑风生的，到菜馆子里，突然矜持[7]起来，跟在长馨后面，悄悄掩进了房间，怯怯地褪去了苹果绿鸵鸟毛斗篷，低头端坐，拈了一只杏仁，每隔两分钟轻轻啃去了十分之一，缓缓咀嚼着。她是为了被看而来的。她觉得她浑身的装束，无懈可击，任凭人家多看两眼也不妨事，可是她的身体完全是多余的，缩也没处缩。她始终缄默着，吃完了一顿饭。等着上甜菜的时候，长馨把她拉到窗子跟前去观看街景，又托故走开了，那童世舫便踱到窗前，问道："姜小姐这儿来过么？"长安细声道："没有。"童世舫道："我也是第一次。菜倒是不坏，可是我还是吃不大惯。"长安道："吃不惯？"世舫道："可不是！外国菜比较清淡些，中国菜要油腻得多。刚回来，连着几天亲戚朋友们接风，很容易的就吃坏了肚子。"长安反复地看她的手指，仿佛一心一意要数数一共有几个指纹是螺形的，几个是畚箕……

玻璃窗上面，没来由开了小小的一朵霓虹灯的花——对过一家店面里反映过来的，绿心红瓣，是尼罗河祀神的莲花，又是法国王室的百合徽章……

世舫多年没见过故国[8]的姑娘，觉得长安很有点楚楚可怜的韵致，倒有几分喜欢。他留学以前早就定了亲，只因他爱上了一个女同学，抵死反对家里的亲事，路远迢迢，打了无数的笔墨官司，几乎闹翻了脸，他父母曾经一度断绝了他的接济，使他吃了不少的苦，方才依了他，解了约。不幸他的女同学别有所恋，抛下了他，他失意之余，倒埋头读了七八年的书。他深信妻子还是旧式的好，也是由于反应作用。

和长安见了这一面之后，两下里都有了意。长馨想着送佛送到西天，自己再热心些，也没有资格出来向长安的母亲说话，只得央及兰仙。兰仙执意不肯道："你又不是不知道，你爹跟你二妈仇人似的，向来是不见面的。我虽然没跟她红过脸，再好些也有限。何苦去自讨没趣？"长安见了兰仙，只是垂泪，兰仙却不过情面，只得答应去走一遭。妯娌[9]相见，问候了一番，兰仙便说明了来意。七巧初听见了，倒也欣然，因道："那就拜托了三妹妹罢！我病病哼哼的，也管不得了，偏劳了三妹妹。这丫头就是我的一块心病。我做娘的也不能说是对不起她了，行的是老法规矩，我替她裹脚，行的是新派规矩，我送她上学堂——还要怎么着？照我这样扒心扒肝调理出来的人，只要她不疤不麻不瞎，还会没人要吗？怎奈这丫头天生的是扶不起的阿斗，恨得我只嚷嚷：多咱我一闭眼去了，男婚女嫁，听天由命罢！"

当下议妥了，由兰仙请客，两方面相亲。长安与童世舫只做没见过面模样，又会晤了一次。七巧病在床上，没有出场，因此长安便风平浪静的订了婚。在筵席上，兰仙与长馨强行拉着长安的手，递到童世舫手里，世舫当众替她套上了戒指。女家也回了礼，文房四宝虽然免了，却用新式的丝绒文具盒来代替，又添上了一只手表。

订婚之后，长安遮遮掩掩竟和世舫单独出去了几次。晒着秋天的太阳，两人并排在公园里走着，很少说话，眼角里带着一点对方的衣服与移动着的脚，女子的粉香，男子的淡巴

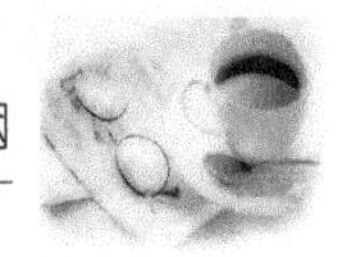

揿[10]气，这单纯而可爱的印象便是他们身边的栏杆，栏杆把他们与众人隔开了。空旷的绿草地上，许多人跑着，笑着，谈着，可是他们走的是寂寂的绮丽的回廊——走不完的寂寂的回廊。不说话，长安并不感到任何缺陷。她以为新式的男女间的交际也就“尽于此矣”。童世舫呢，因为过去的痛苦的经验，对于思想的交换根本抱着怀疑的态度。有个人在身边，他也就满足了。从前，他顶讨厌小说上的男人，向女人要求同居的时候，只说：“请给我一点安慰。”安慰是纯粹精神上的，这里却做了肉欲的代名词。但是他现在知道精神与物质的界限不能分得这么清。言语究竟没有用。久久的握着手，就是较妥帖的安慰，因为会说话的人很少，真正有话说的人还要少。有时在公园里遇着了雨，长安撑起了伞，世舫为她擎着。隔着半透明的蓝绸伞，千万粒雨珠闪着光，像一天的星。一天的星到处跟着他们，在水珠银烂的车窗上，汽车驰过了红灯，绿灯，窗子外营营飞着一窠红的星，又是一窠绿的星。

长安带了点星光下的乱梦回家来，人变得异常沉默了，时时微笑着。七巧见了，不由得有气，便冷言冷语道：“这些年来，多多怠慢了姑娘，不怪姑娘难得开个笑脸。这下子跳出了姜家的门，趁了心愿了，再快活些，可也别这么摆在脸上呀——叫人寒心！”依着长安素日的性子，就要回嘴，无如长安近来像换了个人似的，听了也不计较，自顾自努力去戒烟。七巧也奈何她不得。长安订婚那天，大奶奶玳珍没去，隔了些天来补道喜。七巧悄悄唤了声大嫂，道：“我看咱们还得在外头打听打听哩，这事可冒失不得！前天我耳朵里仿佛刮着一点，说是乡下有太太，外洋还有一个。”玳珍道：“乡下的那个没过门就退了亲。外洋那个也是这样，说是做了几年的朋友了，不知怎么又没成功。”七巧道：“那还有为什么？男人的心，说声变，就变了。他连三媒六聘的还不认账，何况那不三不四的歪辣货？知道他在外洋还有旁人没有？我就只这一个女儿，可不能糊里糊涂断送了她的终身，我自己是吃过媒人的苦的！”

长安坐在一旁用指甲去掐手掌心，手掌心掐红了，指甲却挣得雪白。七巧一抬眼望见了她，便骂道：“死不要脸的丫头，竖着耳朵听呢！这话是你听得的么？我们做姑娘的时候，一声提起婆婆家，来不迭地躲开了。你姜家枉为世代书香，只怕你还要到你开麻油店的外婆家去学点规矩哩！”长安一头哭一头奔了出去。七巧拍着枕头嗳了一声道：“姑娘急着要嫁，叫我也没法子。腥的臭的往家里拉。名为是她三婶给找的人，其实不过是拿她三婶做个幌子[11]。多半是生米煮成了熟饭了，这才挽了三婶出来做媒。大家齐打伙儿糊弄我一个人……糊弄着也好！说穿了，叫做娘的做哥哥的脸往哪儿去放？”

又一天，长安托辞溜了出去，回来的时候，不等七巧查问，待要报告自己的行踪，七巧叱道：“得了，得了，少说两句罢！在我面前糊什么鬼？有朝一日你让我抓着了真凭实据——哼！别以为你大了，订了亲了，我打不得你了！”长安急了道：“我给馨妹妹送鞋样子去，犯了什么法了，娘不信，娘问三婶去！”七巧道：“你三婶替你寻了汉子来，就是你的重生父母，再养爹娘！也没见你这样的轻骨头！……一转眼就不见你的人了。你家里供养了你这些年，就只差买个小厮来伺候你，哪一处对你不住了，你在家里一刻也坐不稳？”长安红了脸，眼泪直掉下来。七巧缓过一口气来，又道：“当初多少好的都不要，这会子去嫁个不成器的，人家拣剩下来的，岂不是自己打嘴？他若是个人，怎么活到三十来岁，漂洋过海的，跑上十万里地，一房老婆还没弄到手？”

然而长安一味的执迷不悟。因为双方的年纪都不小了，订了婚不上几个月，男方便托了兰仙来议定婚期。七巧指着长安道：“早不嫁，迟不嫁，偏赶着这两年钱不凑手！明年若是田上收成好些，嫁妆也还整齐些。”兰仙道：“如今新式结婚，倒也不讲究这些了。就照新派办法，省着点也好。”七巧道：“什么新派旧派？旧派无非排场大些，新派实惠些，一样还是娘家的晦气！”兰仙道：“二嫂看着办就是了，难道安姐儿还会争多论少不成？”一屋子的人全笑了，长安也不觉微微一笑。七巧破口骂道："不害臊！你是肚子里有了搁不住的东西是怎么着？火烧眉毛，等不及的要过门！嫁妆也不要了——你情愿，人家倒许不情愿呢？你就拿准了他是图你的人？你好不自量，你有哪一点叫人看得上眼？趁早别自骗自了！姓童的还不是看上了姜家的门第！别瞧你们家轰轰烈烈，公侯将相的，其实全不是那么回事！早就是外强中干，这两年连空架子也撑不起了。人呢，一代坏似一代，眼里哪儿还有天地君亲？少爷们是什么都不懂，小姐们就知道霸钱要男人——猪狗都不如！我娘家当初千不该万不该跟姜家结了亲，坑了我一世，我待要告诉那姓童的趁早别像我似的上了当！"

自从吵闹过这一番，兰仙对于这头亲事便洗手不管了。七巧的病渐渐痊愈，略略下床走动，便逐日骑着门坐着，遥遥的向长安屋里叫喊道："你要野男人你尽管去战，只别把他带上门来认我做丈母娘，活活的气死了我！我只图个眼不见，心不烦。能够容我多活两年，便是姑娘的恩典了！"颠来倒去几句话，嚷得一条街上都听得见。亲戚丛中自然更将这事沸沸扬扬传了开去。七巧又把长安唤到跟前，忽然滴下泪来道："我的儿，你知道外头人把你怎么长怎么短糟蹋得一个钱也不值！你娘自从嫁到姜家来，上上下下谁不是势利的，狗眼看人低，明里暗里我不知受了他们多少气。就连你爹，他有什么好处到我身上，我要替他守寡？我千辛万苦守了这二十年，无非是指望你姐儿俩长大成人，替我争回一点面子来，不承望今日之下，只落得这等的收场！"说着，呜咽起来。

长安听了这话，如同轰雷掣顶一般。她娘尽管把她说得不成人，外头人尽管把她说得不成人。她管不了这许多。唯有童世舫——他——他该怎么想？他还要她么？上次见面的时候，他的态度有点改变么？很难说……她太快乐了，小小的不同的地方她不会注意到……被戒烟期间身体上的痛苦与这种种刺激两面夹攻着，长安早就有点受不了，可是硬撑着也就撑了过去，现在她突然觉得浑身的骨骼都脱了节。向他解释么？他不比她的哥哥，他不是她母亲的儿女，他决不能彻底明白她母亲的为人。他果真一辈子见不到她母亲，倒也罢了，可是他迟早要认识七巧。这是天长地久的事，只有千年做贼的，没有千年防贼的——她知道她母亲会放出什么手段来？迟早要出乱子，迟早要决裂。这是她的生命里顶完美的一段，与其让别人给它加上一个不堪的尾巴，不如她自己早早结束了它。一个美丽而苍凉的手势……她知道她会懊悔的，她知道她会懊悔的，然而她抬了抬眉毛，做出不介意的样子，说道："既然娘不愿意结这头亲，我去回掉他们就是了。"七巧正哭着，忽然住了声，停了停，又抽搭抽搭哭了起来。

长安定了一定神，就去打了个电话给童世舫，世舫当天没有空，约了明天下午。长安所最怕的就是中间隔的这一晚，一分钟，一刻，一刻，啃进她心里去。次日，在公园里的老地方，世舫微笑着迎上前来，没跟她打招呼——这在他是一种亲昵的表示。他今天仿佛是特别的注意她，并肩走着的时候，屡屡地望着她的脸。太阳煌煌的照着，长安越发觉得眼皮肿得抬不起来了，趁他不在看她的时候把话说了罢。她用哭哑的喉咙轻轻唤了一声"童先生"。世舫没听见。那么，趁他看她的时候把话说了罢。她诧异她脸上还带着点笑，小声道："童先生，我想——我们的事也许还是——还是再说罢。对不起得很。"她褪下戒指来塞在他手里，冷涩的戒指，冷湿的手。她放快了步子走去，他愣了一会，便追上来，回道："为什么呢？对于我有不满意的地方么？"长安笔直向前望着，摇了摇头。世舫道："那么，为什么呢？长安道：我母亲……"世舫道："你母亲并没有看见过我。"长安道："我告诉过你了，不是因为你。与你完全没有关系。我母亲……"世舫站定了脚。这在中国是很充分的理由了罢？他这么略一踌躇，她已经走远了。园子在深秋的日头里晒了一上午又一下午，像烂熟的水果一般，往下坠着，坠着，发出香味来。长安悠悠忽忽听见了口琴的声音，迟钝地吹出了"Long，Long，Ago"——"告诉我那故事，往日我最心爱的那故事。许久以前，许久以

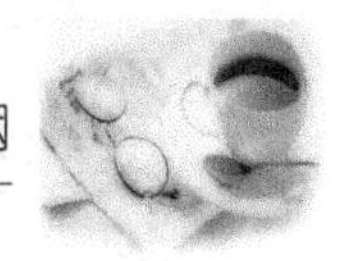

前……”这是现在，一转眼也就变了许久以前了，什么都完了。长安着了魔似的，去找那吹口琴的人——去找她自己。迎着阳光走着，走到树底下，一个穿着黄短裤的男孩骑在树桠枝上颠颠着，吹着口琴，可是他吹的是另一个调子，她从来没听见过的。不大的一棵树，稀稀朗朗的梧桐叶在太阳里摇着像金的铃铛。长安仰面看着，眼前一阵黑，像骤雨似的，泪珠一串串的披了一脸。世舫找到了她，在她身边悄悄站了半晌，方道："我尊重你的意见。"长安举起了她的皮包来遮住了脸上的阳光。

他们继续来往了一些时。世舫要表示新人物交女朋友的目的不仅限于择偶，因此虽然与长安解除了婚约，依旧常常的邀她出去。至于长安呢，她是抱着什么样的矛盾的希望跟着他出去，她自己也不知道——知道了也不肯承认。订着婚的时候，光明正大的一同出去，尚且要瞒了家里，如今更成了幽期密约了。世舫的态度始终是坦然的。固然，她略略伤害了他的自尊心，同时他对于她多少也有点惋惜，然而"大丈夫何患无妻？"男子对于女子最隆重的赞美是求婚。他割舍了他的自由，送了她这一份厚礼，虽然她是"心领璧还"了，他可是尽了他的心。这是惠而不费的事。

无论两人之间的关系是怎样的微妙而尴尬，他们认真的做起朋友来了。他们甚至谈起话来。长安的没见过世面的话每每使世舫笑起来，说："你这人真有意思！"长安渐渐的也发现了她自己原来是个"很有意思"的人。这样下去，事情会发展到什么地步，连世舫自己也会惊奇。

然而风声吹到了七巧耳朵里。七巧背着长安吩咐长白下帖子请童世舫吃便饭。世舫猜着姜家是要警告他一声，不准他和他们小姐藕断丝连，可是他同长白在那阴森高敞的餐室里吃了两盅酒，说了一回话，天气，时局，风土人情，并没有一个字沾到长安身上，冷盘撤了下去，长白突然手按着桌子站了起来。世舫回过头去，只见门口背着光立着一个小身材的老太太，脸看不清楚，穿一件青灰团龙宫织缎袍，双手捧着大红热水袋，身旁夹峙着两个高大的女仆。门外日色昏黄，楼梯上铺着湖绿花格子漆布地衣，一级一级上去，通入没有光的所在。世舫直觉地感到那是个疯人——无缘无故的，他只是毛骨悚然。长白介绍道："这就是家母。"

世舫挪开椅子站起来，鞠了一躬。七巧将手搭在一个佣妇的胳膊上，款款走了进来，客套了几句，坐下来便敬酒让菜。长白道："妹妹呢？来了客，也不帮着张罗张罗。"七巧道："她再抽两筒就下来了。"世舫吃了一惊，睁眼望着她。七巧忙解释道："这孩子就苦在先天不足，下地就得给她喷烟。后来也是为了病，抽上了这东西。小姐家，够多不方便哪！也不是没戒过，身子又娇，又是由着性儿惯了的，说丢，哪儿就丢得掉呀？戒戒抽抽，这也有十年了。"世舫不由得变了色。七巧有一个疯子的审慎与机智。她知道，一不留心，人们就会用嘲笑的，不信任的眼光截断了她的话锋，她已经习惯了那种痛苦。她怕话说多了要被人看穿了。因此及早止住了自己，忙着添酒布菜。隔了些时，再提起长安的时候，她还是轻描淡写的把那几句话重复了一遍。她那平扁而尖利的喉咙四面割着人像剃刀片。长安悄悄地走下楼来，玄色花绣鞋与白丝袜停留在日色昏黄的楼梯上。停了一会，又上去了。一级一级，走进没有光的所在。七巧道："长白你陪童先生多喝两杯，我先上去了。"佣人端上一品锅来，又换上了新烫的竹叶青。一个丫头慌里慌张站在门口将席上伺候的小厮唤了出去，嘀咕了一会，那小厮又进来向长白附耳说了几句，长白仓皇起身，向世舫连连道歉，说："暂且失陪，我去去就来。"三脚两步也上楼去了，只剩下世舫一人独酌。那小厮也觉过意不去，低低地告诉了他："我们绢姑娘要生了。"世舫道："绢姑娘是谁？"小厮道："是少爷的姨奶奶。"世舫拿上饭来胡乱吃了两口，不便放下碗来就走，只得坐在花梨炕上等着，酒酣耳热。忽然觉得异常的委顿[12]，便躺了下来。卷着云头的花梨炕，冰凉的黄藤心子，柚子的寒香……姨

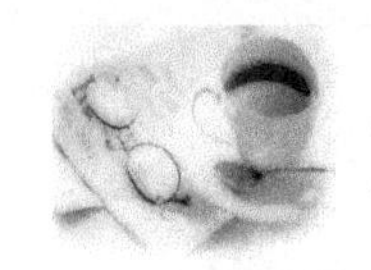

奶奶添了孩子了。这就是他所怀念着的古中国……他的幽娴贞静的中国闺秀是抽鸦片的！他坐了起来，双手托着头，感到了难堪的落寞。他取了帽子出门，向那小厮道："待会儿请你对上头说一声，改天我再面谢罢！"他穿过砖砌的天井，院子正中生着树，一树的枯枝高高印在淡青的天上，像瓷上的冰纹。长安静静的跟在他后面送了出来，她的藏青长袖旗袍上有着浅黄的雏菊。她两手交握着，脸上现出稀有的柔和。世舫回过身来道："姜小姐……"她隔得远远的站定了，只是垂着头。世舫微微鞠了一躬，转身就走了。长安觉得她是隔了相当的距离看这太阳里的庭院，从高楼上望下来，明晰，亲切，然而没有能力干涉，天井，树，曳着萧条的影子的两个人，没有话——不多的一点回忆，将来是要装在水晶瓶里双手捧着看的——她的最初也是最后的爱。

注释

［1］ 本文节选自张爱玲短篇小说《金锁记》，《金锁记》写于1943年，刊于《杂志》第12卷第2～3期，收入1944年上海杂志社出版的《传奇》。

［2］ 延医：请医生。延：请。

［3］ 肺痨：又称肺结核，是由结核菌引起的一种慢性肺部传染病，是肺病中的常见病。

［4］ 乔张做致：装模作样。

［5］ 天庭：额头。

［6］ 台盘：台面，人面前。指应酬交际的场合或正式公开的场面、场合。

［7］ 矜持：竭力保持庄重。

［8］ 故国：祖国，本国。

［9］ 妯娌：兄弟的妻子之间的关系。

［10］ 淡巴菰：［西班牙语 tobaco 的音译］烟草。

［11］ 幌子：比喻进行某种活动时所假借的名义。

［12］ 委顿：疲劳困顿。

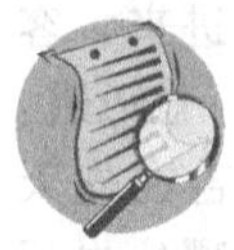

提示

本文节选自张爱玲小说《金锁记》，主要叙述七巧女儿长安婚事的变故。长安生病时，在母亲的劝诱下，养成了吸鸦片的习惯，影响了婚事。后来在堂妹的帮助下，结识了德国留学归来的童世舫，两个人交往非常幸福，到了婚嫁的程度。但七巧在病态心理的作用下，用利刃一般的毒辣话语，扼杀了这桩婚姻，拆散女儿的爱情。

小说行文时运用两条线索，主线写长安婚事的发展与波折：堂妹同情长安的境况，给她介绍个男朋友。精神受到长期压抑的长安，为了新的幸福的生活，把鸦片烟都戒了，但在七巧百般打击下，长安被迫解约婚事。暗线写七巧对婚事态度的变化：作为母亲的七巧，性格极端且扭曲，为了自己的意愿，甚至不惜葬送儿女的终身，最初纵容女儿吸食鸦片，当女儿过了适宜婚嫁的时候，却反过来进行挖苦。看到长安沉溺于幸福之中时，又冷言冷语，百般打击，最终达到目的，这些态度的变化深刻表现出七巧心理的极度扭曲与异化。

本文中运用心理分析的方法，对人物的心理进行刻画，通过景物描写烘托心理、神态描摹刻画心理，细微地镂刻着人物的个性。送世舫出门时，"长安静静的跟在他后面送了出来，她的藏青长袖旗袍上有着浅黄的雏菊。她两手交握着，脸上现出稀有的柔和。"两人在七巧刻意的阻挠下，彻底被分开，"柔和"此时出现在长安的脸上，真实展现出她心如死灰后呆滞、绝望的情态，让人心悸。同时作品也注重意象的丰富与传神，"不大的一棵树，稀稀朗朗的梧桐叶在太阳里摇着像金的铃铛。""园

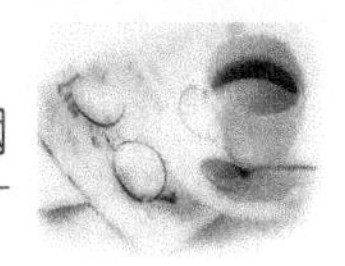

子在深秋的日头里晒了一上午又一下午，像烂熟的水果一般。”形象贴切的比喻表现出作者锐敏精微的艺术感觉。

善于运用动作语言暗示人物的心理。作者写长安去相亲的时候，“慢慢”“怯怯”写出了长安做作、不自然、紧张不安的心理。长安被迫决定回掉婚事时，七巧“正哭着，忽然住了声，停了停，又抽搭抽搭哭了起来。”这“哭”→“停”→“哭”，深刻地反映出七巧扭曲的心理，产生了令人夺魄的艺术效果。写长安与世舫在公园谈恋爱时，“两个人并排在公园里走着，很少说话，……可是他们走的是寂寂的绮丽的回廊——走不完的寂寂的回廊。不说话，长安并不感到任何缺陷。”作者充分利用暗示，把动作、言语、心理三者巧妙结合，写出了长安幸福快乐的心情。

语言表达技巧圆熟，风格独特。文中出现的荒凉音韵、凄艳色彩显示了作者对于隐藏在亲情下的真实人性的独特感受。多样的修辞、离奇的象征、形象的比喻、淡淡的描写展示了作者高超的语言技巧，使得她的作品格外的清丽。

张爱玲的小说使我们几代人惊喜不已，她用语言给我们透露了那个年代千疮百孔的真相，及对人性的探讨。这篇小说被傅雷先生誉之为“文坛最美的收获”，夏志清教授则称之为“中国从古以来最伟大的中篇小说”。

思考与练习

一、试分析七巧的性格特征。
二、结合作品分析张爱玲的艺术成就。
三、本文心理描写的作用。

6. 致橡树[1]

舒　婷

舒婷（1952—），原名龚佩瑜，祖籍福建泉州。中国当代女诗人，朦胧诗派的代表作家之一。1969年下乡插队，1971年开始写诗，在知青中传抄。1972年回城后当临时工，当过泥水工、炉前工、焊锡工、统计员、讲解员等。这些经历为她今后的诗歌创作奠定了较坚实的生活基础。1979年开始发表诗歌。《福建文学》围绕她的诗作展开关于“朦胧诗”讨论，当时引起很大争议，影响颇广。1980年到福建省文联工作，从事专业写作。主要著作有诗集《双桅船》、《会唱歌的鸢尾花》、《始祖鸟》，散文集《心烟》等。其中诗歌《祖国啊，我亲爱的祖国》获1980年全国中青年优秀诗歌作品奖，《双桅船》获全国作协第一届新诗优秀诗集奖。《致橡树》是朦胧诗的代表作之一。

我如果爱你——
绝不像攀援的凌霄花，
借你的高枝炫耀自己：
我如果爱你——
绝不学痴情的鸟儿，
为绿荫重复单调的歌曲；
也不止像泉源，
常年送来清凉的慰籍；
也不止像险峰，增加你的高度，衬托你的威仪。
甚至日光。
甚至春雨。
不，这些都还不够！

我必须是你近旁的一株木棉，
做为树的形象和你站在一起。
根，紧握在地下，
叶，相触在云里。
每一阵风过，
我们都互相致意，
但没有人
听懂我们的言语。
你有你的铜枝铁干，
像刀，像剑，
也像戟[2]，
我有我的红硕花朵，
像沉重的叹息，
又像英勇的火炬，
我们分担寒潮、风雷、霹雳；
我们共享雾霭流岚[3]、虹霓，
仿佛永远分离，
却又终身相依，
这才是伟大的爱情，
坚贞就在这里：
不仅爱你伟岸的身躯，
也爱你坚持的位置，脚下的土地。

注释

［1］ 朦胧诗产生于20世纪70年代末80年代初，强调诗人自我意识，内容含蓄隽永，借助象征、比喻等创造朦胧的艺术形象和意境，诱发读者的好奇心和想象力，使人获得特殊的审美感受。代表诗人有舒婷、北岛、顾城、海子、骆一禾、梁小斌等。

［2］ 戟（jǐ）：戟是一种古代兵器。实际上戟是戈和矛的合成体，其杀伤能力胜过戈和矛。

［3］ 雾霭流岚：都是指“云雾”。雾霭（wù ǎi）：雾气。流岚：山间流动的雾气。

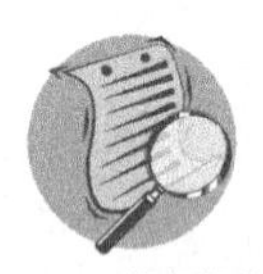

提示

《致橡树》这首诗歌写于“文化大革命”后的第一个春天，在那个时代，美好爱情成了低级趣味，甚至被批判，爱情是羞于启齿谈论的话题，而诗人却以特有的激情和敏锐，以女性独特的情绪体验感受世界，热情而坦诚地歌唱了诗人的爱情理想，体现了女性意识的觉醒与张扬，在当时尤显可贵。本诗对爱情的本质进行了理性的思考和判断，阐述了新时期现代女性的爱情观，表达诗人对平等、独立而伟大的爱情的理想和憧憬。这是一首发自肺腑的、真挚的、确认自我独立人格的爱情宣言。

全诗分两段。第一段（开头至“不，这些都还不够”）诗人对传统认可的种种爱情观的批判和摈弃。诗人用“凌霄花”、“痴情的鸟儿”、“泉源”、“险峰”、“日光”、“春雨”等意象，阐述了种种不同的爱情观：或依附，或痴恋、或陪衬、或奉献。这一组意象均表现出依附橡树或无偿地付出自己的特点，表现出它们与橡树的不平等关系，表达诗人对于牺牲自我幸福、放弃自身追求的传统爱情观的否定和批判。

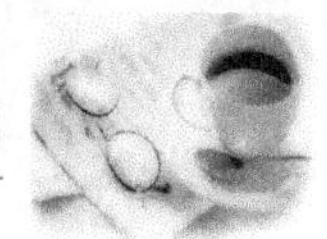

第二段（“我必须是你近旁的一株木棉”到结尾）抒发了诗人对心目中理想爱情的呼唤与憧憬。诗人以阴柔的木棉自喻，对阳刚的橡树倾诉内心的幻想，表达了诗人在相知相恋相依，相互平等独立的基础上，共建新型、现代的爱情价值观念的愿望。橡树象征着刚硬的男性之美，而木棉显然体现着具有崭新的审美气质的女性人格，她摒弃了旧式女性纤柔、妩媚的秉性，而充溢着丰盈、健硕的生命气息，这正与诗人所歌咏的女性独立自重的人格理想互为表里。在相爱中，女性不再是传统观念中依附或忘我奉献的爱人，也不是“增加你的高度，衬托你的威仪”的爱人，而是在心灵的默契和沟通中相互理解和信任，但又坚持独立自我的人。

本诗采取先破后立的艺术构思，诗人采取了内心独白的抒情方式，直抒心灵世界，表达独到的爱情观。以整体象征的手法构造意象，使哲理性很强的思想在亲切可感的形象中得以体现。诗中主体意象是橡树与木棉，是我国爱情诗中一组品格崭新的象征形象，而精心择取的意象群体：凌霄花、鸟儿、泉源和险峰都与之相关，意象明朗清丽、自然贴切，全诗洋溢着诗人赋予大自然的清丽深邃的意境。橡树与木棉比肩而立，各自以独立的姿态深情相对，象征爱情双方的独立人格和真挚爱情，也倾注了诗人自己未曾磨灭的理想情怀。全诗隔句押韵，节奏跌宕起伏，激情洋溢、自然流畅。诗人以对偶句有层次展示了橡树、木棉心心相印的爱情境界。

舒婷说：“花与蝶的关系是相悦，木与水的关系是互需，只有一棵树才能感受到另一棵树的体验，感受到鸟们、阳光、春雨的给予。”《致橡树》是对传统爱情诗的突破，是一首在单纯的形式中有着丰富情感的佳作。作为朦胧诗派的代表诗人，舒婷的诗风独树一帜，细腻而沉静、哀婉而坚强，给诗坛带来了一股清新的气息，对当代诗歌产生了较大而深远的影响。

思考与练习

一、这首诗表达了新时代怎样的爱情观？你是如何理解的？

二、你最喜欢这首诗的哪些诗句？为什么？

三、阅读匈牙利诗人裴多菲的诗歌《我愿意是急流》，比较《我愿意是急流》和《致橡树》中的爱情观有何不同？说说它们在思想感情的表达和艺术技巧的运用上的异同。

第五单元

怀乡思宗

说起故乡，忆起亲人，心中不免激起美好的情感。俗话说得好："一方水土养一方人"。每个人之所以能长大成人，是因为故乡的生养、父母的哺育。月是故乡明，每当提起故乡，那里的一山一水都会勾起对人、对物、对事一连串的回忆。这些回忆无论是怀旧还是感恩，无论是眷恋还是向往，无论是愉悦还是辛酸，对故乡的风物、对家园的亲友、对孩提时的往事，总会萦绕于心，并且随着岁月的流逝，会滋长出越来越强烈的怀望情愫。本单元所选诗文，无论是对故乡的深切眷恋，还是对亲人的敬爱思念，流露出的都是与故乡家园割舍不断的情怀。

"慈母手中线，游子身上衣。临行密密缝，意恐迟迟归。谁言寸草心，报得三春晖。"孟郊的这首《游子吟》道出了普天下儿女的共同心愿。故乡亲情，是人类亘古不变的主题。心怀对故乡、家园、亲友的眷恋和深情，永远都会像清香四溢的美酒，甘甜而醇香。饮水思源，知恩图报，这是人之常情，也是中华民族的传统美德。

风月有时，真情无价。每个人对故乡、对亲友的款款深情，可以延展为对祖国大家庭的热爱之情。身为炎黄子孙，我们时刻感受着祖国的日新月异和美好的幸福生活。这份情，这份意，凝聚和升华为我们对祖国的赤诚之心。

1. 虞美人[1]

李　煜

李煜（937—978），字重光，初名从嘉，号钟隐，五代南唐中主李璟第六子。南唐最后一个皇帝，史称李后主。我国古代杰出词人。精于书画，妙于音律，文学方面尤为突出。宋太祖建隆二年（961年），李煜继承父位成为南唐国主。在南唐，他是一个昏庸无能的皇帝，过了十五年纵情享乐的腐朽生活。开宝八年（975年），国破家亡，降宋后被俘至汴京，最终被宋太宗赵光义毒死。李煜作为南唐国君，其前半生，生活豪华奢侈，词作题材狭窄，大部分是表现宫廷生活、男女恋情或离愁别恨。亡国后，处境孤寂悲凉，创作出了不少意境深远、感情真挚、凄恻动人的作品。这些词作占他一生作品总数的三分之一。其中尤以《乌夜啼》、《虞美人》、《浪淘沙》等几首词最为人传诵，成为他的代表词作。

春花秋月何时了[2]？往事知多少！小楼昨夜又东风[3]，故国不堪回首月明中[4]。

雕阑玉砌应犹在[5]，只是朱颜改[6]。问君能有几多愁[7]？恰似一江春水向东流。

注释

[1] 《虞美人》：词牌名。原为唐代教坊曲名。

[2] "春花"句：发出对人生厌烦的感慨。春花秋月：春天的花和秋夜的月。这是良辰美景之时，容易使人想起快乐的往事。了（liǎo）：了结，完结。

[3] 小楼：指在汴京（今河南省开封市）的居处。东风：指春风。

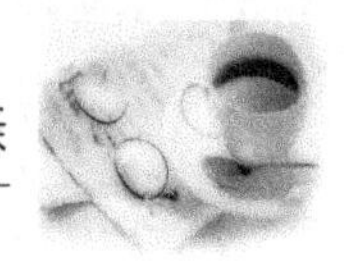

［4］ 故国：指被宋朝灭亡的南唐。堪（kān）：忍受。回首：回头看。这里指回忆。这句意思是在这月明之夜，不忍回想我那失去的家国。

［5］ 雕栏玉砌：指南唐故国的宫苑。雕栏：雕有花纹的栏杆。玉砌：玉一般的石阶。

［6］ 朱颜改：形容脸色憔悴。朱颜：红润的容颜。

［7］ 问君：问自己。

【译文】

春花和秋月什么时候才能了结？涌上心头的往事不知有多少！囚禁的小楼昨夜又吹来了春风，在这月明之夜不忍回想失去的家国、细刻的栏杆、玉石砌成的台阶应该还在那里，只是朱红的颜色已经改变。问自己能有多少愁思？我的愁思正如江水奔流永无休止。

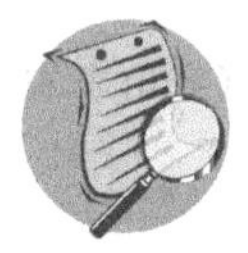

提示

这首词抒写了作者思念故国，追忆往事，表达了亡国之君的感伤之情。

上片，借“春花”、“秋月”之景，表明作者降宋后，过着囚徒般的生活，看见“春花秋月”觉得厌烦，道出了悲苦之情。这就是“一切景语皆情语”的体现。“小楼昨夜又东风”中的“小楼”指囚禁的地方，“东风”指春风，“又东风”说明又一年的春天来临了，“又”字点明他归宋后，转眼又过了一年。时光流逝，光阴似箭，季节的变换引起作者无限的感慨，感慨自然界永恒不变，而人世间的一切却短暂无常。因此，在月明之夜，作者想起国破家亡以及囚徒般的生活，痛苦不堪。

下片，“雕栏玉砌应犹在，只是朱颜改。”这句是词人的想象。昔日的故都宫苑应完好无损，但自己的处境、容颜亦非昔日可比，抒发了词人对物是人非的感慨。“问君能有几多愁？恰似一江春水向东流。”这一问一答，凝成了以水喻愁的千古佳句。作者将心中的愁思化为有形的流水，长流不断，无穷无尽。这正是词人悲慨心境的真实写照。

这首词不用典故，不加修饰，比喻贴切，内涵丰富。

思考与练习

一、这首词抒发了作者怎样的情感？

二、我们在成长的历程中都会经历许多的坎坷和磨难，如学习上的挫折、疾病的折磨、家庭的变故等，但这些坎坷和磨难对每一个人来说都是一笔宝贵的财富，它会使我们更深切的体味生活，感悟人生。请讲述自己亲身经历的一件事，要求通过这件事传达出自己对人生的一种真切体验。

2. 水调歌头[1]

苏　轼

苏轼（1036—1101），字子瞻，号东坡居士，眉州（今四川省眉山市）人。北宋文学家。与父苏洵、弟苏辙，合称“三苏”。苏轼是宋仁宗嘉佑二年进士。熙宁年间，因与提倡新法者政见不合，先后调任杭州、密州、徐州、湖州知州。宋神宗元丰年中，被诬陷作诗谤讪朝廷，贬黄州（今湖北省黄冈市）。哲宗时累迁中书舍人、翰林学士，出知杭州、颖州、扬州。绍圣初，因讥斥先朝，贬惠州、琼州。卒于常州。

苏轼的文艺创作成就突出。诗歌清新奇警而富理趣，给宋诗的发展开辟了新的道路。词风豪迈奔放，笔力雄健，清新自然，开辟豪放词风。苏轼同杰出词人辛弃疾并称为“苏辛”。

在诗歌上，与黄庭坚并称“苏黄”。他是“唐宋八大家”之一。苏轼还在书法、绘画方面造诣很深。著诗文集《苏东坡集》、词集《东坡乐府》。

丙辰中秋[2]，欢饮达旦[3]，大醉作此篇。兼怀子由[4]。

明月几时有？把酒问青天[5]。不知天上宫阙[6]，今夕是何年[7]？我欲乘风归去[8]，又恐琼楼玉宇[9]，高处不胜寒[10]。起舞弄清影[11]，何似在人间。

转朱阁，低绮户，照无眠[12]。不应有恨，何事长向别时圆[13]？人有悲欢离合，月有阴晴圆缺，此事古难全。但愿人长久，千里共婵娟[14]。

注释

［1］ 水调歌头：词牌名。这首词作于宋神宗熙宁九年（1076 年）中秋，当时苏轼在密州（今山东省诸城市）任知县。

［2］ 丙辰：是公元 1076 年（北宋神宗熙宁九年）。

［3］ 达旦：到天明。

［4］ 兼怀：同时怀念。子由：苏辙，字子由，苏轼弟。当时苏辙在山东济南任职。

［5］ 把酒：端起酒杯。

［6］ 宫阙：宫殿。

［7］ 今夕是何年：古代神话传说，天上只三日，世间已千年。

［8］ 乘风归去：驾着风回到天上去。

［9］ 琼楼玉宇：白玉砌成的楼阁，指月宫。琼：美玉；宇：房屋，指月中宫殿，仙界楼台。

［10］ 不胜（shēng）：忍受不住。

［11］ “起舞”句：李白《月下独酌》“我歌月徘徊，我舞影零乱。”弄清影：在月光下起舞，自己的影子也在跳动，彷佛自己和影子一起嬉戏。

［12］ “转朱阁”三句：写月光移动过程。朱阁：朱红色的楼阁。绮（qǐ）户：雕花的窗户。

［13］ “何事”句：为什么常常要趁着人们离别的时候变圆呢？

［14］ 婵（chán）娟（juān）：姿态美好。这里指月亮。

【译文】

丙辰年的中秋节，高兴地喝酒，一直到天亮，喝到大醉时，写了这首词，同时怀念弟弟子由。

明月什么时候出现的？我端着酒杯问青天。不知道天上的神仙宫阙里，现在是什么年代了。我想乘着风回到天上，只怕玉石砌成的美丽月宫，在高空中经受不住寒冷。在浮想联翩中，对月起舞，清影随人，仿佛乘云御风，置身天上，哪里像在人间！

月亮转动，照遍了华美的楼阁，夜深时，月光又低低地透进雕花的门窗里，照着心事重重不能安眠的人。月亮既圆，便不应有恨了，但为什么常常要趁着人们离别的时候变圆呢？人的遭遇，有悲哀、有欢乐、有离别、也有团聚；月亮呢，也会遇到阴、晴、圆、缺；这种情况，自古以来如此，难得十全十美。只愿我们都健康和长在，虽然远离千里，却能共同欣赏这美丽的月色。

提示

这首词是苏轼 1706 年贬官密州所写，与在济南做官的弟弟苏辙分别七年未能相见。时值中秋，加之政

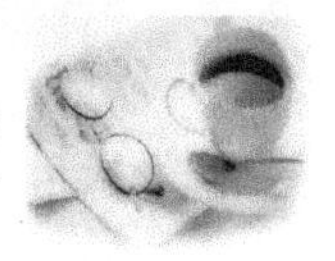

治上的失意，内心颇感忧郁。此时此刻，词人面对一轮明月，心潮起伏，于是乘酒兴正酣，挥笔写下了这首词。抒发了作者对人生的感慨和对亲人的思念，表现作者在逆境中自我化解内心矛盾的豁达情怀。

上片借明月起兴，表达月虽明而事业不明的情绪。第一层写欢饮中把酒望月，追问明月，追问青天，追问月宫。实质上是自己政治失意后对事业、理想、社会、人生的怀疑与探究，表露出心态的失衡。第二层写对月宫的思索。既有“琼楼玉宇”的美好，又有“高处不胜寒”的可畏。实质是基于前途的迷茫而对人生理想境界所进行的破解，这是通过理性思考自我解脱的感情变化过程。第三层写在人间伴着月影起舞，可能比在天上更好。这是通过理性思考最终自我解脱的感情变化过程。

下片借圆月怀人，表达月虽圆而人情不圆的情绪。第一层写不眠中望月，责怪圆月偏与自己作对。实质上是圆月引发对弟弟的怀念，感慨弟弟比自己还要不幸的遭遇，流露出情感的激烈和心态的失衡。第二层写月有阴晴圆缺的自然常态和人有悲欢离合的社会常态。这是基于人情难圆而对人生圆满境界所进行的破解，这是作者通过理性思考化解了内心的不平衡。第三层是写在两地共沐明媚月光，就可以心平、长安。作者在此借月抒怀，阐释人生。

这首词构思奇逸飘妙，意境空灵蕴藉。词人巧妙地把问月、怀人与自己的身世、人生态度互为融合，表达了自己豪放旷达的情怀，构成了浓郁的浪漫主义色彩。

思考与练习

一、这首词表现的主题是什么？请根据自己的理解回答。

二、请谈谈自己对“但愿人长久，千里共婵娟。”诗句的理解。

三、请依据下面提示的文章开头，发挥你的想象和联想，续写下文（不少于600字）。

中秋的夜晚，凉风习习。我坐在操场上，望着皎洁的月亮，思绪万千……

3. 我的母亲[1]

胡　适

胡适（1891—1962），安徽绩溪人，原名嗣穈，学名洪骍，字希疆，后改名胡适，字适之，笔名天风，藏辉等。现代学者，历史学家，文学家，哲学家。1920年3月出版新诗集《尝试集》，这是现代文学史上最早出版的一部现代诗集，也是中国文学史上第一部白话诗集，成为新文化运动的主将之一。主要著作有《中国哲学史大纲》（上）、《尝试集》、《白话文学史》（上）和《胡适文存》（四集）等。

我小时候身体弱，不能跟着野蛮的孩子们一块儿玩。我母亲也不准我和他们乱跑乱跳。小时不曾养成活泼游戏的习惯，无论在什么地方，我总是文绉绉[2]的。所以家乡老辈都说我“像个先生样子”，遂叫我做“穈先生[3]”。这个绰号叫出去之后，人都知道三先生的小儿子叫做穈先生了。既有“先生”之名，我不能不装出点“先生”样子，更不能跟着顽童们“野”了。有一天，我在我家八字门口和一班孩子“掷铜钱”，一位老辈走过，见了我，笑道：“穈先生也掷铜钱吗？”我听了羞愧得面红耳热，觉得大失了“先生”的身份！

大人们鼓励我装先生样子，我也没有嬉戏的能力和习惯，又因为我确是喜欢看书，所以我一生可算是不曾享过儿童游戏的生活。每年秋天，我的庶祖母[4]同我到田里去“监割”（顶好的田，水旱无忧，收成最好，佃户每约田主来监割，打下谷子，两家平分），我总是坐在小树下看小说。十一二岁时，我稍活泼一点，居然和一群同学组织了一个戏剧班，做了一些木刀竹枪，借得了几副假胡须，就在村口田里做戏。我做的往往是诸葛亮、刘备一类的文角儿；只有一次我做史文恭[5]，被花荣一箭从椅子上射倒下去，这算是我最活泼的玩艺儿了。

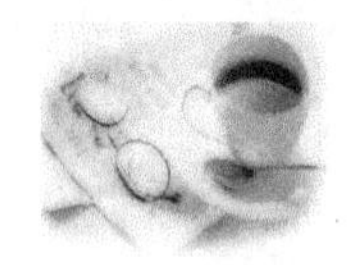

我在这九年（1895～1904）之中，只学得了读书写字两件事。在文字和思想（看文章）的方面，不能不算是打了一点底子。但别的方面都没有发展的机会。有一次我们村里“当朋”（八都[6]凡五村，称为“五朋”，每年一村轮着做太子会[7]，名为“当朋”），筹备太子会，有人提议要派我加入前村的昆腔队学习吹笙或吹笛。族里长辈反对，说我年纪太小，不能跟着太子会走遍五朋。于是我失掉了这学习音乐的唯一机会。30年来，我不曾拿过乐器，也全不懂音乐；究竟我有没有一点学音乐的天资，我至今还不知道。至于学图画，更是不可能的事。我常常用竹纸蒙在小说书的石印绘像上，摹画书上的英雄美人。有一天，被先生看见了，挨了一顿大骂，抽屉里的图画都被搜出撕毁了。于是我又失掉了学做画家的机会。

但这九年的生活，除了读书看书之外，究竟给了我一点做人的训练。在这一点上，我的恩师就是我的慈母。

每天天刚亮时，我母亲就把我喊醒，叫我披衣坐起。我从不知道她醒来坐了多久了。她看我清醒了，才对我说昨天我做错了什么事，说错了什么话，要我认错，要我用功读书。有时候她对我说父亲的种种好处，她说：“你总要踏上你老子的脚步。我一生只晓得这一个完全的人，你要学他，不要跌他的股。”（跌股便是丢脸、出丑。）她说到伤心处，往往掉下泪来。到天大明时，她才把我的衣服穿好，催我去上早学。学堂门上的锁匙放在先生家里；我先到学堂门口一望，便跑到先生家里去敲门。先生家里有人把锁匙从门缝里递出来，我拿了跑回去，开了门，坐下念生书[8]，10天之中，总有八九天我是第一个去开学堂门的。等到先生来了，我背了生书，才回家吃早饭。

我母亲管束我最严，她是慈母兼任严父。但她从来不在别人面前骂我一句，打我一下，我做错了事，她只对我一望，我看见了她的严厉眼光，就吓住了。犯的事小，她等到第二天早晨我睡醒时才教训我。犯的事大，她等到晚上人静时，关了房门，先责备我，然后行罚，或罚跪，或拧我的肉。无论怎样重罚，总不许我哭出声音来。她教训儿子不是借此出气叫别人听的。

有一个初秋的傍晚，我吃了晚饭，在门口玩，身上只穿着一件单背心。这时候我母亲的妹子玉英姨母在我家住，她怕我冷了，拿了一件小衫出来叫我穿上。我不肯穿，她说：“穿上吧，凉了。”我随口回答：“娘（凉）什么！老子都不老子呀。”我刚说了这句话，一抬头，看见母亲从家里走出，我赶快把小衫穿上。但她已听见这句轻薄的话了。晚上人静后，她罚我跪下，重重地责罚了一顿。她说：“你没了老子，是多么得意的事！好用来说嘴！”她气得坐着发抖，也不许我上床去睡。我跪着哭，用手擦眼泪，不知擦进了什么微菌，后来足足害了一年多的眼翳[9]病。医来医去，总医不好。我母亲心里又悔又急，听说眼翳可以用舌头舔去，有一夜她把我叫醒，她真用舌头舔我的病眼。这是我的严师，我的慈母。

我母亲23岁做了寡妇，又是当家的后母。这种生活的痛苦，我的笨笔写不出一万分之一二。家中经济本不宽裕，全靠二哥在上海经营调度。大哥从小便是败子[10]，吸鸦片烟、赌博，钱到手就光，光了就回家打主意，见了香炉就拿出去卖，捞着锡茶壶就拿出去押。我母亲几次邀了本家长辈来，给他定下每月用费的数目。但他总不够用，到处都欠下烟债赌债。每年除夕我家中总有一大群讨债的，每人一盏灯笼，坐在大厅上不肯去。大哥早已避出去了。大厅的两排椅子上满满的都是灯笼和债主。我母亲走进走出，料理年夜饭，谢灶神，压岁钱等事，只当做不曾看见这一群人。到了近半夜，快要“封门”了，我母亲才走后门出去，央一位邻居本家到我家来，每一家债户开发一点钱。做好做歹[11]的，这一群讨债的才一个一个提着灯笼走出去。一会儿，大哥敲门回来了。我母亲从不骂他一句。并且因为是新年，她脸上从不露出一点怒色。这样的过年，我过了六七次。

大嫂是个最无能而又最不懂事的人，二嫂是个很能干而气量[12]很窄小的人。她们常常闹意见，只因为我母亲的和气榜样，她们还不曾有公然相打相骂的事。她们闹气时，只是不

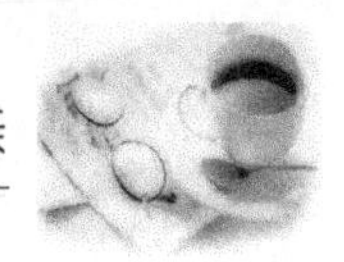

说话，不答话，把脸放下来，叫人难看；二嫂生气时，脸色变青，更是怕人。她们对我母亲闹气时，也是如此。我起初全不懂得这一套，后来也渐渐懂得看人的脸色了。我渐渐明白，世间最可厌恶的事莫如一张生气的脸；世间最下流[13]的事莫如把生气的脸摆给旁人看。这比打骂更难受。

我母亲的气量大，性子好，又因为做了后母后婆，她更事事留心，事事格外容忍。大哥的女儿比我只小一岁，她的饮食衣料总是和我的一样。我和她有小争执，总是我吃亏，母亲总是责备我，要我事事让她。后来大嫂、二嫂都生了儿子了，她们生气时便打骂孩子来出气，一面打，一面用尖刻有刺的话骂给别人听。我母亲只装做没听见。有时候，她实在忍不住了，便悄悄走出门去，或到左邻立大嫂家去坐一会，或走后门到后邻度嫂家去闲谈。她从不和两个嫂子吵一句嘴。

每个嫂子一生气，往往十天半个月不歇，天天走进走出，板着脸，咬着嘴，打骂小孩子出气。我母亲只忍耐着，忍到实在不可再忍的一天，她也有她的法子。这一天的天明时，她就不起床，轻轻地哭一场。她不骂一个人，只哭她的丈夫，哭她自己苦命，留不住她丈夫来照管她。她刚哭时，声音很低，渐渐哭出声来。我醒了起来劝她，她不肯住。这时候，我总听得见前堂（二嫂住前堂东房）或后堂（大嫂住后堂西房）有一扇房门开了，一个嫂子走出房向厨房走去。不多一会儿，那位嫂子来敲我们的房门了。我开了房门，她走进来，捧着一碗热茶，送到我母亲床前，劝她止哭，请她喝口热茶。我母亲慢慢停住哭声，伸手接了茶碗。那位嫂子站着劝一会儿，才退出去。没有一句话提到什么人，也没有一个字提到这十天半个月来的气脸，然而各人心里明白，泡茶进来的嫂子总是那十天半个月来闹气的人。奇怪得很，这一哭之后，至少有一两个月的太平清静日子。

我母亲待人最仁慈，最温和，从来没有一句伤人感情的话。但她有时候也很有刚气，不受一点人格上的侮辱。我家五叔是个无正业的浪人[14]，有一天在烟馆里发牢骚，说我母亲家中有事总请某人帮忙，大概总有什么好处给他。这句话传到了我母亲耳朵里，她气得大哭，请了几位本家[15]来，把五叔喊来，她当面质问[16]他她给了某人什么好处。直到五叔当众认错赔罪，她才罢休。

我在我母亲的教训之下度过了少年时代，受了她的极大极深的影响。我 14 岁（其实只有 12 岁零两三个月）就离开她了。在这广漠[17]的人海里独自混了二十多年，没有一个人管束过我。如果我学得了一丝一毫的好脾气，如果我学得了一点点待人接物的和气，如果我能宽恕人，体谅人——我都得感谢我的慈母。

十九，十一，廿一[18]夜。

注释

［1］ 选自《胡适自传》(黄山书社 1986 年版)。

［2］ 文绉绉（zhōu zhōu)：形容人谈吐、举止文雅的样子。

［3］ 穈（méi）先生：胡适小时候的名字叫“嗣穈”，昵称“穈儿”。

［4］ 庶（shù）祖母：旧时称祖父的妾。

［5］ 史文恭：《水浒传》中的人物。下文的华荣也是这部作品中的人物。

［6］ 八都：胡适故乡为安徽绩溪上庄村，旧属绩溪县八都乡。

［7］ 太子会：皖南一带的神会，据说唐代的张巡曾被追赠为逼真三太子，太子神即指在安史之乱中保卫江淮的张巡。

［8］ 生书：未读过的书，也指新课。

[9] 翳（yì）：眼睛角膜病变后留下的疤痕。

[10] 败子：即败家子。

[11] 做好做歹：犹言好说歹说，指用各种方法进行劝说。

[12] 气量：指容忍谦让的限度。

[13] 下流：指卑劣、不道德。

[14] 浪人：游荡无赖之徒。

[15] 本家：指同姓、同宗族的人。

[16] 质问：依据事实问明是非；责问。

[17] 广漠：广大空旷。

[18] 十九，十一，廿一：指民国十九年十一月二十一日，即公元1930年11月21日。

提示

本文记叙了作者小时候九年里的生活，回忆了在母亲的严格教育和深情关爱之下成长的往事，表达了对母亲的感激之情。

从整体来看这篇文章，前三段写的都是作者自己，只有一句话提到了母亲。作者这样安排，一是突出母亲在作者成长道路上所起的重要作用，二是首尾呼应。

本文从三个方面讲述母亲的。第一，母亲对作者的管教；第二，母亲处理家庭矛盾和难事；第三，母亲应对别人对自己的人格侮辱。通过这些生活中的具体事例，刻画了母亲慈母严父的形象，表现了母亲宽厚、仁慈、和善的品格特征。

文中的不少篇幅表现母亲对作者的关心和教育。如作者害了眼病医来医去总不见好转，当母亲“听说眼翳可以用舌头舔去”，她竟“用舌头舔我的病眼”。平日作者做错了事，如果犯的事小，母亲要“等到第二天早晨我睡醒时才教训”；如果犯的事大，“她等到晚上人静时，关了房门，先责备我，然后行罚，或罚跪，或拧我的肉，无论怎样重罚，总不许我哭出声音来”。在学习上，母亲是严师，她“要我用功读书”，催“我”早起上早学，“十天之中，总有八九天我是第一个去开学堂门的。等到先生来了，我背了书，才回家吃早饭”。

母亲的宽容隐忍、仁慈温和以及刚气的性格，潜移默化地影响着作者。除夕时，大哥因吸鸦片、赌博而招来一大群债主。因为是新年，母亲“从不骂他一句”，脸上从不露出一点怒色。大嫂、二嫂平日生气摆脸色，打骂孩子出气，母亲只装没听见。母亲一味的“忍”和“让”，“忍”到实在不可再忍的一天，她就不起床，轻轻地哭一场，她不骂一个人，只哭她的丈夫，哭她自己苦命。当母亲听说五叔“在烟馆里发牢骚，说我母亲家中有事总请某人帮忙，大概总有什么好处给他。”“气得大哭”并当面质问，“直到五叔当众认错赔罪，她才罢休。”

全文语言平实自然，蕴含着作者真挚的情感。首先，语言的质朴无华与作者发自内心的情感相辅相成。如“每天天刚亮时，我母亲便把我喊醒，叫我披衣坐起。我从不知道她醒来坐了多久了。”其中“我从不知道她醒来坐了多久了”把母亲的辛苦写得淋漓尽致。再如“我母亲二十三岁做了寡妇，又是当家的后母。这种生活的痛苦，我的笨笔写不出一万分之一二。”这句话写出了母亲凄凉的生活景况，使读者潸然泪下。其次，作者没有以成人的姿态和学者的深沉进行说教，而是从孩童的角度回忆童年往事，娓娓道来，真诚倾吐，字里行间充盈着对母亲的尊敬和爱戴之情。

思考与练习

一、本文的前三段写的都是作者自己，只有一句话提到了母亲。这样写有什么好处？

二、本文从哪几个方面表现了母亲的性格特征？

三、每个人的成长都离不开母亲的悉心养育和谆谆教诲。请以《我的母亲》为题，抒写一篇自己对母亲的爱戴和感激的文章。要求选材得当，结构合理，感情真挚，语言质朴。

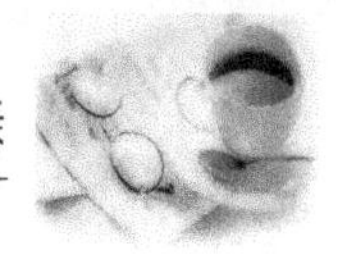

4. 雨巷[1]

戴望舒

戴望舒（1905—1950），浙江省杭县人。中国现代著名诗人、翻译家。1925年在上海学习法文，受法国象征派影响。1932年后留学法国、西班牙。早期受西方象征派的影响，诗歌多写个人孤寂心境，追求朦胧含蓄，格调哀怨感伤。抗日战争时期，积极投身抗日运动。1941年在香港被日军逮捕入狱，在狱中保持了坚贞的民族气节，次年春被营救出狱。这段经历，体现在他后期的诗歌创作中，表现出高尚的爱国情操和对美好未来的憧憬，如《狱中题壁》、《我用残损的手掌》等。

撑着油纸伞，独自
彷徨[2]在悠长，悠长
又寂寥[3]的雨巷，
我希望逢着
一个丁香一样地
结着愁怨的姑娘。

她是有
丁香一样的颜色，
丁香一样的芬芳，
丁香一样的忧愁，
在雨中哀怨，
哀怨又彷徨；

她彷徨在这寂寥的雨巷，
撑着油纸伞
像我一样，
像我一样地
默默彳亍[4]着
冷漠，凄清[5]，又惆怅[6]。

她静默地走近
走近，又投出
太息一般的眼光；
她飘过
像梦一般地，
像梦一般地凄婉迷茫。

像梦中飘过
一枝丁香地，
我身旁飘过这女郎；
她静默地远了，远了，
到了颓圮[7]的篱墙，

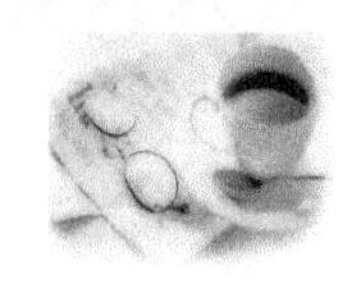

走进这雨巷。
在雨的哀曲里，
消了她的颜色，
散了她的芬芳，
消散了，甚至她的
太息般的眼光，
丁香般的惆怅。

撑着油纸伞，独自
彷徨在悠长，悠长
又寂寥的雨巷，
我希望飘过
一个丁香一样地
结着愁怨的姑娘。

注释

［1］ 本诗最初发表于《小说月报》1928年8月第19卷第8号，后收入诗集《我的记忆》。戴望舒因此诗而获“雨巷诗人”之名。《雨巷》是典型的象征主义诗作。

［2］ 彷徨：走来走去，犹豫不决。

［3］ 寂（jì）寥（liáo）：寂静；空旷。

［4］ 彳（chì）亍（chù）：慢慢行走的样子，走走停停。

［5］ 凄清：凄凉（寂寞、冷落）。

［6］ 惆（chóu）怅（chàng）：伤感；失意。

［7］ 颓（tuí）圮（pǐ）：崩坏，倒塌。

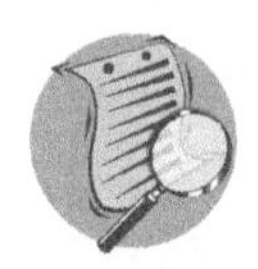

提示

《雨巷》这首诗表达作者对朦胧理想的追求和对黑暗现实的感伤之情，含蓄地流露出当时知识青年真实而消极的思想情绪。

作者在诗中营造了一种朦胧的审美意境，选用的意象有雨巷、油纸伞、丁香、姑娘、“我”、颓圮的篱墙等。“雨巷”这一意象的丰富内涵是通过一个真实可信的“我”的形象，去寻找幻影中的“丁香姑娘”而不得的心理过程，以此来揭示诗人理想幻灭时的哀怨、悲伤、彷徨、迷惘情绪。诗中的“丁香姑娘”是作为梦幻中的情人形象出现的。诗中的“我”沉浸在情感追求之中，执着的把所有的希望都寄托在“她”的身上。“她”可从三个层面上理解。从日常生活层面上看，“她”是恋人，从现实斗争层面上看，“她”可以理解为“革命”，从哲学层面上看，可以理解为“她”是“美”与“理想”的象征。总之，“丁香姑娘”是诗人的梦中情人和情感寄托的偶像，是可遇而不可求、可望而不可即的一切美好的化身。诗中的“我”和“丁香姑娘”一样的“冷漠、凄清、又惆怅”。二人可以各自代表着不同的性别群体，喻示着当时知识青年的处境和思想情绪。这种情绪既有愁怨迷茫的消极一面，又有思索、希望、探求的积极因素。

这首诗的显著特点是象征手法的运用。“丁香”象征美丽、高洁、愁怨；“雨巷”象征人生漫漫长路、狭窄天地；“撑着油纸伞”、“独自彷徨”、“默默彳亍”象征等待、希望和追求；“颓圮的篱墙”象征家园破落；“雨的哀曲”象征环境凄苦、遭遇不幸。另外，本诗营造了古典诗词的意境美。诗中的“雨巷、油纸伞、丁香、篱墙、姑娘、独行者”等编织出了雨中江南小城一角的画面，具有传统文化的气息与古典美。

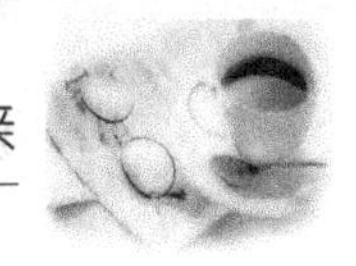

全诗在节奏方面表现为音节短促、缓慢、多停留，押韵位置的变换、排比句的使用等。

思考与练习

一、这首诗运用的意象有哪些？请从诗中找出来。

二、这首诗表现了诗人什么样的思想感情？

三、这首诗最富有象征意味的是“丁香姑娘”。试分析“丁香姑娘”的象征意义。

5. 二月兰[1]

季羡林

季羡林（1911—2009），字希逋，山东省临清市人。中国著名语言学家、文学家、历史学家、教育家、作家。精通梵文、巴利文、吐火罗文等语言。1934年获清华大学外国语言文学系学士。1941年获德国哥廷根大学哲学博士学位。1946年回国后，曾历任中国科学院哲学社会科学部委员，北京大学东方语言文学系主任，北京大学副校长等职务。长期从事印度古代语言文学、印度佛教史、中印文化关系史及吐火罗文的研究。著有《印度古代语言论集》、《原始佛教的语言问题》、《季羡林佛教学术论文集》等。译著有《罗摩衍那》、《沙恭达罗》等。

一转眼，不知怎样一来，整个燕园竟成了二月兰的天下。

二月兰是一种常见的野花。花朵不大，紫白相间。花形和颜色都没有什么特异之处。如果只有一两棵，在百花丛中，决不会引起任何人的注意。但是它却以多胜，每到春天，和风一吹拂，便绽开了小花；最初只有一朵，两朵，几朵。但是一转眼，在一夜间，就能变成百朵，千朵，万朵。大有凌驾[2]百花之上的势头了。

我在燕园里已经住了四十多年。最初我并没有特别注意到这种小花。直到前年，也许正是二月兰开花的大年，我蓦地[3]发现，从我住的楼旁小土山开始，走遍了全园，眼光所到之处，无不有二月兰在。宅旁，篱下，林中，山头，土坡，湖边，只要有空隙的地方，都是一团紫气，间以白雾，小花开得淋漓尽致[4]，气势非凡，紫气直冲云霄[5]，连宇宙都仿佛变成紫色的了。

我在迷离恍惚[6]中，忽然发现二月兰爬上了树，有的已经爬上了树顶，有的正在努力攀登，连喘气的声音似乎都能听到。我这一惊可真不小：莫非二月兰真成了精了吗？再定睛一看，原来是二月兰丛中的一些藤萝，也正在开着花，花的颜色同二月兰一模一样，所差的就仅仅只缺少那一团白雾。我实在觉得我这个幻觉非常有趣。带着清醒的意识，我仔细观察起来：除了花形之外，颜色真是一般无二。反正我知道了这是两种植物，心里有了底，然而再一转眼，我仍然看到二月兰往枝头爬。这是真的呢？还是幻觉？一由它去吧。

自从意识到二月兰存在以后，一些同二月兰有联系的回忆立即涌上心头。原来很少想到的或根本没有想到的事情，现在想到了；原来认为十分平常的琐事，现在显得十分不平常了。我一下子清晰地意识到，原来这种十分平凡的野花竟在我的生命中占有这样重要的地位。我自己也有点吃惊了。

我回忆的丝缕是从楼旁的小土山开始的。这一座小土山，最初毫无惊人之处，只不过二三米高，上面长满了野草。当年歪风狂吹时，每次“打扫卫生”，全楼住的人都被召唤出来拔草，不是“绿化”，而是“黄化”。我每次都在心中暗恨这小山野草之多。后来不知由于什

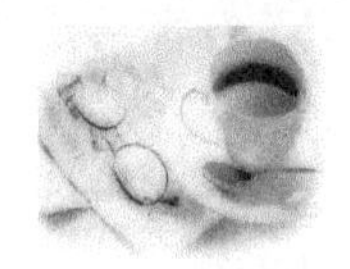

么原因，把山堆高了一两米。这样一来，山就颇有一点山势了。东头的苍松，西头的翠柏，都仿佛恢复了青春，一年四季，郁郁葱葱[7]。中间一棵榆树，从树龄来看，只能算是松柏的曾孙，然而也枝干繁茂，高枝直刺入蔚蓝的晴空。

我不记得从什么时候起我注意到小山上的二月兰。这种野花开花大概也有大年小年之别的。碰到小年，只在小山前后稀疏地开上那么几片。遇到大年，则山前山后开成大片。二月兰仿佛发了狂。我们常讲什么什么花“怒放”，这个“怒”字用得真是无比地奇妙。二月兰一“怒”，仿佛从土地深处吸来一股原始力量，一定要把花开遍大千世界，紫气直冲云霄，连宇宙都仿佛变成紫色的了。

东坡的词说：“月有阴晴圆缺，人有悲欢离合，此事古难全[8]。”但是花们好像是没有什么悲欢离合。应该开时，它们就开；该消失时，它们就消失。它们是“纵浪大化中”，一切顺其自然，自己无所谓什么悲与喜。我的二月兰就是这个样子。

然而，人这个万物之灵却偏偏有了感情，有了感情就有了悲欢。这真是多此一举，然而没有法子。人自己多情，又把情移到花，“泪眼问花花不语[9]”，花当然“不语”了。如果花真“语”起来，岂不吓坏了人！这些道理我十分明白。然而我仍然把自己的悲欢挂到了二月兰上。

当年老祖还活着的时候，每到春天二月兰开花的时候，她往往拿一把小铲，带一个黑书包，到成片的二月兰旁青草丛里去搜挖荠菜[10]。只要看到她的身影在二月兰的紫雾里晃动，我就知道在午餐或晚餐的餐桌上必然弥漫着荠菜馄饨的清香。当婉如还活着的时候，她每次回家，只要二月兰正在开花，离开时，她总穿过左手是二月兰的紫雾，右手是湖畔垂柳的绿烟，匆匆忙忙走去，把我的目光一直带到湖对岸的拐弯处。当小保姆杨莹还在我家时，她也同小山和二月兰结上了缘。我曾套清词写过三句话：“午静携侣寻野菜，黄昏抱猫向夕阳，当时只道是寻常。”我的小猫虎子和咪咪还在世的时候，我也往往在二月兰丛里看到她们：一黑一白，在紫色中格外显眼。

所有这些琐事都是寻常到不能再寻常了。然而，曾几何时，到了今天，老祖和婉如已经永远永远地离开了我们。小莹也回了山东老家。至于虎子和咪咪也各自遵循猫的规律，不知钻到了燕园中哪一个幽暗的角落里，等待死亡的到来。老祖和婉如的走，把我的心都带走了。虎子和咪咪我也忆念难忘。如今，天地虽宽，阳光虽照样普照，我却感到无边的寂寥[11]和凄凉[12]。回忆这些往事，如云如烟，原来是近在眼前，如今却如蓬莱[13]灵山，可望而不可即了。

对于我这样的心情和我的一切遭遇，我的二月兰一点也无动于衷，照样自己开花。今年又是二月兰开花的大年。在校园里，眼光所到之处，无不有二月兰在。宅旁，篱下，林中，山头，土坡，湖边，只要有空隙的地方，都是一团紫气，间以白雾，小花开得淋漓尽致，气势非凡，紫气直冲霄汉，连宇宙都仿佛变成紫色的了。

这一切都告诉我。二月兰是不会变的，世事沧桑，于它如浮云。然而我却是在变的，月月变，年年变。我想以不变应万变，然而办不到。我想学习二月兰，然而办不到。不但如此，她还硬把我的记忆牵回到我一生最倒霉的时候，在十年浩劫中，我自己跳出来反对北大那一位“老佛爷”，被抄家，被打成了“反革命”。正是在二月兰开花的时候，我被管制劳动改造。有很长一段时间，我每天到一个地方去捡破砖碎瓦，还随时准备着被红卫兵押解到什么地方去“批斗”，坐喷气式，还要挨上一顿揍，打得鼻青脸肿。可是在砖瓦缝里二月兰依然开放，怡然[14]自得，笑对春风，好像是在嘲笑我。

我当时日子实在非常难过。我知道正义是在自己手中，可是是非颠倒，人妖难分，我呼天天不应，叫地地不答，一腔义愤，满腹委屈，毫无人生之趣。在很长一段时间内，我成了

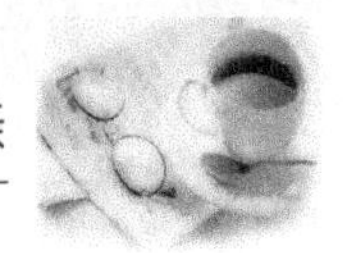

“不可接触者”，几年没接到过一封信，很少有人敢同我打个招呼。我虽处人世，实为异类。

然而我一回到家里，老祖、德华她们，在每人每月只能得到恩赐十几元钱生活费的情况下，殚思竭虑[15]，弄一点好吃的东西，希望能给我增加点营养；更重要的恐怕还是，希望能给我增添点生趣。婉如和延宗也尽可能地多回家来。我的小猫憨态可掬[16]，偎依在我的身旁。她们不懂哲学，分不清两类不同性质的矛盾，人视我为异类，她们视我为好友，从来没有表态，要同我划清界限。所有这一些极其平常的琐事，都给我带来了无量[17]的安慰。窗外尽管千里冰封，室内却是暖气融融。我觉得，在世态炎凉[18]中，还有不炎凉者在，这一点暖气支撑着我，走过了人生最艰难的一段路，没有堕入深涧[19]，一直到今天。

我感觉到悲，又感觉到欢。

到了今天，天运转动，否极泰来[20]，不知怎么一来，我一下子成为“极可接触者”。到处听到的是美好的言词，到处见到的是和悦的笑容。我从内心里感激我这些新老朋友，他们绝对是真诚的。他们鼓励了我，他们启发了我。然而，一回到家里，虽然德华还在，延宗还在，可我的老祖到哪里去了呢？我的婉如到哪里去了呢？还有我的虎子和咪咪一世到哪里去了呢？世界虽照样朗朗，阳光虽照样明媚，我却感觉异样的寂寞与凄凉。

我感觉到欢，又感觉到悲。

我年届耄耋[21]，前面的路有限了。几年前，我写过一篇短文，叫《老猫》，意思很简明，我一生有个特点：不愿意麻烦人。了解我的人都承认的。难道到了人生最后一段路上我就要改变这个特点吗？不，不，不想改变。我真想学一学老猫，到了大限[22]来临时，钻到一个幽暗的角落里，一个人悄悄地离开人世。

这话又扯远了。我并不认为眼前就有制定行动计划的必要。我还有很多事情要做，而且我的健康情况也允许我去做。有一位青年朋友说我忘记了自己的年龄。这话极有道理。可我并没有全忘。有一个问题我还想弄弄清楚哩。按说我早已到了“悲欢离合总无情”的年龄，应该超脱一点了。然而在离开这个世界以前，我还有一件心事：我想弄清楚，什么叫“悲”？什么又叫“欢”？是我成为“不可接触者”时悲呢？还是成为“极可接触者”时欢？如果没有老祖和婉如的逝世，这问题本来是一清二白的。现在却是悲欢难以分辨了。我想得到答复。我走上了每天必登临几次的小山，我问苍松，苍松不语；我问翠柏，翠柏不答。我问三十多年来亲眼目睹我这些悲欢离合的二月兰，它也沉默不语，兀自[23]万朵怒放，笑对春风，紫气直冲霄汉[24]。

1993年6月11日写完

注释

[1] 本文选自《怀旧集》，季羡林著，北京大学出版社1996年4月第1版。

[2] 凌驾：高出（别人）；压倒（别的事物）。

[3] 蓦（mò）地：出乎意料的；突然。

[4] 淋漓尽致：形容文章或谈话详尽透彻。

[5] 云霄：极高的天空；天际。

[6] 迷离恍（huǎng）惚（hū）：模糊而难以分辨清楚。

[7] 郁郁葱葱：（草木）苍翠茂盛。

[8] 此句见苏轼词《水调歌头·明月几时有》。

[9] 语见欧阳修词《蝶恋花·庭院深深深几许》。

[10] 荠（jì）菜：一年或多年生草本植物，叶子羽状分裂，裂片有缺刻，花白色。嫩叶可吃。全草入药。

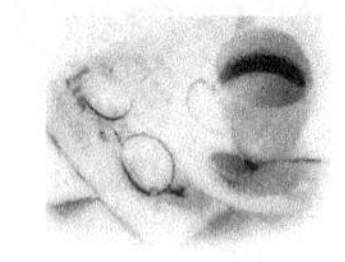

[11] 寂寥：寂静；空旷。

[12] 凄凉：寂寞冷落，多用来形容环境和景物。

[13] 蓬莱：神话传说中渤海里仙人居住的山。

[14] 怡然：形容喜悦。

[15] 殚（dān）思竭（jié）虑：用尽精力，费尽心思。

[16] 憨（hān）态可掬：天真而略显傻气的神态显得可笑。

[17] 无量：没有限量，没有止境。

[18] 炎凉：热和冷，比喻对待地位不同的人或者亲热攀附，或者冷淡疏远。

[19] 涧（jiàn）：山间流水的沟。

[20] 否（pǐ）极泰来：坏的到了尽头，就会向好的方向转化。

[21] 耄（mào）耋（dié）：泛指老年。耄：指八九十岁年纪。耋：七八十岁年纪。

[22] 大限：迷信中指寿数已尽，注定死亡的期限。

[23] 兀（wù）自：仍旧；还是。

[24] 霄汉：云霄和天河，指天空。

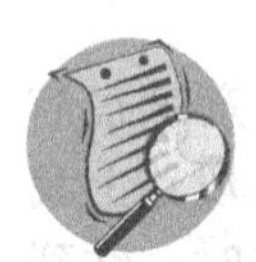

提示

季羡林先生通过对居住地燕园内盛开的二月兰的描写，联系自己悲欢离合的人生历程，真切地抒写了对亲人的怀念，阐发了对世事沧桑的感慨。

作者在这篇回忆散文中为读者讲述了一个洋溢着淡淡的二月兰花香的人生历程故事。文章首先从对二月兰的细致描绘中引入对往事的回忆。“原来这种十分平凡的野花竟在我的生命中占有这样重要的地位。”表面上写二月兰，实际上是写曾经与作者患难与共的老祖、婉如、小保姆杨莹，甚至小猫虎子和咪咪。因为她们在作者的生命中占有重要的位置。这是“借花喻人”的写法。首先，借花喻人的“人”指的是作者的亲人，反映出季羡林先生特别珍重亲情。在他的心中，亲情的价值远远高于金钱、名誉和地位。其次，借花喻人的“人”指的都是女性。作者称呼为“她们”。可以说，作者借二月兰的意象不仅赞美了亲情，而且赞美了女性身上的美好品德。

作者运用了象征的表现手法。二月兰象征着众多普通女性平常的生活态度与处世哲学。二月兰是“一种常见的野花”、“十分平凡的野花”、“以多制胜”，这是在描述众多的普通女性。“二月兰一‘怒’，仿佛从土地深处吸来一股原始力量，一定要把花开遍大千世界”，暗示女性在险恶环境下原始本能的顽强生命力。二月兰“是‘纵浪大化中’，一切顺其自然，自己无所谓什么悲与喜”，“二月兰是不会变的，世事沧桑，于她如浮云。”写出了女性在世态炎凉的“文革”中没有随风倒下，而是依然保持以不变应万变的人生态度。另外，二月兰还象征着女性善良、关爱他人与自我牺牲的美好品质。作者身边的女性，在“十年浩劫”中并不视他为异类，殚思竭虑给他弄一点好吃的，希望给他增添营养和生趣，能在艰难的境况中活下来。正是因为有了她们，才使作者感到“无量的安慰”，并“走过了人生最艰难的一段路”。

作者在文中多处运用反复这一表现手法，渲染气氛，突出意象；文中引用的古典诗词与作者自己的语言融为一体，富有感染力。

思考与练习

一、二月兰象征什么？表达了作者什么样的思想感情？

二、当作者被视为异类时，作者的亲人给了哪些心灵上的安慰？

三、本文对二月兰的描述细致生动，请试用两种以上修辞手法描述你最喜爱的一种花木。

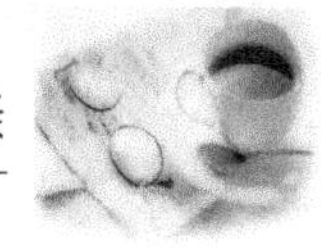

6. 拣麦穗[1]

张　洁

张洁（1937—　），北京人。当代著名女作家。1960年毕业于中国人民大学。国家一级作家、国务院授予的特殊贡献作家。著有长篇小说《沉重的翅膀》、《只有一个太阳》，小说散文集《爱，是不能忘记的》、《方舟》，中短篇小说集《祖母绿》等。

在农村长大的姑娘，谁不熟悉拣麦穗这回事儿呢？

我要说的，却是几十年前拣麦穗的那段往事。

或许可以这样说，拣麦穗的时节，也许是顶能引动姑娘们的幻想的时节。

在那月残星稀的清晨，挎[2]着一个空篮子，顺着田埂上的小路，走去拣麦穗的时候，她想的是什么呢？

等到田野上腾起一层薄雾，月亮，像是偷偷地睡过一觉，重又悄悄地回到天边，方才挎着装满麦穗的篮子，走回自家的破窑洞的时候，她想的又是什么呢？

唉，她能想什么呢?!

假如你没有在那种日子里生活过，你永远不能想象，从这一粒粒丢在地里的麦穗上，会生出什么样的幻想！

她拼命地拣呐，拣呐，一个收麦子的时节，能拣上一斗？她把这麦子换来的钱积攒起来，等到赶集的时候，扯上花布，买上花线，然后，她剪呀，缝呀，绣呀……也不见她穿，也不见她戴，谁也没和谁合计过，谁也没找谁商量过，可是等到出嫁的那一天，她们全会把这些东西，装进新嫁娘的包裹里去。

不过，当她们把拣麦穗时所伴着的幻想，一同包进包裹里去的时候，她们会突然感到那些幻想全都变了味儿，觉得多少年来，她们拣呀，缝呀，绣呀，实在是多么傻啊！她们要嫁的那个男人，和她们在拣麦穗、扯花布、绣花鞋的时候所幻想的那个男人，有着多么大的不同，又有着多么大的距离啊！但是，她们还是依依顺顺地嫁了出去，只不过在穿戴那些衣物的时候，再也找不到做它、缝它时的那种心情了。

这算得了什么呢？谁也不会为她们叹一口气，表示同情。谁也不会关心她们还曾经有过幻想。连她们自己也甚至不会感到过分地悲伤。顶多不过像是丢失了一个美丽的梦。有谁见过哪一个人会死乞白赖[3]地寻找一个丢失的梦呢？

当我刚刚能够歪歪咧咧地提着一个篮子跑路的时候，我就跟在大姐姐的身后拣麦穗了。

那篮子显得太大，总是磕碰着我的腿和地面，闹得我老是跌跤。我也很少有拣满一个篮子的时候，我看不见田里的麦穗，却总是看见蚂蚱和蝴蝶，而当我追赶它们的时候，拣到的麦穗，还会从篮子里重新掉回地里去。

有一天，二姨看着我那盛着稀稀拉拉几个麦穗的篮子说："看看，我家大雁也会拣麦穗了。"然后，她又戏谑[4]地问我："大雁，告诉二姨，你拣麦穗做啥？"

我大言不惭地说："我要备嫁妆哩！"

二姨贼眉贼眼地笑了，还向围在我们周围的姑娘、婆姨们眨了眨她那双不大的眼睛："你要嫁谁嘛！"

是呀，我要嫁谁呢？我忽然想起那个卖灶糖的老汉。我说："我要嫁那个卖灶糖的老汉！"

她们全都放声大笑，像一群鸭子一样嘎嘎地叫着。笑啥嘛！我生气了。难道做我的男

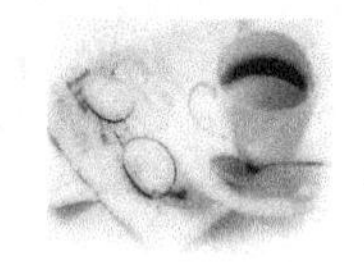

人，他有什么不体面的地方吗？

卖灶糖的老汉有多大年纪了？我不知道。他脸上的皱纹一道挨着一道，顺着眉毛弯向两个太阳穴，又顺着腮帮弯向嘴角。那些皱纹，给他的脸上增添了许多慈祥的笑意。当他挑着担子赶路的时候，他那剃得像半个葫芦样的后脑勺上的长长的白发，便随着颤悠悠的扁担一同忽闪着。

我的话，很快就传进了他的耳朵。

那天，他挑着担子来到我们村，见到我就乐了。说："娃呀，你要给我做媳妇吗？"

"对呀！"

他张着大嘴笑了，露出了一嘴的黄牙。他那长在半个葫芦样的头上的白发，也随着笑声一齐抖动着。

"你为啥要给我做媳妇呢？"

"我要天天吃灶糖哩！"

他把旱烟锅子朝鞋底上磕着："娃呀，你太小哩。"

"你等我长大嘛！"

他摸着我的头顶说："不等你长大，我可该进土啦。"

听了他的话，我着急了。他要是死了，那可咋办呢？我那淡淡的眉毛，在满是金黄色的茸毛[5]的脑门上，拧成了疙瘩。我的脸也皱巴得像个核桃。

他赶紧拿块灶糖塞进了我的手里。看着那块灶糖，我又咧着嘴笑了："你别死啊，等着我长大。"

他又乐了。答应着我："我等你长大。"

"你家住哪哒[6]呢？"

"这担子就是我的家，走到哪哒，就歇在哪哒！"

我犯愁了："等我长大，去哪哒寻你呀！"

"你莫愁，等你长大，我来接你！"

这以后，每逢经过我们这个村子，他总是带些小礼物给我。一块灶糖，一个甜瓜，一把红枣……还乐呵呵地对我说："看看我的小媳妇来呀！"

我呢，也学着大姑娘的样子——我偷偷地瞧见过——要我娘找块碎布，给我剪了个烟荷包，还让我娘在布上描了花。我缝呀，绣呀……烟荷包缝好了，我娘笑得个前仰后合，说那不是烟荷包，皱皱巴巴的，倒像个猪肚子。我让我娘给我收了起来，我说了，等我出嫁的时候，我要送给我男人。

我渐渐地长大了。到了知道认真地拣麦穗的年龄了。懂得了我说过的那些个话，都是让人害臊的话。卖灶糖的老汉也不再开那玩笑——叫我是他的小媳妇了。不过他还是常常带些小礼物给我。我知道，他真的疼我呢。

我不明白为什么，我倒真是越来越依恋他，每逢他经过我们村子，我都会送他好远。我站在土坎坎上，看着他的背影，渐渐地消失在山坳坳[7]里。

年复一年，我看得出来，他的背更弯了，步履[8]也更加蹒跚[9]了。这时，我真的担心了，担心他早晚有一天会死去。

有一年，过腊八的前一天，我约莫[10]着卖灶糖的老汉，那一天该会经过我们村。我站在村口上一棵已经落尽叶子的柿子树下，朝沟底下的那条大路上望着，等着。

那棵柿子树的顶梢梢上，还挂着一个小火柿子。小火柿子让冬日的太阳一照，更是红得透亮。那个柿子多半是因为长在太高的树梢上，才没有让人摘下来。真怪，可它也没让风刮下来，雨打下来，雪压下来。

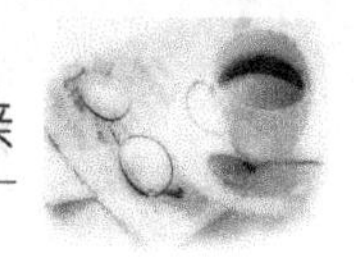

路上来了一个挑担子的人。走近一看，担子上挑的也是灶糖，人可不是那个卖灶糖的老汉。我向他打听卖灶糖的老汉，他告诉我，卖灶糖的老汉老去了。

我仍旧站在那棵柿子树下，望着树梢上的那个孤零零的小火柿子。它那红得透亮的色泽，仍然给人一种喜盈盈的感觉。可是我却哭了，哭得很伤心。哭那陌生的，但却疼爱我的卖灶糖的老汉。

后来，我常想，他为什么疼爱我呢？无非我是一个贪吃的，因为生得极其丑陋而又没人疼爱的小女孩吧？

等我长大以后，我总感到除了母亲以外，再也没有谁能够像他那样朴素地疼爱过我——没有任何希求，没有任何企望[11]的。

真的，我常常想念他。也常常想要找到，我那个皱皱巴巴的，像猪肚子一样的烟荷包。可是，它早已不知被我丢到哪里去了。

1979 年 12 月

注释

[1] 本文发表于 1979 年 12 月 16 日《光明日报》。

[2] 挎（kuà）：挂在胳膊上。

[3] 死乞白赖：纠缠个没完。

[4] 戏谑（xuè）：开玩笑。

[5] 茸（rónɡ）毛：又短又软又密的毛发。

[6] 哪哒：哪里，什么地方。

[7] 山坳坳（ào）：山沟沟。坳：洼下的地方。

[8] 步履（lǚ）：步行，步伐。

[9] 蹒（pán）跚（shān）：腿脚不灵便，走路艰难的样子。

[10] 约莫：揣测，估计。

[11] 企望：期望，盼望。企：踮起脚后跟。

提示

这篇记事散文追忆了“我”幼年时代一段难忘的经历——卖灶糖老汉对“我”的疼爱，以及“我”对卖灶糖老汉的依恋，赞美了这一老一少之间的美好情谊，表现作者对人世间朴素而纯真的感情的向往和追求。

文章共分三部分。第一部分是概述，写农村姑娘童年时期拣麦穗的美丽梦想以及结婚后这些美丽梦想的丢失。这一部分与后面的第二部分、第三部分不是一个连续的故事，可以看作是后两部分的一个铺垫，起到统领的作用。从内容上看，第二部分、第三部分叙述童年时的“我”与卖灶糖老汉之间的纯真情谊，是许多拣麦穗姑娘“美丽的梦”中的一个，具有典型性和普遍性。这一部分告诉读者的是：拣麦穗姑娘曾经有过的“美丽的梦”和后来丢失的“梦”的困惑，这为整个故事抹上了一层淡淡的哀愁。第二部分、第三部分记述了童年的“我”和卖灶糖老汉之间纯真情意产生、发展、结束的经过，以及这段经历使“我”难以忘怀。

文章通过传神的行为细节描写表现人物的心理和情感。如写卖灶糖老汉，每次到村子里来，从不忘记带“一块灶糖，一个甜瓜，一把红枣”等小礼物给“我”。而“我”从不忘记卖灶糖老汉“那一天该会经过我们村”，总是“站在村口上”，“朝沟底下的那条大路上望着，等着”；卖灶糖老汉走时，“我”都会送他好远，“站在土坎坎上，看着他的背影，渐渐地消失在山坳坳里”。这些细节描写，表现出一老一少之间纯朴

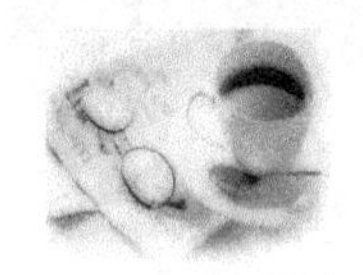

真挚的感情。文中还善用个性化的语言表现人物的个性特征。如童年的“我”与卖灶糖老汉的问答，一个爽朗风趣，一个天真烂漫，情谊十分真挚。另外，文中还运用了象征的手法。如小火柿子“孤零零的”，“红得透亮”，“没让风刮下来，雨打下来，雪压下来”，既暗寓着卖灶糖老汉的一生，又象征着“我”的情感和希望。当得知卖灶糖老汉老去之后，小火柿子“红得透亮的色泽，依然给人一种喜盈盈的感觉”，象征卖灶糖老汉的美好心地和一老一少之间的珍贵情谊。那个“皱皱巴巴的，像猪肚子一样的烟荷包”，象征“我”童年时代美丽的梦想。文中象征手法的运用，渗透着作者对当时社会环境的敏锐感受。

思考与练习

一、文章第一部分写了拣麦穗姑娘的种种美丽梦想。这一部分与后面所写的内容不是一个连续的故事，如果删掉第一部分，文章依然是一个整体。你认为可以删吗？为什么？

二、这篇文章巧妙地运用了象征手法。请你说说“红得透亮”的小火柿子象征什么？小火柿子“没让风刮下来，雨打下来，雪压下来”又象征什么？

三、请结合本文的学习，叙写一个给自己留下深刻印象的人。要求运用对话和细节描写来表现人物的个性特征。

第六单元

大美自然

美景使人沉醉，也最能荡涤欣赏者的心灵。因为美景，催发了形式各异的美文，这些美文的精神指向，恰恰是人生的理想境界。人生最高的精神境界是天地境界，人生的理想生存是在大地上诗意地栖居。只要有一颗心在，一个小屋、一片自然山水就可以成为一个人诗意栖居的心灵寓所与精神家园。我们说，只有真正进入那种唯美抒情的浪漫美景，感动才是恒久的，就像一幅画，人们也许会忘了他的时代，但是当我们面对唯美而内涵丰富的画作时，那身临其境的情愫总会油然而生。

什么是美？著名美学家朱光潜认为，欣赏就是美。有了美的自然事物，就有了美的欣赏的对象，也就有了美的感受。美是客观的，因为它本来就存在，美又是主观的，因为不同的人对同样的事物有不同的感受。古人云，情动而辞发。也就是说，文章表达的是作者内心的感受，流露的是真切的感情，只有当我们的内心充满了感动的时候，笔下的文章才会打动自己，才能感染别人。风含情，水含笑，这是一种美的情感，但风为什么会含情？水为什么会含笑？没有情感经历的人，写不出动情的文字；情感粗放的人，同样写不出细致的美文。所以，正是因为有了王维的宦路挫折，才会有《山居秋暝》的空灵澄净；有了苏东坡的豁达豪迈和建功无门，才有了《念奴娇·赤壁怀古》的雄浑、潇洒，豪放、悲凉；有了郁达夫的失意苦闷，才有了《故都的秋》的凄清落寞；有了李乐薇逃避现实的物欲和喧嚣，才有了《我的空中楼阁》的空灵缥缈、超世拔俗……

一篇优美的文章可以让我们的心情拨云见日、豁然开朗；可以唤醒我们心中相同和相似的倾诉，可以帮我们阅读人生，体会人间百态，丰富人文情感。让我们追随这些大家们的内心，适意自然，追求自由，享受美感，荡涤心灵，与他们一同喜怒哀乐。

1. 春江花月夜[1]

张若虚

张若虚（约660—约720），扬州（今江苏省扬州市）人。曾任兖州兵曹。与贺知章、张旭、包融齐名，并称为“吴中四士”。其诗风近齐梁体，受六朝柔靡诗风影响，常露人生无常之感。其诗作大部散佚，《全唐诗》仅存2首，其一为《春江花月夜》，乃千古绝唱，是一篇脍炙人口的名作，有“以孤篇压倒全唐”之誉。此诗是七言长体诗。其诗描写细腻，音节和谐，清丽开宕，富有情韵，在初唐诗风的转变中有重要地位。

春江潮水连海平，海上明月共潮生。
滟滟[2]随波千万里，何处春江无月明。
江流宛转绕芳甸[3]，月照花林皆似霰[4]。
空里流霜[5]不觉飞，汀[6]上白沙看不见。
江天一色无纤尘[7]，皎皎空中孤月轮[8]。
江畔何人初见月？江月何年初照人？

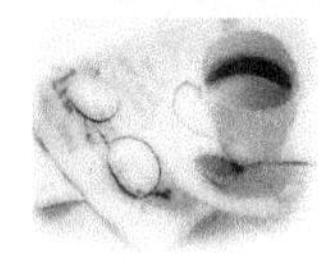

人生代代无穷已[9]，江月年年望（一作“只”）相似。
不知江月待何人，但见[10]长江送流水。
白云一片去悠悠[11]，青枫浦[12]上不胜愁。
谁家今夜扁舟[13]子？何处相思明月楼[14]？
可怜楼上月裴回[15]（通“徘徊”），应照离人妆镜台[16]。
玉户[17]帘中卷不去，捣衣砧[18]上拂还来。
此时相望不相闻[19]，愿逐[20]月华[21]流照君。
鸿雁长飞光不度，鱼龙潜跃水成文[22]。
昨夜闲潭[23]梦落花，可怜春半不还家。
江水流春去欲尽，江潭落月复西斜。（读 xiá，这种音押韵）
斜月沉沉藏海雾，碣石潇湘无限路[24]。（这里的斜读 xié）
不知乘月几人归，落月摇情[25]满江树。

注释

［1］《春江花月夜》：乐府旧题，属《清商曲辞·吴声歌曲》，相传创自南朝陈后主叔宝。
［2］滟（yàn）滟：波光闪烁的样子。
［3］芳甸（diàn）：遍生花草的原野。
［4］霰（xiàn）：雪珠，小冰粒。
［5］流霜：飞霜，古人以为霜和雪一样，是从空中落下来的，所以叫流霜。这里比喻月光皎洁，月色朦胧、流荡，像霜霰泻满大地。
［6］汀（tīng）：水中和水边的空地，此处指水中沙滩。
［7］纤尘：微细的灰尘。
［8］月轮：指月亮，因月圆时像车轮，故称月轮。
［9］穷已：穷尽。
［10］但见：只见、仅见。
［11］悠悠：渺茫、深远。
［12］青枫浦：地名，今湖南省浏阳县境内有青枫浦。这里泛指游子所在的地方。
［13］扁舟：孤舟，小船。
［14］明月楼：月夜下的闺楼。这里指闺中思妇。
［15］月裴回：月徘徊，指月光移动。
［16］妆镜台：梳妆台。
［17］玉户：形容楼阁华丽，以玉石镶嵌。此指思妇居室。
［18］捣衣砧（zhēn）：捣衣石、捶布石。
［19］相闻：互通音信。
［20］逐：跟从、跟随。
［21］月华：月光。
［22］“鸿雁”二句：谓游子、思妇彼此之间难通音信。度：通“渡”。鱼龙：此指鲤鱼。
［23］闲潭：安静的水潭。
［24］“碣石”句：说游子与思妇分处天南地北，难以相见。碣石潇湘：此处借指天南地北。
［25］摇情：激荡情思，犹言牵情。

【译文】

春天的江潮，水势浩荡，与大海连成一片，一轮明月从海上缓缓升起，好像与潮水一起

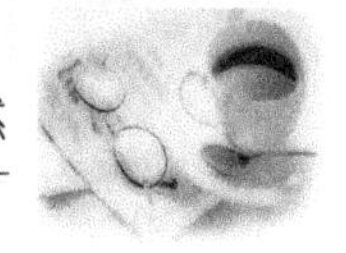

涌了出来。

月光照耀着春江之水，随着波浪闪耀千万里，那么什么地方的春江没有明亮的月光呢。

江水曲曲折折地绕着花草丛生的原野向前流淌，月光照射着开遍鲜花的树林，恰似细密的雪珠在闪烁。

夜空中感觉不到流霜的飞动，明亮的月光照着江畔的白沙，朦朦胧胧看不清楚。

江水、天空成为一种颜色，空气纯净得没有一点灰尘，只有一轮明亮的孤月高悬空中。

江边上什么人最初看见了月亮，江上的月亮又是在哪一年最初照耀着行人？

人生一代一代无穷无尽，只有江上的月亮一年又一年地总是那么相像。

不知江上的月亮照耀着什么人，只见长江不断地输送着流水，流向远方。

游子像一片白云缓缓地离去，只剩下思妇站在离别的青枫浦上不胜忧愁。

是哪家的游子今晚坐着小船在漂流？又是在什么地方有人在明月照耀的阁楼上相思？

可怜楼上一轮不停移动的月光，应该照耀着离人的梳妆台。

月光照进思妇的门帘，卷也卷不走，照在她的捣衣砧上，拂也拂不掉。

此刻，两人只能互望月亮却听不到彼此声音，我多么希望随着月光流去照耀到远方的你。

鸿雁不停地飞翔，却不能飞出无边的月光；月照江面，有鲤鱼在水中跳跃，激起阵阵纹。（此二句写月光之清澈无边，也暗含鱼雁不能传信之意。）

昨天晚上梦见花朵落在幽静的水潭上，可怜春天过了一半却还不能回家。

江水流走春光，春光将要流尽，水潭上月亮缓缓落下，如今又西斜。

斜月慢慢下沉，藏在蒙蒙的海雾里，碣石与潇湘的离人距离无限遥远。

不知道有几人能够乘着月光回家，只有那西落的月亮摇荡着离情，洒满了江边的树林。

提示

《春江花月夜》融诗情、画意、哲理为一体，描写幽美景色，感叹宇宙人生，抒发儿女别情，在幽深邈远的意境中为我们创造出一个奇丽空灵的艺术境界。综观全诗，虽不乏青春苦短的伤感，对时光易逝的感叹，但叹息轻微，其中仍交织着对生命的留恋、对青春的珍惜、对“人生代代无穷已”的欣慰。尽管也有夫妇别离的哀愁，然而写出来却柔婉似水，笔致缠绵，悠悠相思中饱和着脉脉温情，含蕴着对重逢的美好企盼。因而诗作千百年来深受人们的喜爱，著名文人闻一多誉之为“诗中的诗，顶峰上的顶峰”。诗人张若虚也凭借这首流传下来的有限诗作而“孤篇横绝，竟为大家”。

在写作手法上，《春江花月夜》沿用陈隋乐府旧题，来抒写真挚感人的离别情绪和富有哲理的人生感慨，语言清新优美，韵律婉转悠扬，虽是旧体，却是酒瓶子里装新酒，完全洗去了宫体诗的浓脂艳粉，给人以澄澈空明、清丽自然的感觉。作者以月光统摄全诗，描绘了潮水、波光、花林、沙滩、夜空、白云、青枫、闺阁、镜台、海雾等一系列景象，如铺展开一幅春江花月夜的水墨长轴，画面清丽，意趣盎然，美轮美奂。

全诗在艺术结构上分为三个部分，开篇十句点题，在春、江、花、月、夜五种景象中，通过月将宇宙万物、人生自然有机地结合在一起，构成了水乳交融的完整艺术形象。“江畔”六句，抒发了诗人的人生感慨和对宇宙万物自然奥秘的探索。其中，“人生代代无穷已，江月年年望相似”两句，融入诗人自己对美景常在而人生不再、明月长圆而人情难圆的感慨，突破前人窠臼，哀而不伤，别开生面。“白云”两句，承上启下，引出最后部分，道出了离人思妇的两地思念之情。

该诗构思巧妙，结构严整，首尾以明月相呼应，中间诗意转折则暗埋伏笔，自然过渡，作者一面以明月初升到坠落的过程作为全诗的外在线索，一方面又把月亮作为景物描写的主体和抒写离情别绪的依托。诗情画意与人生哲理交相融合，令人思绪万千，使全诗显得神气凝聚，浑然一体。这首诗语言优美自然，声韵和谐流畅，被视为千古绝唱。

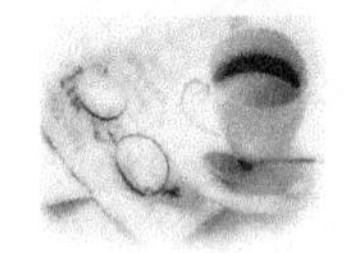

思考与练习

一、有人认为，这首诗的情感基调是“哀而不伤”，请谈谈你的感受和认识。

二、“月光”是否是统领全诗的灵魂？为什么？

三、这首诗哪些地方采用了暗示手法？

四、学习这首诗的写作方法，尝试写一段描写月光的文字。

2. 山居[1]秋暝[2]

王　维

王维（701？—761），字摩诘，盛唐时期的著名诗人、画家，祖籍祁州（今山西省祁县），后迁至蒲州（今山西省永济）。王维是唐代山水田园诗派代表诗人。他在诗、画、音乐等方面都有很高的造诣，尤以山水诗成就为最，与孟浩然合称“王孟”。王维著有《王右丞集》。晚年的王维无心仕途，专诚奉佛，故后世人称其为“诗佛”。

《山居秋暝》选自《王右丞集》，是王维山水诗的代表作之一。全诗描绘了秋雨初晴后傍晚时分山村的旖旎风光和山居村民的淳朴风尚，表现了诗人寄情山水田园，对隐居生活怡然自得的心情。

空山[3]新[4]雨后，天气晚来秋。
明月松间照，清泉石上流。
竹喧[5]归浣女[6]，莲动下渔舟[7]。
随意[8]春芳歇[9]，王孙自可留[10]。

注释

[1] 山居：山中的住所。这里指作者的辋山别墅。

[2] 暝：日落，天晚，夜晚。

[3] 空山：幽静的山。

[4] 新：刚刚。

[5] 竹喧：竹林中笑语喧哗，也指竹子枝叶相碰发出的声音。这里指洗衣服姑娘的欢笑声。喧：喧哗。

[6] 浣女：洗衣服的姑娘。浣（huàn）：洗。

[7] “莲动”句：意谓溪中莲花动荡，知是渔船沿水下行。

[8] 随意：任凭，尽管，虽然

[9] 春芳歇：春天的芳华凋谢了。歇：凋谢。

[10] 王孙：原指贵族子弟，后来也泛指隐居的人，此处指诗人自己。留：居。

【译文】

一场新雨过后，青山翠谷越发显得静幽，夜幕降临，秋风习习，天气格外凉爽。明亮的月光透过松林洒下落斑驳的清影，清澈的泉水从岩石上潺潺流过。竹林中传来归家的洗衣少女们阵阵欢声笑语，莲叶浮动，那是顺流而下的渔舟穿越荷塘。任凭春天的芬芳随着时令逝去，我陶醉在这美妙的秋色中，自可流连徜徉，忘怀世事。

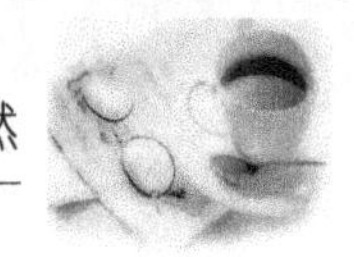

提示

这首诗描写了山居秋暮的幽静景色，反映了作者陶醉山林悠然自得的志趣，和厌倦尘世官场不愿同流合污洁身自好的人生态度。王维所居辋川别墅在终南山下，故称山居。

全诗写出了清新、幽静、恬淡、优美的山中秋季的傍晚美景。像一幅清新秀丽的山水画，又像一支恬静优美的抒情乐曲，体现了诗人诗中有画的创作特点。

诗中将空山雨后的秋凉，松间明月的朗照，石上清泉的声音，浣女归来竹林中的欢笑声，渔船穿过荷花的律动和谐完美地融合在一起，诗中形象鲜明、境界空明澄澈，给人一种丰富而新鲜的感受。“诗中有画”的表现手法具有不朽的美学价值。

此诗以一“空”字领起，格韵高洁，为全诗定下一个空灵澄净的基调。全诗动静结合，相辅相成，相得益彰。月照松林是静态，清泉流溢是动态。前四句写秋山晚景之幽静，五六句写浣女渔舟之喧闹。诗之四联分别写感觉、视觉、听觉、感受，因象得趣，因景生情，志趣高雅。值得一提的是，古人多借清秋而写悲伤之意，此诗则属乐秋之佳作，表达顺应天性，恬然自适的人生态度。

思考与练习

一、“空山新雨后，天气晚来秋。”诗中明确写有浣女渔舟，诗人怎下笔说是“空山”呢？

二、怎样理解“明月松间照，清泉石上流。竹喧归浣女，莲动下渔舟”的艺术画面？

三、最后一句“王孙自可留”中“王孙”指谁？表达了作者怎样的思想感情？

四、作者在这首诗中塑造了怎样的一种意境？

五、这种意境中表现了作者怎样的理想？

3. 故都的秋

郁达夫

郁达夫（1896—1945），原名郁文，字达夫，浙江省富阳人，中国现代著名的小说家、作家、散文家。主要作品有小说《沉沦》、《春风沉醉的晚上》，散文集《达夫游记》等。郁达夫的作品风格清新，抒情浓烈，有感伤情调，有时流露出颓废色彩。其自传体小说除了反映下层知识分子的失意与苦闷外，也反映了处于社会底层民众的痛苦，体现了一定的人民性。

秋天，无论在什么地方的秋天，总是好的；可是啊，北国的秋，却特别地来得清，来得静，来得悲凉。我的不远千里，要从杭州赶上青岛，更要从青岛赶上北平来的理由，也不过想饱尝一尝这“秋”，这故都的秋味。

江南，秋当然也是有的；但草木凋得慢，空气来得润，天的颜色显得淡，并且又时常多雨而少风；一个人夹在苏州上海杭州，或厦门香港广州的市民中间，浑浑沌沌地过去，只能感到一点点清凉，秋的味，秋的色，秋的意境与姿态，总看不饱，尝不透，赏玩不到十足。秋并不是名花，也并不是美酒，那一种半开、半醉的状态，在领略秋的过程上，是不合适的。

不逢北国之秋，已将近十余年了。在南方每年到了秋天，总要想起陶然亭的芦花，钓鱼台的柳影，西山的虫唱，玉泉的夜月，潭柘寺的钟声。在北平即使不出门去罢，就是在皇城

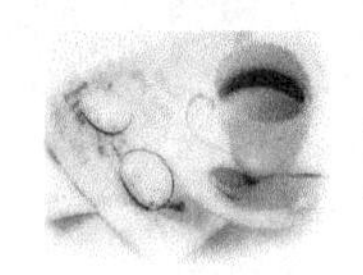

人海之中，租人家一椽破屋来住着。早晨起来，泡一碗浓茶、向院子一坐，你也能看得到很高很高的碧绿的天色，听得到青天下驯鸽的飞声。从槐树叶底，朝东细数着一丝一丝漏下来的日光，或在破壁腰中，静对着像喇叭似的牵牛花（朝荣）的蓝朵，自然而然地也能够感觉到十分的秋意。说到了牵牛花，我以为以蓝色或白色者为佳，紫黑色次之，淡红色最下。最好，还要在牵牛花底，教长着几根疏疏落落的尖细且长的秋草，使作陪衬。

北国的槐树，也是一种能使人联想起秋来的点缀。像花而又不是花的那一种落蕊，早晨起来，会铺得满地。脚踏上去，声音也没有，气味也没有，只能感出一点点极微细极柔软的触觉。扫街的在树影下一阵扫后，灰土上留下来的一条条扫帚的丝纹，看起来既觉得细腻，又觉得清闲，潜意识下并且还觉得有点儿落寞，古人所说的梧桐一叶而天下知秋的遥想，大约也就在这些深沉的地方。

秋蝉的衰弱的残声，更是北国的特产；因为北平处处全长着树，屋子又低，所以无论在什么地方，都听得见它们的啼唱。在南方是非要上郊外或山上去才听得到的。这秋蝉的嘶叫，在北平可和蟋蟀耗子一样，简直像是家家户户都养在家里的家虫。

还有秋雨哩，北方的秋雨，也似乎比南方的下得奇，下得有味，下得更象样。

在灰沉沉的天底下，忽而来一阵凉风，便息列索落地下起雨来了。一层雨过，云渐渐地卷向了西去，天又青了，太阳又露出脸来了；著着很厚的青布单衣或夹袄的都市闲人，咬着烟管，在雨后的斜桥影里，上桥头树底下去一立，遇见熟人，便会用了缓慢悠闲的声调，微叹着互答着的说：

“唉，天可真凉了——”（这了字念得很高，拖得很长。）

“可不是么？一层秋雨一层凉了！”

北方人念阵字，总老像是层字，平平仄仄起来，这念错的歧韵，倒来得正好。

北方的果树，到秋来，也是一种奇景。第一是枣子树；屋角，墙头，茅房边上，灶房门口，它都会一株株地长大起来。像橄榄又像鸽蛋似的这枣子颗儿，在小椭圆形的细叶中间，显出淡绿微黄的颜色的时候，正是秋的全盛时期；等枣树叶落，枣子红完，西北风就要起来了，北方便是尘沙灰土的世界，只有这枣子、柿子、葡萄，成熟到八九分的七八月之交，是北国的清秋的佳日，是一年之中最好也没有的 GoldenDays。

有些批评家说，中国的文人学士，尤其是诗人，都带着很浓厚的颓废色彩，所以中国的诗文里，颂赞秋的文字特别的多。但外国的诗人，又何尝不然？我虽则外国诗文念得不多，也不想开出账来，做一篇秋的诗歌散文钞，但你若去一翻英德法意等诗人的集子，或各国的诗文的 An-thology 来，总能够看到许多关于秋的歌颂与悲啼。各著名的大诗人的长篇田园诗或四季诗里，也总以关于秋的部分，写得最出色而最有味。足见有感觉的动物，有情趣的人类，对于秋，总是一样的能特别引起深沉，幽远，严厉，萧索的感触来的。不单是诗人，就是被关闭在牢狱里的囚犯，到了秋天，我想也一定会感到一种不能自已的深情；秋之于人，何尝有国别，更何尝有人种阶级的区别呢？不过在中国，文字里有一个“秋士”的成语，读本里又有着很普遍的欧阳子的《秋声》与苏东坡的《赤壁赋》等，就觉得中国的文人，与秋的关系特别深了。可是这秋的深味，尤其是中国的秋的深味，非要在北方，才感受得到底。

南国之秋，当然是也有它的特异的地方的，比如廿四桥的明月，钱塘江的秋潮，普陀山的凉雾，荔枝湾的残荷等等，可是色彩不浓，回味不永。比起北国的秋来，正像是黄酒之与白干，稀饭之与馍馍，鲈鱼之与大蟹，黄犬之与骆驼。

秋天，这北国的秋天，若留得住的话，我愿把寿命的三分之二折去，换得一个三分之一的零头。

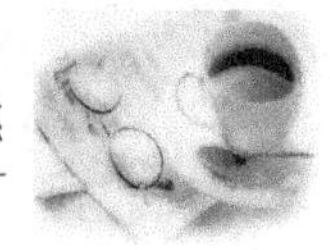

提示

《故都的秋》创作写于1934年8月，已经迁居杭州的郁达夫对北京的秋有一种浓厚的情节，他写作此文时，特地从杭州赶到北京（当时称北平）。在《故都的秋》中，作者用一系列富有诗情画意的意境：如芦花、柳影、虫唱、夜月、钟声、天色、驯鸽的飞声、日光、牵牛花、槐树、秋蝉、秋雨、都市闲人、枣树、枣子、柿子、葡萄等，清晰形象地勾勒出了故都秋的景象、色调、意境和味道，为我们描摹出一幅神韵清绝、典雅质朴、极具个性的北国秋色图。而这些触景伤情、联想独特的文字，又表现出一种孤寂、忧思的心绪，感时伤怀。20个世纪30年代的旧中国，民不聊生，人民颠沛流离，饱受人生愁苦与哀痛。所以此时的"悲凉"不仅是故都赏秋的心态，更是作者丰富的人生感悟的体现。整篇文章所流露的"悲凉"——那种忧虑、孤独、落寞的心绪，正是特定的历史时代和民族的苦痛在一位知识分子心灵上投下的阴影——悲凉苦涩的阴影。

在写作手法上，作者交替运用总写与分写、直接与间接、描写、叙述，议论、抒情等手法，淋漓尽致、活灵活现地构织了一幅"故都的秋"的水墨风情画，独特的神韵使人回味无穷，珍爱秋文化的人文气息弥漫在全文之中，文章结尾，"这北国的秋天，若留得住的话，我愿把寿命的三分之二折去，换得一个三分之一的零头"。惜秋之情溢于言表。整篇文章笔调细腻，秀丽隽永，堪称写秋的千古妙文！

思考与练习

一、本文是怎样紧扣"清"、"静"、"悲凉"来写故都的秋的，又是怎样通过联想来把故都的秋与南国的秋进行对比的？

二、理解本文的脉络结构。领略故都的秋声、秋色、秋味。体会本文"情景俱到，既细且清"、"真切灵活"的散文特色，进一步体会散文"形"与"神"的辩证关系。

三、作者主要通过哪些景物来写故都的秋的？这些景物的共同特点是什么？请你学习本文的写秋的手法，写一篇故乡的秋天。

4. 海上的日出

巴　金

巴金（1904—2005），原名李尧棠、字芾甘，笔名佩竿、余一、王文慧等。四川省成都市人。当代作家、翻译家，被誉为20世纪中国杰出的文学大师。首倡建立中国现代文学馆。巴金代表作有"激流三部曲"：《家》《春》《秋》，"爱情三部曲"：《雾》《雨》《电》等。

《海上的日出》是巴金在1927年从上海去法国留学的途中，随时记下的在海上的见闻。他写下了一路风光，寄给他的两个哥哥看，使他们知道他如何度过在海上的时日，并让他们领略一些海上旅行的乐趣。

为了看日出，我常常早起，那时天还没有大亮，周围非常清静，船上只有机器的响声。

天空还是一片浅蓝，很浅很浅的。转眼间天边出现了一道红霞，慢慢地在扩大它的范围，加强它的亮光。我知道太阳要从天边升起来了，便不转眼地望着那里。

果然过了一会儿，在那个地方出现了太阳的小半边脸，红是真红，却没有亮光。这个太阳好像负着重荷似地一步一步、慢慢地努力上升，到了最后，终于冲破了云霞，完全跳出了海面，颜色红得非常可爱。一刹那间，这个深红的圆东西，忽然发出了夺目的亮光，射得人眼睛发痛，它旁边的云片也突然有了光彩。

有时太阳走进了云堆中，它的光线却从云里射下来，直射到水面上。这时候要分辨出哪

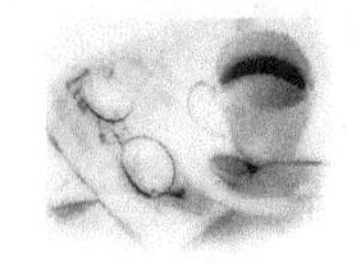

里是水，哪里是天，倒也不容易，因为我就只看见一片灿烂的亮光。

有时天边有黑云，而且云片很厚，太阳出来，人眼还看不见。然而太阳在黑云里放射的光芒，透过黑云的重围，替黑云镶了一道发光的金边。后来太阳才慢慢地冲出重围，出现在天空，甚至把黑云也染成了紫色或者红色。这时候发亮的不仅是太阳、云和海水，连我自己也成了明亮的了。

这不是很伟大的奇观么？

1927 年初

提示

本文是一篇优美的写景散文，创作于 1927 年 1 月，后来收入《海行杂记》。描写日出壮观景象，古往今来，可谓是老题材。而本文用白描手法，将一个难以描绘的自然景观，描绘成一个运动的、活泼的过程，即一个有层次的动化过程，手法别具一格。

作者通过细致入微的观察，以类似电影画面的表现手法，撷其精华，以微示广，从不同的角度准确传神地勾画了海上日出的壮观景象。

在文中，作者用“浅蓝”、“红霞”、“亮光”、“小半边脸”、“一步一步、慢慢地努力上升”、“冲破了云霞”、“跳出了海面”、“深红的圆东西”等一系列形象的词语，生动地描摹了海上日出的全过程。文章巧用拟人手法，“负”、“冲”、“跳”、“走”、“镶”、“染”等充满人性化词语的巧妙运用，使文章充满生气而富于诗情画意，笼罩着动态的意境美。阅读文章，恍若身临其境，好像随同作者一同到海上观赏日出，全身心都融入到美丽的自然风光里。文章绮丽流畅，短小精悍，区区 500 余字将海上日出描绘得惟妙惟肖，给人留下了更加宽广的想象和思考的天地，显示了作者驾驭文字的功底。同时我们通过作者描绘的动感活泼的日出，可以窥探到年轻的作者对外出求学、报效国家的向往。虽为单纯写景，字里行间却透着向上的激情。

思考与练习

一、请摘抄一段自己喜欢的描写日出的优美段落。

二、找出不同的描写阳光的文章，体会不同作者的多元的心灵和不同的个性色彩。

三、仔细观察你所在地区日出的景色，并用文字把它描绘出来。

5. 西湖漫笔

宗 璞

宗璞（1928—），原名冯钟璞，笔名绿蘩、任小哲等，河南省唐河人，著名哲学家冯友兰之女，生于北京，中国当代女作家。宗璞勤于文学创作，尤以散文见长。主要作品有短篇小说《红豆》、《我是谁》、《南渡记》、《弦上的梦》，散文《西湖漫笔》等。

平生最喜欢游山逛水。这几年来，很改了不少闲情逸致，只在这山水上头，却还依旧。那五百里滇池粼粼的水波，那兴安岭上起伏不断的绿沉沉的林海，那开满了各色无名的花儿的广阔的呼伦贝尔草原，以及那举手可以接天的险峻的华山……，曾给人多少有趣的思想，曾激发起多少变幻的感情。一到这些名山大川异地胜景，总会有一种奇怪的力量震荡着我，几乎忍不住要呼喊起来：“这是我的伟大的、亲爱的祖国——。”

然而在足迹所到的地方，也有经过很长久的时间，我才能理解、欣赏的。正像看达文西

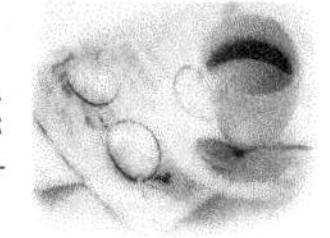

的名画《永远的微笑》[1]，我曾看过多少遍，看不出她美在哪里，在看过多少遍之后，一次又拿来把玩，忽然发现那温柔的微笑，那嘴角的线条，那手的表情，是这样无以名状的美，只觉得眼泪直涌上来。山水，也是这样的，去上一次两次，可能不会了解它的性情，直到去过三次四次，才恍然有所悟。

我要说的地方，是多少人说过写过的杭州。六月间，我第四次去到西子湖畔，距第一次来，已经有九年了。这九年间，我竟没有说过西湖一句好话。发议论说，论秀媚，西湖比不上长湖天真自然，楚楚有致；论宏伟，比不上太湖，烟霞万顷，气象万千——。好在到过的名湖不多，不然，不知还有多少谬论。

奇怪得很，这次却有着迥乎不同的印象。六月，并不是好时候，没有花，没有雪，没有春光，也没有秋意。那几天，有的是满湖烟雨，山光水色，俱是一片迷蒙。西湖，仿佛在半醒半睡。空气中，弥漫着经了雨的栀子花的甜香。记起东坡[2]诗句："水光潋滟晴方好，山色空蒙雨亦奇。"便想东坡自是最了解西湖的人，实在应该仔细观赏，领略才是。

正像每次一样，匆匆的来又匆匆的去。几天中我领略了两个字，一个是"绿"，只凭这一点，已使我流连忘返。雨中去访灵隐，一下车，只觉得绿意扑眼而来。道旁古木参天，苍翠欲滴，似乎飘着的雨丝儿也都是绿的，飞来峰上层层叠叠的树木，有的绿得发黑，深极了，浓极了；有的绿得发蓝，浅极了，亮极了。峰下蜿蜒的小径，布满青苔，直绿到了石头缝里。在冷泉亭上小坐，直觉得遍体生凉，心旷神怡。亭旁溪水琮净，说是溪水，其实表达不出那奔流的气势，平稳处也是碧澄澄的，流得急了，水花飞溅，如飞珠滚玉一般，在这一片绿色的影中显得分外好看。

西湖胜景很多，各处有不同的好处，即便一个绿色，也各有不同。黄龙洞绿得幽，屏风山绿得野，九溪十八涧绿得闲。不能一一去说。漫步苏堤，两边都是湖水，远水如烟，近水着了微雨，也泛起一层银灰的颜色。走着走着，忽见路旁的树十分古怪，一棵棵树身虽然离得较远，却给人一种莽莽苍苍的感觉，似乎是从树梢一直绿到了地下。走近看时，原来是树身上布满了绿茸茸的青苔，那样鲜嫩，那样可爱，使得绿荫荫的苏堤，更加绿了几分。有的青苔，形状也很有趣，如耕牛，如牧人，如树木，如云霞，有的整片看来，布局宛然，如同一幅青绿山水。这种绿苔，给我的印象是坚忍不拔，不知当初苏公对它们印象怎样。

在花港观鱼，看到了又一种绿。那是满地的新荷，圆圆的绿叶，或亭亭立于水上，或婉转靠在水面，只觉得一种蓬勃的生机，跳跃满池。绿色，本来是生命的颜色，我最爱看初春的杨柳嫩枝，那样鲜，那样亮，柳枝儿一摆，似乎蹬着脚告诉你，春天来了。荷叶，则要持重一些，初夏，则更成熟一些，但那透过活泼的绿色表现出来的茁壮的生命力，是一样的。再加上叶面上的水珠儿滴溜溜滚着，简直好像满池荷叶都要裙袂飞扬，翩然起舞了。

从花港乘船而回，雨已停了。远山青中带紫，如同凝住了一段云霞。波平如镜，船儿在水面上滑行，只有桨声唉乃，愈增加了一湖幽静。一会儿摇船的姑娘歇了桨，喝了杯茶，靠在船舷，只见她向水中一摸，顺手便带上一条欢蹦乱跳的大鲤鱼。她自己只微笑着，一声不出，把鱼甩在船板上，同船的朋友看得入迷，连连说，这怎么可能？上岸时，又回头看那在浓重暮色中变得无边无际的白茫茫的湖水，惊叹道："真是个神奇的湖！"

我们整个的国家，不是也可以说是神奇的么？我这次来领略到的另一个字，就是"变"。和全国任何地方一样，隔些时候去，总会看到变化，变得快，变得好，变得神奇。都锦生织锦厂在我印象中，是一个狭窄的旧式的厂子。这次去，走进一个花木葱茏的大院子，我还以为找错了地方。技术上，管理上的改进和发展，就不用说了。我看到织就的西湖风景，当然羡慕其织工精细，但却想，怎么可能把祖国的锦绣河山织出来呢？不可能的。因为河山在变，在飞跃！最初到花港时，印象中只是个小巧曲折的园子，四周是一片荒芜。这次却见变

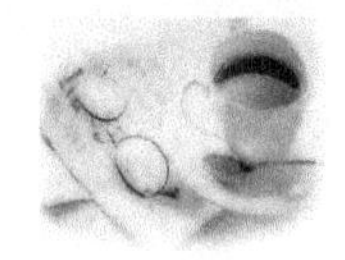

得开展了，加上好几处绿草坪，种了许多叫不上名字来的花和树，顿觉天地广阔了许多，丰富了许多。那在新鲜的活水中游来游去的金鱼们，一定会知道得更清楚吧。据说，这一处观赏地带原来只有三亩，现在已有二百一十亩。我和数字是没有缘分的，可是这次深深的记住了。这种修葺，是建设中极其次要的一部分，从它可以看出更多的东西……

更何况西湖连性情也变得活泼热闹了，星期天，游人泛舟湖上，真是满湖的笑，满湖的歌！西湖的度量，原也是容得了活泼热闹的。两三人寻幽访韵固然好，许多人畅谈畅游也极佳。见公共汽车往来运载游人，忽又想起东坡的一首江城子："老夫聊发少年狂，左牵黄，右擎苍，锦帽貂裘，千骑卷平冈。"形容他在密州出猎时的景象。想来他在杭州兴修水利，吟诗问禅之余，当有更盛的情景吧。那时是"倾城随太守"，这时是每个人在公余之暇[3]，来休息身心，享山水之乐。这热闹，不更千百倍地有意思么？

希腊画家亚拍尔曾把自己的画放在街上，自己躲在画后，听取意见。有个鞋匠说人物的鞋子画得不对，他马上改了。这鞋匠又批评别的部分，他忍不住从画后跑出来说，你还是只谈鞋子好了。因为对西湖的印象究竟只是浮光掠影，这篇小文，很可能是鞋匠的议论，然而心到神知，想西湖不会怪唐突吧？

注释

[1] 《永远的微笑》，即达·芬奇名画《蒙娜丽莎》。

[2] 东坡：即苏东坡，苏轼，宋代豪放派大诗人。

[3] 公余之暇：公事之外的闲暇。

提示

《西湖漫笔》写于1961年，是宗璞的散文成名作。这篇散文发表后受到广泛赞誉，使宗璞第一次在散文界获得了广泛承认，从此享誉文坛。本文以欲扬先抑的手法和细腻的文笔，着意于对西湖胜景的捕捉，倾心于对西湖内在美的挖掘，抓住了西湖的最主要的特点，以情绘景，借景抒情，情景交融，为我们描绘了一幅奇绝秀丽的山水图。

本文最主要的部分，是写六月烟雨中西湖的"绿"，这也是文中最精彩的部分。作者运用直接的写实手法，描绘了西湖丰富多姿的"绿"：道旁古木苍翠欲滴；飞来峰上层叠的树木，有的绿得发黑，有的绿得发蓝；蜿蜒的小径布满青苔，直绿到石头缝里；黄龙洞绿得幽，屏风山绿得野，九曲十八涧绿得闲……将人们带进一个铺天盖地的绿色世界中。全文一共用了二十多个"绿"字，可读者一点不觉得重复多余。正是这二十多个"绿"字，淋漓酣畅地揭示出祖国山水的青春与活力，也预示着社会主义祖国生机勃勃，前程似锦。

文章层次丰富，描摹真切，文字简约而清丽典雅，传神尽意且富于韵律感，大量的排比、对比、比喻、比拟、引用、重词叠句等修辞手法的运用，显示了作者细致入微的观察力和非凡的文字驾驭能力，是一篇不可多得的写景经典。

思考与练习

一、作者写的是西湖，为什么文章开头却写了如何欣赏名画《永远的微笑》？

二、通过作者对西湖"绿"的描写，体会本文的写作特点。

三、通过本文对西湖绿的描写，对比朱自清的散文《绿》中对梅雨潭绿的描写片段，分析二者各有什么特点。

四、细心观察你生活中的一个景点，写一篇800字左右的散文。

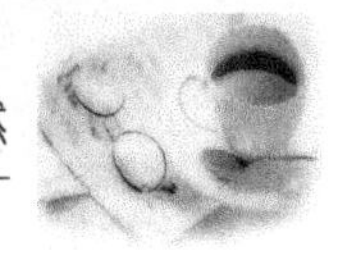

6. 我的空中楼阁

李乐薇

李乐薇（1930—），我国台湾地区当代散文作家，祖籍江苏省南京市。早年肄业于上海大夏大学，后来一直在我国台湾地区从事文化教育工作，擅长散文创作。他的散文作品文笔清丽脱俗，语言优美动人，风格柔和温婉，富于感情，感染力极强。代表作《我的空中楼阁》。

山如眉黛，小屋恰似眉梢的痣一点。

十分清新，十分自然，我的小屋玲珑地立于山脊一个柔和的角度上。

世界上有很多已经很美的东西，还需要一些点缀，山也是。小屋的出现，点破了山的寂寞，增加了风景的内容。山上有了小屋，好比一望无际的水面飘过一片风帆，辽阔无边的天空掠过一只飞雁，是单纯的底色上一点灵动的色彩，是山川美景中的一点生气，一点情调。

小屋点缀了山，什么来点缀小屋呢？那是树！

山上有一片纯绿色的无花树；花是美丽的，树的美丽也不逊于花。花好比人的面庞，树好比人的姿态。树的美在于姿势的清健或挺拔、苗条和婀娜，在于活力，在于精神！

有了这许多树，小屋就有了许多特点。树总是轻轻摇动着。树的动，显出小屋的静；树的高大，显出小屋的小巧；而小屋别致出色，乃是由于满山皆树，为小屋布置了一个美妙的绿的背景。

小屋后面有一棵高过屋顶的大树，细而密的枝叶伸展在小屋的上面，美而浓的树荫把小屋笼罩起来。这棵树使小屋给予人另一种印象，使小屋显得含蓄而有风度。

换个角度，近看改为远观，小屋却又变换位置，出现在另一些树的上面，这个角度是远远地站在山下看。首先看到的是小屋前面的树，那些树把小屋遮掩了，只在树与树之间露出一些建筑的线条，一角活泼翘起的屋檐，一排整齐的图案式的屋瓦。一片蓝，那是墙；一片白，那是窗。我的小屋在树与树之间若隐若现，凌空而起，姿态翩然。本质上，它是一幢房屋；形势上，却像鸟一样，蝶一样，憩于枝头，轻灵而自由！

小屋之小，是受了土地的限制。论“领土”，指有限的一点。在有限的土地上，房屋比土地小，花园比房屋小，花园中的路又比花园小，这条小路是我袖珍型的花园大道。和“领土”相对的是“领空”，论“领空”却又是无限的，足以举目千里，足以俯仰天地，左顾有山外青山，右盼有绿野阡陌。适于心灵散步，眼睛旅行，也就是古人说的游目骋怀。这个无限的“领空”，是我开放性的院子。

有形的围墙围住一些花，有紫藤、月季、喇叭花、圣诞红之类。天地相连的那一道弧线，是另一重无形的围墙，也围住一些花，那些花有朵状有片状，有红，有白，有绚烂，也有飘落。也许那是上帝玩赏的牡丹或芍药，我们叫它云或霞。空气在山上特别清新，清新的空气使我觉得呼吸的是香！

光线以明亮为好，小屋的光线是明亮的，因为屋虽小，窗很多。例外的只有破晓或入暮，那时山上只有一片微光，一片柔静，一片宁谧。小屋在山的怀抱中，犹如在花蕊中一般，慢慢地花蕊绽开了一些，好像群山后退了一些。山是不动的，那是光线加强了，是早晨来到了山中。当花瓣微微收拢，那就是夜晚来临了。小屋的光线既富于科学的时间性，也富于浪漫的文学性。

山上的环境是独立的，安静的。身在小屋享受着人间的清福，享受着充足的睡眠，以及一天一个美梦。

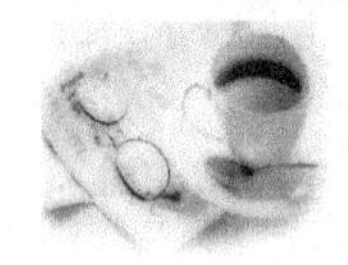

出入的环境要道，是一条类似苏花公路的山路，一边傍山，一边面临稻浪起伏的绿海和那高高的山坡。山路和山坡不便于行车，然而便于我行走。我出外，小屋是我快乐的起点；我归来，小屋是我幸福的终点。往返于快乐与幸福之间，哪儿还有不好走的路呢？我只觉得出外时身轻如飞，山路自动地后退；归来时带几分雀跃的心情，一跳一跳就跳过了那些山坡。我替山坡起了个名字，叫幸福的阶梯，山路被我唤做空中走廊！

我把一切应用的东西当做艺术，我在生活中的第一件艺术品——就是小屋。白天它是清晰的，夜晚它是朦胧的。每个夜幕深重的晚上，山下亮起灿烂的万家灯火，山上闪出疏落的灯光。山下的灯把黑暗照亮了，山上的灯把黑暗照淡了，淡如烟，淡如雾，山也虚无，树也缥缈。小屋迷于雾失楼台的情景中，它不再是清晰的小屋，而是烟雾之中、星点之下、月影之侧的空中楼阁！

这座空中楼阁占了地利之便，可以省去许多室内设计和其他的装饰。

虽不养鸟，每天早晨有鸟语盈耳。

无需挂画，门外有幅巨画——名叫自然。

提示

《我的空中楼阁》是一篇文采飞扬、韵致风流的写景美文。作者通过对山居小屋的生动细致的描绘，寄托自己厌弃尘世俗流、向往“独立、安静”生活，追求自然之美的情怀。“空中楼阁”与其说是一处一尘不染的人间美景，不如说是作者向往超世拔俗的心灵幻境。

在这篇散文中，作者引入了现代派诗歌艺术，综合运用多向叠景、幻觉错觉、动静结合、虚实相生、明暗对比、移位变形等多种技法，描绘了小屋的全景、夜景、远景、近景、特写景，从不同角度渲染了不同时间的小屋，凸显了强烈的自我情绪，使整个作品给人一种境界超然的空灵美和遗世独立的超越感。

《我的空中楼阁》是作者依据艺术真实性的原则，运用浪漫手法，为我们描绘了这样一个现代人理想中的居住环境和精神家园。作者笔下的小屋的确很美，它若隐若现，空灵缥缈，如幻如梦，扑朔迷离，美到了极致。

20世纪60年代末，我国台湾地区经济高速发展，经济繁荣带来了物质的发达。然而，人们在追求物质享受的同时，精神世界却日益空虚。面对着都市的喧嚣、环境污染和物欲横流，人们开始向往回归自然，希望寻找到一片净土，过一种恬淡宁静的山野生活。《我的空中楼阁》正是表达了这种普遍的心态和愿望。山居小屋虽然是根本不存在的空中楼阁，但作为理想中的精神家园，正好可以给厌倦尘世喧嚣的人们的心灵带来一丝心灵的慰藉和遐想。因此，作品一经问世即受到读者追捧，就成为一种自然。

李乐薇笔下的山居小屋：“环境是独立的、安静的。身在小屋享受着人间清福，享受着充足的睡眠，以及一天一个美梦。”这与陶渊明笔下的世外桃源有着异曲同工之妙。然而作为凡夫俗子的我们，谁又能在现实中找到这样的人间天堂呢？

思考与练习

一、归纳本文的主旨。本文实写什么？虚写什么？

二、课文分为几部分？分段的依据是立足点的变化，文章的立足点是怎么变化的？本文的思路是纵向还是横向？

三、本文的写作线索是什么？

四、每个人心中都可能有一间属于自己的“小屋”，请模仿《我的空中楼阁》，写一篇短文。

第七单元

科学小品

科学给人类带来丰富多样的现代物质生活，无限拓展人类的心、脑、手、体，拓展着人类的生存空间，把“科学文化”和“人文文化”结合起来，使科技具有人文精神，使人文具有科学精神，是实现科技人性化的希望之路。

通常情况下科普著作言之无文，行而不远，文学手段难奏其功，有素锦无花之憾，而在科技人性化思想指导下，我们应致力于科普与文学完美结合，可谓“合则双美，离则两伤”。《天气与人生》中竺可桢先生从气象学的角度，洞察天道与人文的关系，引导我们顺应大自然规律大胆进行新的尝试、新的发明。教育家叶圣陶先生以朴素自然、洗练优美的语言，为我们介绍了我国传统的特殊烧瓷工艺——景泰蓝的制作过程。《南州六月荔枝丹》在清晰说明的同时，使人得其物理之际，齿颊生香；广其见识之时，心生欢愉，堪称科学与人文兼备的佳作。正如梅花、菊花、牡丹、荷花负载着丰厚的中国历史文化意蕴一样，果中佳品荔枝成为与历史有着千丝万缕联系的人文之物。陈从周先生的《村居与园林》更让我们尽情地感受中国传统文化和艺术的浓郁与香醇，充分地领略中国古代建筑和园林的景境之神韵。他结合农村建筑特征，提出园林要从村居小环境和大环境的绿化；农村小桥流水的景观与村居建筑的协调；人与禽鸟相处自如进行建造的观点，帮助我们人类改良居住环境。

1. 南州六月荔枝丹[1]

贾祖璋

贾祖璋（1901—1988），浙江省海宁市人，中国科普作家，曾任中国科普创作协会副理事长。他以绚丽多彩的自然界为描述对象，把丰富的科学知识、历史知识和文学知识融为一体。用生动的独具风格的科学小品体裁，向读者描绘了奇妙的生物世界中的种种珍闻趣事。他创作、编写、翻译了29部生物学著作，著有《鸟类研究》、《生物学碎锦》等。

幼年时只知道荔枝干的壳和肉都是棕褐色的。上了小学，老师讲授白居易的《荔枝图序》，读到“壳如红缯[2]，膜如紫绡[3]，瓤肉莹白如冰雪，浆液甘酸如醴酪[4]”，实在无法理解，荔枝哪里会是红色的！荔枝肉像冰雪那样洁白，不是更可怪吗？向老师提出疑问，老师也没有见过鲜荔枝，无法说明白，只好不了了之。假如是现在，老师纵然没有见过鲜荔枝，也可以找出科学的资料，给有点钻牛角尖的小学生解释明白吧。

白居易用比喻的笔法来描写荔枝的形态，的确也有不足之处。缯是丝织物，丝织物滑润，荔枝壳却是粗糙的。用果树学的术语来说，荔枝壳表面有细小的块状裂片，好像龟甲，特称龟[5]裂片。裂片中央有突起部分，有的尖锐如刺，这叫做片峰。裂片大小疏密，片峰尖平，都因品种的不同而各异。旧籍记载荔枝，说到有的品种皮粗厚，刺尖，唐代徐夤诗云“龙绡壳绽红纹粟[6]”，就已观察到这种结构。

成熟的荔枝，大多数是深红色或紫色。生在树头，从远处当然看不清它壳面的构造，只有红色映入眼帘，因而把它比做“绛囊”、“红星”、“珊瑚珠”，都很逼真。至于整株树以至

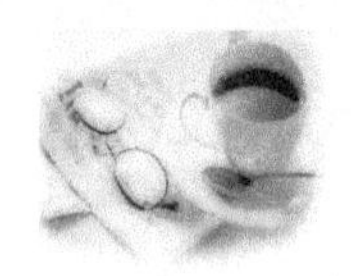

成片树林，那就成为“飞焰欲横天[7]”“红云几万重”[8]的绚丽景色了。荔枝的成熟，广东是四月下旬到七月，福建是六月下旬到八月，都以七月为盛期，“南州六月荔枝丹”指的是阴历六月，正当阳历七月。荔枝也有淡红色的，如广东产的“三月红”和“桂绿”等。又有黄荔，淡黄色而略带淡红。

荔枝呈心脏形、卵圆形或圆形，通常蒂部大，顶端稍小。蒂部周围微微突起，称为果肩；有的一边高，一边低。顶端叫果顶，浑圆或尖圆。两侧从果顶到蒂部有一条沟，叫做缝合线，显隐随品种而不同。旧记载中还有一些稀奇的品种，如细长如指形的“龙牙”、圆小如珠的“珍珠”，因为缺少经济价值，现在已经没有了。

荔枝大小，通常是直径三四厘米，重十多克到二十多克。六十年代，广东调查得知，有鹅蛋荔和丁香大荔，重达四五十克。还有四川合江产的“楠木叶”，《四川果树良种图谱》说它重十九克左右，《中国果树栽培学》则说大的重六十克。

所谓“膜如紫绡”，是指壳内紧贴壳的内壁的白色薄膜。说它“如紫绡”，是把壳内壁的花纹误作膜的花纹了。明代徐勃有一首《咏荔枝膜》诗，描写吃荔枝时把壳和膜扔在地上，好似“盈盈荷瓣风前落，片片桃花雨后娇”，是夸张的说法。

荔枝的肉大多数白色半透明，说它“莹白如冰雪”，完全正确。有的则微带黄色。从植物学的观点看，它不是果肉，而是种子外面的层膜发育而成的，应称做假种皮。真正的果肉倒是前面说的连同果壳扔掉的那一层膜。荔枝肉的细胞壁特别薄，所以入口一般都不留渣滓。味甜微酸，适宜于生食。有的纯甜。早熟品种则酸味较强。荔枝晒干或烘干，肉就成红褐色，完全失去洁白的面貌。宋代用盐梅卤和扶桑花制成红浆，浸渍荔枝，然后晒干，壳仍红色，叫做红盐，现已失传。单纯晒干的叫做白晒，就是现在通行的干制法。还有剥出肉来蜜渍[9]的，现在也没有了。

荔枝不耐储藏，正如白居易说的：“一日而色变，二日而香变，三日而味变，四五日外，色香味尽去矣。”在21摄氏度的环境里，可储藏一二星期。人们一直在设法延长储存期，以利于长途运输。早在1800多年前，即东汉和帝时，唐羌曾谏阻从南方向洛阳贡献荔枝和龙眼。唐代杜牧诗云：“长安回望绣成堆，山顶千门次第开。一骑红尘妃子笑，无人知是荔枝来。”当时是“昼夜奔腾，有毒虫猛兽之害”，“颠坑仆谷相枕藉”，“惊尘溅血流千载”。为了封建统治者个人口腹之好，竟如此劳民伤财！但也足见当时荔枝储藏与运输的不易。

荔枝的核就是种子，长圆形，表面光滑而色棕褐，少数品种为绿色。优良的荔枝，种子发育不全，形状很小，有似丁香，也叫焦核。现在海南岛有无核荔枝，核就更加退化了。

荔枝花期是二月初到四月初，早晚随品种而不同。广东有双季荔枝，一年开花两次。又有四季荔枝，则一年开花四次之多。花形小，绿白色或淡黄色。花分雌雄，仅极少数品种有完全花。明林叔学《荔枝花》诗说“苞蕊还分雄与雌”，应是从果农那里得来的知识。雌雄花往往不同时开放，宜选择适当的品种混栽在一起，以增加受粉的机会。一个荔枝花序，生花可有一二千朵，但结实总在百数以下，所以俗有“荔枝十花一子”的谚语。

荔枝花多，花期又长，是一种重要的蜜源植物。明屠本畯有一首诗，叙述煎荔枝的方法，说“旋沉荔花蜂酿蜜，清香不减蔗浆寒”，大概是关于荔枝蜜最早的记载。

荔枝原产于我国，是我国的特产。海南岛和廉江有野生的荔枝林，可为我国是原产的明证。据记载，南越王尉陀曾向汉高祖进贡荔枝，足见当时广东已有荔枝。它的栽培历史，就从那个时候算起，也已在2000年以上了。唐代对四川荔枝多有记述。福建荔枝旧无记载，自从蔡襄的《荔枝谱》(1059年）成书以后，就最为人所重视。荔枝也产于广西和云南，却很少有人说起。

记述荔枝的古籍包括蔡襄这一本在内，现在知道的共有13种，而以记福建所产的为最

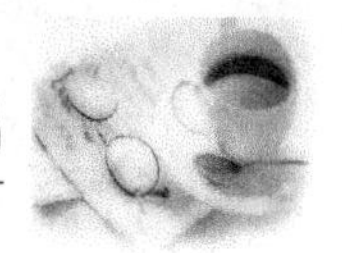

多，尚存8种；有关广东产的，两种已失传，仅存一种。还有清初陈鼎一谱，则对川、粤、闽三省所产都有记载。蔡谱不仅是我国，也是世界果树志中著作年代最早的一部。内容包括荔枝的史实、产地、生态、功用、加工、运销等，并记载了荔枝的32个品种。其中“陈紫”一种，现名“莆田荔枝”，仍然广为栽培。“宋公荔枝”现名“宋家香”，有老树一株，尚生长在莆田宋氏祠堂里，依然每年开花结实。

荔枝是亚热带果树，性喜温暖，遇到微霜，就会受害。所以成都、福州都是它生长的北限。汉武帝曾筑扶荔宫，把荔枝移植到长安，没有栽活，迁怒于养护的人，竟然对他们施以极刑。宋徽宗赵佶时，福建“以小株结实者，置瓦器中，航海至阙下（开封），移植宣和殿”（《三山志》）。赵佶写诗吹嘘说：“密移造化出闽山，禁御新栽荔枝丹。”实际上只是当年成熟一次而已。明代文徵明有《新荔篇》诗，说常熟顾氏种活了几株，“仙人本是海山姿，从此江乡亦萌蘖”。但究竟活了多少年，并无下文。现在科学发达，使荔枝北移，将来也许不是完全不可有的事。

我国幅员辽阔，不同地区有不同的特产。适应风土，因地制宜，努力发展传统的生产，是切合实际的做法。苏轼有诗云：“罗浮山下四时春，卢橘（枇杷）杨梅次第新。日啖[10]荔枝三百颗，不妨长作岭南人。”一诗，久为人所传诵。但“日啖三百颗”，究竟能有几人呢？社会主义现代化的荔枝生产，应该能够改变过去那种只能供少数人享受的状况了吧！

一九七九年五月

注释

[1] 本篇选自《生物学碎锦》，福建科学技术出版社1980年出版。
[2] 缯（zēng）：古代丝织品的统称。
[3] 绡：生丝织成的绸子。
[4] 醴酪：甜酒和奶酪。
[5] 龟（jūn）裂：呈现出许多裂纹。
[6] “龙绡壳绽红纹粟”：语出徐夤（yín）《荔枝二首》诗。
[7] “飞焰欲横天”：语出郭子章《荔枝四首》。
[8] “飞云几万重”：语出邓肃《看荔枝》。
[9] 渍（zì）：浸。
[10] 啖（dàn）：吃。

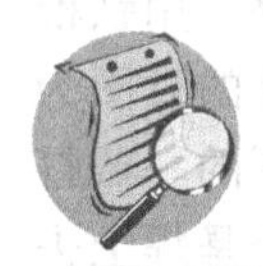

提示

本文属于科学小品。所谓小品就是随笔之类的小文章，科学小品则是介绍科学常识的文艺性说明文，既有很强的科学性，又有一定的文学情趣。“南州六月荔枝丹”是明朝陈辉《荔枝》诗中的句子。用古诗命题蕴藉含蓄，引人入胜。此题内涵丰富：点明产地（南州）、成熟期（六月，公历七月）及荔枝的特性（色彩绚丽如丹）。

本文开头写幼时对荔枝的印象，并未突出它的特色，因而未引起多大兴趣。这就与上小学后读到的《荔枝图序》里的精彩描写（比喻说明）产生了矛盾，形成了对比，构成了全文的悬念，吸引读者急于了解荔枝是怎样一种水果。引用白居易一文，可依次展开后面的说明。文章的第三部分虽不是文章的主体部分，却是全文的重要组成部分，它体现了作者写作本文的意图，提出了我国发展社会主义现代化的荔枝生产的相关问题。

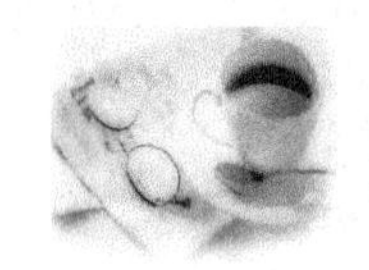

先主后次，由表及里，从实到虚，是本文在说明事物时所采用的说明顺序。在说明事物时，能运用确凿的事实（包括有关历史事实）和具体数字来说明问题，做到准确性与科学性相结合：不管是介绍荔枝的结构，是追溯它的种植历史，是叙述它的生长特点，还是强调它的存储条件，引用诗句和史实，信手拈来。如在第三自然段里，为了说明“南州六月荔枝丹”的科学性，列举了荔枝成熟后都是红色的一些事实和古人有关的诗句；在介绍荔枝的重量（第五自然段），列举出不同的数据，有的引用相关文献资料，有的来自实地调查，介绍真实、全面。这样既充实了文章内容，丰富了读者知识，又使文字生动活泼，具有文学韵味，引起读者兴趣，使读者在欣赏全文的同时还能获得相关的科学知识，可谓一举两得。由此可见，举例说明、引用说明、数字说明及对比说明是本文的主要说明方法。

作为一篇小品文，作者不仅对荔枝作了科学的介绍，而且以物载史，给读者以更多的思考和美的享受。很多人认为科普著作言之无文，行而不远，文学手段在科普写作中难奏其功，有素锦无花之憾。而《南州六月荔枝丹》是这两方面完美结合的典范，可谓“合则双美，离则两伤”，文章在清晰说明的同时，语言颇具情致，使人得其物理之际，齿颊生香；广其见识之时，心生欢愉，堪称科学与人文兼备的佳作。

思考与练习

一、本文是按什么顺序来说明的，请在文中画出表明这一顺序的关键词。

二、本文大量引用了诗词典故，说说这样写的好处。

三、学习本文的写法，介绍自己家乡出产的一种水果或其他特产。

2. 景泰蓝的制作[1]

叶圣陶

叶圣陶（1894—1988），名绍钧，江苏省苏州市人，中国现代著名作家，教育家。创作涉及童话、散文、小说等领域。他写作态度严肃认真，风格朴素自然，语言洗练优美，有“优秀的语言艺术家”之称，其代表作有童话：《稻草人》、《古代英雄的石像》；短篇小说：《夜》、《多收了三五斗》；长篇小说：《倪焕之》。

一天下午，我们去参观北京市手工业公司实验工厂，粗略地看了景泰蓝的制作过程。景泰蓝是多数人喜爱的手工艺品，现在把它的制作过程说一下。

景泰蓝拿红铜做胎，为的红铜富于延展性，容易把它打成预先设计的形式，要接合的地方又容易接合。一个圆盘子是一张红铜片打成的，把红铜片放在铁砧上尽打尽打，盘底就洼了下去。一个比较大的花瓶的胎分作几截，大概瓶口、瓶颈的部分一截，瓶腹鼓出的部分一截，瓶腹以下又是一截。每一截原来都是一张红铜片。把红铜片圈起来，两边重叠，用铁椎尽打，两边就接合起来了。要圆筒的哪一部分扩大，就打哪一部分，直到符合设计的意图为止。于是让三截接合起来，成为整个的花瓶。瓶底可以焊上去，也可以把瓶腹以下的一截打成盘子的形状，那就有了底，不用另外焊了。瓶底下面的座子，瓶口上的宽边，全是焊上去的。至于方形或是长方形的东西，像果盒、烟卷盒之类，盒身和盖子都用一张红铜片折成，只要把该接合的转角接合一下就是，也不用细说了。

制胎的工作其实就是铜器作的工作，各处城市大都有这种铜器作，重庆还有一条街叫打铜街。不过铜器作打成一件器物就完事，在景泰蓝的作场里，这只是个开头，还有好多繁复的工作在后头呢。

第二步工作叫掐丝，就是拿扁铜丝（横断面是长方形的）粘在铜胎表面上。这是一种非常精细的工作。掐丝工人心里有谱，不用在铜胎上打稿，就能自由自在地粘成图画。譬如粘一棵柳树吧，干和枝的每条线条该多长，该怎么弯曲，他们能把铜丝恰如其分地剪好曲好，

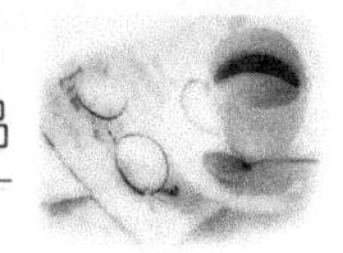

然后用钳子夹着，在极稠的白芨浆[2]里蘸，粘到铜胎上去。柳树的每个枝子上长着好些叶子，每片叶子两笔，像一个左括号和一个右括号，那太细小了，可是他们也要细磨细琢地粘上去。他们简直是在刺绣，不过是绣在铜胎上而不是绣在缎子上，用的是铜丝而不是丝线、绒线。他们能自由地在铜胎上粘成山水、花鸟、人物种种图画，当然也能按照美术家的设计图样工作。反正他们对于铜丝好像画家对于笔下的线条，可以随意驱遣，到处合适。美术家和掐丝工人的合作，使景泰蓝器物推陈出新，博得多方面人士的爱好。

粘在铜胎上的图画全是线条画，而且一般是繁笔，没有疏疏朗朗只用少数几笔的。这里头有道理可说。景泰蓝要涂上色料，铜丝粘在上面，涂色料就有了界限。譬如柳条上的每片叶子由两条铜丝构成，绿色料就可以填在两条铜丝中间，不至于溢出来。其次，景泰蓝内里是铜胎，表面是涂上的色料，铜胎和色料，膨胀率不相同。要是色料的面积占得宽，烧过以后冷却的时候就会裂。还有，一件器物的表面要经过几道打磨的手续，打磨的时候着力重，容易使色料剥落。现在在表面粘上繁笔的铜丝图画，实际上就是把表面分成无数小块小块面积小，无论热胀冷缩都比较细微，又比较禁得起外力，因而就不至于破裂、剥落。通常谈文艺有一句话，叫内容决定形式。咱们在这儿套用一下，是制作方法和物理决定了景泰蓝掐丝的形式。咱们看见有些景泰蓝上面的图案画，在图案画以外，或是红地，或是蓝地，只要占的面积相当宽，那里就嵌几条曲成图案形的铜丝。为什么一色中间还要嵌铜丝呢？无非使较宽的表面分成小块罢了。

粘满了铜丝的铜胎是一件值得惊奇的东西。且不说自在画怎么生动美妙，图案画怎么工整细致，单想想那么多密密麻麻的铜丝没有一条不是专心一志粘上去的，粘上去以前还得费尽心思把它曲成最适当的笔画，那是多么大的工夫！一个二尺半高的花瓶，掐丝就要花四五十个工。咱们的手工艺品往往费大工夫，刺绣，缂丝[3]，象牙雕刻，全都在细密上显能耐。掐丝跟这些工作比起来，可以说不相上下，半斤八两。

刚才说铜丝是蘸了白芨浆粘在铜胎上的，白芨浆虽然稠，却经不住烧，用火一烧就成了灰，铜丝就全都落下来了，所以还得焊。先在沾满了铜丝的铜胎上喷水，然后拿银粉、铜粉、硼砂[4]三种东西拌和，均匀地筛在上边，放到火里一烧，白芨成了灰，铜丝就牢牢地焊在铜胎上了。

随后就是放到稀硫酸里煮一下，再用清水洗。洗过以后，表面的氧化物和其他脏东西得去掉了，涂上的色料才可以紧贴着红铜，制成品才可以结实。

于是轮到涂色料的工作了，他们管这个工作叫点蓝。图上的色料有好些种，不只是一种蓝色料，为什么单叫做点蓝呢？原来这种制作方法开头的时候多用蓝色料，当时叫点蓝，就此叫开了（我们苏州管银器上涂色料叫发蓝，大概是同样的理由）。这种制品从明朝景泰年间十五世纪中叶开始流行，因而总名叫景泰蓝。

用的色料就是制颜色玻璃的原料，跟涂在瓷器表面的釉料相类。我们在作场里看见的是一块块不整齐的硬片，从山东博山运来的。这里头基本质料是硼砂、硝石和碱，因所含的金属矿质不同，颜色也就各异，大概含铁的作褐色，含铀[5]的作黄色，含铬[6]的作绿色，含锌的作白色，含铜的作蓝色，含金含硒的作红色……

他们把那些硬片放在铁臼里捣碎研细，筛成细末应用。细末里头不免搀和着铁臼上磨下来的铁屑，他们利用吸铁石除掉它。要是吸得不干净，就会影响制成品的光彩。看来研磨色料的方法得讲求改良。

各种色料的细末都盛在碟子里，和着水，像画家的画桌上一样，五颜六色的碟子一大堆。点蓝工人用挖耳似的家伙舀着色料，填到铜丝界成的各种形式的小格子里。大概是熟极了的缘故，不用看什么图样，自然知道哪个格子里该填哪种色料。湿的色料填在格子里，比铜丝高一些。整个表面填满了，等它干燥以后，就拿去烧。一烧就低了下去，于是再填，原来红色的地方还是填红色料，原来绿色的地方还是填绿色料。要填到第三回，烧过以后，色料才跟铜丝差不多高低。

现在该说烧的工作了。涂色料的工作既然叫点蓝，不用说，烧的工作当然叫烧蓝。一个烧得挺旺的炉子，燃料用煤，炉膛比较深，周围不至于碰着等着烧的铜胎。烧蓝工人把涂好色料的铜胎放在铁架子上，拿着铁架子的弯柄，小心地把它送到炉膛里去。只要几分钟工夫，提起铁架子来，就看见铜胎全体通红，红得发亮，像烧得正旺的煤。可是不大工夫红亮就退了，涂上的色料渐渐显出它的本色，红是红绿是绿的。

涂了三回烧了三回以后，就是打磨的工作了。先用金刚砂石水磨，目的在使成品的表面平整。所谓平整，一是铜丝跟涂上的色料一样高低，二是色料本身也不许有一点儿高高洼洼。磨过以后又烧一回，再用磨刀石水磨。最后用椴木炭水磨，目的在使成品的表面光润。椴木木质匀净，用它的炭来水磨，成品的表面不起丝毫纹路，越磨越显得鲜明光滑。旁的木炭都不成。

椴木炭磨过，看来晶莹灿烂，没有一点儿缺憾，成一件精制品了，可是全部工作还没完，还得镀金。金镀在全部铜丝上，方法用电镀。镀了金，铜丝就不会生锈了。

全部工作是手工，只有待打磨的成品套在转轮上，转轮由马达带队的皮带转动，算是借一点儿机械力。可是拿着蘸水的木炭、磨刀石挨着转动的成品，跟它摩擦，还得靠打磨工人的两只手。起瓜楞的花瓶就不能套在转轮上打磨，因为表面有高有低，洼下去的地方磨不着。那非纯用手工打磨不可。

1955 年 3 月 22 日作

注释

[1] 本文选自《小记十篇》，百花文艺出版社 1958 年版。景泰蓝，我国特种工艺品之一，明代景泰年间在北京开始大量制造，珐琅彩釉多用蓝色，所以叫景泰蓝。

[2] 白芨（jī）浆：用白芨这种植物制作的浆。白芨：一种多年生草本植物。

[3] 缂（kè）丝：我国特有的一种丝织手工艺。

[4] 硼（péng）砂：一种无机化合物。

[5] 铀（yóu）：一种放射性金属元素。

[6] 铬（gè）：一种金属元素。

提示

这是一篇介绍说明我国传统的特殊烧瓷工艺——景泰蓝的制作过程的文章。文章根据客观事物的特点和规律，以景泰蓝制作过程的先后为序，依次介绍制作的过程和方法，纵观全文，井然有序，条理清楚、层次分明。需要特别提出的是，本文在层次结构上十分注意过渡、衔接，让读者的思路顺利地由前者过渡到后者。文章用“现在把它的制作过程说一说”，“这只是开头”，“第二步工作叫掐丝”，“于是轮到涂色料的工作了”，“现在该谈烧的工作了”，“涂了三回烧了三回以后，就是打磨的工作了”，“全部工作还没有完，还得镀金”等语句过渡、衔接，这样就使文章的层次、段落结构更加分明。

课文标题开门见山显示本文所要说明的对象——景泰蓝；本文要说明的中心内容是“制作”；说明的重点是景泰蓝的制作有哪几个“步骤”，每个步骤又有什么特点。景泰蓝的制作有六大工序：制胎、掐丝、点蓝、烧蓝、打磨和镀金。本文的说明顺序就是以制作的先后工序为序，即按照景泰蓝的这几道制作程序

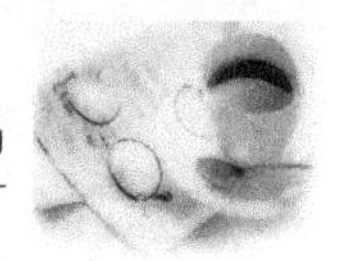

一道一道地予以介绍。了解了景泰蓝制作的六大工序，实际上也就理清了文章说明的顺序，而文章的结构层次也清楚了。六道工序中，以“掐丝”和“点蓝”这两道工序在制作中最为繁复，文章重点说明这两道工序，细致地介绍了这种繁复的手工制作过程，从而突出“景泰蓝”的特征，让人们了解这种民族工艺品的珍贵性，同时也弘扬了民族文化。

说明文在层次结构上讲究顺序井然、条理清楚，在语言上又特别强调准确、简明。本文在说明景泰蓝制作的过程和方法时，十分注意语言的准确、简明。本文在介绍各道工序的时候，选用“制胎”、“掐丝”、“点蓝”、“烧蓝”等习惯术语，就准确地概括了相应工序的内容和特点。其中“点蓝”，随着景泰蓝制作的发展、演变，虽不能全面反映涂色料工作的全部内容，但经作者必要的解释、说明后，读者仍然可以了解这一习惯用语的确切内容。同时文章运用限制词语，准确地表达思想。例如：“原来这种制作方法开头的时候多用蓝色料，当时叫点蓝，就此叫开了。”这里的“当时”对“点蓝”这一概念进行时间限制，就会使读者对这一概念产生更确切的理解，达到准确运用语言的目的。

在说明方法上，课文运用了诠释（说明、解释）说明法、打比方、作比较、下定义、举例子、列数字等多种说明方法，使说明事物的特点更加明确科学。

思考与练习

一、本文是按照怎样的顺序来说明景泰蓝的制作的？

二、有人说“说明文只要把事理说清楚，明白就可以了，未必都有中心思想。”这种说法对不对？为什么？

三、说明景泰蓝制作过程时，哪些地方详写？哪些地方略写？作者为什么要这样处理？

四、本文说明事理的方法有哪些？阅读后请划出能体现这些说明方法的句子。

五、仿照《景泰蓝的制作》，写出你最喜欢的一道菜的制作过程。

3. 天气和人生[1]

竺可桢

竺可桢（1890—1974），浙江省上虞人。当代著名气象学家、地理学家和物候学家。新中国成立后担任中国科学院第一任副院长、中国科协副主席、中国气象学会理事长、中国地理学会理事长等职，为第1～3届全国人大常委会常委。主要著作有《物候学》、《竺可桢科普创作选集》、《竺可桢日记》等。

天气这个题目，是人人日常所谈到的。在人们相见的时候，开始就道寒暄[2]，寒暄就是温度的冷暖；讲叙说话，叫做谈天，谈天就是谈谈天气；作诗的人离不开风月，如陆放翁诗里面每四首诗当中，总有一首讲天气的。天气这个题目在我们谈吐之中占这样重要地位，这是什么缘故呢？就是因为天气和人类生活关系极其密切，差不多一刻都不能离。最切近生活的像衣、食、住、行四件事，没有一件事是不受到天气影响的。现在就把这四件事来分别说一说。

衣　衣服的功用，就是可以使人们去抵抗那不适宜的天气。因为人类的体温是要能够维持在一定平面上的——平均在华氏表98.6度或摄氏表37.0度，若是温度太高或太低，对于身体统是不利的。但是人类并不像禽兽有自然的毛皮来保护体温，所以若是没有衣服的话，在温带或是寒带里，人类简直是无法生存的。据人种学家的学理，也说人类最初是发源在热带地方，到了衣服发明以后，才能向着温带、寒带地方发展去的呢。据德国鲁伯卫医生的研究，人身上着了普通衣服而后，可以减少发散热量的47%。所以人们虽是生活在寒带里着了衣服的肉体环境，恍如在热带里温度33度（摄氏）这种地方。就是世界上各地方衣服的

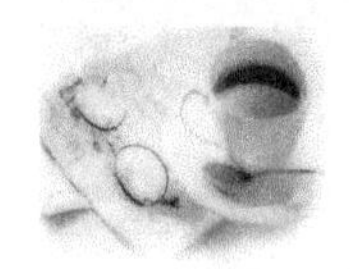

不同，虽然一部分原因是随着历史的进化，但是最重要的原因，还是在于要适应天气环境。譬如中国服装和欧洲的服装就大不相同，中国衣服是富于弹性，在夏天穿着夏布衣服，冬天穿着狐裘毛褂，而且重裘叠袄，有时甚至可以加到七八件衣服；欧洲人衣服没有多少伸缩的余地，他们一年四季所差的不过是一件外套。这就是因为欧洲的天气是海洋性气候，冬夏温度相差并不过大；我们中国的天气是大陆性气候，冬夏温度就大不相同，所以西装在中国实在只宜于春秋两季。可是在长江同黄河流域的春秋季候很短，如此看来，西装衣服在中国是并不十分相宜的。就是在美国的东部，也是同样的不相宜。至于西装和中装形式的不同，中装是斜襟的，西装是直襟的，这也多少与天气有点关系。在地中海和西欧地方，冬季以西南风居多，并不过冷；在我国冬季多西北风，就需要斜襟衣服，才能抵御那寒冷的西北风呢。雨量分布的多寡，也能影响到人类的衣着。在我国北方，如济南和北平地方的洋车夫，无论如何的穷困，统是着鞋袜的；在长江流域多雨量的地方，洋车夫因为着了鞋袜，容易潮湿，就赤足着草鞋，反而在卫生上是比较好些。到了雨量更多的南洋地方，温度很高的环境里，普通人都不着袜子，只有病人才着袜子呢。

食　五谷牲畜的分布，都是随着气候而定的，所以人们吃的东西，不能不靠天气，南方人食米，北方人食麦，这是个很明白的例子。而且在温度高的热天时候，我们所需要的养料，尤其是产生热量的食物像脂肪和糖之类，比冬天要少得多。佛教是发源在热带里的印度地方，所以十分的要主张素食了。

住　营造居室，也是人类生活上防御抵抗天气的一种方法。在英国人起初到美洲去殖民的时候，因为北美洲东方天气的恶劣，失败过好几次。第一次成功，在1620年有102个信奉清教的人乘了五月花号船到达新英格兰的普利茅斯地方，但是因为衣服的缺少和房屋的不适宜，才过第一个冬季，这102个筚路蓝缕[3]的人竟死了一半，可知房屋的建筑必须适应一个地方的天气。在北方寒冷地方的窗壁屋面造得非常紧密，以避寒风的侵入，我们只要比较北平和南京房屋的屋面，就晓得北方的屋面要比南方的紧密得多。多雪的地方像欧洲西部，他们的屋顶角度都是极大的，使雪可以不堆积在上面，才不至于压坏房屋。我国冬季少雪，所以屋顶角度都是不过30度。建筑房屋，我们都喜欢门窗朝南，这里面也有两层与天气有关的原因，一则因为南向朝阳比较卫生，二则夏天多南风、冬天多北风所以南向，房屋既可以在夏天得到需要的流通空气，在冬天又可以避去寒风的侵袭。但是这种原因一到热带地方就不再存在，一到南半球，所有的房屋就应该北向了。天冷的地方如格陵兰的爱斯基摩人，他们用雪造房子，用冰当窗户。天热的地方如波斯德黑兰，每个房子统有地窖，一到夏天炎日可畏的时候，人们就蛰居地窖中过生活。日本西部冬天多雪，街道上积雪高过于人，可以使交通断绝。所以他们房子的屋檐，统统凸露出在街面上好几尺，以便冬天雪多的时候，行人可以在屋檐下来往。甚至于我们家庭所撰贴的门联，也和气候有关，譬如在北方一带，有种很普通的门联写着“天钱雨至，地宝云生”，像这种句调，在南方人看来极是触目生奇的，这就可以表示在黄河流域一带，雨量稀少，而人人都有如大旱之望云霓的感想。

行　我国南人行船、北人骑马，南方多运河、北方到处康庄大道，这无非因为南方多雨、北方干燥的缘故。在普通送别的时候，我们总是祝望着旅行的人能“一路顺风”，单就长江上下游而论，帆船的数目何止万千，一年中所用的风力总要抵到烟煤数万至数十万吨呢，这也可见风与行旅的关系了。西洋人在轮船未发明以前，船只的行驶也全靠风力，他们在大洋中行船最怕到赤道附近的无风带，因为无风带是要耽搁路程日期的。在东亚季风带内，夏天吹东南风，冬天吹西北风，所以在两晋、唐、宋、元、明的时候，中国要和印度、波斯、阿拉伯等处来往，去的时候，必在冬天；回来的时候，要在夏天，才可以得到顺风。

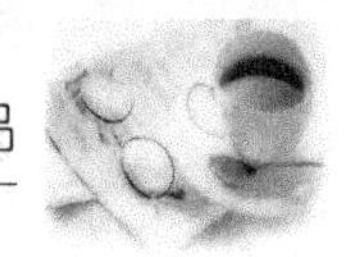

在晋朝安帝时候，有位法显和尚，他自从长安出发到中印度，在他回国的行程中，他到爪哇正在12月中，东北季风盛行的时候因为没有顺风，所以他就停留了5个月，等到4月间有了西南季风才回国。就是哥伦布出发往美洲，也是靠着风力，因为他在信风带里有东北风吹向美洲，若是他在北大西洋遇到西风，那就要比较的困难了。即使现代的飞机来往，也是要依赖风力的，所以在飞机上升以前，先要问明气象台，在哪一层的气流才是顺风，随即飞着到什么高度。在温带里面，西风比东风多，所以环绕全球或是飞渡大洋的人，总是从西向东的多，因为从东向西就要遇着逆风了。第一次飞渡太平洋成功的是美国人潘伯恩和赫恩登，他们先飞渡大西洋，经过莫斯科、柏林、西伯利亚到日本，在1931年10月3日才从东京出发经过41小时31分钟的时间，飞渡4458英里的路程，回到美国的西岸。这样绕大圈子来飞渡太平洋，也无非要避掉逆风罢了。

以上所讲，单就天气对衣、食、住、行四项的影响而论。其实天气对于一个民族的哲学、文艺、美术和国民性，也统有关系。今天因为限于时间只好从略了。

注释

［1］ 本文原载于《国风》1934年第4卷第8期。

［2］ 寒暄：暄，温暖。指问寒问暖。今泛指宾主见面时谈天气冷暖之类的应酬话。

［3］ 筚路蓝缕（bì lù lán lǚ）：筚路，柴车；蓝缕：破衣服。驾着简陋的车，穿着破烂的衣服去开辟山林。形容创业的艰苦。出自《左传·宣公十二年》："筚路蓝缕，以启山林。"

提示

竺可桢是20世纪中国卓越的科学家，是我国近代地理学和气象学的奠基人。他从青年时代起就每天写日记，天气与物候，是他每天必记的内容。就是靠这种持之以恒的坚持，点点滴滴汇聚成他的一切科学研究成果。

《天气与人生》是竺可桢先生的一篇演讲词。作者在文中所谈的都是实实在在的学问，如我们每天所必须有的衣食住行。他从气象学的角度，去洞察天道与人文的关系，去分析人类顺应大自然规律时，在衣食住行上有哪些智慧，哪些发明，哪些经验。这些看似简单的问题，与我们的生活息息相关，留给我们的是无尽的思考，引导我们去做新尝试、新发明。作者在演讲中还指明了一些地域文化和民风民俗是如何形成的，并阐明了其原因之所在。这种写法，给我们以启示，帮助我们学会探索、学会思索生活中的常识问题。

举例说明、引用说明、数字说明及对比说明是本文的主要说明方法。如其中为了说明温度的高低变化，不同区域之间的差别以及对人类造成的影响等问题，课文多处作比较、列数字，使得说理更具科学性和说服力，增加其可读性。

思考与练习

一、本文是一篇演讲词，请认真体味演讲词的章法。

二、本文在讲天气对人的衣食住行的影响过程中，运用了哪些论证方法？请从文中为这些论证方法各找一例加以说明。

三、利用网络资源，了解竺可桢在"气象学"研究方面都作出了哪些贡献。

4. 村居与园林[1]

陈从周

陈从周（1918—2000），祖籍浙江省绍兴市，生于杭州市，卒于上海市。名郁文，字从

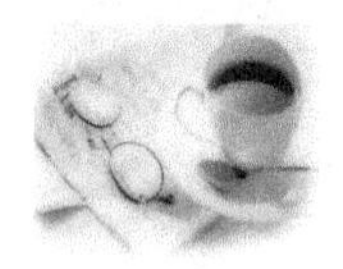

周，晚年自号梓翁。上海同济大学教授，中国园林学会顾问、美国贝聿铭建筑事务所顾问。当代著名古建筑学家、园林艺术家，主持设计、建造有美国大都会博物馆的中国式园林“明轩”、上海豫园东部、云南昆明的楠园等。工诗词，擅书画。出版有《陈从周画集》、《陈从周散文》、《说园》、《苏州园林》、《园林谈丛》等。

我国广大劳动人民居住的绝大多数地区——农村，在居住的所在，历来都进行了绿化，以丰富自己的生活。这种绿化又为我国园林建筑所取材与模仿。农村绿化看上去虽然比较简单，然在“因地制宜”、“就地取材”、“因材致用”这三个基本原则指导之下，能使环境丰富多彩，居住部分与自然组合在一起，成为一个人工与天然相配合的绿化地带。这在小桥流水、竹影粉墙的江南更显得突出。这些实是我们今日应该总结与学习的地方。在原有基础上加以科学分析和改进提高，将对今后改良居住环境与增加生产，以及供城市造园借鉴，都是莫大好处。

我国幅员辽阔，地理气候南北都有所不同，因而在绿化上，也有山区与平原之分。山区的居民，其建筑特点大都依山傍岩，其住宅左右前后，皆环以树木，毛泽东主席的湘潭韶山故居，即是一个好例。至于平原地带村落，大都建筑在沿河流域或路旁，其绿化原则，亦大都有树木环绕，尤其注意西北方向，用以挡烈日防风。住宅之旁亦有同样措施。宅前必留出一块广场，以作晒农作物之用。广场之前又植树一行，自划成区。宅北植高树，江南则栽竹，既避荫又迎风。鸡喜居竹林，因为竹根部多小虫可食，且竹林之根要松，经鸡的活动，有助竹的生长，两全其美[2]。宅外的通道，皆芳树垂荫，春柳拂水，都是极妙的画图。这些绿化都以功能结合美观。在江南每以常绿树与落叶树互相间隔，亦有以一种乔木单植的，如栗树、乌桕、楝树，这些树除果实可利用外，其材亦可利用。硬木如檀树、石楠，佳材如银杏、黄杨，都是经常见到的。以上品种每年修枝与抽伐，所得可用以制造农具与家具。至于浙江以南农村的樟树，福建以南农村的榕树，华北的杨树、槐树，更显午荫嘉树清园，翠盖若棚，皆为一地绿化特征。利用常绿矮树作为绿篱，绕屋代墙。宅旁之竹林与果树，在生产上也起作用。在河旁溪边栽树，也结合生产，如广州荔枝湾就是在这原则下形成的。池塘港湾植以芦苇，或布菱荷，如嘉兴的南湖，南塘的莲塘，皆为此种栽植之突出者。这些都直接或间接影响到造园。虽然园林花木以姿态为主，与大自然有别，却与农村村居为近，且经修剪，硬木树尤为入画。因此如“柳荫路曲”、“梧竹幽居”、“荷风四面”等命题的园林风景，未尝不是从农村绿化中得到启发的，不过再经过概括提炼，以少胜多，具体而微而已。

对于古代园林中的桥常用一面阑干，很多人不解。此实仿自农村。农民要挑担经过，如果两面用阑干，妨碍担行，如牵牛过桥，更感难行，因此农村之桥，无阑干则可，有阑亦多一面。后之造园者未明此理，即小桥亦两面阑干，宛若夹弄，这未免“数典忘祖”了。至于小流架板桥，清溪点步石，稍阔之河，曲桥几折，皆委婉多姿，尤其是在山映斜阳、天连芳草、渔舟唱晚之际，人行桥上，极为动人。水边之亭，缀以小径，其西北必植高树，作避阳之用，而高低掩映，倒影参差，所谓“水边安亭”“径欲曲”者，于此得之。至于曲岸回沙，野塘小坡，别具野趣，更为造园家蓝本所自。苏州拙政园[3]原多逸趣，今则尽砌石岸，顿异前观。造园家不熟悉农村景物，必导致伧俗如暴发户。今更有以“马赛克”贴池间者，无异游泳池了。

农村建筑妙在地形有高低，景物有疏密，建筑有层次，树木有远近，色彩有深浅，黑白有对比（江南粉墙黑瓦）等，千万村居无一处相雷同，舟行也好，车行也好，十分亲切，观之不尽。我在旅途中，它予我以最大的愉快与安慰。这些景物中有建筑，有了建筑必有生活，有生活必有人，人与景联系起来，所谓情景交融。我国古代园林，大部分摹拟自农村景

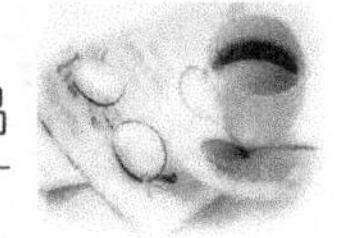

物，而不是纯仿自然，所以建筑物占主要地位。造园工人又大部分来自农村，有体会，便建造出可坐可留、可游可看、可听可想、别具一格的中国园林。它紧紧地与人结合了起来。

农村多幽竹嘉林，鸣禽自得，春江水暖，鹅鸭成群，来往自若，不避人们。因此在园林中建造“来禽馆”，亦寓此意。可惜今日在设计园林时，多数让禽鸟饱受铁窗之苦，入园如探牢，这也是较原始的设计方法。没有生活，没有感情，不免有些粗暴吧！

（《中国古代建筑史初稿》1958 年）

注释

［1］ 选自《园林谈丛》。本书是讲园林艺术的，它本身又宛如一处引人入胜的园林。本书中的文章对这种综合艺术品的构成与赏鉴作了深入浅出的探讨，写法生动自然。

［2］ 两全其美：美，美好。指做一件事顾全到两个方面，使两方面都很好。

［3］ 拙政园：江南园林的代表，被誉为“中国园林之母”。

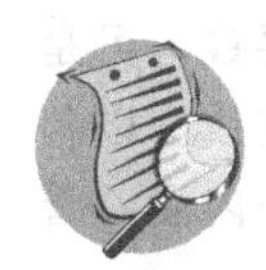

提示

古建筑是人类遗产的实物表现、人类的凝固记忆，是人们意象的主体标志性符号。作为地域文化与灵魂的代表，可归属为文化遗产的古建筑，有着深厚的历史文化积淀和突出的建筑、艺术、科技以及美学上的价值。在文化旅游蓬勃发展的今天，古建筑因其特有的价值已经越来越受到大家的关注。

陈从周先生毕生致力于保护和弘扬中国古建筑，尤其是园林建筑文化，他对造园具独到见解。他认为：“造园有法而无式，变化万千，新意层出，园因景胜，景因园异。”本文结合农村建筑特征，提出园林建造一定要适合农村绿化的观点，主要从村居小环境和大环境的绿化、农村小桥流水的景观与村居建筑的协调、人与禽鸟相处自若三大方面，告诉我们在园林设计上该如何借鉴他人的经验、吸取已有的经验，帮助我们去改良居住环境。

叶圣陶先生在关于《说园》的一封书信中所说“从周兄熔哲文美术于一炉，以论造园，臻此高境，钦悦无量。”陈从周是我国当代一位集园林、古建筑、书画、诗词、散文、昆曲于一身的艺术大家，文章文白夹杂，旁征博引，自成一格。他讲建筑深入浅出，雅俗共赏，写法生动自然；文笔婉约清丽，充满诗情画意，读来使人广见博识，真情实感，朴素动人。细细品味这些文字，我们会不由自主地被那些质朴的文字所陶醉，尽情地感受中国传统文化和艺术的浓郁与香醇，充分地领略中国古代建筑和园林的景境之神韵。

思考与练习

一、作者在文中讲到村居的绿化时，把重点放在了平原村居的绿化上。仔细阅读课文，说一说平原村居的绿化情形、绿化特点以及对造园的意义所在。

二、我国古代园林的桥、亭、水塘的修建皆受了农村景物的启发。作者在文中提到了一些注意事项，请用你的话将其归纳出来。

三、作者在最后一段文字里，说到“没有生活，没有感情，不免有些粗暴吧”，你是怎样理解这句话意思的？

第八单元

人物春秋

著名诗人艾青有一句不朽的诗：有的人活着，他已经死了。有的人死了，但他还活着……活着的死人，死去的是他的人格；死去的活人，活下来的是他高尚的灵魂。文学就是人学，在大师们给我们留下了不朽文学经典，也为我们竖起了同样不朽的人物形象，从这些人物身上，我们读懂了什么是真、善、美，什么是人性的光辉。

著名翻译家傅雷，我们对他的《傅雷家书》耳熟能详，在作家施蛰存笔下，傅雷感情细腻，感性率真、一生疾恶如仇，为追求真理和完美常常不惜震怒。其翻译作品也是多以揭露社会弊病、描述人物奋斗抗争为主。这就是傅雷的真性情。

杨绛笔下的老王，虽然相貌丑陋，但老实厚道，心地善良，关心他人。他需要钱，可是他做生意从不多收一分钱，而且非常讲感情，讲仁义，常常愿意尽义务，或者少收钱。以善良之心去体察人之善良，人生而平等，人道主义，这是《老王》为我们呈现的核心内涵，善良的才是真正永恒的。

宁静、平凡、朴素、伟大，是奥地利作家茨威格笔下托尔斯泰墓的真实写照。这同样是文学巨匠托尔斯泰朴素、平易的伟大人格的写照。托尔斯泰在世界的文学史上，对人类的贡献太大，即使他逝世以后什么也不留存下来，我们也永远会怀念他，崇敬他，纪念他。大象无形，大功无言，朴实无华，内涵深厚，这才是人间的大美。当然，触动我们心灵的还有萧红的才智气节、少于事故、自然率真……

人的身份地位可以各不相同，但在人格的坚守上却永远是平等的。无论伟人，还是一个平凡的人，他们身上都可以闪耀人性的光芒，体现弥足珍贵的气节和精神。让我们不断学习和继承这种精神，让真、善、美的人性永留人间。也让我们的人生别有洞天。

1. 风雨中忆萧红[1]

丁　玲

丁玲（1904—1986），原名蒋伟，字冰之，笔名彬芷、从喧等。湖南省临澧市人。中国当代著名作家、社会活动家。代表作《太阳照在桑干河》。

本来就没有什么地方可去，一下雨便更觉得闷在窑洞里的日子太长。要是有更大的风雨也好，要是有更汹涌的河水也好，可是仿佛要来一阵骇人的风雨似的那么一块肮脏的云成天盖在头上，水声也是那么不断地哗啦哗啦在耳旁响，微微地下着一点看不见的细雨，打湿了地面，那轻柔的柳絮和蒲公英都飘舞不起而沾在泥土上了。这会使人有遐想，想到随风而倒的桃李，在风雨中更迅速迸出的苞芽。即使是很小的风雨或浪潮，都更能显出百物的凋谢和生长，丑陋或美丽。

世界上什么是最可怕的呢，决不是艰难险阻，决不是洪水猛兽，也决不是荒凉寂寞。而难于忍耐的却是阴沉和絮聒；人的伟大也不是能乘风而起，青云直上，也不只是能抵抗横逆之来，而是能在阴霾的气压下，打开局面，指示光明。

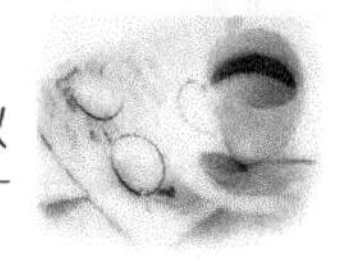

时代已经非复少年时代了，谁还有悠闲的心情在闷人的风雨中煮酒烹茶与琴诗为侣呢？或者是温习着一些细腻的情致，重读着那些曾经被迷醉过被感动过的小说，或者低徊冥思那些天涯的故人？流着一点温柔的泪，那些天真、那些纯洁、那些无疵的赤子之心，那些轻微的感伤，那些精神上的享受都飞逝了，早已飞逝得找不到影子了。这个飞逝得很好，但现在是什么呢？是听着不断的水的絮聒，看着脏布也似的云块，痛感着阴霾，连寂寞的宁静也没有，然而却需要阿底拉斯的力背负着宇宙的时代所给予的创伤，毫不动摇的存在着，存在便是一种大声疾呼，便是一种骄傲，便是给絮聒以回答。

然而我决不会麻木的，我的头成天膨胀着要爆炸，它装得太多，需要呕吐。于是我写着，在白天，在夜晚，有关节炎的手臂因为放在桌子上太久而疼痛，患砂眼的眼睛因为在微小的灯光下而模糊。但幸好并没有激动，也没有感慨，我不缺乏冷静，而且很富有宽恕，我很愉快，因为我感到我身体内有东西在冲撞；它支持了我的疲倦，它使我会看到将来，它使我跨过现在，它会使我更冷静，它包括了真理和智慧，它是我生命中的力量，比少年时代的那种无愁的青春更可爱啊！

但我仍会想起天涯的故人的，那些死去的或是正受着难的。前天我想起了雪峰，在我的知友中他是最没有自己的了。他工作着，他一切为了党，他受埋怨过，然而他没有感伤，他对名誉和地位是那样地无睹，那样不会趋炎附势，培植党羽，装腔作势，投机取巧。昨天我又苦苦地想起秋白，在政治生活中过了那么久，却还不能彻底地变更自己，他那种二重的生活使他在临死时还不能免于有所申诉。我常常责怪他申诉的“多余”，然而当我去体味他内心的战斗历史时，却也不能不感动，哪怕那在整体中，是很渺小的。今天我想起了刚逝世不久的萧红，明天，我也许会想到更多的谁，人人都与这社会关系，因为这社会，我更不能忘怀于一切了。

萧红和我认识的时候，是在一九三八年春初。那时山西还很冷，很久生活在军旅之中，习惯于粗犷的我。骤睹着她的苍白的脸，紧紧闭着的嘴唇，敏捷的动作和神经质的笑声，使我觉得很特别，而唤起许多回忆，但她的说话是很自然而真率的。我很奇怪作为一个作家的她，为什么会那样少于世故，大概女人都容易保有纯洁和幻想，或者也就同时显得有些稚嫩和软弱的缘故吧。但我们都很亲切，彼此并不感觉到有什么孤僻的性格。我们尽情地在一块儿唱歌，每夜谈到很晚才睡觉。当然我们之中在思想上，在感情上，在性格上都不是没有差异，然而彼此都能理解，并不会因为不同意见或不同嗜好而争吵，而揶揄。接着是她随同我们一道去西安，我们在西安住完了一个春天。我们痛饮过，我们也同度过风雨之夕，我们也互相倾诉。然而现在想来，我们谈得是多么地少啊！我们似乎从没有一次谈到过自己，尤其是我。然而我却以为她从没有一句话是失去了自己的，因为我们实在都太真实，太爱在朋友的面前赤裸自己的精神，因为我们又实在觉得是很亲近的。但我仍会觉得我们是谈得太少的，因为，像这样的能无妨嫌、无拘束、不须警惕着谈话的对手是太少了啊！

那时候我很希望她能来延安，平静地住一时期之后而致全力于著作。抗战开始后，短时期的劳累奔波似乎使她感到不知在什么地方能安排生活。她或许比我适于幽美平静。延安虽不够作为一个写作的百年长计之处，然在抗战中，的确可以使一个人少顾虑于日常琐碎，而策划于较远大的。并且这里有一种朝气，或者会使她能更健康些。但萧红却南去了。至今我还很后悔那时我对于她生活方式所参与的意见是太少了，这或许由于我们相交太浅，和我的生活方式离她太远的缘故，但徒劳的热情虽然常常于事无补，然在个人仍可得到一种心安。

我们分手后，就没有通过一封信。端木曾来过几次信，在最后的一封信上（香港失陷约一星期前收到）告诉我，萧红因病始由皇后医院迁出。不知为什么我就有一种预感，觉得有种可怕的东西会来似的。有一次我同白朗说：“萧红决不会长寿的。”当我说这话的时候，我

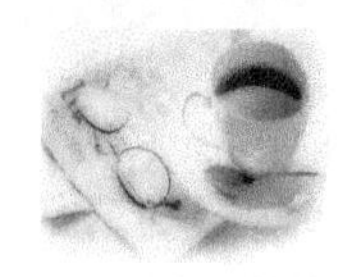

是曾把眼睛扫遍了中国我所认识的或知道的女性朋友，而感到一种无言的寂寞。能够耐苦的，不依赖于别的力量，有才智、有气节而从事于写作的女友，是如此其寥寥啊！

不幸的是我的杞忧竟成了现实，当我昂头望着天的那边，或低头细数脚底的泥沙，我都不能压制我丧去一个真实的同伴的叹息。在这样的世界中生活下去，多一个真实的同伴，便多一分力量，我们的责任还不只于打开局面，指示光明，而还是创造光明和美丽；人的灵魂假如只能拘泥于个体的褊狭之中，便只能陶醉于自我的小小成就。我们要使所有的人都能有崇高的享受，和为这享受而做出伟大牺牲。

生在现在的这世界上，活着固然能给整个事业添一分力量，而死对于自己也是莫大的损失。因为这世界上有的是戮尸的遗法，从此你的话语和文学将更被歪曲，被侮辱；听说连未死的胡风都有人证明他是汉奸，那么对于已死的人，当然更不必贿买这种无耻的人证了。鲁迅先生的"阿 Q"曾被那批御用文人歪曲地诠释，那么《生死场》的命运也就难免于这种灾难。在活着的时候，你不能不被逼走到香港；死去，却还有各种污蔑在等着，而你还不会知道；那些与你一起的脱险回国的朋友们还将有被监视和被处分的前途。我完全不懂得到底要把这批人逼到什么地步才算够？猫在吃老鼠之前，必先玩弄它以娱乐自己的得意。这种残酷是比一切屠戮都更恶毒，更需要毁灭的。

只要我活着，朋友的死耗一定将陆续地压住我沉闷的呼吸。尤其是在这风雨的日子里，我会更感到我的重荷。我的工作已经够消磨我的一生，何况再加上你们的屈死，和你们未完的事业，但我一定可以支持下去的。我要借这风雨，寄语你们，死去的，未死的朋友们，我将压榨我生命所有的余剩，为着你们的安慰和光荣。那怕就仅仅为着你们也好，因为你们是受苦难的劳动者，你们的理想就是真理。

风雨已停，朦朦的月亮浮在西边的山头上，明天将有一个晴天。我为着明天的胜利而微笑，为着永生而休息。我吹熄了灯，平静地躺到床上。

一九四二年四月二十五日

注释

[1] 萧红（1911～1942），原名张乃莹，笔名萧红，悄吟，出生于黑龙江省呼兰县一个地主家庭。为了逃婚出走，困窘间向报社投稿，并因此结识萧军，两人相爱，萧红也从此走上写作之路，两人一同完成散文集《商市街》。1934 年，萧红完成长篇著作《生死场》，在鲁迅帮助下作为"奴隶丛书"之一出版。萧红由此取得了在现代文学史上的地位。

提示

本文写于 1942 年 4 月，距萧红在香港去世过去了大约三个月。当时在延安工作的丁玲受到了不公正的对待，她的内心极为烦闷，于是思念故友，写成此文，以排解心中的愁绪。

文章一开始就借景抒情，通过脏布似的云块、阴霾中的细雨、飘舞不起的柳絮和蒲公英等的描写衬托自己"阴沉和絮聒"的心情。写到了自己处境的艰难，渴望在"阴霾的气压下，打开局面，指示光明"。此情此景，作者想到了天涯的故人，想起了冯雪峰、瞿秋白，也带出了刚刚逝世不久、命运坎坷的萧红，颇有同病相怜之慨。

丁玲怀着无比痛惜与伤感之情，追忆了自己与萧红的一段短暂的交往，着力叙写了萧红的少于世故、自然率真的性格，她"太真实，太爱在朋友的面前赤裸自己的精神"，是太少的"无妨嫌、无拘束、不须警惕着谈话的对手"；文章也写到了萧红客死香港却还面临污蔑的悲惨结局。丁玲给了萧红以最中肯的评

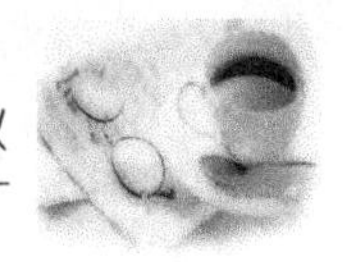

价——“能够耐苦的，不依赖于别的力量，有才智、有气节而从事于写作的女友”。作者丁玲以四月延安的雨夜为背景，准确地刻画了萧红的音容笑貌，也真实描摹了作者本人的内心世界和不屈的灵魂，文章行文跌宕起伏，夹叙夹议，情真意切，自然流露，读来令人感触良多。

思考与练习

一、作者回忆萧红的为人处世等，体现了一种什么样的思想？

二、本文采用了什么样的写作方法？作者是如何刻画萧红的性格的？

三、你有没有一段刻骨铭心的友谊？请模仿本文写法，用最真切的话语写出来。

2. 纪念傅雷[1]

施蛰存

施蛰存（1905—2003）中国现代著名作家、文学翻译家、学者，华东师范大学中文系教授。浙江省杭州市人，原名施德普，笔名青萍、安华、薛蕙、李万鹤、陈蔚、舍之、北山等。

1929年，施蛰存在中国第一次运用心理分析创作小说《鸠摩罗什》、《将军的头》，成为中国现代小说的奠基人之一。鉴于在文学创作和学术研究上的贡献，施蛰存曾被授予“上海市文学艺术杰出贡献奖”（1993年）和“亚洲华文作家文艺基金会敬慰奖”。

一九六六年九月三日，这是傅雷和夫人朱梅馥离开这个世界的日子，今年今天，正是二十周年纪念。这二十年过得好快，我还没有时间写一篇文章纪念他们。俗话说：“秀才人情纸半张。”我连这半张纸也没有献在老朋友灵前，人情之薄，可想而知。不过，真要纪念傅雷夫妇，半张纸毕竟不够，而洋洋大文却也写不出，于是拖延到今天。

现在，我书架上有十五卷的《傅雷译文集》和两个版本的《傅雷家书》，都是傅敏[2]寄赠的，还有两本旧版的《高老头》和《欧也妮·葛朗台》，是傅雷送给我的，有他的亲笔题字。我的照相册中有一张我的照片，是一九七九年四月十六日在傅雷追悼会上，在赵超构送的花圈底下，沈仲章给我照的，衣襟上还有一朵黄花。这几年来，我就是默对这些东西，悼念傅雷。

一九三九年，我在昆明。在江小鹣的新居中，遇到滕固和傅雷。这是我和傅雷定交的开始。可是我和他见面聊天的机会，只有两次，不知怎么一回事，他和滕固吵翻了，一怒之下，回上海去了。这是我第一次领略到傅雷的“怒”。后来知道他的别号就叫“怒庵”，也就不以为奇。从此，和他谈话时，不能不提高警惕。

一九四三年，我从福建回沪省亲，在上海住了五个月，曾和周煦良一同到吕班路（今重庆南路）巴黎新村去看过傅雷，知道他息影孤岛，专心于翻译罗曼·罗兰。这一次认识了朱梅馥。也看见客堂里有一架钢琴，他的儿子傅聪坐在高凳上练琴。

我和傅雷的友谊，只能说开始于解放以后。那时他已迁居江苏路安定坊，住的是宋春舫家的屋子。我住在邻近，转一个弯就到他家。五十年代初，他在译巴尔扎克，我在译伐佐夫、显克微支和尼克索。这样，我们就成为翻译外国文学的同道，因此，在这几年中，我常去他家里聊天，有时也借用他的各种辞典查几个字。

可是，我不敢同他谈翻译技术，因为我们两人的翻译方法不很相同。一则因为他译的是法文著作，从原文译，我译的都是英文转译本，使用的译法根本不同。二则我主张翻译只要

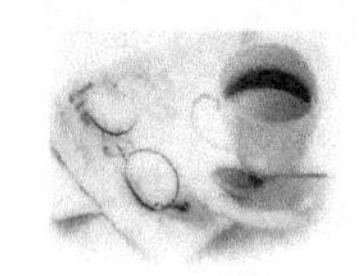

达意，我从英文本译，只能做到达英译本的意。英译本对原文本负责，我对英译本负责。傅雷则主张非但要达意，还要求传神。他屡次举过一个例。他说：莎士比亚的《哈姆雷特》第一场有一句“静得连一个老鼠的声音都没有”。但纪德的法文译本，这一句却是“静得连一只猫的声音都没有”。他说“这不是译错，这是达意，这也就是传神。”我说，依照你的观念，中文译本就应该译作“鸦雀无声”。他说“对”。我说：“不行，因为莎士比亚时代的英国话中不用猫或鸦雀来形容静。”

傅雷有一本《国语大辞典》，书中有许多北方的成语。傅雷译到法文成语或俗话的时候，常常向这本辞典中去找合适的中国成语俗话。有时我去看他，他也会举出一句法文成语，问我有没有相当的中国成语。他这个办法，我也不以为然。我主张照原文原意译，宁可加个注，说明这个成语的意义相当于中国的某一句成语。当然，他也不以为然。

一九五八年，我们都成为第五类分子，不便来往，彼此就不相闻问。不过，有一段时候，朱梅馥和我老伴都被居委会动员出去办托儿所，她们俩倒是每天在一起，我因此便间接知道一些傅雷的情况。

一九六一年，大家都蒙恩摘除了“帽子”，可以有较多的行动自由，于是我又常去看他。他还在译书，而我已不干这一行了，那几年，我在热衷于碑版文物，到他那里去，就谈字画古董。他给我看许多黄宾虹的画，极其赞赏，而我却又有不同意见。我以为黄宾虹晚年的画越来越像个“墨猪”了。这句话又使他“怒”起来，他批评我不懂中国画里的水墨笔法。

一九六六年八月下旬，我已经在里弄里被“示众”过了。想到傅雷，不知他这一次如何“怒”法，就在一个傍晚，踱到他门口去看看。只见他家门口贴满了大字报，门窗紧闭，真是“鸦雀无声”。我就踱了回家。大约在九月十日左右，才知道他们两夫妇已撒手西归，这是怒庵的最后一“怒”。

我知道傅雷的性情刚直，如一团干柴烈火，他因不堪凌辱，一怒而死，这是可以理解的，我和他虽然几乎处处不同，但我还是尊敬他。在那一年，朋友中像傅雷那样的毅然决然不自惜其生命的，还有好几个，我也都一律尊敬。不过，朱梅馥的能同归于尽，这却是我想象不到的，伉俪之情，深到如此，恐怕是傅雷的感应。

傅雷逝世，其实我还没有了解傅雷。直到他的家书集出版，我才能更深一步的了解傅雷。他的家教如此之严，望子成龙的心情如此之热烈。他要把他的儿子塑造成符合于他的理想的人物。这种家庭教育是相当危险的，没有几个人能成功，然而傅雷成功了。

傅雷的性格，最突出的是他的刚直。在青年时候，他的刚直还近于狂妄。所以孔子说：“好刚不好学，其蔽也狂。”傅雷从昆明回来以后，在艺术的涵养，知识学问的累积之后，他才成为具有浩然之气的儒家之刚者，这种刚直的品德，在任何社会中，都是难得见到的，连孔子也说过：“吾未见刚者。”

傅雷之死，完成了他的崇高品德，今天我也不必说“愿你安息吧”，只愿他的刚劲，永远弥漫于知识分子中间。

一九八六年九月三日

注释

[1] 傅雷（1908—1966），字怒安，号怒庵，上海市人，中国著名的翻译家、作家、文学家、教育家、美术评论家。

[2] 傅敏：傅雷次子，《傅雷家书》为其所编。

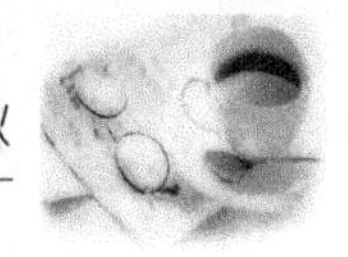

提示

这是一篇悼念友人之作，作者施蛰存以客观、冷静、朴实、无华的笔墨，叙述了自己与傅雷生前交往的几个片段，为我们展示了一个大翻译家独特的个性与坚持真理、纯洁真诚、刚正不屈的可贵品质。

作为一个极具才华的翻译家，傅雷的译文十分精美，语言优雅而深邃。可以说，他把自己的感情与智慧都融进了所翻译之作。在本文中，施蛰存除了叙述傅雷的敬业与才华外，还用大量的笔墨盛赞傅雷坚持真理的刚直性格，不堪凌辱，一怒而死，就是对其刚直品德的真实写照。傅雷的别号“怒庵”，取自“圣人一怒而安天下”的典故。傅雷的善“怒”在朋友中也是出了名的。善怒的人有最真的性情，人格也总是最纯洁的。与傅雷有着30年友谊的施蛰存对此具有最清楚的了解，他选择了傅雷人生的几个片段，侧重写了他的三次“怒”。从文中我们可以看到，傅雷的“怒”不为私欲，不为功利，而往往是因见解不同，过于追求完美而“怒”，尤其是最后的一怒而死，更是将中国传统知识分子为追求真理而不惜以命抗争的铮铮铁骨印在了那特定的时代背景之上。施蛰存在该文的结尾写道：“只愿他的刚劲，永远弥漫于知识分子中间。”这不仅是对傅雷的评价，也是作者追思者自身的信念，同样也是对当今知识分子人格的警醒。施蛰存的外柔内刚的个性品格，在对故人的追思中流露无遗，也体现出一个知识分子最值得尊敬的铮铮风骨。在中国的历代的知识分子的人格，还有什么比“刚劲”更值得我们仰望呢？

本文按照时间顺序娓娓道来，次序井然，语言朴实无华，却饱含深情，反复朗读本文，我们不难体会隐藏在朴素描写背后的哀伤之情。感触特定时期中国知识分子的处境，令人唏嘘，也给我们留下了深刻的印象。

思考与练习

一、这篇文章突出了傅雷什么样的个性特征，作者要表达一个什么样的主题？

二、如何理解傅雷性格中的“怒”与“刚直”。作者为什么说，“只愿他的刚劲，永远弥漫于知识分子中间”？

三、本文的写作顺序是什么？文章的开头用了什么叙述方法？

四、学习本文抓住性格特点写人的方法，写一个你生活中最敬重的人。

3. 老王

杨　绛

杨绛，1911年出生，原名杨季康，著名的作家、评论家、翻译家、学者，中国社会科学院外国文学研究员，著名学者、作家钱钟书先生的夫人。杨绛祖籍江苏省无锡市，生于北京市。1932年毕业于东吴大学，同年成为清华大学研究院外国语文研究生，并结识钱钟书，二人结为夫妇。1935～1938年留学英国和法国，回国后先后在上海震旦女子文理学院、清华大学任教。1949年后，在中国社会科学院文学研究所、外国文学研究所工作。主要作品有剧本《称心如意》、《弄假成真》，长篇小说《洗澡》，散文《干校六记》，随笔集《将饮茶》，译作《堂吉诃德》、《吉尔·布拉斯》、《小癞子》、《斐多》等。钱氏夫妇在学界德高望重，《围城》、《洗澡》两部畅销书更令他们声名远播。

我常坐老王的三轮。他登，我坐，一路上我们说着闲话。

据老王自己讲：北京解放后，登三轮的都组织起来；那时候他“脑袋慢”，“没绕过来”，“晚了一步”，就“进不去了”。他感叹自己“人老了，没用了”。老王常有失群落伍[1]的惶恐[2]，因为他是单干户。他靠着活命的只是一辆破旧的三轮车；有个哥哥死了，有两个侄儿“没出息”，此外就没什么亲人。

老王不仅老，他只有一只眼，另一只是“田螺眼[3]”，瞎的，乘客不愿坐他的车，怕他看不清，撞了什么。有人说，这老光棍大约年轻时候不老实，害了什么恶病，瞎掉一只眼。他那只好眼也有病，天黑了就看不见。有一次，他撞在电杆上，撞得半面肿胀，又青又紫。那时候我们在干校[4]，我女儿说他是夜盲症，给他吃了大瓶的鱼肝油，晚上就看得见了。他也许是从小营养不良而瞎了一眼，也许是得了恶病，反正同是不幸，而后者该是更深的不幸。

有一天傍晚，我们夫妇散步，经过一个荒僻[5]的小胡同，看见一个破破落落的大院，里面有几间塌败的小屋；老王正登着他那辆三轮进大院去。后来我坐着老王的车和他闲聊的时候，问起那里是不是他的家。他说，住那儿多年了。

有一年夏天，老王给我们楼下人家送冰，愿意给我们家带送，车费减半。我们当然不要他减半收费。每天清晨，老王抱着冰上三楼，代我们放入冰箱。他送的冰比他前任送的大一倍，冰价相等。胡同口登三轮的我们大多熟识，老王是其中最老实的。他从没看透我们是好欺负的主顾，他大概压根儿没想到这点。

“文化大革命”开始，默存[6]不知怎么的一条腿走不得路了。我代他请了假，烦老王送他上医院。我自己不敢乘三轮，挤公共汽车到医院门口等待。老王帮我把默存扶下车，却坚决不肯拿钱。他说：“我送钱先生看病，不要钱。”我一定要给钱，他哑着嗓子悄悄问我：“你还有钱吗？”我笑说有钱，他拿了钱却还不大放心。

我们从干校回来，载客三轮都取缔[7]了。老王只好把他那辆三轮改成运货的平板三轮。他并没有力气运送什么货物。幸亏有一位老先生愿把自己降格[8]为“货”，让老王运送。老王欣然在三轮平板的周围装上半寸高的边缘，好像有了这半寸边缘，乘客就围住了不会掉落。我问老王凭这位主顾，是否能维持生活。他说可以凑合。可是过些时老王病了，不知什么病，花钱吃了不知什么药，总不见好。开始几个月他还能扶病[9]到我家来，以后只好托他同院的老李来代他传话了。

有一天，我在家听到打门，开门看见老王直僵僵地镶嵌在门框里。往常他坐在登三轮的座上，或抱着冰伛着身子进我家来，不显得那么高。也许他平时不那么瘦，也不那么直僵僵的。他面色死灰，两只眼上都结着一层翳，分不清哪一只瞎、哪一只不瞎。说得可笑些，他简直像棺材里倒出来的，就像我想像里的僵尸，骷髅上绷着一层枯黄的干皮，打上一棍就会散成一堆白骨。我吃惊地说：“啊呀，老王，你好些了吗？”

他“唔”了一声，直着脚往里走，对我伸出两手。他一手提着个瓶子，一手提着一包东西。

我忙去接。瓶子里是香油，包裹里是鸡蛋。我记不清是十个还是二十个，因为在我记忆里多得数不完。我也记不起他是怎么说的，反正意思很明白，那是他送我们的。

我强笑说：“老王，这么新鲜的大鸡蛋，都给我们吃？”

他只说：“我不吃。”

我谢了他的好香油，谢了他的大鸡蛋，然后转身进屋去。他赶忙止住我说：“我不是要钱。”

我也赶忙解释：“我知道，我知道——不过你既然自己来了，就免得托人捎了。”

他也许觉得我这话有理，站着等我。

我把他包鸡蛋的一方灰不灰、蓝不蓝的方格子破布叠好还他，他一手拿着布，一手攥着钱，滞笨[10]地转过身子。我忙去给他开了门，站在楼梯口，看他直着脚一级一级下楼去，直担心他半楼梯摔倒。等到听不见脚步声，我回屋才感到抱歉，没请他坐坐喝口茶水。可是我害怕得糊涂了，那直僵僵的身体好像不能坐，稍一弯曲就会散成一堆骨头。我不能想像他

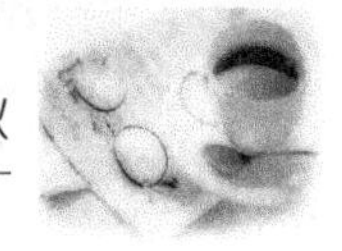

是怎么回家的。

过了十多天，我碰见老王同院的老李。我问“老王怎么了？好些没有？”

“早埋了。”

“呀，他什么时候……”

“什么时候死的？就是到您那儿的明天。”

他还讲老王身上缠了多少尺全新的白布——因为老王是回民，埋在什么沟里。我也不懂，没多问。

我回家看着还没动用的那瓶香油和没吃完的鸡蛋，一再追忆老王和我对答的话，捉摸他是否知道我领受他的谢意。我想他是知道的。但不知为什么，每想起老王，总觉得心上不安。因为吃了他的香油和鸡蛋？因为他来表示感谢，我却拿钱去侮辱他？都不是。几年过去了，我渐渐明白：那是一个多吃多占的人对一个不幸者的愧怍[11]。

注释

［1］ 失群落伍：形容失去队伍、组织，表示孤单。

［2］ 惶恐：惊慌害怕。

［3］ 田螺眼：指大而圆的眼睛，很多地方用田螺眼指待高度近视、瞎眼等缺陷。

［4］ 干校：干部学校。也特指“文化大革命”中按照“五·七”指示精神建立起来的、接收干部和知识分子劳动改造的农场，亦称五·七干校。

［5］ 荒僻：荒凉偏僻。

［6］ 默存：钱钟书，字默存。

［7］ 取缔：明令取消并禁止。

［8］ 降格：降低标准、身份等。

［9］ 扶病：带着病（做某件事）。

［10］ 滞笨：呆滞笨拙，也就是迟钝、不活动、不聪明、不灵巧的意思。

［11］ 愧怍：惭愧，羞愧。

提示

《老王》一文写于1984年，作者通过生活中的琐事，记叙了三轮车工人老王平凡的一生和不幸的遭遇，表现了一个普通劳动者高尚的品格和美好的心灵。

老王，是一个蹬三轮的街坊，一个微不足道的小人物，一直都在不幸的命运中挣扎着。他耿直、善良和木讷、憨厚，他的生活境况却始终没有改善。在作者笔下，老王不仅是一个普通的街坊和普通的劳动者，而且也是一类善良的社会底层小人物的代表。在作者笔下，他们虽然生活卑微，但他们身上却有着强大的人格力量。不难看出，作者杨绛对社会底层的小人物寄予了深切的同情，充分体现了知识分子的社会良心。

通读文章，我们发现，字里行间都透射出一种平等观念。在作者心里，人生而平等，虽然各人境遇不同，甚至差别巨大，但不过是幸运与不幸造成的。幸运者只有关爱不幸者的责任，没有歧视不幸者的理由。有了平等的意识，才会有平等的对话，才会感觉人家上门来却“没请他坐坐喝口茶水”是很抱歉的，才会有“一个多吃多占的人对一个不幸者的愧怍”。

作者所要表达的，还有一种人道主义精神。这种精神要求人们关心弱者、同情弱者，要给予他们力所能及的帮助；尊重人格，尊重每个人对社会做出的贡献，维护每一个社会成员的基本权利。作者一家对老王就是怀有这种人道主义精神的。知道老王有夜盲症，他们就送了大瓶鱼肝油；清楚老王不容易，他们总是照顾老王生意，坐他的车，让他挣点钱；老王收钱常常客气，他们却总是照原价付；后来，平板三轮不

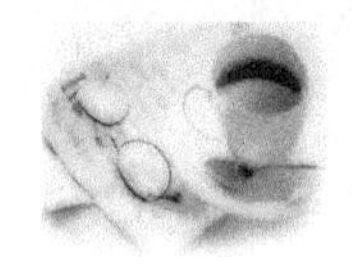

敢坐了，还是惦记老王是否能维持生计。点滴之间，弥漫着真诚地关心人、爱护人，人与人之间友好和谐相处的人间真情。

杨绛的散文善于从琐碎处传神，文中写老王的身世、相貌、性格、遭遇，都选取了最有代表性的材料，有的地方用老王的原话，有的地方用大段的白描，有的地方淡淡的提一句，有的地方又用别人的转述，但无一不是亲眼所见、亲耳所闻，因而文章的真实感很强，也格外令人感动，令人深思。文中不露声色的评论和新奇有趣的用词，也充分表现出作者的匠心才气和文字功底。

与《老王》同一时期，杨绛还写有另一篇《林奶奶》，记述曾经给她家打过零工的老保姆的遭遇；此后，杨绛又写了《黑皮阿二》、《赵佩荣与强英雄》、《阿福和阿灵》、《顺姐的“自由恋爱”》等一系列“小人物传记”，构成了一幅幅生动的世态百相。作者对小人物身上散发的传统的人格力量给予了最充分的肯定，具有很强的人道主义精神。

思考与练习

一、为什么作者一家对老王那样的不幸者能那么关心、爱护？社会地位、生活条件比较优越的人往往瞧不起卑微者，要有什么精神才能像作者那样尊重人、理解人、关心人？

二、这篇写人记事的散文，材料琐碎，但是经过作者的组织，成为一个有机整体。作者是怎样组织的？请模仿本文的写作方法，写一个生活中的普通的人，想一想，在这个人身上，你将体现什么精神和主题。

4. 世间最美的坟墓

记 1928 年的一次俄国旅行

（奥地利）斯蒂芬·茨威格

斯蒂芬·茨威格（1881～1942），奥地利作家，在小说、传记、诗歌、翻译等方面都有不凡的建树，尤以小说和传记为擅长。小说《象棋的故事》、《一个陌生女人的来信》，传记作品《巴尔扎克传》、《玛丽·安托瓦内特传》、《昨日的世界》等，都是不朽的名篇佳作。茨威格善于在平淡的生活中刻画出令人难忘的人和事，善于烘托情感，引起读者共鸣。其作品以描摹人性化的内心冲动见长，比如骄傲、虚荣、妒忌、仇恨等朴素情感著称。作品中充满了人道主义精神。1928 年，茨威格访问了苏联，期间他拜谒了托尔斯泰[1]墓。之后他写下了感人至深的《世间最美的坟墓》一文。

我在俄国所见到的景物再没有比托尔斯泰墓更宏伟、更感人的了。这块将被后代永远怀着敬畏之情朝拜的尊严圣地，远离尘嚣，孤零零地躺在林荫里。顺着一条羊肠小路信步走去，穿过林间空地和灌木丛，便到了墓冢前；这只是一个长方形的土堆而已。无人守护，无人管理，只有几株大树荫庇。他的外孙女跟我讲，这些高大挺拔、在初秋的风中微微摇动的树木是托尔斯泰亲手栽种的。小的时候，他的哥哥尼古莱和他听保姆或村妇讲过一个古老传说，提到亲手种树的地方会变成幸福的所在。于是他们俩就在自己庄园的某块地上栽了几株树苗，这个儿童游戏不久也就忘了。托尔斯泰晚年才想起这桩儿时往事和关于幸福的奇妙许诺，饱经忧患的老人突然中获到了一个新的、更美好的启示。他当即表示愿意将来埋骨于那些亲手栽种的树木之下。

后来就这样办了，完全按照托尔斯泰的愿望；他的墓成了世间最美的、给人印象最深刻的、最感人的坟墓。它只是树林中的一个小小长方形土丘，上面开满鲜花，没有十字架，没有墓碑，没有墓志铭，连托尔斯泰这个名字也没有。这个比谁都感到受自己的声名所累的伟

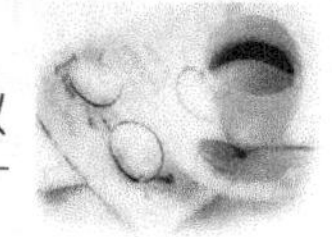

人，就像偶尔被发现的流浪汉、不为人知的士兵那样不留名姓地被人埋葬了。谁都可以踏进他最后的安息地，围在四周的稀疏的木栅栏是不关闭的——保护列夫·托尔斯泰得以安息的没有任何别的东西，唯有人们的敬意；而通常，人们却总是怀着好奇，去破坏伟人墓地的宁静。这里，逼人的朴素禁锢住任何一种观赏的闲情，并且不容许你大声说话。风儿在俯临这座无名者之墓的树木之间飒飒响着，和暖的阳光在坟头嬉戏；冬天，白雪温柔地覆盖这片幽暗的土地。无论你在夏天还是冬天经过这儿，你都想象不到，这个小小的、隆起的长方形包容着当代最伟大的人物当中的一个。

然而，恰恰是不留姓名，比所有挖空心思置办的大理石和奢华装饰更扣人心弦：今天，在这个特殊的日子里，成百上千到他的安息地来的人中间没有一个有勇气，哪怕仅仅从这幽暗的土丘上摘下一朵花留作纪念。人们重新感到，这个世界上再也没有比这最后留下的、纪念碑式的朴素更打动人心的了。老残军人退休院大理石穹隆底下拿破仑的墓穴，魏玛公侯之墓中歌德的灵寝，西敏司寺里莎士比亚的石棺，看上去都不像树林中的这个只有风儿低吟，甚至全无人语声，庄严肃穆，感人至深的无名墓冢那样能剧烈震撼每一个人内心深藏着的感情。

注释

[1]　托尔斯泰，全名列夫·尼古拉耶维奇·托尔斯泰，俄国作家、思想家，19 世纪末 20 世纪初最伟大的文学家，19 世纪俄国伟大的批判现实主义作家，是世界文学史上最杰出的作家之一。主要作品有长篇小说《战争与和平》、《安娜·卡列尼娜》、《复活》等。

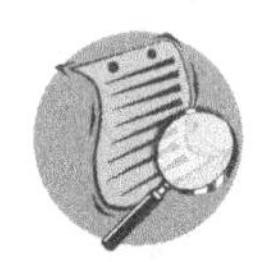

提示

茨威格的一个典型的写作风格就是善于渲染。他有着一双艺术家的慧眼，能够准确地把握某一事物的本质所在。一旦把握了这一本质，他就不惜使用各种手法去突出这一本质特征，以达到渲染的效果，并以此来打动读者。这一篇游记也不例外，虽然篇幅短小，但我们发现，作者所把握住了事物的本质特征，那就是墓地主人的伟大，正是因为主人的伟大，所以，墓地越是简单、朴素，越能衬托出主人的伟大与厚重。

文章一开始，作者就说他在俄罗斯所见到的景物，数这块墓地最为宏伟、感人，但是接下来所描写的一切又和这个“宏伟”形成了反差，因为这块墓地几乎简单到极点。在这样的描写和叙述中，作者介绍了墓地的产生经过，展示了墓地的周边环境和景物特征，给人以朴素、简单、安静的印象。作为一代文豪，托尔斯泰的长篇巨制《战争与和平》、《安娜·卡列尼娜》以及《复活》等小说，史诗般地展示了俄罗斯的不同历史时期和错综复杂的人性，他在世界的文学史上的地位更是不言而喻。然而他的墓地却朴实无华，毫不张扬，也正因为这样，使得我们更加热爱他，崇敬他。

文章运用对比、白描等朴素深沉的手法，层层深入地勾勒出托尔斯泰墓给人留下的深刻印象：宁静、平凡、朴素、伟大，从一个侧面揭示了这位文学巨匠朴素平易的伟大人格。作者着意描写的是托尔斯泰墓地的朴素，通篇没有溢美之辞，没有雕琢和修饰，更没有空泛的议论，读来却撼人心魄，回味绵长。

阅读文章，我们会发现，茨威格通过自己的游历、观察，将托尔斯泰墓地的原始经过从容、平实、自然地一一道来。同时也让我们十分坦然地接受了作者所暗示的观点：名声，并不是依靠别人的吹捧与赞美所能获得，也不是依靠物质的堆砌就能够产生，而是依靠人们自己不懈努力，用自己的心血乃至生命去铸造。所谓大美无形，大功无言，是非功过任人评说。

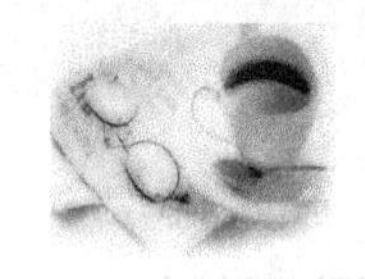

思考与练习

一、作者在叙述自己游历托尔斯泰墓地时，用的是一种什么样的语调？请通过仔细地阅读并认真思考，说出为什么。

二、作者说这块墓地简单、朴素、寻常到极点，是通过哪些描写和叙述来告诉我们这一点的呢？为什么作者极力渲染这一朴素和简单？

三、作者举出了拿破仑、歌德以及莎士比亚的坟墓，将它们和这一块墓地作了一番比较，这样写的作用是什么？你觉得效果好吗？

四、请模仿本文善于抓特点的写作方法，写一篇800字左右的散文。

第九单元

励志人生

在浩瀚无穷的时空中，人的一生如同沧海一粟。但有限的生命，却能凭借信仰进入无限。信念，使我们的生命得到升华，灵魂得到拯救，一切欢乐和苦难都能获得应有的意义。信念不仅是个体生命的生存依据与精神资源，也是我们人类的精神家园；信仰使我们摆脱虚无、迷茫与绝望，增强热爱生活的热情，提升生命质量的信念。

人，一旦有了崇高的信仰，坚定的信念，人生就会变得绚丽多彩。冰心的《谈生命》一文把生命比喻成奔腾的江水和不断壮大的小树，让读者在这看似平常实则富含韵味的语言中，体会出生命的内涵，懂得在生活中如何对待生命。梁衡的《跨越百年的美丽》一文中，选取了几个典型性片段，由表及里地塑造出朴素、坚强而又执着的居里夫人，让我们感受到那“跨越百年的美丽”。在生命最灿烂的季节，史铁生双腿忽然残废，《我与地坛》让我们思考生命的真谛和意义，在地坛古老而又充满生机的境界中，史铁生让我们感悟到的生命中最宝贵东西，他的苦难提升了我们对生命的认识。《贝多芬百年祭》彰显着贝多芬的伟大，他的伟大不仅仅因为他是一位杰出的音乐家，更因为他是凭借信仰与命运勇敢斗争的人，是一个扼住命运咽喉的人。海伦·凯勒，一个在无光、无声的黑暗世界里摸索的弱女子，以惊人的毅力和坚强的信念，创造了奇迹，《假如给我三天光明》以动人的、富于诗意的笔触，表达了她对生活的爱恋和生命的理解。《老人与海》的作者海明威以寓言的形式告诉我们人类发展过程中总会充满了苦难，但对未来应充满信心，在失败中歌颂胜利。我们从他们身上应该学会的东西很多、很多，而最重要的是：信念、坚强、热情、力量和希望。

1. 谈生命[1]

冰　心

冰心（1900—1999）现代著名诗人、作家、翻译家、儿童文学家。籍贯福建省福州市，原名谢婉莹，笔名冰心，取“一片冰心在玉壶”之意，被称为“世纪老人”。她崇尚“爱的哲学”，“母爱、童真、自然”是其作品的主旋律。代表作《寄小读者》、《再寄小读者》，《三寄小读者》，诗集《繁星·春水》，另有小说集《超人》，小说散文集《往事》、《南归》以及《冰心全集》、《冰心著译选集》等。

我不敢说生命是什么，我只能说生命像什么。

生命像向东流的一江春水，他从最高处发源，冰雪是他的前身。他聚集起许多细流，合成一股有力的洪涛，向下奔注，他曲折地穿过了悬崖峭壁，冲倒了层沙积土，挟卷着滚滚的沙石，快乐勇敢地流走，一路上他享受着他所遭遇的一切。有时候他遇到巉岩[2]前阻，他愤激地奔腾了起来，怒吼着，回旋着，前波后浪地起伏催逼，直到冲倒了这危崖，他才心平气和[3]地一泻千里。有时候他经过了细细的平沙，斜阳芳草里，看见了夹岸红艳的桃花，他快乐而又羞怯，静静地流着，低低地吟唱着，轻轻地度过这一段浪漫的行程。有时候他遇

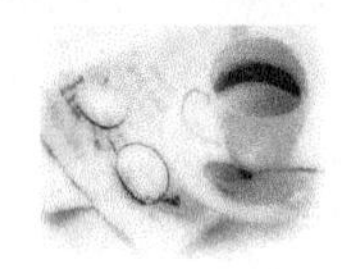

到暴风雨，这激电，这迅雷，使他心魂惊骇，疾风吹卷起他，大雨击打着他，他暂时浑浊了，扰乱了，而雨过天晴，只加给他许多新生的力量。有时候他遇到了晚霞和新月，向他照耀，向他投影，清冷中带些幽幽的温暖：这时他只想休憩，只想睡眠，而那股前进的力量，仍催逼着他向前走……终于有一天，他远远地望见了大海，呵！他已到了行程的终结，这大海，使他屏息，使他低头，她多么辽阔，多么伟大！多么光明，又多么黑暗！大海庄严地伸出臂儿来接引他，他一声不响地流入她的怀里。他消融了，归化了，说不上快乐，也没有悲哀！也许有一天，他再从海上蓬蓬的雨点中升起，飞向西来，再形成一道江流，再冲倒两旁的石壁，再来寻夹岸的桃花。然而我不敢说来生，也不敢信来生！

生命又像一棵小树，他从地底聚集起许多生力，在冰雪下欠伸，在早春润湿的泥土中，勇敢快乐地破壳出来。他也许长在平原上，岩石上，城墙上，只要他抬头看见了天，呵！看见了天！他便伸出嫩叶来吸收空气，承受日光，在雨中吟唱，在风中跳舞，他也许受着大树的荫蔽，也许受着大树的覆压，而他青春生长的力量，终使他穿枝拂叶地挣脱了出来，在烈日下挺立抬头！他遇着骄奢的春天，他也许开出满树的繁花，蜂蝶围绕着他飘翔喧闹，小鸟在他枝头欣赏唱歌，他会听见黄莺轻吟，杜鹃啼血，也许还听见枭枭的怪鸣。他长到最茂盛的中年，他伸展出他如盖的浓荫，来荫庇树下的幽花芳草，他结出累累的果实，来呈现大地无尽的甜美与芳馨。秋风起了，他的叶子，由浓绿到绯红，秋阳下他再有一番的庄严灿烂，不是开花的骄傲，也不是结果的快乐，而是成功后的宁静和怡悦！终于有一天，冬天的朔风，把他的黄叶干枝，卷落吹抖，他无力地在空中旋舞，在根下呻吟，大地庄严地伸出臂儿来接引他，他一声不响地流入她的怀里。他消融了，归化了，说不上快乐，也没有悲哀！也许有一天，他再从地下的果仁中，破裂了出来。又长成一棵小树，再穿过丛莽的严遮，再来听黄莺的歌唱。然而我不敢说来生，也不敢信来生！

宇宙是一个大生命，我们是宇宙大气中之一息。江流入海，叶落归根，我们是生命中之一叶，大生命中之一滴。在宇宙的大生命中，我们是多么卑微，多么渺小，而一滴一叶的活动生长合成了整个宇宙的进化运行。

要记住：不是每一道江流都能入海，不流动的便成了死湖；不是每一粒种子都能成树，不生长的便成了空壳！

生命中不是永远快乐，也不是永远痛苦，快乐和痛苦是相辅相成的。好比水道要经过不同的两岸，树木要经过常变的四时。在快乐中我们要感谢生命，在痛苦中我们也要感谢生命。快乐固然兴奋，苦痛又何尝不美丽？我曾读到一个警句，是“愿你生命中有够多的云翳，来造成一个美丽的黄昏”。世界、国家和个人的生命中的云翳没有比今天再多的了。

注释

[1] 本文发表于1947年的《京沪周刊》第1卷第27期上。《京沪周刊》是份小而冷僻的综合性刊物。

[2] 巉岩（chán yán）：一种陡而隆起的岩石，如悬崖或崖、孤立突出的岩石。

[3] 心平气和：心情平静，态度温和。指不急躁，不生气。

提示

文章形象化地揭示了生命由生长到壮大再到衰弱的过程和一般规律，表达出坚强的意志和豁达乐观的精神。全篇行文流畅，一气呵成，简洁又直入主题，揭示了全文的重点。

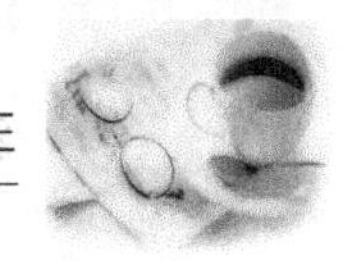

本文最大的特点是把生命比喻成奔腾的江水和不断壮大的小树，描述它们的行进和生长过程，生动形象，给人以美的享受；并结合拟人手法的运用，合理贴切，整体结构繁简得当，思路清晰，章法严整，展示了生命发展和成长的历程；文章语句看似平常，实则意味深长，让读者在这富含韵味的语言中，体会出生命的内涵，懂得在生活中如何对待生命。

生命，犹如一只万花筒，朴素而美丽。人生不可能一直是一帆风顺的，往往是顺境和逆境交替出现，快乐和痛苦并存。在逆境与困难面前，我们不要畏惧、不要悲观，要勇敢地面对挑战。要坚信：生命经过痛苦与磨难的洗礼后，定会发出光辉绚丽的色彩！

一、文章把生命比做江水和小树，展示了生命是一个怎样的过程？

二、作者开头说“我不敢说生命是什么，我只能说生命像什么”，这句话的含义是什么？

三、《谈生命》一文，先后将生命比喻成“向东流的一江春水”和“一棵小树”，形象揭示出生命的本质就是“是江水就会汇归大海，是种子就会生长发芽”，生命是美好而快乐的。你认为这个判断对吗？为什么？试简单说明。

四、请你谈谈对生命的理解。

2. 跨越百年的美丽[1]

梁　衡

梁衡（1946—）山西省霍县人。中国现代作家。主要从事散文创作、散文理论研究，主要作品有科学史章回小说《数理化通俗演义》；新闻三部曲《没有新闻的角落》、《新闻绿叶的脉络》、《新闻原理的思考》；散文集《夏感与秋思》、《只求新去处》、《名山大川感思录》、《人杰鬼雄》、《当代散文名家精品文库——梁衡卷》。

1998年是居里夫妇发现放射性元素镭一百周年。

一百年前的1898年12月26日，法国科学院人声鼎沸，一位年轻漂亮，神色庄重又略显疲倦的妇人走上讲台，全场立即肃然[2]无声。她叫玛丽·居里，就是后来名扬于世的居里夫人[3]。她今天要和她的丈夫皮埃尔·居里一起，在这里宣布一项惊人发现，他们发现了天然放射性元素镭。本来这场报告，她想让丈夫来作，但皮埃尔·居里坚持让她来讲。因为在此之前还没有一个女子登上过法国科学院的讲台。玛丽·居里穿着一袭黑色长裙，白净端庄的脸庞显出坚定又略带淡泊的神情，而那双微微内陷的大眼睛，则让你觉得能看透一切，看透未来。她的报告使全场震惊，物理学进入了一个新时代，而她那美丽而庄重的形象也就从此定格在历史上，定格在每个人的心里。

关于放射性的发现，居里夫人并不是第一人，但她是关键的一人。在她之前，1896年1月，德国科学家伦琴发现了X光，这是人工放射性；1896年5月，法国科学家贝克勒尔发现铀盐可以使胶片感光，这是天然放射性。这都还是偶然的发现，居里夫人却立即提出了一个新问题，其他物质有没有放射性？物质世界里是不是还有另一块全新的领域？别人在海滩上捡到一块贝壳，她却要研究一下这贝壳是怎样生、怎样长，怎样冲到海滩上来的。别人摸瓜她寻藤，别人摘叶她问根。是她提出了放射性这个词。两年后，她发现了钋，接着发现了镭，冰山露出了一角。为了提出纯净的镭，居里夫妇搞到一吨可能含镭的工业废渣。他们在院子里支起了一口大锅，一锅一锅地进行冶炼。然后再送到化验室溶解、沉淀、分析。而所谓化验室是一个废弃的、曾停放解剖用尸体的破棚子。玛丽终日在烟熏火燎中搅拌着锅里的

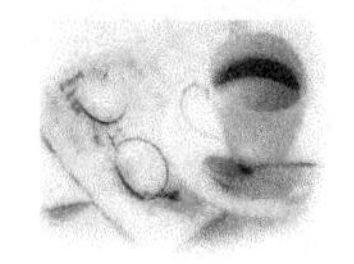

矿渣。她衣裙上，双手上，留下了酸碱的点点烧痕。

一天，疲劳之极，玛丽揉着酸痛的后腰，隔着满桌的试管、量杯问皮埃尔：“你说这镭会是什么样子?”皮埃尔说：“我只是希望它有美丽的颜色。”终于经过三年又九个月，他们在成吨的矿渣中提炼出了0.1克镭。它真的有极美丽的颜色，在幽暗的破木棚里发出略带蓝色的荧光。它还会自动放热，一小时放出的热能融化等重的冰块。

旧木棚里这点美丽的淡蓝色荧光，是用一个美丽女子的生命和信念换来的。这项开辟科学新纪元的伟大发现好像不该落在一个女子的头上。千百年来，漂亮就是一个女人的最高荣誉，最大资本，只要有幸得到这一点，其余便不必再求了。莫泊桑[4]在他的名著《项链》中说：“女人并无社会等级，也无种族差异；她们的姿色、风度和妩媚就是她们身世和门庭的标志。”居里夫人是属于那一类很漂亮的女子，她的肖像如今挂遍世界各国的科研教学机构，我们仍可看到她昔日的风采。但是她偏偏没有利用这一点资本，她的战胜自我也恰恰就是从这一点开始的。当她还是个小学生时就显示出上帝给她的优宠，漂亮的外貌已足以使她讨得周围所有人的喜欢。但她的性格里天生还有一种更可贵的东西，这就是人们经常加于男子汉身上的骨气。她坚定、刚毅，有远大、执着的追求。为了不受漂亮的干扰，她故意把一头金发剪得很短，她对哥哥说：“毫无疑问，我们家里的人有天赋，必须使这种天赋由我们中的一个表现出来！”她中学毕业后在城里和乡下当了七年家庭教师，积攒了一点学费便到巴黎来读书。当时大学里女学生很少，这个高额头，蓝眼睛，身材修长的漂亮的异国女子，很快成了人们议论的中心。男学生们为了能更多地看她一眼，或有幸凑上去说几句话，常常挤在教室外的走廊里。她的女友甚至不得不用伞柄赶走这些追慕者。但她对这种热闹不屑一顾，她每天到得最早，坐在前排，给那些追寻的目光一个无情的后脑勺。她身上永远裹着一层冰霜的盔甲，凛然使那些“追星族”不敢靠近。她本来是住在姐姐家中，为了求得安静，便一人租了间小阁楼，一天只吃一顿饭，日夜苦读。晚上冷得睡不着，就拉把椅子压在身上，以取得一点感觉上的温暖。这种心无旁骛、悬梁刺股、卧薪尝胆的进取精神，就是一般男子也是很难做到的啊。宋玉[5]说有美女在墙头看他三年而不动心；范仲淹[6]考进士前在一间破庙里读书，晨起煮粥一碗，冷后划作四块，是为一天的口粮。而在地球那一边的法国，一个波兰女子也这样心静，这样执着，这样地耐得苦寒。她以二十五岁青春难再的妙龄，面对追者如潮而不心动。她只要稍微松一下手，回一下头，就会跌回温软的怀抱和赞美的泡沫中，但是她有大志，有大求，她知道只有发现、创造之花才有永开不败的美丽。所以她甘愿让酸碱啃蚀她柔美的双手，让呛人的烟气吹皱她秀美的额头。

本来玛丽·居里完全可以换另外一个活法。她可以趁着年轻貌美如现代女孩吃青春饭那样，在钦羡[7]和礼赞中活个轻松，活个痛快。但是她没有，她知道自己更深一层的价值和更远一些的目标。成语“浅尝辄止[8]”是指人对外部世界的认识，殊不知有多少人对自己也常是浅知辄止，见宠即喜。数年前一位母亲对我说她刚上初中的女儿成绩下降，为什么？答曰：“知道爱美了，上课总用铅笔杆做她的卷卷头。”美对人来说是一种附加，就像格律对诗词也是一种附加。律诗难作，美人难为，做得好惊天动地，做不好就黄花萎地。玛丽·居里让全世界的女子都知道，她们除了“身世”和“门庭”之外，还有更值钱、更重要的东西。

1852年斯佗夫人写了一本《汤姆叔叔的小屋》，导致了美国南北战争爆发，林肯说是一个小妇人引发了一场解放黑奴的大革命。比斯佗夫人约晚50年，居里夫人发现了镭也是一个小妇人引发了一场大革命，科学革命。它直接导致了后来卢瑟夫对原子结构的探秘，导致了原子弹的爆炸，导致了原子时代的到来。更重要的是这项发现的哲学意义。哲学家说事物无时无刻不在变；西方哲人说，人不能两次踏进同一条河流。公元1082年东方哲人苏东坡

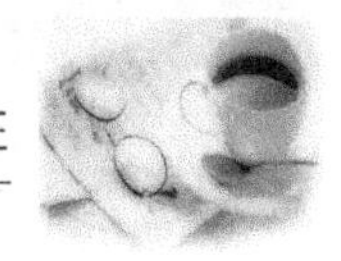

在赤壁望月长叹道："盖将自其变者而观之，则天地曾不能以一瞬；自其不变者而观之，则物与我皆无尽也。"现在，居里夫人证明镭便是这样"不能以一瞬"而存在的物质，它会自己不停地发光、放热、放出射线，能灼伤人的皮肤，能穿透黑纸使胶片感光，能使空气导电，它刹那间是自己又不是自己。哲理就渗透在每个原子的毛孔里。玛丽·居里几乎在完成这项伟大自然发现的同时也完成了对人生意义的发现。她也在不停地变化着，当工作卓有成效的同时，镭射线也在无声地侵蚀着她的肌体。她美丽健康的容貌在悄悄地隐退，她逐渐变得眼花耳鸣，苍白乏力。而皮埃尔不幸早逝，社会对女性的歧视更加重了她生活和思想上的沉重负担。但她什么也不管，只是默默地工作。她从一个漂亮的小姑娘，一个端庄坚毅的女学者，变成科学教科书里的新名词"放射线"，变成物理学的一个新计量单位"居里"，变成一条条科学定理，她变成了科学史上一块永远的里程碑。"自其不变者而观之"，她得到了永恒。"长恨春归无觅处，不知转入此中来"，就像化学的置换反应一样，她的青春美丽已换位到了科学教科书里，换位到了人类文化的史册里。

居里夫人的美名从她发现镭那一刻起就流传于世，迄今已经百年。这是她用全部的青春、信念和生命换来的荣誉。她一生共得了十项奖金、十六种奖章、一百零七个名誉头衔，特别是两次诺贝尔奖。她本来可以躺在任何一项大奖或任何一个荣誉上尽情地享受，但是她视名利如粪土，她将奖金赠给科研事业和战争中的法国，而将那些奖章送给六岁的小女儿去当玩具。上帝给的美形她都不为所累，尘世给的美誉她又怎肯背负在身呢？凭谁论短长，漫将浮名换了精修细研，她一如既往，埋头工作到六十七岁离开人世，离开了她心爱的实验室。直到她死后四十年，她用过的笔记本里，还有射线在不停地释放。爱因斯坦说："在所有的世界著名人物中，玛丽·居里是惟一没有被盛名宠坏的人。"她实事求是，超形脱俗，知道自己的目标，更知道自己的价值。在一般人要做到这两个自知，排除干扰并终生如一，是很难很难的，但居里夫人做到了。她让我们明白，人有多重价值，是需要多层开发的。有的人止于形，以售其貌；有的人止于勇，而呈其力；有的人止于心，只有其技；有的人达于理，而用其智。诸葛亮戎马一生，气吞曹吴，却不披一甲，不佩一刃；毛泽东指挥军民万众，在战火中打出一个新中国，却从不受军衔，不背一枪。大音稀声，大道无形，大智之人，不耽于形，不逐于力，不持于技。他们淡淡地生活，静静地思考，执着地进取，直进到智慧高地，自由地驾驭规律，而永葆一种理性的美丽。

居里夫人就是这样一位挺立在智慧高地的伟人。

注释

[1] 选自《只求新去处》，作家出版社，1999年出版。

[2] 肃然：形容十分恭敬的样子。

[3] 玛丽·居里（Marie Curie）或居里夫人（1867～1934）：波兰裔法国籍女物理学家、放射化学家。1903年和丈夫皮埃尔·居里及亨利·贝克勒尔共同获得了诺贝尔（生物）物理学奖，1911年又因放射化学方面的成就获得诺贝尔化学奖。1995年，她与丈夫皮埃尔·居里一起移葬入先贤祠。她还是"居里学院"的创始人。

[4] 莫泊桑：法国19世纪后半期著名的批判现实主义作家。

[5] 宋玉：相传是屈原的学生，不但漂亮，而且才华卓绝，让许多女性心驰神往。古代文学作品中，往往以美如宋玉、貌若潘安来形容男子的俊美，

[6] 范仲淹（989～1052）：字希文，苏州吴县（今属江苏省）人。北宋著名政治家、文学家。

[7] 钦羡：钦佩羡慕。

[8] 浅尝辄止：指刚入门就不再钻研。

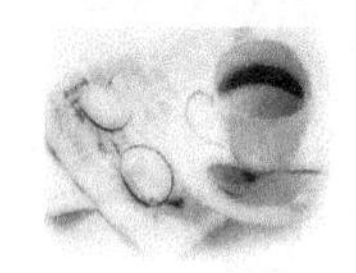

提示

《跨越百年的美丽》是一篇赞美居里夫人的文章，文章以“美丽”为主线，表明了居里夫人的美丽不在于容貌，而在于心灵和人格，她为人类作出了伟大的贡献，实现了自己的人生价值。学习本文，可以从“美丽”入手整体感知内容，理解“美丽”的深层含义。

从文章的开头我们可看出作者独具匠心的构思。居里夫人，尽人皆知，我们知道作为科学家的她：发现了镭、两获诺贝尔奖、忍受着丧夫之痛献身科学……这种写法，让我们看到玛丽·居里这个沉静的波兰女子蜕去了身上的光环，优雅生动地站在了我们的面前。

丰富的联想，大量的引用，多处运用类比和对比手法，是本文的写作特点。文章选取了居里夫人一生中的几个典型性片段，由表及里地塑造出一个朴素、坚强而又执着的居里夫人。这样，既拓宽了文章的取材范围，也让我们仿佛看到了她美丽的外形，看到了她的内心深处，感受到了她的人格力量，触摸到了她的精神之美，感受到了那“跨越百年的美丽”；了解到居里夫人发现镭在科学史上的伟大意义以及对人类的巨大贡献，感受到居里夫人对于科学态度的严谨和伟大的探索精神。

作者写的虽是一百年前的居里夫人，但有着很强的现实针对性。美丽的居里夫人不被外表所累，她有大志，有大求，追求永开不败的美。这种追求，可引起读者在审美愉悦中的共鸣，引起读者更深层地思考——到底什么是美。

思考与练习

一、文中提到的“另一种活法”指的是怎样的活法？

二、作者引述林肯对斯佗夫人《汤姆叔叔的小屋》的评价，其目的是为了说明什么？

三、“美人难为，做得好惊天动地，做不好就黄花委地。”这句话蕴含的道理是什么？

四、文中将居里夫人比作“放射线”、“里程碑”，其用意是什么？

五、利用网络资源，了解居里夫人的生平事迹。

3. 我与地坛（节选）[1]

史铁生

史铁生（1951—2010），1951年生于北京，1972年下放陕北期间双腿瘫痪。我国著名编剧、小说家。代表作有小说《我的遥远的清平湾》、《插队的故事》、《夏日的玫瑰》、《合欢树》等。短篇小说《我的遥远的清平湾》、《奶奶的星星》曾获全国优秀短篇小说奖。

现在我才想到，当年我总是独自跑到地坛去，曾经给母亲出了一个怎样的难题。

她不是那种光会疼爱儿子而不懂得理解儿子的母亲。她知道我心里的苦闷，知道不该阻止我出去走走，知道我要是老待在家里结果会更糟，但她又担心我一个人在那荒僻的园子里整天都想些什么。我那时脾气坏到极点，经常是发了疯一样地离开家，从那园子里回来又中了魔似的什么话都不说。母亲知道有些事不宜问，便犹犹豫豫地想问而终于不敢问，因为她自己心里也没有答案。她料想我不会愿意她跟我一同去，所以她从未这样要求过，她知道得给我一点独处的时间，得有这样一段过程。她只是不知道这过程得要多久，和这过程的尽头究竟是什么。每次我要动身时，她便无言地帮我准备，帮助我上了轮椅车，看着我摇车拐出小院；这以后她会怎样，当年我不曾想过。

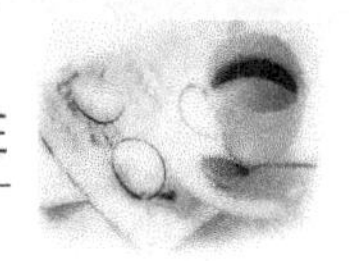

有一回我摇车出了小院；想起一件什么事又返身回来，看见母亲仍站在原地，还是送我走时的姿势，望着我拐出小院去的那处墙角，对我的回来竟一时没有反应。待她再次送我出门的时候，她说："出去活动活动，去地坛看看书，我说这挺好。"许多年以后我才渐渐听出，母亲这话实际上是自我安慰，是暗自的祷告，是给我的提示，是恳求与嘱咐。只是在她猝然去世之后，我才有余暇设想。当我不在家里的那些漫长的时间，她是怎样心神不定坐卧难宁，兼着痛苦、惊恐与一个母亲最低限度的祈求。现在我可以断定，以她的聪慧和坚忍，在那些空落的白天后的黑夜，在那不眠的黑夜后的白天，她思来想去最后准是对自己说："反正我不能不让他出去，未来的日子是他自己的，如果他真的要在那园子里出了什么事，这苦难也只好我来承担。"在那段日子里——那是好几年长的一段日子，我想我一定使母亲作过了最坏的准备了，但她从来没有对我说过："你为我想想"。事实上我也真的没为她想过。那时她的儿子，还太年轻，还来不及为母亲想，他被命运击昏了头，一心以为自己是世上最不幸的一个，不知道儿子的不幸在母亲那儿总是要加倍的。她有一个长到二十岁上忽然截瘫了的儿子，这是她唯一的儿子；她情愿截瘫的是自己而不是儿子，可这事无法代替；她想，只要儿子能活下去哪怕自己去死呢也行，可她又确信一个人不能仅仅是活着，儿子得有一条路走向自己的幸福；而这条路呢，没有谁能保证她的儿子终于能找到。——这样一个母亲，注定是活得最苦的母亲。

有一次与一个作家朋友聊天，我问他学写作的最初动机是什么？他想了一会说："为我母亲，为了让她骄傲。"我心里一惊，良久无言。回想自己最初写小说的动机，虽不似这位朋友的那般单纯，但如他一样的愿望我也有，且一经细想，发现这愿望也在全部动机中占了很大比重。这位朋友说："我的动机太低俗了吧？"我光是摇头，心想并不见得低俗，只怕是这愿望过于天真了。他又说："我那时真就是想出名，出了名让别人羡慕我母亲。"我想，他比我坦率。我想，他又比我幸福，因为他的母亲还活着。而且我想，他的母亲也比我的母亲运气好，他的母亲没有一个双腿残废的儿子，否则事情就不这么简单。

在我的头一篇小说发表的时候，在我的小说第一次获奖的那些日子里，我真是多么希望我的母亲还活着。我便又不能在家里呆了，又整天整天独自跑到地坛去，心里是没头没尾的沉郁和哀怨，走遍整个园子却怎么也想不通：母亲为什么就不能再多活两年？为什么在她儿子就快要碰撞开一条路的时候，她却忽然熬不住了？莫非她来此世上只是为了替儿子担忧，却不该分享我的一点点快乐？她匆匆离我去时才只有四十九岁呀！有那么一会，我甚至对世界对上帝充满了仇恨和厌恶。后来我在一篇题为《合欢树》的文章中写道："我坐在小公园安静的树林里，闭上眼睛，想，上帝为什么早早地召母亲回去呢？很久很久，迷迷糊糊的我听见了回答：'她心里太苦了，上帝看她受不住了，就召她回去。'我似乎得了一点安慰，睁开眼睛，看见风正从树林里穿过。"小公园，指的也是地坛。

只是到了这时候，纷纭的往事才在我眼前幻现得清晰，母亲的苦难与伟大才在我心中渗透得深彻。上帝的考虑，也许是对的。

摇着轮椅在园中慢慢走，又是雾罩的清晨，又是骄阳高悬的白昼，我只想着一件事：母亲已经不在了。在老柏树旁停下，在草地上在颓墙边停下，又是处处虫鸣的午后，又是鸟儿归巢的傍晚，我心里只默念着一句话：可是母亲已经不在了。把椅背放倒，躺下，似睡非睡挨到日没，坐起来，心神恍惚，呆呆地直坐到古祭坛上落满黑暗然后再渐渐浮起月光，心里才有点明白，母亲不能再来这园中找我了。

曾有过好多回，我在这园子里待得太久了，母亲就来找我。她来找我又不想让我发觉，只要见我还好好地在这园子里，她就悄悄转身回去，我看见过几次她的背影。我也看见过几回她四处张望的情景，她视力不好，端着眼镜像在寻找海上的一条船，她没看见我时我已经看见她了，待我看见她她也看见我了我就不去看她，过一会儿我再抬头看她就又看见她缓缓离去的背影。我单是无法知道有多少回她没有找到我。有一回我坐在矮树丛中，树丛很密，我看见她没有找到我；她一个人在园子里走，走过我的身旁，走过我经常去的一些地方，步履茫然又急迫。我不知道她已经找了多久还要找多久，我不知道为什么我决意不喊她——但这绝不是小时候的捉迷藏，这也许是出于长大了的男孩子的倔强或羞涩？但这倔强只留给我痛悔，丝毫也没有骄傲。我真想告诫所有长大了的男孩子，千万不要跟母亲来这套倔强，羞涩就更不必，我已经懂了可我已经来不及了。

儿子想使母亲骄傲，这心情毕竟是太真实了，以至使“想出名”这一声名狼藉的念头也多少改变了一点形象。这是个复杂的问题，且不去管它了罢。随着小说获奖的激动逐日暗淡，我开始相信，至少有一点我是想错了：我用纸笔在报刊上碰撞开的一条路，并不就是母亲盼望我找到的那条路。年年月月我都到这园子里来，年年月月我都要想，母亲盼望我找到的那条路到底是什么。母亲生前没给我留下过什么隽永的哲言，或要我恪守的教诲，只是在她去世之后，她艰难的命运，坚忍的意志和毫不张扬的爱，随光阴流转，在我的印象中愈加鲜明深刻。

有一年，十月的风又翻动起安详的落叶，我在园中读书，听见两个散步的老人说：“没想到这园子有这么大。”我放下书，想，这么大一座园子，要在其中找到她的儿子，母亲走过了多少焦灼的路。多年来我头一次意识到，这园中不单是处处都有过我的车辙，有过我的车辙的地方也都有过母亲的脚印。

注释

［1］ 选自《当代艺术散文精粹》(北京十月文艺出版社 1996 年版)。全文共七节，这里节选第一、第二节，重点写作者从地坛处所获得的人生感情。

提示

本文学习难点是感受作者作为残疾人对生命的感悟及对“生与死”的思考和“生命”的意义。在生命最灿烂的季节，作者双腿忽然残废了。在最初几年里，他痛苦万分，忽然间做什么都找不到方向。这时，地坛成了他灵魂的依托和精神家园，在作者笔下，地坛是残缺、荒凉的，却并不衰败。在这里，作者日复一日思考生命的真谛和意义，思索着生死、人生等问题。在地坛古老而又充满生机的境界中，作者获得了对生命的一些新的理解，从而走出了残疾自伤的阴影，看透了生死的史铁生变得非常坦然。

《我与地坛》有两条叙述线索：第一条线索主要表现“我”与地坛的宿命和神秘的依存关系，体现的是人与古园即自然的合一与和谐；第二条线索主要讲述“我”与地坛中的几个人物的关系以及由此引起的一系列思索，这是作品的主体部分。这一层面是实写，涉及的是如何面对生存和以健全的心理来与人相处并从别人身上获得生命能量的问题。

“我”与地坛的“缘分”基础上，作者满怀激情地写出在母亲身上获得的生存感悟：作者的生命、感情和灵魂已经和古园合二为一，它包含着瞬间与永恒，荒芜与生机，宁静与涌动，博大与细致。在文中，作者把这些他用生命感悟到的宝贵东西传达给读者，那些对于生与死的全新理解，对自己母亲的浓浓的感情，深深地震撼着人们的心，他用他的苦难提升了大家对生命的认识。于是他的生命的境界，传达到他的文字，显示出文学的高贵、深沉和温暖，同时也显示出他的人格上的伟岸和力量。

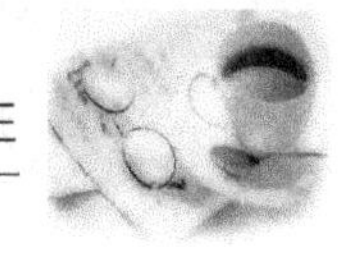

思考与练习

一、在地坛古老而又充满生机的境界中，作者获得了对生命的一些新的理解，从而走出了残疾自伤的阴影。请问，这些新的理解的要点是什么？

二、本文写母亲，重点放在母亲给了作者生存的启发。认真阅读全文，说说是什么启发？

三、你是怎样理解作者对地坛的感情的？

四、本文饱含感情，又充满哲理，试加以理解。

4. 贝多芬百年祭[1]

萧伯纳

萧伯纳（1856—1950），生于都柏林。英国剧作家、政论家。创作于1892年的《鳏夫的房产》是他的第一部戏剧作品。20世纪以后，萧伯纳的重要戏剧作品有《英国佬的另一个岛》、《巴巴拉少校》、《伤心之家》、《苹果车》、《真相毕露》等。

一百年前，一位虽还听得见雷声但已聋得听不见大型交响乐队演奏自己的乐曲的五十七岁的倔强的单身老人最后一次举拳向着咆哮的天空，然后逝去了，还是和他生前一直那样地唐突神灵，蔑视天地。他是反抗性的化身；他甚至在街上遇上一位大公和他的随从时也总不免把帽子向下按得紧紧地，然后从他们正中间大踏步地直穿而过。他有一架不听话的蒸汽轧路机的风度（大多数轧路机还恭顺地听使唤和不那么调皮呢）；他穿衣服之不讲究尤甚于田间的稻草人：事实上有一次他竟被当作流浪汉给抓了起来，因为警察不肯相信穿得这样破破烂烂的人竟会是一位大作曲家，更不能相信这副躯体竟能容得下纯音响世界最奔腾澎湃的灵魂。他的灵魂是伟大的；但是如果我使用了最伟大的这种字眼，那就是说比韩德尔的灵魂还要伟大，贝多芬自己就会责怪我；而且谁又能自负为灵魂比巴赫的还伟大呢？但是说贝多芬的灵魂是最奔腾澎湃的那可没有一点问题。他的狂风怒涛一般的力量他自己能很容易控制住，可是常常并不愿去控制，这个和他狂呼大笑的滑稽诙谐之处是在别的作曲家作品里都找不到的。毛头小伙子们现在一提起切分音就好像是一种使音乐节奏成为最强而有力的新方法；但是在听过贝多芬的第三里昂诺拉前奏曲之后，最狂热的爵士乐听起来也像“少女的祈祷”那样温和了，可以肯定地说，我听过的任何黑人的集体狂欢都不会像贝多芬的第七交响乐最后的乐章那样可以引起最黑最黑的舞蹈家拼了命地跳下去，而也没有另外哪一个作曲家可以先以他的乐曲的阴柔之美使得听众完全溶化在缠绵悱恻的境界里，而后突然以铜号的猛烈声音吹向他们，带着嘲讽似地使他们觉得自己是真傻。除了贝多芬之外谁也管不住贝多芬；而疯劲上来之后，他总有意不去管住自己，于是也就成为管不住的了。

这样奔腾澎湃，这种有意的散乱无章，这种嘲讽，这样无顾忌的骄纵的不理睬传统的风尚——这些就是使得贝多芬不同于十七世纪和十八世纪谨守法度的其他音乐天才的地方。他是造成法国革命的精神风暴中的一个巨浪。他不认任何人为师，他同行里的先辈莫扎特，从小起就是梳洗干净，穿着华丽，在王公贵族面前举止大方的。莫扎特小时候曾为了蓬巴杜夫人发脾气说：“这个女人是谁，也不来亲亲我，连皇后都亲我呢。”这种事在贝多芬是不可想像的，因为甚至在他已老到像一头苍熊时，他仍然是一只未经驯服的熊崽子。莫扎特天性文雅，与当时的传统和社会很合拍，但也有灵魂的孤独。莫扎特和格鲁克之文雅就犹如路易十四宫廷之文雅。海顿之文雅就犹如他同时的最有教养的乡绅之文雅。和他们比起来，从社会地位上说贝多芬就是个不羁的艺术家，一个不穿紧腿裤的激进共和主义者。海顿从不知道什

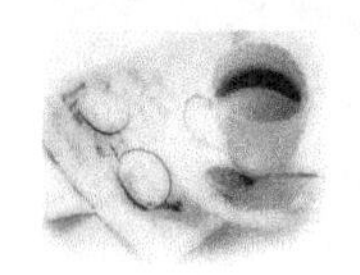

么是嫉妒，曾称呼比他年轻的莫扎特是有史以来最伟大的作曲家，可他就是吃不消贝多芬。莫扎特是更有远见的，他听了贝多芬的演奏后说："有一天他是要出名的"，但是即使莫扎特活得长些，这两个人恐也难以相处下去。贝多芬对莫扎特有一种出于道德原因的恐怖。莫扎特在他的音乐中给贵族中的浪子唐璜加上了一圈迷人的圣光，然后像一个天生的戏剧家那样运用道德的灵活性又回过来给莎拉斯特罗加上了神人的光辉，给他口中的歌词谱上了前所未有的就是出自上帝口中都不会显得不相称的乐调。

贝多芬不是戏剧家，赋予道德以灵活性对他来说就是一种可厌恶的玩世不恭。他仍然认为莫扎特是大师中的大师（这不是一顶空洞的高帽子，它的的确确就是说莫扎特是个为作曲家们欣赏的作曲家，而远远不是流行作曲家）；可是他是穿紧腿裤的宫廷侍从，而贝多芬却是个穿散腿裤的激进共和主义者；同样的海顿也是穿传统制服的侍从。在贝多芬和他们之间隔着一场法国大革命，划分开了十八世纪和十九世纪。但对贝多芬来说莫扎特可不如海顿，因为他把道德当儿戏，用迷人的音乐把罪恶谱成了像德行那样奇妙。如同每一个真正激进共和主义者都具有的，贝多芬身上的清教徒性格使他反对莫扎特，固然莫扎特曾向他启示了十九世纪音乐的各种创新的可能。因此贝多芬上溯到韩德尔，一位和贝多芬同样倔强的老单身汉，把他作为英雄。韩德尔瞧不上莫扎特崇拜的英雄格鲁克，虽然在韩德尔的《弥赛亚》里的田园乐是极为接近格鲁克在他的歌剧《奥菲阿》里那些向我们展示出天堂的原野的各个场面的。

因为有了无线电广播，成百万对音乐还接触不多的人在他百年祭的今年将第一次听到贝多芬的音乐。充满着照例不加选择地加在大音乐家身上的颂扬话的成百篇的纪念文章将使人们抱有通常少有的期望。像贝多芬同时的人一样，虽然他们可以懂得格鲁克和海顿和莫扎特，但从贝多芬那里得到的不但是一种使他们困惑不解的意想不到的音乐，而且有时候简直听不出这些杂乱音响是由管弦乐器发出来的音乐。要解释这也不难。十八世纪的音乐都是舞蹈音乐。舞蹈是由动作起来令人愉快的步子组成的对称样式。因此这些乐式虽然起初不过是像棋盘那样简单，但被展开了，复杂化了，用和声丰富起来了，最后变得类似波斯地毯，而设计像波斯地毯那种乐式的作曲家也就不再期望人们跟着这种音乐跳舞了。要有神巫打旋子的本领才能跟着莫扎特的交响乐跳舞。有一回我还真请了两位训练有素的青年舞蹈家跟着莫扎特的一阕前奏曲跳了一次，结果没把他们累垮了。就是音乐上原来使用的有关舞蹈的名词也慢慢地不用了，人们不再使用包括萨拉班德舞、巴万宫廷舞、加伏特舞和快步舞等等在内的组曲形式，而把自己的音乐创作表现为奏鸣曲和交响乐，里面所包含的各部分也干脆叫做乐章，每一章都用意大利文记上速度，如快板、柔板、谐谑曲板、急板等等。但在任何时候，从巴哈的序曲到莫扎特的《天神交响乐》，音乐总呈现出一种对称的音响样式给我们以一种舞蹈的乐趣来作为乐曲的形式和基础。

可是音乐的作用并不止于创造悦耳的乐式。它还能表达感情。而贝多芬所做到的一点，也是使得某些与他同时的伟人不得不把他当做一个疯子，有时清醒就出些洋相或者显示出格调不高的一点，在于他把音乐完全用作了表现心情的手段，并且完全不把设计乐式本身作为目的。不错，他一生非常保守地使用着旧的乐式；但是他加给它们以惊人的活力和激情，包括产生于思想高度的那种最高的激情，使得产生于感觉的激情显得仅仅是感官上的享受，于是他不仅打乱了旧乐式的对称，而且常常使人听不出在感情的风暴之下竟还有什么样式存在着了。他的《英雄交响乐》一开始使用了一个乐式（这是从莫扎特幼年时一个前奏曲里借来的），跟着又用了另外几个很漂亮的乐式；这些乐式被赋予了巨大的内在力量，所以到了乐章的中段，这些乐式就全被不客气地打散了；于是，从只追求乐式的音乐家看来，贝多芬是发疯了，他抛出了同时使用音阶上所有单音的恐怖的和弦。他这么做只是因为他觉得非如此不可，而且还要求你也觉得非如此不可呢。

以上就是贝多芬之谜的全部。他有能力设计最好的乐式；他能写出使你终身享受不尽的美丽的乐曲；他能挑出那些最干燥无味的旋律，把它们展开得那样引人，使你听上一百次也每回都能发现新东西：一句话，你可以拿所有用来形容以乐式见长的作曲家的话来形容他；但是他的病症，也就是不同于别人之处，在于他那激动人的品质，他能使我们激动，并把他那奔放的感情笼罩着我们。当伯辽滋听到一位法国作曲家因为贝多芬的音乐使他听了很不舒服而说"我爱听能使我入睡的音乐"时，他非常生气。贝多芬的音乐是使你清醒的音乐；而当你想独自一个人静一会儿的时候，你就怕听他的音乐。

懂了这个，你就从十八世纪前进了一步，也从旧式的跳舞乐队前进了一步（爵士乐，附带说一句，就是贝多芬化了的老式跳舞乐队），不但能懂得贝多芬的音乐，而且也能懂得贝多芬以后的最有深度的音乐了。

注释

[1] 选自《世界散文精华·欧洲卷》（江苏文艺出版社 1994 年出版）。周珏良译。有删节。

提示

本文是作者 1927 年为纪念贝多芬逝世一百周年而作的纪念文章，是一篇饱含感情、充满哲理的散文。文中介绍了音乐大师贝多芬的为人，其音乐创作的特色及其对后世的影响，突出了贝多芬及其作品的强烈的反抗精神。本文既有磅礴的气势，充满哲理，又富有强烈的感染力。

贝多芬是伟大的。他的伟大，不仅因为他是一位杰出的音乐家，更因为他是一个能勇敢与命运作斗争的人，是一个扼住命运咽喉的人。本文主要评述的是作为音乐家的贝多芬及其音乐的总的特色，写他的灵魂完全融化在他的音乐创作中，而他的音乐又充分体现了他的灵魂；又阐述了贝多芬音乐的独创之处和对后世的影响。他赋予音乐以惊人的活力、激情以及巨大的内在力量，他的音乐是能使人激动的音乐。阅读此文，我们也仿佛获得了欣赏贝多芬《第七交响乐》时所获得的那种激荡人心的感受。

语言的雄辩与论证的严密是本文说理的突出特点。文章从各个侧面追述了贝多芬的性格特征和创作成就；同时，还大量运用了生动具体的描绘、比喻及对比手法。语言精辟、深刻、含蓄，衬托出贝多芬更加鲜明生动的形象。

思考与练习

一、作者认为贝多芬的音乐成为一个"谜"的原因是什么？

二、根据文意，简要概括从巴赫到莫扎特再到贝多芬在音乐创作上的发展变化。

三、文章为纪念贝多芬而作，却以大量篇幅写莫扎特等其他音乐家，这样写有何好处？

5. 假如给我三天光明（节选）[1]

海伦·凯勒

海伦·凯勒（Helen Adams Keller，1880—1968），美国女作家、教育家。幼时患病，两耳失聪，双目失明。七岁时，安妮·莎莉文担任她的家庭教师，从此成了她的良师益友，相处达 50 年。在大学期间写了第一本书《我生命的故事》，叙述她如何战胜病残，不仅给盲

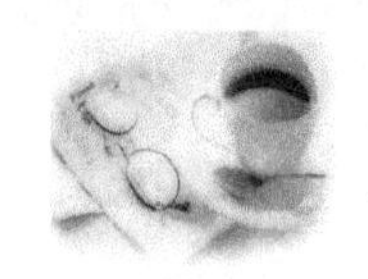

人而且给成千上万的正常人带来了鼓舞。凯勒后来成了卓越的社会改革家，她到美国各地，到欧洲、亚洲发表演说，为盲人和聋哑人的教育筹集资金。第二次世界大战期间又访问多所医院，慰问失明的士兵。她的精神受人们的崇敬，1964年被授予美国公民最高的荣誉——总统自由勋章，次年又被推选为世界十名杰出妇女之一。

啊，如果我有三天视力的话，我该看些什么东西呢？

第一天，我要看到那些好心的、温和的、友好的、使我的生活变得有价值的人们。首先，我想长时间地凝视着我亲爱的教师安妮·莎莉文·麦西夫人的脸，当我还在孩稚时，她就来到我家，是她给我打开了外部世界。我不仅要看她的脸部的轮廓，为了将她牢牢地放进我的记忆，还要仔细研究那张脸，并从中找出同情的温柔和耐心的生动的形迹，她就是靠温柔与耐心来完成教育我的困难任务。我要从她的眼睛里看出那使她能坚定地面对困难的坚强毅力和她那经常向我显示出的对于人类的同情心。

第一天将是一个紧张的日子。我要将我的所有亲爱的朋友们都叫来，好好端详他们的面孔，将体现他们内在美的外貌深深地印在我的心上。我还要看一个婴儿的面孔，这样我就能看到一种有生气的、天真无邪的美，它是一种没有经历过生活斗争的美。

我还要看看我那群忠诚的、令人信赖的狗的眼睛——那沉着而机警的小斯科第、达基和那高大健壮而懂事的大戴恩、海尔加，它们的热情、温柔而淘气的友谊使我感到温暖。

在那紧张的第一天里，我还要仔细观察我家里那些简朴小巧的东西。我要看看脚下地毯的艳丽色彩，墙壁上的图画和那些把一所房屋改变成家的熟悉的小东西。我要用虔敬的目光凝视我所读过的那些凸字书，不过这眼光将更加急于看到那些供有视力的人读的印刷书。因为在我生活的漫长黑夜里，我读过的书以及别人读给我听的书，已经变成一座伟大光明的灯塔，向我揭示出人类生活和人类精神的最深泉源。

在能看见东西的第一天下午，我将在森林里作一次长时间的漫步，让自己的眼睛陶醉在自然界的美色里，在这有限的几小时内我要如醉如痴地欣赏那永远向有视力的人敞开的壮丽奇景。结束短暂的森林之旅，回来的路上可能经过一个农场，这样我便能看到耐心的马匹犁田的情景（或许我只能看到拖拉机了!）和那些以土地为生的人的宁静满足的生活。我还要为绚丽夺目而又辉煌壮观的落日祈祷。

当夜幕降临，我能看到人造光明，而体验到双重的喜悦。这是人类的天才在大自然规定为黑夜的时候，为扩大自己的视力而发明创造的。

在能看见东西的第一天夜里，我会无法入睡，脑海里尽翻腾着对白天的回忆。

翌日——也就是我能看见东西的第二天，我将伴着曙色起床，去看一看那由黑夜变成白天的激动人心的奇观。我将怀着敬畏的心情去观赏那光色的变幻莫测，正是在这变幻中太阳唤醒了沉睡的大地。

我要把这一天用来对整个世界，从古到今，作匆匆的一瞥。我想看看人类所走过的艰难曲折的道路，看看历代的兴衰和沧桑之变。这么多的东西怎能压缩在一天之内看完呢？当然，这只能参观博物馆了。我经常到纽约自然历史博物馆去，无数次地用手抚摸过那里展出的物品，我多么渴望能用自己的眼睛看一看这经过缩写的地球的历史，以及陈列在那里的地球上的居民的——各种动物和被天然环境描绘成不同肤色的人种；看看恐龙的巨大骨架和早在人类出现以前就漫游在地球上的柱牙象，当时的人类靠自己矮小的身躯和发达的大脑去征服动物的王国；看看那表现动物和人类进化过程的逼真画面，和人类用来为自己在这个星球上建造安全居处的那些工具，还有许许多多自然历史的其他方面的东西。

我不知道本文读者中究竟有多少人曾仔细观察过在那个激动人心的博物馆里展出的那些

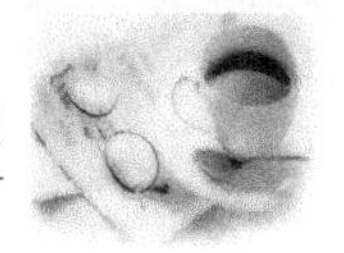

栩栩如生的展品的全貌。当然不是人人都有这样的机会。不过我敢断言，许多人有这种机会却没有很好地利用。那里实在是一个使用眼睛的地方。你们有视力的人可以在那里度过无数个大有所获的日子，而我，在想象中能看东西的短短的三天里，对此只能作匆匆的一瞥便得离去。

我的下一站将是大都会艺术博物馆。正像自然历史博物馆揭示了世界的物质方面那样，大都会艺术博物馆将展现出人类精神的无数个侧面。贯穿人类历史的那种对于艺术表现形式的强烈要求几乎和人类对于食物、住房、生育的要求同样强烈。在这里，在大都会博物馆的巨型大厅里，当我们观看埃及、希腊、罗马的艺术时就看到了这些国家的精神面貌。通过我的双手，我熟悉古埃及男女诸神的雕像，感觉得出复制的帕特农神庙的正中门振，辨别得出进攻中的雅典武士的优美动作。阿波罗、维纳斯以及萨莫特雷斯岛的胜利女神雕像都是我指尖的朋友。荷马那多瘤而又留着长须的相貌对我来说尤为亲切，因为他了解盲人。

我的手在罗马以及晚期那些栩栩如生的大理石雕塑上停留过，在米开朗基罗那激动人心的英雄摩西石膏像上抚摸过，我了解罗丹的才能，对哥特人木刻的虔诚精神感到敬畏。我能理解这些用手触摸过的艺术品的意义，然而那些只能看不能摸的东西，我只能猜测那一直躲避着我的美。我能欣赏希腊花瓶简朴的线条，然而对它那带有图案的装饰我却毫无所识。

就这么着，在我看见东西的第二天，我要设法通过艺术去探索人类的灵魂。我从手的触摸里了解的东西，现在可以用眼睛来看了。整个宏伟的绘画世界将向我敞开，从带有宁静的宗教虔诚的意大利原始艺术一直到具有狂热想象的现代派艺术。我要细细观察拉斐尔、列奥纳多·达·芬奇、提香、伦勃朗的油画，也想让眼睛享受一下委罗涅塞艳丽的色彩，研究一下艾尔·格里柯的奥秘，并从柯罗的风景画里捕捉到新的想象。啊，这么多世纪以来的艺术为你们有视力的人提供了如此绚丽的美和如此深远的意义！

凭着对这艺术圣殿的短暂访问，我将无法把那向你们敞开的伟大艺术世界每个细部都看清楚，我只能得到一个表面的印象。艺术家们告诉我，任何人如果想正确地和深刻地评价艺术，就必须训练自己的眼睛，他得从品评线条、构图、形式和色彩的经验中去学习。如果我的眼睛管用的话，我将会多么愉快地去着手这件令人心醉的研究工作！然而有人告诉我，对于你们许多有视力的人来说，艺术的世界是一个沉沉的黑夜，是一个无法探索和难以找到光明的世界。

我怀着无可奈何的心情，勉强离开大都会博物馆，离开那藏着发掘美的钥匙的所在——那是一种被忽略了的美啊。然而有视力的人并不需要从大都会博物馆里去找到发掘美的钥匙。它在较小的博物馆里，甚至在那些小图书馆书架上的书本里也能找到。而我，在想象中能看见东西的有限时间里，将选择这样一个地方，在那里，发掘美的钥匙能在最短的时间内打开最伟大的宝库。

我将在戏院或电影院度过这能看见东西的第二天的夜晚。我目前也经常出席各种类型的表演，可剧情却得让一位陪同者在我手上拼写。我多么想用自己的眼睛看一看哈姆莱特那迷人的形象和在穿五光十色的伊丽莎白式服装的人物中间来来去去的福斯泰夫。我多么想模仿优雅的哈姆莱特的每一个动作和健壮的福斯泰夫高视阔步的一举一动。由于我只能看一场戏，这将使我处于进退两难的境地，因为我想看的戏实在太多了。你们有视力的人想看什么都行，不过我怀疑你们之中究竟有多少人在全神贯注于一场戏、一幕电影或别的景象的时候，会意识到并感激那让你们享受其色彩、优美和动作的视力的奇迹呢？

除了用手触摸的有限范围内，我无法享受有节奏感的动作的美。尽管我知道节奏欢快的奥妙，因为我经常从地板的颤动中去辨别音乐的拍节，然而我也只能朦胧地想象巴甫洛娃的魅力。我想象得出那富于节奏感的姿势，肯定是世间最赏心悦目的奇景。从用手指循着大理石雕像线条的触摸里我能推测出这一点。如果静止的美已是那么可爱的话，那么看到运动中的美肯定更令人振奋和激动。

我最深切的回忆之一是当约瑟夫·杰斐逊在排练可爱的瑞普·凡·温克尔，做着动作、讲着台词的时候，让我摸了他的脸和手。对戏剧的天地我就只有这么一点贫乏的接触，也将永远不会忘记那一时刻的欢乐。啊，我肯定还遗漏了许多东西。我多么羡慕你们有视力的人，能通过戏剧表演看动作和听台词而获得更多的享受。如果我能看戏，哪怕只看一场也行，我将弄明白我读过或通过手语字母的表达而进入我的脑海的一百场戏的情节。

这样，通过我想象中能看见东西的第二天的夜晚，戏剧文学中的许多高大形象将争先恐后地出现在我的眼前。

下一天的早晨，怀着发现新的欢乐的渴望，我将再次去迎接那初升的旭日，因为我深信，那些有眼睛能真正看到东西的人肯定会发现，每个黎明都会展现出千姿万态、变幻无穷的美。

根据我想象中的奇迹的期限，这是我能看见东西的第三天，也是最后一天。我没有时间去悔恨或渴望，要看的东西实在太多了。我把第一天给了我的朋友，给了那些有生命和没有生命的东西，第二天我看到人类和自然的历史面目。今天我要在现实世界里，在从事日常生活的人们中间度过平凡的一天。除了纽约你还能在别的什么地方发现人们这么多的活动和这样纷繁的情景呢？于是这城市成了我选择的目标。

我从长岛森林山，我的恬静的乡间小屋出发。这里，在绿草坪、树木、鲜花的包围中，是一片整洁、小巧的房屋，到处充满妇女儿童谈笑奔走的欢乐，真是城市劳动者的安静的休息之所。当我乘车穿过横跨东河的钢带式桥梁时，我又开了眼界，看到人类的巧夺天工和力大无穷。河上千帆竞发、百舸争流。如果我从前曾有过一段未盲的岁月，我将用许多时间来观赏河上的热闹风光。

举目前望，面前耸立着奇异的纽约塔，这城市仿佛是从神话故事的书页中跳出来似的。这是多么令人敬畏的奇景啊！那些灿烂夺目的尖塔，那些用钢铁和石块筑起的巨大堤岸，就像神为自己修造的一样。这幅富有生气的画卷是千百万人每日生活的一部分，我不知道究竟有多少人愿意对它多看一眼，恐怕是很少、很少。人们的眼睛之所以看不见这壮美的奇观，是因为这景象对他们来说太熟悉了。

我匆匆忙忙登上那些大型建筑之一——帝国大厦的顶层，不久之前我在这里通过秘书的眼睛“看到”了脚下的城市。我急于要把想象力同真实感作一次比较。我相信在我面前展开的这幅画卷决不会使我感到失望，因为对我来说它将是另一个世界的景象。

现在我开始周游这个城市。首先我站在热闹的一角，仅仅看看来往的人群，想从观察中去了解他们生活中的一些东西。看到微笑，我感到欣慰；看到果断，我感到骄傲；看到疾苦，我产生怜悯。

我漫游到第五大街，让视野从聚精会神的注视里解放出来，以便不去留意特殊的事物而只看一看那瞬息万变的色彩。我相信那些活动在人群中的妇女装束的色彩，肯定是我永看不厌的灿烂奇观。不过，假如我的眼睛管用的话，或许我也会像大多数妇女一样，过多地注重个别的服装的风格和剪裁式样而忽略成群的色彩的壮美。我还确信我会变成一个在橱窗前溜达的常客，看着那多姿多彩、五光十色的陈列品，一定感到赏心悦目。

我从第五大街开始游览整个城市——我要到花园大街去，到贫民区去，到工厂去，到孩子们玩耍的公园去。通过对外国居民的访问，我作了一次不离本土的异国旅行。对于欢乐和悲哀，我总是睁大眼睛去关心，以便能深刻探索和进一步了解人们是如何工作和生活的。我的心里充满了对人和物的憧憬，我不会轻易放过任何一个细小的东西，力求捕捉和把握所目击的每一件事物。有些场面是令人愉快的，让你内心喜悦，可有些情景却使你感到悲哀和忧郁。对后者我也不会闭上眼睛，因为它们毕竟也是生活的一部分，对它们闭上眼睛就等于紧

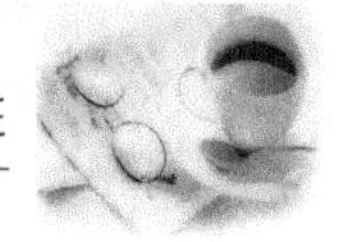

锁心灵，禁锢思想。

我能看见东西的第三天就要结束了，或许我应该把这剩下的几小时用在许多重要的探索和追求上，可是我怕在这最后一天夜晚，我还会再次跑到剧院去看一出狂喜的滑稽戏，以便能欣赏人类精神世界里喜剧的泛音。

到午夜，我从盲人痛苦中得到的暂时解脱就要终结了，永久的黑夜将重新笼罩我周围。当然我在那短暂的三天时间里，不可能看完我要看的全部事物，只有当黑暗重新降临时，我才会感到我没有看到的东西实在太多了。不过我脑海中会塞满那美妙的回忆，以至根本没时间去懊悔。今后无论摸到任何东西，它都会给我带来那原物是什么形状的鲜明回忆。

注释

[1]　选自《我生活的故事》(广播出版社、北京盲文出版社 1981 年出版)。王海珍译，有改动。

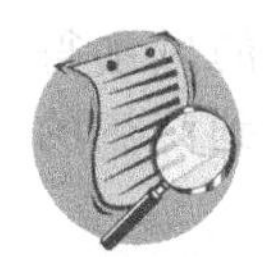

提示

美国著名作家马克·吐温说，19 世纪有两个奇人，一个是拿破仑，一个是海伦·凯勒。海伦·凯勒的故事或许早有人知，但也或许早被人遗忘。在 20 世纪，她以其勇敢顽强的精神震撼了世界。她出生于 1880 年，活了 88 岁，却有 87 年是在无光、无声、无语的孤绝岁月里度过的。正是这么一个幽闭在盲聋哑世界里的弱女子，凭着一颗不屈不挠的心，勇敢地接受生命的挑战，终于在黑暗中，找到了人生的光明。海伦·凯勒，一个在无光、无声、无语的黑暗世界里摸索的弱女子，以惊人的毅力和不屈不挠的精神，创造了奇迹，作者以动人的、富于诗意的笔触，表达了她对生活的爱恋。

作者凭借丰富的想象，描绘了自己假如获得三天视力，所见到的光明世界和所体验到的精神愉悦。虽然作者提出安排三天的活动只是虚构，但作者偏爱虚构她不能看到或听到的那些场景和事情，如多次写到她并不太了解的太阳的光辉。从丰富的想象的背后，我们看到作者一颗火热的心：一生都急欲打开视听感觉的窗口；也想现身说法，对世人提出劝告，规劝人们要充分利用眼睛和其他感官，感受生活的美好，做幸福的人、充实地活着的人。她深受失明之苦，却表现出坚强乐观、积极进取的生活态度，求知的渴望和对人类的真挚友爱。坚强的海伦有感于生活对她的恩赐，她在本文所袒露的心迹，给了我们巨大的人生感染，鼓舞我们去珍惜生命、热爱生活。正如她所言："黑暗将使她更加珍惜光明，寂静将使她更加喜爱声音"。

阅读本文，要着重鉴赏细腻生动的心理描写和情真意切的语言表达。作者采用白描手法，直白地写她那充满真挚友爱和乐观的情怀的内心世界，朴素、真实，感染力强。

思考与练习

一、体会下面句子的含义

1. 第一天，我要看到那些好心的、温和的、友好的、使我的生活变得有价值的人们。首先，我想长时间地凝视着我亲爱的教师安妮·莎莉文·麦西夫人的脸。(为什么将"看人"作为第一天要做的事？为什么要首先打量老师?)

2. 到午夜，我从盲人痛苦中得到的暂时解脱就要终结了，永久的黑夜将重新笼罩我周围。(黑暗当前，作者感到了恐惧和失落吗？为什么?)

二、回答问题

1. 作者为什么设想"假如给我三天光明"？表达了怎样的思想感情？你受到什么启发?

2. 作者是如何安排这三天的？为什么要这样安排?

3. 有感情地朗读这篇课文，说说海伦·凯勒的精神力量的源泉是什么?

三、完成小练笔：假如你只有三天生命，你将如何安排?

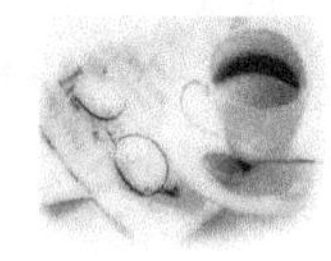

6. 老人与海（节选）

海明威

海明威（1899—1961），美国著名小说家，1954 年诺贝尔文学奖获得者。20 世纪 20 年代是海明威文学创作的早期，他写出了《在我们的时代里》、《春潮》和长篇小说《太阳照样升起》、《永别了，武器》等作品。20 世纪 30～40 年代，他塑造了摆脱迷惘、悲观，为人民利益英勇战斗和无畏牺牲的反法西斯战士形象《第五纵队》，长篇小说《丧钟为谁而鸣》。20 世纪 50 年代，塑造了以桑提亚哥为代表的“硬汉形象”（代表作《老人与海》）。海明威是美利坚民族的精神丰碑。在艺术上，他简约有力的文体和多种现代派手法的出色运用，在美国文学中引起过一场“文学革命”，许多欧美作家都明显受到了他的影响。

大约夜里十点的时候，他看见了城市的灯火映在天际的反光。起初只能依稀看出，就像月亮升起前天上的微光。然后一步步地看清楚了，就在此刻正被越来越大的风刮得波涛汹涌的海洋的另一边。他驶进了这反光的圈子，他想，要不了多久就能驶到湾流的边缘了。

现在事情过去了，他想。它们也许还会再来袭击我。不过，一个人在黑夜里，没有武器，怎样能对付它们呢？他这时身子僵硬、疼痛，在夜晚的寒气里，他的伤口和身上所有用力过度的地方都在发痛。我希望不必再斗了，他想。我真希望不必再斗了。

但是到了午夜，他又搏斗了，而这一回他明白搏斗也是徒劳。它们是成群袭来的，朝那鱼直扑，他只看见它们的鳍在水面上划出的一道道线，还有它们的鳞光。他朝它们的头打去，听到上下颚啪地咬住的声音，还有它们在船底下咬住了鱼使船摇晃的声音。他看不清目标，只能感觉到，听到，就不顾死活地挥棍打去，他感到什么东西攫住了棍子，它就此丢了。

他把舵把从舵上猛地扭下，用它又打又砍，双手攥住了一次次朝下戳去。可是它们此刻都在前面船头边，一条接一条地蹿上来，成群地一起来，咬下一块块鱼肉，当它们转身再来时，这些鱼肉在水面下发亮。

最后，有条鲨鱼朝鱼头撕咬起来，他知道这下子可完了。他把舵把朝鲨鱼的脑袋抡去，打在它咬住厚实的鱼头的两颚上，那儿的肉咬不下来。他抡了一次，两次，又一次。他听见舵把啪的断了。就把断下的把手向鲨鱼扎去。他感到它扎了进去，知道它很尖利，就再把它扎进去。鲨鱼松了嘴，一翻身就走了。这是前来的这群鲨鱼中最末的一条。它们再也没有什么可吃的了。

老人这时简直喘不过气来，觉得嘴里有股怪味儿。这味儿带着铜腥气，甜滋滋的，他一时害怕起来，但是这味儿并不太浓。

他回到船梢，发现舵把那锯齿形的断头还可以安在舵的狭槽里，让他用来掌舵。他把麻袋在肩头圈好，使小船顺着航线驶去。航行得很轻松，他什么念头都没有，什么感觉也没有。他此刻超脱了这一切，只顾尽可能出色而明智地把小船驶回他家乡的港口。夜里有些鲨鱼来咬这死鱼的残骸，就像人从饭桌上捡面包屑吃一样。老人不去理睬它们，除了掌舵以外他什么都不理睬。他只留意到船舷边没有什么沉重的东西，小船这时驶来多么轻松，多么出色。

船还是好好的，他想。它是完好的，没受一点儿损伤，除了那个舵把。那是容易更换的。

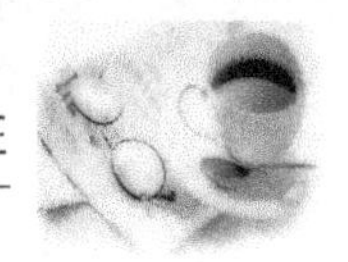

他感觉到已经在湾流中行驶，看得见沿岸那些海滨住宅区的灯光了。他知道此刻到了什么地方，回家是不在话下了。

“人不是为失败而生的，”他说，“一个人可以被毁灭，但不能被打败。”

提示

《老人与海》是海明威最优秀的小说之一，荣获 1952 年度美国普利策奖和 1954 年度诺贝尔文学奖。小说讲述一位古巴老渔夫桑提亚哥在墨西哥湾的海流里连续捕鱼 84 天，结果一无所获，但是他没有绝望。第 85 天老人又出海了，他把鱼钩沉入大海，这时一条鱼上钩了。然而，大鱼并不是立刻摆脱钩丝而是拖着渔船向浩渺的大海里慢慢游去。第二天晚上，老人又放出了更多的鱼丝企图紧紧地拽住它，经过拼搏，老人双手涌出了鲜血。第三天，大鱼又开始打转儿，这意味着决战开始了。老人不顾连日的疲劳，狠命地用鱼叉刺中了鱼的心脏，结果鱼很快地死去了。老人把流血的鱼系在船尾，结果招来了鲨鱼。老人不断地驱赶着鲨鱼，大鱼被鲨鱼咬得只剩下骨架了。老人和鲨鱼搏得筋疲力尽，终于驶向了海湾。海明威以寓言的形式表达了自己对人类的现状及其前景的看法，他认为人类发展的现阶段充满了苦难，但对未来应充满信心，在失败中歌颂胜利。

《老人与海》从结构上看是非常简单的，但它所蕴涵的意义却极其深远。小说的主题：一个人并不是生来就要被打败的，尽管他的肉身可以被消灭。小说向我们揭示了“硬汉子”桑提亚哥丰富的内心世界，赞颂了他在强大的自然造物面毫不退却、勇往直前、无所顾忌、积极乐观的精神。在《老人与海》中，老人没有被任何困难压倒，他尽自己最大的努力与生活中的磨难做不屈不挠的斗争。他说：“一个人并不是生来就要给打败的，你可以消灭他，却不能打败他。”这种永不言败的精神贯穿在《老人与海》故事的始终，感动并激励着我们每个人。这里节选了老人与鲨鱼搏斗的一段，是小说临近结尾的部分，也是最为精彩、最为悲壮的部分。小说显示了精妙的叙事艺术，几次搏斗的景象写得细致逼真、惊心动魄，尤其是心理描写，占的篇幅最多，对展现老人的性格、品质起着重要作用。因此，从某种意义上来说，他又是一个胜利者。这样一个“硬汉子”形象，正是典型的海明威式的小说人物。

文章语言风格简洁明快，充分展示了作者细腻、精湛、巧妙的语言修辞艺术和独特的写作技巧，成功表现出作者深邃的文学功底。

思考与练习

一、桑提亚哥是位怎样的一位老人？谈谈你的理解。

二、海明威的小说往往采用直截了当的叙述和生动鲜明的对话，形象生动，形成独特的风格。读下文，细细体会他的语言特点。

他把舵把从舵上猛地扭下，用它又打又砍，双手攥住了一次次朝下戳去。可是它们此刻都在前面船头边，一条接一条地蹿上来，成群地一起来，咬下一块块鱼肉，当它们转身再来时，这些鱼肉在水面下发亮。

三、本文除了对事件的叙述，还有大量的人物内心独白，它们对表现人物性格和揭示小说主题起什么作用？

第十单元

社会职场

工作是每一个进入社会的人体现自身价值，感受自身尊严的一个绝好途径，是人生快乐的重要源泉之一。王小波说过“工作是人一生的主题”，这是每一个平常人通过个人努力都能够实现的，它将伴随着每一个人的生活。那么，我们应该如何择业、如何就业呢？在这里，著名的政治家、文学家、企业家给出了他们对职业独到的见解。梁启超告诉我们：敬业乐业是人类生活的不二法门。凡人都应有业，需敬业，要乐业。胡适先生分析刚毕业的学生容易有两个方面的堕落：一是容易抛弃学生时代求知识的欲望；二是容易抛弃学生时代理想的人生追求。因此，先生送给即将走上工作岗位的大学生三剂“防身的药方”：一要寻求值得研究的问题；二要发展非职业的兴趣；三要培养坚定的信心。这就是“问题丹”、“兴趣散”、“信心汤”。阿尔伯特·哈伯德则忠告我们：做工作要具有主动的品质，只有拥有这种品质你才能拥有整个世界。马克思认为在选择职业时，应该遵循的主要指针是人类的幸福和我们自身的完美。如果仅仅是为自己劳动，你就不可能成为完美无瑕的伟大人物。著名企业家洛克菲勒更是以自己的亲身经历告诫人们：工作是一种态度，你生活在天堂还是地狱完全由你对待工作的态度决定。

人在职场的重要素质应该是什么呢？目标、技能、勤奋、诚信、创新……这些都是重要的因素。但是，无论哪一个重要的行业，最终能使大家一分高下的是一个人的心——爱心、信心、责任心！借用朱光潜先生的话共勉：希望我们青年人及早确定自己一生的使命，自己去寻求自己的终身工作。

1. 敬业与乐业[1]

梁启超

梁启超（1873—1929），近代思想家，字卓如，号任公，别号饮冰室主人、饮冰子、哀时客、中国之新民、自由斋主人等。汉族，广东省新会人，中国近代维新派代表人物，资产阶级改良主义者，著名学者。在文学、史学、哲学、佛学等诸多领域都有造诣。曾与康有为一起领导了著名的“戊戌变法”。梁启超也是一位著名学者，以史学研究成绩最著。主要作品有《中国史叙论》和《新史学》，《清代学术概论》、《中国近三百年学术史》、《先秦政治思想史》、《中国历史研究法》、《中国文化史》等具有很高的学术价值的著作。他一生有多种作品集问世，1936年9月11日出版的《饮冰室合集》较为完备，共计148卷，1000余万字。

我这题目，是把《礼记》[2]里头“敬业乐群”[3]和《老子》[4]里头“安其居，乐其业”那两句话[5]，断章取义[6]造出来的。我所说的是否与《礼记》、《老子》原意相合，不必深求；但我确信“敬业乐业”四个字，是人类生活的不二法门[7]。

本题主眼[8]，自然是在“敬”字、“乐”字。但必先有业，才有可敬、可乐的主体，理至易明[9]。所以在讲演正文以前，先要说说有业之必要。

孔子说：“饱食终日，无所用心，难矣哉[10]！”又说：“群居终日，言不及义，好行小

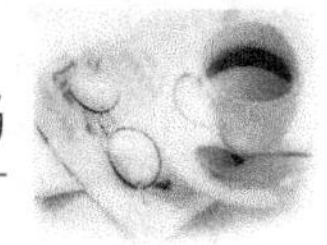

慧，难矣哉[11]！”孔子是一位教育大家，他心目中没有什么人不可教诲，独独对于这两种人便摇头叹气说道：“难！难！”可见人生一切毛病都有药可医，惟有无业游民，虽大圣人碰着他，也没有办法。

唐朝有一位名僧百丈禅师[12]，他常常用一句格言教训弟子，说道：“一日不做事，一日不吃饭。”他每日除上堂说法之外，还要自己扫地、擦桌子、洗衣服，直到八十岁，日日如此。有一回，他的门生想替他服务，把他本日应做的工悄悄地都做了，这位言行相顾的老禅师，老实不客气，那一天便绝对地不肯吃饭。

我征引[13]儒门、佛门这两段话，不外证明人人都要有正当职业，人人都要不断地劳作。倘若有人问我：“百行[14]什么为先？万恶什么为首？”我便一点不迟疑答道：“百行业为先，万恶懒为首。”没有职业的懒人，简直是社会上的蛀米虫，简直是“掠夺别人勤劳结果”的盗贼。我们对于这种人，是要彻底讨伐，万不能容赦的。有人说：“我并不是不想找职业，无奈找不出来。”我说：职业难找，原是现代全世界普遍现象，我也承认。这种现象应该如何救济，别是一个问题，今日不必讨论。但以中国现在情形论，找职业的机会，依然比别国多得多；一个精力充沛的壮年人，倘若不是安心躲懒，我相信他一定能得相当职业。今日所讲，专为现在有职业及现在正做职业上预备的人——学生——说法，告诉他们对于自己现有的职业应采何种态度。

第一要敬业。敬字为古圣贤教人做人最简易、直捷的法门，可惜被后来有些人说得太精微，倒变了不适实用了。惟有朱子[15]解得最好，他说：“主一无适便是敬[16]。”用现在的话讲，凡做一件事，便忠于一件事，将全副精力集中到这事上头，一点不旁骛[17]，便是敬。业有什么可敬呢？为什么该敬呢？人类一面为生活而劳动，一面也是为劳动而生活。人类既不是上帝特地制来充当消化面包的机器，自然该各人因自己的地位和才力，认定一件事去做。凡可以名为一件事的，其性质都是可敬。当大总统是一件事，拉黄包车也是一件事。事的名称，从俗人眼里看来，有高下；事的性质，从学理上解剖起来，并没有高下。只要当大总统的人，信得过我可以当大总统才去当，实实在在把总统当作一件正经事来做；拉黄包车的人，信得过我可以拉黄包车才去拉，实实在在把拉车当作一件正经事来做，便是人生合理的生活。这叫做职业的神圣。凡职业没有不是神圣的，所以凡职业没有不是可敬的。惟其如此，所以我们对于各种职业，没有什么分别拣择。总之，人生在世，是要天天劳作的。劳作便是功德，不劳作便是罪恶。至于我该做哪一种劳作呢？全看我的才能何如、境地何如。因自己的才能、境地，做一种劳作做到圆满，便是天地间第一等人。

怎样才能把一种劳作做到圆满呢？唯一的秘诀就是忠实，忠实从心理上发出来的便是敬。《庄子》记佝偻丈人承蜩的故事[18]，说道：“虽天地之大，万物之多，而惟吾蜩翼之知[19]。”凡做一件事，便把这件事看作我的生命，无论别的什么好处，到底不肯牺牲我现做的事来和他交换。我信得过我当木匠的做成一张好桌子，和你们当政治家的建设成一个共和国家同一价值；我信得过我当挑粪的把马桶收拾得干净，和你们当军人的打胜一支压境的敌军同一价值。大家同是替社会做事，你不必羡慕我，我不必羡慕你。怕的是我这件事做得不妥当，便对不起这一天里头所吃的饭。所以我做这事的时候，丝毫不肯分心到事外。曾文正[20]说：“坐这山，望那山，一事无成。”一个人对于自己的职业不敬，从学理方面说，便亵渎[21]职业之神圣；从事实方面说，一定把事情做糟了，结果自己害自己。所以敬业主义，于人生最为必要，又于人生最为有利。庄子说：“用志不分，乃凝于神[22]。”孔子说：“素其位而行，不愿乎其外[23]。”所说的敬业，不外这些道理。

第二要乐业。“做工好苦呀！”这种叹气的声音，无论何人都会常在口边流露出来。但我要问他：“做工苦，难道不做工就不苦吗？”今日大热天气，我在这里喊破喉咙来讲，诸君扯

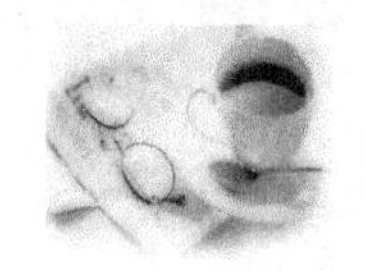

直耳朵来听，有些人看着我们好苦；翻过来，倘若我们去赌钱去吃酒，还不是一样在淘神费力？难道又不苦？须知苦乐全在主观的心，不在客观的事。人生从出胎的那一秒钟起到绝气的那一秒钟止，除了睡觉以外，总不能把四肢、五官都搁起不用。只要一用，不是淘神，便是费力，劳苦总是免不掉的。会打算盘的人，只有从劳苦中找出快乐来。我想天下第一等苦人，莫过于无业游民，终日闲游浪荡，不知把自己的身子和心子摆在哪里才好，他们的日子真难过。第二等苦人，便是厌恶自己本业的人，这件事分明不能不做，却满肚子里不愿意做。不愿意做逃得了吗？到底不能。结果还是皱着眉头，哭丧着脸去做。这不是专门自己替自己开玩笑吗？我老实告诉你一句话："凡职业都是有趣味的，只要你肯继续做下去，趣味自然会发生。"为什么呢？第一，因为凡一件职业，总有许多层累[24]、曲折，倘能身入其中，看它变化、进展的状态，最为亲切有味。第二，因为每一职业之成就，离不了奋斗；一步一步奋斗前去，从刻苦中将快乐的分量加增。第三，职业性质，常常要和同业的人比较骈进[25]，好像赛球一般，因竞胜而得快乐。第四，专心做一职业时，把许多胡思、妄想杜绝了，省却无限闲烦恼。孔子说："知之者不如好之者，好之者不如乐之者[26]。"人生能从自己职业中领略出趣味，生活才有价值。孔子自述生平，说道："其为人也，发愤忘食，乐以忘忧，不知老之将至云尔[27]。"这种生活，真算得人类理想的生活了。

我生平最受用的有两句话：一是"责任心"，二是"趣味"。我自己常常力求这两句话之实现与调和，又常常把这两句话向我的朋友强聒不舍[28]。今天所讲，敬业即是责任心，乐业即是趣味。我深信人类合理的生活应该如此，我望诸君和我一同受用！

注释

[1] 选自《饮冰室合集》第十四册（上海中华书局1941年出版）。

[2]《礼记》：成书于西汉，大半采用先秦儒家著作。

[3] 敬业乐群：见《礼记·学记》，对自己的事业很尽职，和朋友相处很融洽。

[4]《老子》：春秋时期道家的代表作。

[5] 是把《礼记》里头"敬业乐群"和《老子》里头"安其居，乐其业"那两句话：战国至秦汉见讲礼文章的选集，是儒家经典之一。

[6] 断章取义：不顾上下文，孤立截取其中一段或一句，与原意不符。断：截断。章：篇章。

[7] 不二法门：佛教用语，指直接入道、不可言传的法门。现在用来比喻最好的或独一无二的方法。

[8] 本题主眼：这题目的主眼。主眼：主要的着眼处。

[9] 理至易明：道理极容易明白。

[10] 饱食终日，无所用心，难矣哉：引自《论语·阳货》，意思是整天吃得很饱，却不肯动脑筋去做点事，这种人是很难造就的啊！

[11] 群居终日，言不及义，好行小慧，难矣哉：引自《论语·卫灵公》，整天和大家混在一起，不说一句有道理的话，这是卖弄一点小聪明，这种人是很难造就的啊！

[12] 百丈禅师：就是怀海禅师（720～814），因为居住在江西百丈山，所以又称百丈禅师，著有《禅门规式》（后称《百丈清规》）。

[13] 征引：引证，引用。

[14] 行（xíng）：德行。

[15] 朱子：朱熹（1130～1200），南宋时期唯心主义哲学家，教育家，文学家。

[16] 主一无适便是敬：引自《论语·学而》"敬事而信"句下的注（见朱熹《论语集注》）。主一无适，专一于某种工作不旁及其他的事情。

[17] 一点不旁骛（wù）：指专心致志，不分心。

[18]《庄子》记佝偻（gōulóu）丈人承蜩（tiáo）的故事：此故事见《庄子·达生》。《庄子》，战国时

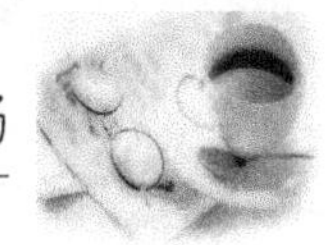

代道家庄周及其弟子所作。佝偻：鸡胸驼背。丈人：对老人的尊称。承蜩：捕蝉。

［19］　而惟吾蜩翼之知：这是一句佝偻丈人答复孔子的话，大意是我只知道有蝉翼罢了。这个故事说鸡胸驼背的老人虽然残废，但用竹竿粘蝉，百发百中。孔子问他有什么办法，他说天地虽大，万物虽多，但我只知道有蝉翼罢了。这是比喻手心专一的意思。

［20］　曾文正：即曾国藩（1811～1872），近代中国官僚地主封建势力的主要代表之一，因镇压太平天国革命运动，被清王朝封毅勇侯，谥文正。

［21］　亵（xiè）渎：轻慢，蔑视。

［22］　用志不分，乃凝于神：见《庄子·达生》，大意是做事不分心，精神就集中。

［23］　素其位而行，不愿乎其外：见《礼记·中庸》，大意是现在只做职分以内的事，不要希望做分外的事。

［24］　总有许多层累：经常会有许多重重叠叠的层次。总：经常，往往。层累：重重叠叠的层次。

［25］　骈进：一同前进。

［26］　知之者不如好之者，好之者不如乐之者：见《论语·雍也》，大意是知道这种道理的人比不上喜欢它的人，喜爱它的人比不上乐意去做的人。

［27］　其为人也，发愤忘食，乐以忘忧，不知老之将至云尔：引自《论语·述而》，大意是他（孔子）发愤读书忘了吃饭，沉浸在学习的快乐中而忘记了忧愁，甚至不知道自己将要老了，如此而已。云尔：相当于“……罢了”。

［28］　强聒（guō）不舍：唠唠叨叨说个没完。强聒：过分啰嗦。不舍：不停。

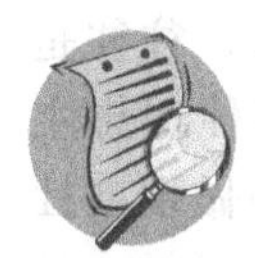

提示

这是梁启超对上海中华职业学校学生所作的一次演讲。针对已有职业和正在做职业预备的人，用通俗的语言阐释了职业的必要，对待职业的态度，以及作者对待职业的观点。文章主旨鲜明，层次清晰，语言通俗，对职业教育有着深远的指导意义。

课文由演讲题目的由来谈起，明确了敬业乐业是人类生活的不二法门。接着从有业、敬业、乐业三个方面进行了论述：先以孔子和百丈禅师两个事例说明人人都要有正当的职业；接着谈到敬业，引用孔子的话“主一无适便是敬”很好地诠释了敬业的内涵，只要认真去做一件事情，其性质都是可敬，只要忠实地去做一件事情，把事情做到圆满，就是敬；其次是乐业，做工就要吃苦。但苦乐全在主观的心，不在客观的事。作者从四个方面谈了凡职业都是有趣味的；最后，作者点明敬业就是责任心，乐业就是趣味。

文章共分九段，以总—分—总的结构安排，条理清晰，观点鲜明。开头总起全篇；然后分别论述敬业和乐业，两个分论点平行并列；最后总结全篇。每一部分都是先提出观点后论证，并列举大量论据，中心突出。在论证过程中采用多种论证方法，有正面论证，有反面批驳；有鲜明的对比论证，有缜密的逻辑分析；引用大量名言，列举大量事例；结构层次清晰完整，语言通顺晓畅，堪称议论文中的典范之作。

思考与练习

一、用通俗简洁的语言解释业的深刻内涵。作为学生，我们的业应该是什么？

二、深刻理解“敬业精神”的内涵，我们学生应该怎样做呢？

三、深刻理解乐业的内涵，试举出几个“凡职业都是有趣味”的例子。

四、试列举几条“业之必要”的理由。

五、文中运用了大量名人名言，它们起什么作用？作者使用名人名言的意图是什么？

2. 赠与今年的大学毕业生[1]

胡　适

这一两个星期里，各地的大学都有毕业的班次，都有很多的毕业生离开学校去开始他们

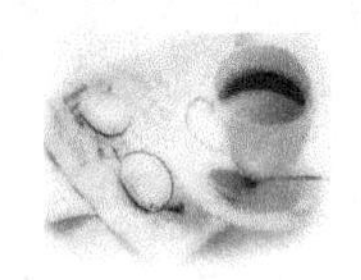

的成人事业。学生的生活是一种享有特殊优待的生活，不妨幼稚一点，不妨吵吵闹闹，社会都能纵容他们，不肯严格地要他们负行为的责任。现在他们要撑起自己的肩膀来挑他们自己的担子了。在这个国难最紧急的年头，他们的担子真不轻！我们祝他们成功，同时也不忍不依据自己的经验，赠他们几句送行的赠言——虽未必是救命毫毛，也许做个防身的锦囊罢！

你们毕业之后，可走的路不出这几条：绝少数的人还可以在国内或国外的研究院继续做学术研究；少数的人可以寻着相当的职业；此外还有做官，办党，革命三条路；再有就是在家享福了。走其余几条路的人，都不能没有堕落的危险。堕落的方式很多，总括起来，约有这两大类：

第一是容易抛弃学生时代求知识的欲望。你们到了实际社会里，往往学非所用，往往所学全无用处，往往可以完全用不着学问，而一样可以胡乱混饭吃，混官做。在这种环境里即使向来抱有求知识学问的人，也不免心灰意懒，把求知的欲望渐渐冷淡下去。况且学问是要有相当的设备的：书籍，实验室，师友的切磋指导，闲暇的工夫，都不是一个平常要糊口养家的人能容易办到的。没有做学问的环境，又谁能怪我们抛弃学问呢？

第二是容易抛弃学生时代理想的人生的追求。少年人初次和冷酷的社会接触，容易感觉理想与事实相去太远，容易发生悲观和失望。多年怀抱的人生理想，改造的热诚，奋斗的勇气，到此时候，好像全不是那么一回事了。渺小的个人在那强烈的社会炉火里，往往经不起长时期的烤炼就熔化了，一点高尚的理想不久就幻灭了。抱着改造社会的梦想而来，往往是弃甲抛兵而走，或者做了恶势的俘虏。你在那牢狱里，回想那少年气壮时代的种种理想主义，好像都成了自误误人的迷梦！从此以后，你就甘心放弃理想人生的追求，甘心做现在社会的顺民了。

要防御这两方面的堕落，一面要保持我们求知识的欲望，一面要保持我们对人生的追求。有什么好方子呢？依我个人的观察和经验，有三种防身的药方是值得一试的。

第一个方子只有一句话："总得时时寻一两个值得研究的问题！"问题是知识学问的老祖宗：古往今来一切知识的产生与积聚，都是因为要解答问题——要解答实用上的困难和理论上的疑难。所谓"为知识而求知识"，其实也只是一种好奇心追求某种问题的解答，不过因为那种问题的性质不必是直接应用的，人们就觉得这是无所谓的求知识了。我们出学校之后，离开了做学问的环境，如果没有一两个值得解答的问题在脑子里盘旋，就很难保持求学问的热心。可是，如果你有了一个真有趣的问题逗你去想它，天天引诱你去解决它，天天对你挑衅你无可奈何它——这时候，你就会同恋爱一个女子发了疯一样，坐也坐不下，睡也睡不安，没工夫也得偷出工夫去陪她，没钱也得缩衣节食去巴结她。没有书，你自会变卖家私去买书；没有仪器，你自会典押衣物去置办仪器；没有师友，你自会不远千里去寻师访友。你只要有疑难问题来逼你时时用脑子，你自然会保持发展你对学问的兴趣，即使在最贫乏的知识中，你也会慢慢地，聚起一个小图书馆来，或者设置起一所小试验室来。所以我说，第一要寻问题。脑子里没有问题之日，就是你知识生活寿终正寝[2]之时！古人说："待文王而兴者，凡民也。若夫豪杰之士，虽无文王犹兴。"试想伽利略和牛顿有多少藏书？有多少仪器？他们不过是有问题而已。有了问题而后他们自会造出仪器来解决他们的问题。没有问题的人们，关在图书馆里也不会用书，锁在试验室里也不会有什么发现。

第二个方子也只有一句话："总得多发展一点非职业的兴趣。"离开学校之后，大家总是寻个吃饭的职业。可是你寻得的职业未必就是你所学的，未必是你所心喜的，或者是你所学的而和你性情不相近的。在这种情况之下，工作往往成了苦工，就感觉不到兴趣了。为糊口而做那种非"性之所近而力之所能"[3]的工作，就很难保持求知的兴趣的生活的理想主义。最好的救济方法只有多多发展职业以外的正当兴趣与活动。一个人应该有他的职业，也应该

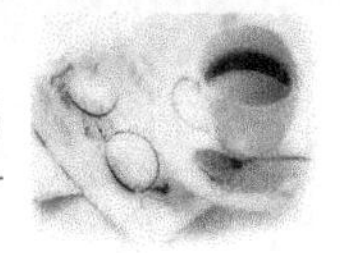

有他非职业的玩艺儿，可以叫作业余活动。往往他的业余活动比他的职业还更重要，因为一个人成就怎样，往往靠他怎样利用他的闲暇时间。他用他的闲暇来打麻将，他就成了个赌徒；你用你的闲暇来做社会服务，你也许成个社会改革者；或者你用你的闲暇去研究历史，你也许成个史学家。你的闲暇往往定你的终身。英国19世纪的两个哲人，弥儿终身做东印度公司的秘书，然而他的业余工作使他在哲学上、经济学上、政治思想史上都占一个很高的位置；斯宾塞是一个测量工程师，然而他的业余工作使他成为前世纪晚期世界思想界的一个重镇。古来成大学问的人，几乎没有一个不善用他的闲暇时间的。职业不容易适合我们的性情，我们要想生活不苦痛不堕落，只有多方发展。有了这种心爱的玩艺儿，你就做六个钟头抹桌子工作也不会感觉烦闷了。因为你知道，抹了六个钟头的桌子之后，你可以回家做你的化学研究，或画完你的大幅山水，或写你的小说戏曲，或继续你的历史考据，或做你的社会改革事业。你有了这种称心如意的活动，生活就不枯寂了，精神也就不会烦闷了。

第三个方子也只有一句话："你得有一点信心。"我们生当这个不幸的时代，眼中所见，耳中所闻，无非是叫我们悲观失望的。特别是在这个年头毕业的你们，眼见自己的国家民族沉沦到这步田地，眼看世界只是强权的世界，望极天边好像看不见一线的光明——在这个年头不发狂自杀，已算是万幸了，怎么还能够保持一点内心的镇定和理想的信任呢？我要对你们说：这时候正是我们要培养我们的信心的时候！只要我们有信心，我们还有救。古人说："信心可以移山。"又说："只要功夫深，生铁磨成绣花针。"你不信吗？当拿破仑的军队征服普鲁士，占据柏林的时候，有一位教授叫作费希特[4]的，天天在讲堂劝他的国人要有信心，要信仰他们的民族是有世界的特殊使命的，是必定要复兴的。费希特死的时候，谁也不能预料德意志统一帝国何时可以实现，然而不满50年，新的统一的德意志帝国居然实现了。

一个国家的强弱盛衰，都不是偶然的，都不能逃出因果的铁律的。我们今日所受的苦痛和耻辱，都只是过去种种恶因种下的恶果。我们要收获将来的善果，必须努力种现在新因。一粒一粒地种，必有满仓满屋的收，这是我们今日应有的信心。

我们要深信：今日的失败，都由于过去的不努力。

我们要深信：今日的努力，必定有将来的大收成。

佛典里有一句话："福不唐捐[5]。"唐捐就是白白地丢了。我们也应该说："功不唐捐！"没有一点努力是会白白地丢了的。在我们看不见想不到的时候，在我们看不见的方向，你瞧！你下的种子早已生根发叶开花结果了！

朋友们，在你最悲观失望的时候，那正是你必须鼓起坚强的信心的时候。你要深信：天下没有白费的努力。成功不必在我，而功力必不唐捐。

注释

[1] 本文选自《胡适文存》第4集第4卷，选入本书时，进行了一些删改。

[2] 寿终正寝：旧指老年病死在家中。比喻事物的消亡。

[3] 性之所近而力之所能：自己感兴趣又有能力去做的事情。

[4] 约翰·戈特利布·费希特（Johann Gottlieb Fichte，1762～1814），德国哲学家、爱国主义者。作为一个哲学家，他寻求对哲学思想，特别是康德唯心主义思想的统一；作为一名爱国主义，他试图唤醒德意志人民要求国家统一。

[5] 福不唐捐：语出自《法华经八·观世音菩萨普门品二五》。你所做的点点滴滴的好事、实事，最终将惠及于你，不会毫无作用，不会白白的流失。唐捐：虚掷、落空。

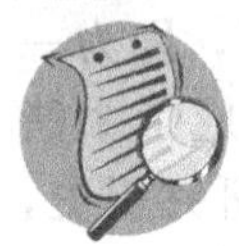

提示

本文是胡适先生1932年6月27日为即将走上社会的大学毕业生们而作的演讲。直到今天，不论是对在校的大学生还是已经走上工作岗位的同学们仍有很大的启示作用。文章最初发表于1932年7月3日《独立评论》第7号。

大学毕业后，到了实际社会里，往往学非所用；少年初次接触社会，易感觉理想与事实的巨大差距。该如何应对这样的情形呢？在文中，胡适先生认为，有三条路可走：继续做学术研究；寻着相当的职业；做官，办党，革命。还针对大学毕业生走上社会将面临的问题进行了分析论述，提醒大学毕业生走出大学后，在社会上要时刻防备可能出现丧失求知欲望、丧失理想的人生追求这两方面的堕落。并就如何解决这些问题语重心长地提出了忠告，送给大家三剂“防身的药方”：一是寻求值得研究的问题；二是发展非职业的兴趣；三是培养坚定的信心。这三剂防身的药方，胡适先生曾于1960年6月18日在成功大学毕业典礼上重新讲过，不过归纳为“问题丹”、“兴趣散”、“信心汤”而已。可见胡适先生对大学毕业生忠告的语重心长。

本文是一篇演讲稿，具有很高的艺术成就。文章条旁征博引，列举多个实例将道理阐述的细致入微，淋漓尽致。文中阐述观点时使用了丰富的论据资料，有的引自古人谚语，有的借用佛典名言，有的巧设比喻，有的列举例证，语言浅显自然，形象生动。作为一名学贯中西、知识渊博的学者，论事说理时如同朋友间娓娓道来一样亲切自然，更增强了文章的舒服力和感染力。

阅读本文，要抓住讲演稿的特点，深刻理解胡适先生送给大学毕业生们的三剂防身药方，体会其在个人生活中的现实意义。

思考与练习

一、大学毕业后走上社会，应该注意防御哪两方面的堕落？

二、作者送给大学毕业生的三种防身药方是什么？你认为这些药方现在是否还有现实意义？谈谈你的看法。

三、文章在结尾说：“成功不必在我，而功力必不唐捐。”如何理解这句话的含义？

四、走上社会后，很多人在大学学习的知识也许一辈子都用不上，你认为我们还有上大学的必要吗？谈谈自己的看法。

3. 工作与人生

王小波

王小波（1952～1997）生于北京，当代著名学者、作家，汉族。是唯一一位两次获得世界华语文学界的重要奖项“台湾联合报系文学奖中篇小说大奖”的大陆作家。一代著名作家，生前鲜为人知，死后声名远扬。自一九九七年四月十一日去世后，他的作品几乎全部出版。评论、纪念文章大量涌现，出现了“王小波热”的文化现象。出版作品有：《黄金时代》、《白银时代》、《青铜时代》、《我的精神家园》、《沉默的大多数》、《黑铁时代》、《地久天长》；纪念、评论集有：《浪漫骑士》、《不再沉默》、《王小波画传》。

我现在已经活到了人生的中途，拿一日来比喻人的一生，现在正是中午。人在童年时从朦胧中醒来，需要一些时间来克服清晨的软弱，然后就要投入工作；在正午时分，他的精力最为充沛，但已隐隐感到疲惫；到了黄昏时节，就要总结一日的工作，准备沉入永恒的休息。按我这种说法，工作是人一生的主题。这个想法不是人人都能同意的。我知道在中国，

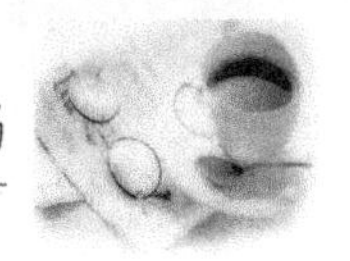

农村的人把生儿育女看作是一生的主题。把儿女养大，自己就死掉，给他们空出地方来——这是很流行的想法。在城市里则另有一种想法，但不知是不是很流行：它把取得社会地位看作一生的主题。站在北京八宝山的骨灰墙前，可以体会到这种想法。我在那里看到一位已故的大叔墓上写着：副系主任、支部副书记、副教授、某某教研室副主任，等等。假如能把这些“副”字去掉个把，对这位大叔当然更好一些，但这些“副”字最能证明有这样一种想法。顺便说一句，我到美国的公墓里看过，发现他们的墓碑上只写两件事：一是生卒年月，二是某年至某年服兵役；这就是说，他们以为人的一生只有这两件事值得记述：这位上帝的子民曾经来到尘世，以及这位公民曾去为国尽忠，写别的都是多余的，我觉得这种想法比较质朴……恐怕在一份青年刊物上写这些墓前的景物是太过伤感，还是及早回到正题上来罢。

我想要把自己对人生的看法推荐给青年朋友们：人从工作中可以得到乐趣，这是一种巨大的好处。相比之下，从金钱、权力、生育子女方面可以得到的快乐，总要受到制约。举例来说，现在把生育作为生活的主题，首先是不合时宜；其次，人在生育力方面比兔子大为不如，更不要说和黄花鱼相比较；在这方面很难取得无穷无尽的成就。我对权力没有兴趣，对钱有一些兴趣，但也不愿为它去受罪——做我想做的事（这件事对我来说，就是写小说），并且把它做好，这就是我的目标。我想，和我志趣相投的人总不会是一个都没有。

根据我的经验，人在年轻时，最头疼的一件事就是决定自己这一生要做什么。在这方面，我倒没有什么具体的建议：干什么都可以，但最好不要写小说，这是和我抢饭碗。当然，假如你执意要写，我也没理由反对。总而言之，干什么都是好的；但要干出个样子来，这才是人的价值和尊严所在。人在工作时，不单要用到手、腿和腰，还要用脑子和自己的心胸。我总觉得国人对这后一方面不够重视，这样就会把工作看成是受罪。失掉了快乐最主要的源泉，对生活的态度也会因之变得灰暗……

人活在世上，不但有身体，还有头脑和心胸——对此请勿从解剖学上理解。人脑是怎样的一种东西，科学还不能说清楚。心胸是怎么回事就更难说清。对我自己来说，心胸是我在生活中想要达到的最低目标。某件事有悖于我的心胸，我就认为它不值得一做；某个人有悖于我的心胸，我就觉得他不值得一交；某种生活有悖于我的心胸，我就会以为它不值得一过。罗素先生曾言，对人来说，不加检点的生活，确实不值得一过。我同意他的意见：不加检点的生活，属于不能接受的生活之一种。人必须过他可以接受的生活，这恰恰是他改变一切的动力。人有了心胸，就可以用它来改变自己的生活。

中国人喜欢接受这样的想法：只要能活着就是好的，活成什么样子无所谓。从一些电影的名字就可以看出来：《活着》、《找乐》……我对这种想法是断然地不赞成，因为抱有这种想法的人就可能活成任何一种糟糕的样子，从而使生活本身失去意义。高尚、清洁、充满乐趣的生活是好的，人们很容易得到共识。卑下、肮脏、贫乏的生活是不好的，这也能得到共识。但只有这两条远远不够。我以写作为生，我知道某种文章好，也知道某种文章坏。仅知道这两条尚不足以开始写作。还有更加重要的一条，那就是：某种样子的文章对我来说不可取，绝不能让它从我笔下写出来，冠以我的名字登在报刊上。以小喻大，这也是我对生活的态度。

提示

这是一篇和青年朋友们探讨有关人生意义的思想随笔，严肃而又精辟地阐明了作者认同的人生观。王小波认为按照自己的意愿，把自己喜欢的事情做好，努力工作以实现自己的理想和目标，感受做一个普通

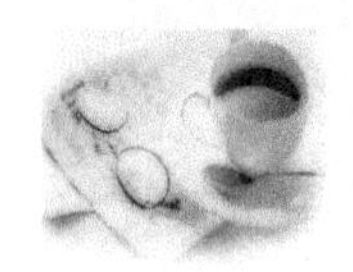

人的尊严和快乐。这是人生最有意义的事情。这样的人生态度和生活方式，就是一种回到日常而又超越日常的生活方式，是常人也可以达到的。

在文章开篇，作者就用一日喻一生，从而揭示出全文的中心论点——工作是人一生的主题。作者认为“人从工作中可以得到乐趣，这是一种巨大的好处”。这是和金钱、权力、生儿育女等截然不同的、不受太多制约的乐趣。一个人选择什么样的职业并不重要，“干什么都是好的”，重要的是“干出个样子来，这才是人的价值和尊严所在”。工作时不仅仅要用到手、腿和腰，还要用脑子和自己的心胸。有了脑子和心胸才可以通过工作改变自己的生活。

作者在文中也批评了把生儿育女和取得社会地位作为人生主题的两种人，对大多数中国人喜欢的“只要能活着就是好的，活成什么样子无所谓”的态度也进行了批判，因为抱有这种想法的人就可能活成任何一种糟糕的样子，从而使生活本身失去意义。最后在结尾点明王小波自己的生活态度：某种样子的生活是不可取的，就绝不能出现在我的生活中。以写文章和生活态度类比，引起读者的思考。

作者开篇亮明自己的观点，有正面论证有反面批驳，举实例，引名言。层层深入，把观点步步加深。从文章中可以体会出作者对社会、对人生有一种温情和善意的关切，并作了深切和认真的思考。

作者在行文中流露出来的幽默和反讽的语言风格也是这篇文章的一个值得学习的特色。作者往往通过幽默的叙述来表达自己的看法，引导读者在幽默中思考。自觉的反讽也是王小波小说和杂文随笔的一个鲜明特色。反讽不是一般的讽刺，而是一种修辞手法。《工作与人生》的反讽色彩，体现在作者在亮明自己观点的同时，又借用自我否定或自我限制的方式，为另外一种可能的生活方式和思想观点留下余地，给读者一个自由思考和独立选择的空间。

思考与练习

一、王小波的人生态度是怎样的？

二、思考一下自己的人生追求是什么？

三、对大多数中国人喜欢的“只要能活着就是好的，活成什么样子无所谓”的生存状态，你的观点是什么？请写出来。

四、体会作者幽默反讽的语言风格。

4. 青年在选择职业时的考虑[1]

卡尔·马克思

卡尔·马克思（1818—1883），出生于德国莱茵省南部特利尔市一个律师家庭。伟大的政治家、哲学家、经济学家、革命理论家，全世界无产阶级的伟大导师，他是无产阶级的精神领袖，是近代共产主义运动的弄潮儿。和恩格斯一起为共产主义者同盟起草纲领《共产党宣言》，深刻论述了无产阶级革命和无产阶级专政的重要思想，成为世界各国无产阶级的指南。

自然本身给动物规定了它应该遵循的活动范围，动物也就安分地在这个范围内活动，不试图越出这个范围，甚至不考虑有其他什么范围的存在。神也给人指定了共同的目标——使人类和他自己趋于高尚。但是，神要人自己去寻找可以达到这个目标的手段；神让人在社会上选择一个最适合于他、最能使他和社会都得到提高的地位。

能有这样的选择是人比其他生物远为优越的地方。但是，这同时也是可能毁灭人的一生、破坏他的一切计划并使他陷于不幸的行为。因此，认真地考虑这种选择——这无疑是开始走上生活道路而又不愿拿自己最重要的事业去碰运气的青年的首要责任。

每个人眼前都有一个目标，这个目标至少在他本人看来是伟大的，而且如果最深刻的信念，即内心深处的声音，认为这个目标是伟大的，那他实际上也是伟大的，因为神决不会使

世人完全没有引导，神总是轻声而坚定地作着启示。

但是，这声音很容易被淹没，因为灵感的东西可能须臾[2]而生，同样可能须臾而逝。也许，我们的幻想油然而生，我们的感情激动起来，我们的眼前浮想联翩，我们狂热地追求我们以为是神本身给我们指出的目标。但是，我们梦寐以求的东西很快就使我们厌恶——于是我们的整个存在也就毁灭了。

因此，我们应当认真考虑：所选择的职业是不是真正使我们受到鼓舞？我们的内心是不是同意？我们受到的鼓舞是不是一种迷误？我们认为是神的召唤的东西是不是一种自欺？但是，不找出鼓舞的来源本身，我们怎么能认清这些呢？

伟大的东西是光辉的，光辉则引起虚荣心，而虚荣心容易给人鼓舞或者是一种我们觉得是鼓舞的东西。但是，被名利弄得鬼迷心窍的人，理智已无法支配他，于是他一头栽进那不可抗拒的欲念驱使他去的地方。他已经不再自己选择他在社会上的地位，而听任偶然机会和幻想去决定它。

我们的使命决不是求得一个最足以炫耀的职业，因为它不是那种使我们长期从事而始终不会情绪低落的职业。相反，我们很快就会觉得，我们的愿望没有得到满足，我们的理想没有实现，我们就将怨天尤人[3]。

但是，不只是虚荣心能够引起对这种或那种职业突然的热情。也许，我们自己也会用幻想把这种职业美化，把它美化成人生所能提供的至高无上的东西。我们没有仔细分析它，没有衡量它的全部分量，即它让我们承担的重大责任。我们只是从远处观察它，然而从远处观察是靠不住的。

在这里，我们自己的理智不能给我们充当顾问，因为它既不是依靠经验，也不是依靠深入的观察，而是被感情所欺骗，受幻想所蒙蔽。然而，我们的目光应该投向哪里呢？在我们丧失理智的地方，谁来支持我们呢？

是我们的父母，他们走过了漫长的生活道路，饱尝了人世的辛酸——我们的心这样提醒我们。

如果我们通过冷静的研究，认清了所选择的职业的全部分量，了解它的困难以后，我们仍然对它充满热情，我们仍然爱它，觉得自己适合它，那时我们就应该选择它，那时我们既不会受热情的欺骗，也不会仓促从事。

但是，我们并不能总是能够选择我们自认为适合的职业。我们在社会上的关系，还在我们有能力对它们起决定性影响以前，就已经在某种程度上开始确立了。

我们的体质常常威胁我们，可是任何人也不敢藐视它的存在。

诚然，我们能够超越体质的限制，但这样一来，我们也就垮得更快；在这种情况下，我们就是冒险把大厦建筑在松软的废墟上，我们的一生也就变成一场精神原则和肉体原则之间不幸的斗争。但是，一个不能克服自身相互斗争因素的人，又怎能抗拒生活的猛烈冲击，怎能安静地从事活动呢？因为，只有从安静中才能产生伟大壮丽的事业，安静是唯一生长出成熟果实的土壤。

尽管我们由于体质不适合我们的职业，不能持久地工作，而且工作起来也很少乐趣。但是，为了恪尽职守[4]而牺牲自己幸福的思想激励着我们不顾体弱去努力工作。如果我们选择了力不能胜任的职业，那么，我们决不能把它做好，我们很快就会自愧无能，并对自己说，我们是无用的人，是不能完成自己使命的社会成员，由此产生的必然结果就是妄自菲薄[5]。还有比这更痛苦的感情吗？还有比这更难于靠外界的赐予来补偿的感情吗？妄自菲薄是一条毒蛇，它永远啮噬[6]着我们心灵，吮吸着其中滋润生命的血液，注入厌世和绝望的毒液。

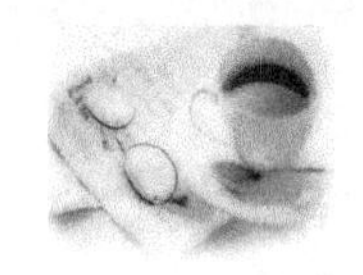

如果我们错误地估计了自己的能力，以为能够胜任经过周密考虑而选定的职业，那么这种错误将使我们受到惩罚。即使不受到外界指责，我们也会感到比外界指责更为可怕的痛苦。

如果我们把这一切都考虑过了，如果我们生活的条件容许我们选择任何一种职业，那么我们就可以选择一种能使我们最有尊严的职业，选择一种建立在我们深信其正确的思想上的职业，选择一种给我们提供广阔场所来为人类进行活动、接近共同目标（对于这个目标来说，一切职业只不过是手段）即完美境地的职业。

尊严就是最能使人高尚起来、使他的活动和他的一切努力具有崇高品质的东西，就是使他无可非议、受到众人钦佩并高于众人之上的东西。

但是，能给人以尊严的只有这样的职业，在从事这种职业时我们不是作为奴隶般的工具，而是在自己的领域内独立地进行创造。这种职业不需要有不体面的行动（哪怕只是表面上不体面的行动），甚至最优秀的人物也会怀着崇高的自豪感去从事它。最合乎这些要求的职业，并不一定是最高贵的职业，但总是最可取的职业。

但是，正如有失尊严的职业会贬低我们一样，那种建立在我们后来认为是错误的思想上的职业也一定使我们感到压抑。

这里，我们除了自我欺骗，别无解救办法，而以自我欺骗来解救又是多么的糟糕！

那些不是干预生活本身，而是从事抽象真理研究的职业，对于还没有坚定的原则和牢固、不可动摇的信念的青年是最危险的。同时，如果这些职业在我们心里深深地扎下了根，如果我们能够为它们的支配思想牺牲生命、竭尽全力，这些职业看来似乎还是最高尚的。

这些职业能够使才能适合的人幸福，但也必定使那些不经考虑、凭一时冲动就仓促从事的人毁灭。

相反，重视作为我们职业基础的思想，会使我们在社会上占有较高的地位，提高我们本身的尊严，使我们的行为不可动摇。

一个选择了自己所珍视的职业的人，一想到他可能不称职时就会战战兢兢[7]——这种人单是因为他在社会上所居地位是高尚的，他也就会使自己的行为保持高尚。

在选择职业时，我们应该遵循的主要指针是人类的幸福和我们自身的完美。不应认为，这两种利益是敌对的，互相冲突的，一种利益必须消灭另一种的。人类的天性本身就是这样的：人们只有为同时代人的完美、为他们的幸福而工作，才能使自己也过得完美。

如果一个人只为自己劳动，他也许能够成为著名的学者、大哲人、卓越诗人，然而他永远不能成为完美无疵[8]的伟大人物。

历史承认那些为共同目标劳动因而自己变得高尚的人是伟大人物，经验赞美那些为大多数人带来幸福的人是最幸福的人。宗教本身也教诲我们，人人敬仰的理想人物，就曾为人类牺牲了自己——有谁敢否定这类教诲呢？

如果我们选择了最能为人类幸福而劳动的职业，那么，重担就不能把我们所压倒，因为这是为人类而献身。那时，我们所感到的就不是可怜的、有限的、自私的乐趣，我们的幸福将属于千百万人。我们的事业是默默的，但她将永恒地存在，并发挥作用。面对我们的骨灰，高尚的人们将洒下热泪。

注释

［1］ 本文是马克思中学毕业时写的毕业论文。

［2］ 须臾：极短的时间。

［3］ 怨天尤人：抱怨天，埋怨别人。形容对不如意的事情一味归咎于客观。

［4］　恪尽职守：恪为谨慎而恭敬。尽为完善。尽自己的努力，严守自己的职业或岗位。比喻谨慎认真地做好本职工作。

［5］　妄自菲薄：过分地看轻自己。

［6］　啮噬（niè shì）：咬，比喻折磨。

［7］　战战兢兢：形容因害怕而微微发抖的样子。

［8］　完美无疵：完备美好，没有缺点。

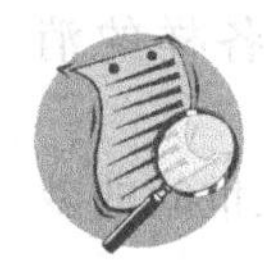

提示

择业观是每一个人都要面对的一件重要的事情，尤其是青年人，职业规划更为重要，那么择业的标准应该是什么样的呢？1935年秋天，马克思中学毕业前夕，写了一篇题为《青年在选择职业时的考虑》的文章，发表了一些重要见解，他并没有明确告诉人们应该选择哪种具体职业，而是站在对社会的认识高度和对待生活的态度方面进行了回答：要选择给人尊严的职业，要遵循带给人类幸福和自身完美的宗旨，表达了为人类服务的崇高理想。这对我们今天的青年人仍有一定的指导意义。

文章开头就告诉我们：人与动物是不同的，动物必须完全依赖自然的生活条件，而人却能掌握自己的命运，有选择自由的权利。因此，“认真地考虑这种选择——这无疑是开始走上生活道路而又不愿拿自己最重要的事业去碰运气的青年的首要责任。”为自己确立一个至少在本人看来是伟大的目标。

接着，作者用一连串的发问引出下文，指出影响选择职业时的因素：①虚荣心容易给人鼓舞或是我们误认为是可以鼓舞我们的东西，可以引起对不同职业突然的热情，我们也会用幻想美化职业。但是依靠虚荣心带来的工作热情是不可能长久的。②体质也是威胁我们选择职业的一个因素，任何人不敢藐视他的存在。如果“为了恪尽职守而牺牲自己幸福的思想激励着我们不顾体弱去努力工作。如果我们选择了力不能胜任的职业，那么，我们决不能把它做好，我们很快就会自愧无能，并对自己说，我们是无用的人，是不能完成自己使命的社会成员”，由此可能会使人妄自菲薄。而这一点是大多数人在择业时不太重视的。③错误地估计能力也将使我们受到惩罚。千万不要做那些以为可以胜任而实际上又超越自己能力之外的工作，那将带给你无比的痛苦。

如果生活的条件允许我们选择任何一种职业，要选择一种能使我们最有尊严的职业，要遵循的主要指针是人类的幸福和我们自身的完美。尊严能使人高尚，使他的行为、他的努力都具有崇高的品质，可以受人钦佩。为人类幸福而劳动的职业，重担就不能把我们压倒，我们的幸福将属于千百万人。

思考与练习

一、反复阅读全文，找出本文中心论点，并说出作者采用的论证方法。

二、青年在选择职业时应该考虑哪些问题呢？请你在课文中划出关键句。

三、作为即将走向社会的大学生，你将怎样规划自己的职业？

四、体质对人们选择职业时有什么重大的影响作用呢？请谈谈自己的想法。

五、本文最触动你，使你受到启发式教育的段落或句子有哪些？请你在文中划出来。

5. 天堂与地狱比邻[1]

洛克菲勒

约翰·洛克菲勒（1839—1937），美国实业家、慈善家，以革命了石油工业与塑造现代慈善的企业化结构而闻名。1870年他创立了标准石油，在全盛时期合并了四十多家厂商，垄断了全美90%的石油市场，成为蜚声中外的“石油大王”，是美国历史上第一个亿万富翁与全球首富。1896年退休后，洛克菲勒在他人生的后四十年致力于慈善事业，主要是教育

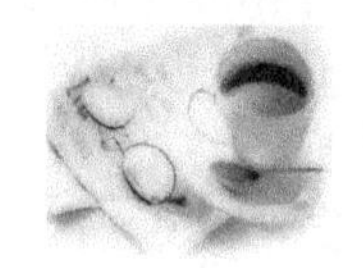

和医药领域。

亲爱的约翰：

有一则寓言很有意味，也让我感触良多。那则寓言说：

在古老的欧洲，有一个人在他死的时候，发现自己来到一个美妙而又能享受一切的地方。他刚踏进那片乐土，就有个看似侍者模样的人走过来问他："先生，您有什么需要吗？在这里您可以拥有一切您想要的：所有美味佳肴，所有可能的娱乐以及各式各样的消遣，……都可以让您尽情享用。"

这个人听了以后，感到有些惊奇，但非常高兴，他暗自窃喜：这不正是我在人世间的梦想嘛！

在这里，他整天都在品尝佳肴美食，同时尽享各种娱乐的滋味。然而，有一天，他却对这一切感到索然乏味[2]了，于是他就对那个侍者模样的人说："我需要做一些事情。你可以给我找一份工作做吗？"

没想到，他所得到的回答却是摇头："很抱歉，我的先生，这是我们这里惟一不能为您做的。这里没有工作可以给您。"

这个人非常沮丧、愤怒地挥动着手说："这真是太糟糕了！那我干脆就留在地狱好了！"

"您以为，您这是在什么地方呢？"那位侍者温和地说。

约翰，这则很富幽默感的寓言似乎告诉我：失去工作就等于失去快乐。但是令人遗憾的是，有些人却要在失业之后，才能体会到这一点。这真是不幸！

我可以很自豪地说，我从未尝过失业的滋味，这并非我运气，而在于我从不把工作视为毫无乐趣的苦役，并且能从工作中找到无限的快乐，

我认为，工作是一项特权，它带来比维持生活更多的内容。工作是所有生意的基础，所有繁荣的来源，也是天才的塑造者。

工作使年轻人奋发有为，比他的父母做得更多更好——不管他们是多么有钱。工作以细水长流般的储蓄来表现自己的价值，并奠定人们生活幸福的基础。工作是增添生命味道的食盐。但人们必须首先爱它，工作才能给予你最大的恩惠，使你获致更多的收获。

我初进商界时，时常听说，一个人想爬到高峰需要很多牺牲。然而，岁月流逝，我开始了解到很多正爬向高峰的人，并不是在"付出代价"。他们努力工作是因为他们真正地喜爱工作。任何行业中往上攀登的人都是完全投入正在做的事情，且专心致志。如果你衷心喜爱所从事的工作，成功也就离你不远了。

热爱工作是一种信念。怀着这个信念，我们能把绝望的大山凿成一块希望的磐石[3]。一位伟大的画家说得好，"痛苦终将过去，但是美丽永存"。

有些人显然过于"聪明"。他们有野心，却对工作过分挑剔，一直在寻找"完美"的雇主或职位。事实是，雇主只将加薪与升迁的机会留给那些格外努力、格外忠心、格外热忱、能够花更多的时间做事的雇员，因为他在经营生意，而不是在做慈善事业，他需要的是那些更能创造价值的人。不管一个人的野心有多么大，他至少要先起步，才能到达高峰。一旦起步，继续前进就不太困难了。工作越是困难或不愉快，越是要立刻去做。等的时间越久，工作就会变得越困难、越怕，这有点像打枪一样，你瞄的时间越长，射击的机会就越渺茫。

我永远也忘不了做我第一份工作——做簿记员[4]的经历。那时我虽然每天天刚蒙蒙亮就得去上班，而办公室里点着的油灯又很昏暗，但那份工作从未让我感到枯燥乏味，反而很令我着迷和喜悦，连办公室里的一切繁文缛节[5]都不能让我对它失去热心。而结果是雇主总在不断地为我加薪。

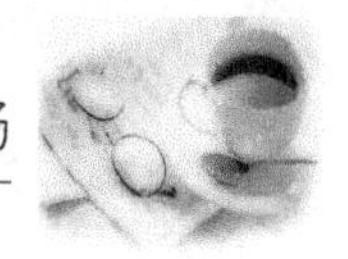

收入只是你工作的副产品，做好你该做的事，出色完成你该完成的事，理想的薪金必然会来。而更为重要的是，我们劳苦的最高报酬，不在于我们所获得的，而在于我们会因此成为什么。那些头脑活跃的人拼命劳作绝不是只为了赚钱，使他们工作热情得以持续下去的东西要比只知敛财的欲望更为高尚——他们是在从事一项迷人的事业。

老实说我是一个野心家，从小我就想成为巨富。对我来说，我受雇的休伊特—塔特尔公司是一个锻炼我的能力、让我一试身手的好地方。它代理各种商品销售，拥有一座铁矿，还经营着两项让它赖以生存的技术——那就是给美国经济带来革命性变化的铁路与电报。它把我带进了妙趣横生、广阔绚烂的商业世界，让我学会了尊重数字与事实，让我看到了运输业的威力，更培养了我作为企业家应具备的能力与素养。所有的这些都在我以后的经商中发挥了极大效能。可以说，没有在休伊特—塔特尔公司的历练，在事业上我或许要走很多弯路。

现在，每当想起我当年的老雇主休伊特和塔特尔两位先生时，我的内心就不禁涌起感恩之情，那段职业生涯是我一生奋斗的开端，为我打下了奋斗的基础，我永远对那三年半的经历感激不尽。

工作是一种态度，它决定了我们快乐与否。同样都是石匠，同样在雕塑石像，如果你问他们："你在这里做什么？"他们中的一个人可能就会说："你看到了嘛，我正在凿石头，凿完这块我就可以回家了。"这种人永远视工作为惩罚，在他嘴里最常吐出的一个字就是"累"。

另一个人可能会说："你看到了嘛，我正在做雕像。这是一份很辛苦的工作，但是酬劳很高。毕竟我有太太和四个孩子，他们需要温饱。"这种人永远视工作为负担，在他嘴里经常吐出的一句话就是"养家糊口"。第三个人可能会放下锤子，骄傲地指着石雕说："你看到了嘛，我正在做一件艺术品。"这种人永远以工作为荣，工作为乐，在他嘴里最常吐出的一句话是"这个工作很有意义"。

天堂和地狱都由自己建造。如果你赋予工作意义，不论工作难易，你都会感到快乐；不论业绩高低，你都会产生乐趣。如果你不喜欢做的话，任何简单的事都会变得困难、无趣，当你叫喊着这个工作很累人时，即使你不卖力气，你也会感到精疲力竭，反之就大不相同。事情就是这样。

约翰，如果你视工作为一种乐趣，人生就是天堂；如果你视工作为一种负担，人生就是地狱。检视一下你的工作态度，那会让我们都感觉愉快。

爱你的父亲

注释

[1] 选自《洛克菲勒给儿子的38封信》的第3封。

[2] 索然乏味：索然：没有意味的样子。形容枯燥，没有趣味。也作"索然寡味"。

[3] 磐石：厚而大的石头。

[4] 簿记员：建立账户，记录财务交易，上级指导下记录组织交易，并做好各种会计凭证的保存工作；核实，整理，调整各种应收、应付工资等。

[5] 繁文缛（rù）节：烦琐而不必要的礼节，也比喻其他烦琐多余的事项。

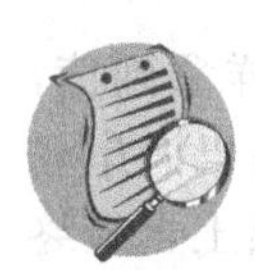

提示

本文选自《洛克菲勒给儿子的38封信》一书中的第3封。作为一名成功的企业家，洛克菲勒在文中谈

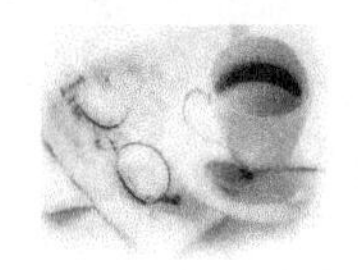

到了对待工作、对待劳动的态度，以及自己是如何工作的。

洛克菲勒虽是以父亲的身份写给儿子的信，但并没有单纯的说教。文章以寓言故事开头，幽默的故事告诉人们失去工作就等于失去了快乐！然后把自己对工作的态度、工作的观点一一亮明。紧接着又列举了自己做簿记员和在休伊特—塔特尔公司的两段工作经历和亲身感受，最后列举三个石匠对待雕塑的不同态度来表明作者观点：人生是天堂还是地狱完全由自己对待工作的态度所决定。换句话说，命运掌握在自己手中，你想生活在天堂还是地狱，完全由自己把握。作为一名成功的企业家，他并没有告诉儿子自己是如何创业的，而是列举了自己的第一份微不足道的簿记员工作，用事实说明工作态度的重要性。第二个事例是在休伊特—塔特尔这个综合性大公司的经历，这份工作对洛克菲勒事业的成功起到了关键的作用，让洛克菲勒少走了很多弯路。他用自己的亲身经历告诉儿子工作态度的重要。

文章采用讲故事、谈感受、举例子的方法，娓娓道来一个真理：人生的天堂和地狱其实就掌握在自己手中。对工作报以热情，就可以收获快乐，你就生活在天堂。作者从一个小职员到一名成功的企业家，是工作态度助了洛克菲勒一臂之力。明白了这个道理，在自己今后的职业生涯中将受益无穷。

思考与练习

一、洛克菲勒给儿子写信的良苦用心是什么？

二、工作包含了太多的内容，作者在信中多次谈到工作的实质，请分别找出来，谈谈自己对洛克菲勒观点的理解。

三、文章在结尾说“如果你视工作为一种乐趣，人生就是天堂；如果你视工作为一种负担，人生就是地狱。”你同意作者的观点吗？说出自己的理由。

6. 把信送给加西亚

阿尔伯特·哈伯德

阿尔伯特·哈伯德（1856—1915），美国著名出版家和作家。《菲士利人》、《兄弟》杂志的总编辑，罗伊科罗斯特出版社创始人。

1899年，他根据安德鲁·萨默斯·罗文的英勇事迹，创作了鼓舞人心的《致加西亚的信》。在杂志上发表后引起了轰动，在世界各地广为流传，全球销量超过8亿册，成为有史以来世界上最畅销的读物之一，列入全球最畅销图书排行榜第六名。1908年，他又创作了内容更全面，思想更深刻的商业佳作《双赢规则》，更深入地阐述了主动、自信、敬业、忠诚、勤奋的伟大思想。哈伯德终主要著作还有《短暂的旅行》、《现在的力量》、《自己是最大的敌人》、《现在的力量》、《时间和机遇》等。

古巴的所有历史事件中，有一位杰出人物一直闪耀在我的记忆中，他就像位于近日点的火星一样光彩夺目。

当西班牙和美国的战争即将爆发之时，最重要的就是让叛变军队的首领得知古巴的情况。当时，加西亚将军隐蔽在一个无人知晓的偏僻山林中，无法收到任何邮件和电报。而美国总统须要尽快得与他进行合作，情势紧急！

该怎么办？

这时，有人报告总统，“有一个名叫罗文的人能帮您把信送给加西亚。”

就这样，罗文带着总统致加西亚将军的信出发了。关于这个名叫罗文的人怎样拿到信，如何用油布袋将它密封好、捆在胸前，然后乘敞篷船航行四天后趁着夜幕降临在古巴海岸登陆，消失在丛林中，三周后来到古巴的另一端，接着步行穿过西班牙军队控制的领土，最终将信交给加西亚的全过程——我不想在此详述。但我想说明一点：威廉·麦金莱总统[1]交

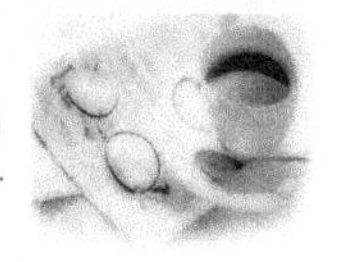

给了罗文一封信，并委派他交给加西亚；罗文接到信后，并问都没问一声“他在哪儿?”，便出发了。

罗文的形象应该被雕塑成不朽的铜像，矗立[2]在各个高等学府的门前。它不是年轻人所应受的正规教育，也不是各级各类教育机构拟定的政策，而是让我们的意志变得更加坚强、信念更加坚定，行动更加迅捷，精力更加集中的精神——“把信送给加西亚”。

如今，加西亚将军已经去世了，但是在我们的生活中还有很多其他的加西亚。没人愿意经营一个满是无能的下属的公司，他们的无能和毫不情愿将使事情变得一团糟。

漫不经心的帮助、愚蠢的错误和懒散的工作态度，这些都不足以表现那些人的无能；他们永远不会成功，除非不择手段的使用威胁或贿赂的方法；或者听天由命[3]，等待上帝恩赐奇迹，给他们带上天使的光环。

既然你读到了这里，那么就去做一个测试吧：你正坐在办公室里，六个职员在外面听候差使。你如召唤其中一个职员进来，并对他说：“请帮我在百科全书中查找一个关于科勒乔一生的情况，并做一个简短的记录。”

你认为这个职员会立刻说“好的，先生”，并着手去做吗？

无论如何他都不会这样，他会用呆滞的目光盯着你，并提出一系列类似如下的问题：他是谁？从哪本百科全书中查找？这属于我的工作职责吗？您说的是俾斯麦吗？为什么不让查理去做？您说的那个科勒乔死了吗？您着急要吗？我能不能把书给您，由您自己去查？您想知道一些关于他的什么事？……

我敢下十倍的赌注和你打赌，当你解答完他的这些问题，告诉他怎样去查找信息，以及你为什么要查这些之后，这个职员会出去并找另一个职员来帮他找这个“加西亚”——然后，回来告诉你根本没有你要找的这个人。当然，我也会输掉我的赌注，但是根据普遍规律，我将是正确的。现在，如果你明智的话，你就会不厌其烦地向你的“助理”解释：应该在C的目录下查找科勒乔，而不是在K类中。但是，最终你将会微笑地说声“没关系”，然后自己去查。

他们愚昧无知，意志薄弱，没有独立工作的能力，愿承担责任——所有这些都使纯粹的理想状态离我们远去。如果一个人连自己的事都不愿做，那他怎会帮助别人？我对现在的办事员的工作能力表示怀疑。如果你刊登广告招聘速记员，那么前来应聘的十个人里就有九个既不会拼写，也不会准确使用标点——并且他们认为根本就没必要学会。

这样的一个人能够把信送给加西亚吗？

“你看那个簿记员！”一个大企业的领班对我说。

“嗯，他怎么了?”

“他本应是一位好会计，但如果我派他去做事，他很难完成使命。每路过一个俱乐部他就会逗留一会儿，当他好不容易达到目的时，却忘了自己究竟要做什么。”

我们能信任这样的人，而让他把信送给加西亚吗？

最近我们听到了许多感情脆弱的人们对“血汗工厂中被蹂躏的工人”和“寻找工作的流离失所的人们”的同情，然而他们每天同样得为那些身居高位的人辛苦劳作。

关于那个未老先衰的雇主未能让懒散的饭桶担任要职的事情，我们一无所知；他长期固定地用一个“助手”，只能使他的工作越来越糟。每个商店和工厂都有一个不断淘汰的过程，雇主定期对员工进行考核、并解雇那些碌碌无为的人，任用有为的新人。不管时代怎么变化，这个规律将保持不变：当工作艰苦、人员短缺的时候，雇主对员工的工作总是很满意。但随着公司规模扩大，将出现人浮于事的现象。这时只有最出色的人才能存留下来，个人利益将激发每个员工尽力做得最好——这些人才能完成把信送给加西亚的使命。

我认识一个才华横溢[4]的人，但他却不善于处理自己的事务，对别人的工作也毫无益

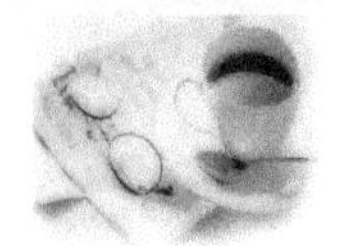

处。因为他一直神经质地怀疑他的雇主具有压迫性或压迫欲。他不能发号施令，也不会接受命令。对于这样的人，我们能把送给加西亚的信托付给他吗？即使我们这样做了，他的回答也将是："你自己去做吧！"

今晚，这个人还会穿着破旧的衣衫，顶着凛冽的寒风走在街上，四处寻找工作。认识他的人都不愿意雇佣他，因为他是一个仇恨一切的反叛分子。他对外界发生的一切都无动于衷，唯一能影响他的是他那双厚底的9号鞋。

当然，我清楚地知道，一个思想畸形的人比一个身体残疾的人要可怜得多；我们还对另一些人感到同情，他们试图经营自己的公司，他们的工作时间被严格限定，头发在一夜间变白，他们将为自己的懒散拖沓、无知愚昧和忘恩负义付出代价，并终将流离失所、饥寒交迫。

虽然我的话听起来似乎有些严重，但道理确实如此。其实我们每个人都肩负着"把信送给加西亚"的使命，只是由于精神意志的限制，使大多数人难以胜任。在工作中，人们善于指使他人，但是当使命落到自己肩上时，他们却不知所措。慵懒、愚昧和无能使他们百般推托[5]，最终这些人将被社会所淘汰。

世界上有各种各样"送信"的使命，无数之人为此而奔忙不息，你曾否考虑让自己具备"把信送给加西亚"的这种精神呢？

注释

[1] 威廉·麦金莱（1843—1901）：是美国第25任总统。1901年遇刺身亡。

[2] 矗（chù）立：高耸地立着。

[3] 听天由命：任凭事态自然发展变化，不做主观努力。有时也比喻碰机会或听其自然。

[4] 才华横溢：（多指文艺方面）才能出众。才华：表现在外的才能。

[5] 百般推托：形容用多种方法借故拒绝。

提示

阿尔伯特·哈伯德在《把信送给加西亚》中写道：世界会给你以厚报，既有荣誉也有金钱，只要你具有这样的品质——主动。什么是主动？主动就是不用别人告诉你该怎样去做，你就能出色的完成工作。次之，就是别人告诉你一次，你就能去做。我们把这叫做：把信交给加西亚。再者，就是别人告诉两次或者多次，你才会做。这些人不会得到报酬或者报偿很微薄。更次之，就是只有在形势所迫时你才会去做，这种人平时总在磨洋工。最后，即便有人在后边追着，告诉他应该去做，并且盯着他去做，他也不会把事情做好。这种人总在失业时遭到别人的蔑视。

很多时候，决定我们做事优劣的可能不是能力，而是一个人做事的态度。任何时候，对待任何事情，都要积极努力地去做，那么就有柳暗花明的可能。

本文告诉你，怎样才能成为一个把信送给加西亚的人。

思考与练习

一、作者为什么要为罗文塑像，并把他放在每一所大学里？

二、课文列举了哪几个例子和罗文对比？为什么要进行对比？

三、观察一下在你的身边，是否有"把信送给加西亚"这样的人？谈谈他是如何做的。

四、"把信送给加西亚"的精神是什么？

第十一单元

智慧哲理

在浩瀚无边的宇宙世界中，在漫漫的历史长河中，涌现出了无数的哲人，表达了无数的哲思。在我们的生活中无时无处不闪现着智慧的火花。聪明的头脑是智慧，博大的胸襟是智慧，善良的人性是智慧。智慧使人聪明，哲理让人深沉。

庖丁因其对自然规律的喜爱，而游刃精神于宰牛的过程，全以神遇而无须目视，使人们充分认识到实践对于认识的决定性作用。刘义庆的《陈太丘与友期》，短小精悍，无一多余之字，103个字就为我们讲明了一个古老的话题：诚信乃为人之本。阿尔福雷德的经历告诉我们丰富多彩的人生要靠自己去创造，去争取。打垮自己的只能自己，拯救自己的也只能是自己。《为我唱首歌吧》里一群天真可爱的孩子们，用自己的爱心点燃了伊丽莎白一生的美好回忆。《伊索寓言》以其经典之作启迪了读者无限的遐思，蚂蚁面对诱惑时的暂时退让，让它得到了更大的收获。周国平则用哲人的思考，作家的文笔，引名言，举实例，做对比，用平实的语言论证了一个深刻的道理：人的灵魂最高贵。

让智慧的火花，理性的思索伴随我们！让我们徜徉在生活的海洋，用智慧的头脑和哲理的思考丰富我们的经历，让我们的人生更完美！

1. 庖丁解牛[1]

（战国）庄子

庄子（约前369～前286），名周，战国时宋国蒙（现在河南省商丘县东北）人，著名的哲学家，是道家学派的代表人物。他的思想基本上是消极的唯心主义的。

《庄子》是庄周和他的门人及后学的著作，现存三十三篇。一般认为内篇七篇是庄子自撰，外篇十五篇，杂篇十一篇出自他的门人和后学之手。《庄子》的散文善于运用寓言故事来表达思想，有丰富的想象，大胆的夸张，气势奔放，文笔变化多端，很有感染力。

庖丁[2]为文惠君[3]解牛。手之所触[4]，肩之所倚，足之所履[5]，膝之所踦[6]，砉然向然[7]，奏刀騞然[8]，莫不中音[9]：合于《桑林》之舞[10]，乃中《经首》之会[11]。

文惠君曰："嘻，善哉！技盖[12]至此乎？"

庖丁释刀对曰："臣之所好者，道也；进乎技矣[13]。始臣之解牛之时，所见无非牛者[14]；三年之后，未尝见全牛也[15]。方今之时，臣以神遇而不以目视[16]，官知止而神欲行[17]。依乎天理[18]，批大郤[19]，导大窾[20]，因其固然[21]，技经肯綮之未尝[22]，而况大軱[23]乎！良庖岁更刀，割[24]也；族庖[25]月更刀，折[26]也。今臣之刀十九年矣，所解数千牛矣，而刀刃若新发于硎[27]。彼节者有间[28]，而刀刃者无厚[29]；以无厚人有间，恢恢[30]乎其于游刃[31]必有余地矣！是以十九年而刀刃若新发于硎。虽然，每至于族[32]，吾见其难为，怵然为戒，视为止，行为迟[33]。动刀甚微，謋[34]然已解，如土委[35]地。提刀而立，为之四顾，为之踌躇满志[36]；善[37]刀而藏之。"

文惠君曰："善哉，吾闻庖丁之言，得养生[38]焉。"

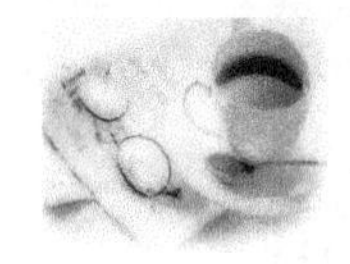

注释

[1] 节选《庄子·养生主》，他们是编者所加。

[2] 庖丁：庖，厨师。丁，厨师的名字。

[3] 文惠君：梁惠王。

[4] 所触：接触的地方。

[5] 履（lǚ）：踩。

[6] 踦（yǐ）：用一只脚站立。这里指宰牛时抬起一条腿，用膝盖抵住牛。

[7] 砉（huā）然向（xiǎng）然：发出砉砉的响声。砉，象声词。向，通“响”。

[8] 奏刀騞（huō）然：进刀时发出騞的声音。奏，进。騞，象声词。

[9] 中（zhòng）音：合乎音律。

[10] 合于《桑林》之舞：合乎《桑林》舞乐的节拍。《桑林》，传说中商汤时的乐曲名。

[11] 乃中《经首》之会：又合乎《经首》乐曲的节奏。《经首》传说中尧时的乐曲名。

[12] 盖（hé）：通“盍”，何。

[13] 进乎技矣：超过技术了。进，过。

[14] 无非牛者：没有不是全牛的。

[15] 未尝见全牛也：未曾看到整头的牛了。这是说对牛的全身结构完全摸清了，不再把一头牛看成全牛，而是把它看成可以拆卸的东西。

[16] 臣以神遇而不以目视：我只用精神去和牛接触，而不用眼睛去看了。

[17] 官知止而神欲行：视觉停止了，而精神在活动。意思是，解牛时可以不用感觉器官，而只靠精神活动来行事。官知，耳眼等器官的感觉，这里指视觉。神欲，精神活动。

[18] 天理：指牛的生理上的天然结构。

[19] 批大郤（xì）：击入大的缝隙。批，击。郤，空隙。

[20] 导大窾（kuǎn）：顺着（骨节间的）空处进刀。导，顺着，循着，这里有导入的意思。窾，空。

[21] 因其固然：依照牛体本来（的结构）。

[22] 技经肯綮（qìng）之未尝：脉络相连和筋骨结合的地方（容易使刀刃钝折），没有拿刀去尝试（指没有碰着刀）。意思是，用刀的技术高明，从不经过使刀口钝折的地方。技，应是“枝”字，指枝脉。经，指经脉。技经，脉络相连的地方。肯綮，筋骨结合的地方。肯，骨间的肉。綮，结合处。

[23] 軱（gū）：大骨。

[24] 割：割肉。

[25] 族庖：一般厨师。族，众。

[26] 折：断，指用刀砍断骨头。

[27] 新发于硎（xíng）：刚从磨刀石上磨出来的。发，出。硎，磨刀石。

[28] 彼节者有间：牛的骨节有缝隙。

[29] 无厚：没有厚度，形容刀口薄而锋利。

[30] 恢恢：很宽绰的样子。

[31] 游刃：动刀。游，运转、活动。

[32] 族：（筋骨）交错聚结的地方。

[33] 视为止，行为迟：目光聚集在一点，动作缓慢下来。

[34] 謋（huò）：象声词，骨肉离开的地方。

[35] 委：散落。

[36] 踌躇满志：悠然自得，心满意足。

[37] 善：通“缮”，修治，这里是拭、擦的意思。

[38] 养生：指养生之道。

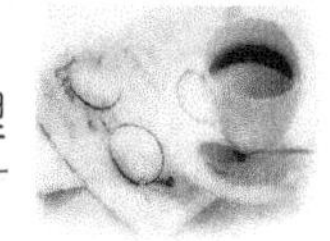

【译文】

有一个姓丁的厨师替梁惠王宰牛，手所接触的地方，肩所靠着的地方，脚所踩着的地方，膝所顶着的地方，都发出皮骨相离声，进刀时发出騞地响声，这些声音没有不合乎音律的。它合乎《桑林》舞乐的节拍，又合乎（尧时）《经首》乐曲的节奏。

梁惠王说："嘻！好啊！你的技术怎么会高明到这种程度呢？"

厨师放下刀子回答说："臣下所喜好的是自然的规律，这已经超过了对于宰牛技术的追求。当初我刚开始宰牛的时候，（对于牛体的结构还不了解），（看到的）没有不是全牛的，（和一般人所见一样）。三年之后，（见到的是牛的内部肌理筋骨），再也看不见整头的牛了。现在宰牛的时候，臣下只是用精神去和牛接触，而不用眼睛去看，就像视觉停止了而精神在活动。顺着牛体的肌理结构，劈开筋骨间大的空隙，沿着骨节间的空穴使刀，都是依顺着牛体本来的结构。宰牛的刀从来没有碰过经络相连的地方、紧附在骨头上的肌肉和肌肉聚结的地方，更何况股部的大骨呢？技术高明的厨工每年换一把刀，是因为他们用刀子去割肉。技术一般的厨工每月换一把刀，因为他们用刀子去砍骨头。现在臣下的这把刀已用了十九年了，宰牛数千头，而刀口却像刚从磨刀石上磨出来的。牛身上的骨节是有空隙的，但是刀刃没有厚度，用这样薄的刀刃刺入有空隙的骨节，那么在运转刀刃时一定宽绰而有余地（游刃有余）了，因此用了十九年而刀刃仍像刚从磨刀石上磨出来一样。即使如此，可是每当碰上筋骨交错的地方，我一见那里难以下刀，就十分警惕而小心翼翼，目光集中，动作放慢。刀子轻轻地动一下，哗啦一声骨肉就已经分离，像一堆泥土散落在地上了。我提起刀站着，为这一成功而得意地四下环顾，为这一成功而悠然自得、心满意足。拭好了刀把它收起来。"

梁惠王说："好啊！我听了你的话，学到了养生之道啊。"

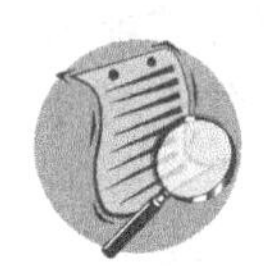

提示

《庖丁解牛》是一篇寓言故事，庄子的本意，是借这则寓言故事说明"养生"的道理。但是，我们可以从中体会到实践对于认识的决定性作用，促进我们在实践中去认识和掌握事物的本质和客观规律，处理事物才能够得心应手，运用自如。

文章起笔便直接叙事，交待了事情的起因是庖丁为文惠君解牛。"手之所触，肩之所倚，足之所履，膝之所踦"这一组排比句，把手、肩、足、膝默契的配合，动作的娴熟、老练描写得栩栩如生、绘形绘色。"砉然向然，奏刀騞然"的象声词运用使读者身临其境其宰牛现场。

第二部分写庖丁的对话，从解牛的情况到用刀，到运刀的道理，到解牛时的心态、神态，中间或对比，或描写，写得曲折有致，突出了"依乎天理"的思想。首先以文惠君"嘻，善哉"的赞叹从侧面反映了庖丁技艺的高超。庖丁在介绍自己高超技艺的经验时，条理非常清晰。以"臣之所好者道也，进乎技矣"总述，来说明庖丁注重对自然规律的追求，强调找出事物规律性比简单的掌握技术更为重要。分别从"解牛之时"、"三年之后"、"方今之时"三个阶段，写出了庖丁解牛技术不断提高的三个过程，其实也是庖丁对事物认识不断深入的过程。解牛之初看到的都是全牛；三年之后看到的是牛内部的肌理筋骨；到现在，已经达到了"官知止而神欲行"的境界。接着，又用对比的手法，写技术比较高明的厨工每年换一把刀，技术一般的一个月换一把刀，而自己的刀已用了十九年，却"刀刃新发于硎"。这得益于"以无厚入有间"才"游刃有余"。仅仅是锋利的刀还不够，还必须有认真的态度。"戒、止、迟"三个动词传神地写出了庖丁解牛时屏声敛息、精神专注、小心翼翼的神态。对牛的了解，加上刻苦的实践，还有对待工作的认真，使庖丁解牛时"动刀甚微，謋然已解，如土委地"。最后以"善刀而藏之"结束全文，十分自然。

最后，文惠君从庖丁的介绍中悟出了养生的道理，与上文呼应。庄子画龙点睛，点明主题。

庄子是善写寓言的，尤善使用夸张写法，细致描绘了庖丁解牛的故事，把庖丁的形象描画的生动传神。通过庖丁解牛这件小事揭示出来的客观规律，带给人们很大的启示。

思考与练习

一、辨析下列句子中加点的词的意思。

①吾见其难为，怵然为戒 ②视为止，行为迟 ③为之四顾，为之踌躇满志

二、联系课文，说说下列成语的意思。

庖丁解牛 目无全牛 游刃有余 恰中肯綮 踌躇满志

三、朗读课文，说说庖丁解牛这个故事告诉了我们一个什么道理？

2. 陈太丘与友期[1]

（南朝）刘义庆

刘义庆（403—444），彭城（今江苏省徐州市）人，南朝宋文学家，刘宋宗室，袭封临川王。爱好文学，招聚文学之士，远近必至。著作除《世说新语》外，还有《宣验记》、《幽明录》等。

《世说新语》是我国古代最有名的笔记小说。此书是刘义庆和他的门人杂采众书编纂润色而成，原为八卷，今本作三卷。全书按内容分为德行、言语、政事、文学、方正、雅量等三十六门，每门包括短小的故事若干则，记载东汉末到东晋之间官僚士大夫的奇闻轶事。这部书对这一时期封建统治阶级士大夫的精神面貌和生活情况有比较全面的反映，对豪门贵族的荒淫腐朽状况有所暴露，可以帮助我们了解当时的社会和历史，在文学上也有很高成就。

陈太丘[2]与友期行[3]，期日中[4]，过中不至，太丘舍去[5]，去后乃至[6]。元方[7]时年七岁，门外戏。客问元方："尊君在不[8]？"答曰："待君久不至，已去。"友人便怒："非人哉！与人期行，相委而去[9]。"元方曰："君与家君[10]期日中。日中不至，则是无信；对子骂父，则是无礼。"友人惭，下车引[11]之，元方入门不顾[12]。

注释

[1] 选自余嘉锡《世说新语笺疏》（中华书局1983年出版），题目是编者加的。

[2] 陈太丘：即陈寔（shí），字仲弓，东汉颍川许（现河南省许昌市）人。做过太丘县令。

[3] 期行：相约同行。期，约定。

[4] 期日中：约定的时间是中午。日中，正午时分。

[5] 舍去：不再等候就走了。

[6] 乃至：（友人）才到。乃，才。

[7] 元方：即陈纪，字元方，陈寔的长子。

[8] 尊君在不（fǒu）：你爸爸在吗？尊君，对别人父亲的一种尊称。不，通"否"。

[9] 相委而去：丢下我走了。委，丢下、舍弃。去，离开。

[10] 家君：谦词，对人称自己的父亲。

[11] 引：拉。

[12] 顾：回头看。

【译文】

陈太丘和朋友相约同行，约定的时间在正午。过了正午朋友还没有到，陈太丘不再等候他而离开了，陈太丘离开后朋友才到。元方当时年龄七岁，在门外玩耍。陈太丘的朋友问元

方："你的父亲在吗?"元方回答道："我父亲等了您很久您却还没有到，已经离开了。"友人便生气地说道："你父亲真不是人啊！和别人相约同行，却丢下别人先离开了。"元方说："您与我父亲约在正午，正午您没到，就是不讲信用；对着孩子骂父亲，就是没有礼貌。"友人感到惭愧，下车去拉元方，元方转身进入家门，也不回头看他。

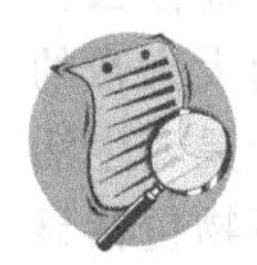

提示

本文选自《世说新语》中是"方正"一门，围绕陈元方与客人的对话，写了三层意思：首先写陈太丘依照合约行事，和朋友约好同行，朋友没有及时赶到，陈太丘离去；其次写随后赶来的朋友不仅没有自责，反而怪罪太丘的离去。时年七岁的元方驳斥了友人的无信、无礼；最后写友人很惭愧，下车引之。元方却入门不顾。文章通过记叙陈太丘与友期行的经过，批评了无信无礼的行为，赞扬了守信重礼的品德。

故事记叙平实，语言质朴，虽不加修饰，但内涵丰富。全文通过短短的103个字，为读者展示了一场有关守信与不守信的辩论。通过语言描写、动作描写，把三个人物的性格刻画地栩栩如生。陈太丘守时，友人虽有失信的嫌疑，但毕竟还能知错就改，元方的率真可爱跃然纸上，虽然年幼，但聪慧过人，性格刚直。鲁迅在《中国小说史略》中称《世说新语》的语言"清新俊逸，咳唾珠玑"，《陈太丘与友期》很好的体现了这一特点。

思考与练习

一、熟读并背诵课文，然后回答下列问题。

① 文中"尊君"、"君"、"家君"的称谓有什么不同?

② 元方"入门不顾"是一种失礼吗？谈谈自己的看法。

③ 这个故事告诉了我们一个什么的道理?

二、解释下列各句中加点的词。

①太丘舍去，去后乃至　②与人期行，相委而去　③元方入门不顾

3. 人的高贵在于灵魂

周国平

周国平（1945—），上海人，当代著名学者、哲学家、作家，国内著名的尼采哲学研究专家。1967年毕业于北京大学哲学系，1978年考入中国社会科学院哲学系，先后获得哲学硕士、博士学位。1996年因其为怀念夭折的女儿而写的《妞妞：一个父亲的札记》一书闻名，被列入当年的畅销书排行榜。

出版各类著作二十余种，如《尼采：在世纪的转折点上》、《尼采与形而上学》、《尼采美学文选》、《人与永恒》、《爱与孤独》、《偶像的黄昏》、《只有一个人生》、《守望的距离》、《经典的理由》等，1998年底以前作品结集为《周国平文集》（1～6卷）。他既是一个学者，也是一个散文家。他的作品以其文采和哲理赢得了不同年龄段读者的好评。

法国思想家帕斯卡尔[1]有一句名言："人是一支有思想的芦苇。"他的意思是说，人的生命像芦苇一样脆弱，宇宙间任何东西都能置人于死地。可是，即使如此，人依然比宇宙间任何东西高贵得多，因为人有一颗能思想的灵魂。我们当然不能也不该否认肉身生活的必要，但是，人的高贵却在于他有灵魂生活。作为肉身的人，并无高低贵贱之分。惟有作为灵魂的人，由于内心世界的巨大差异，才分出了高贵和平庸，高贵和卑鄙。

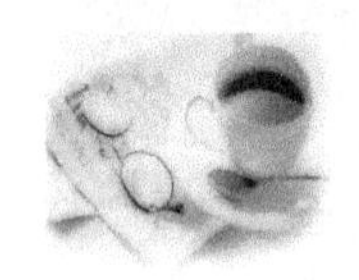

两千多年前，罗马军队攻进了希腊的一座城市，他们发现一个老人正蹲在沙地上专心研究一个图形。他就是古代最著名的物理学家阿基米德[2]。他很快便死在了罗马军人的剑下，当剑朝他劈来时，他只说了一句话："不要踩坏我的圆！"在他看来，他画在地上的那个图形是比他的生命更加宝贵的。更早的时候，征服了欧亚大陆的亚历山大大帝[3]视察希腊的另一座城市，遇到正躺在地上晒太阳的哲学家第欧根尼[4]，便问他："我能替你做些什么？"得到的回答是："不要挡住我的阳光！"在他看来，面对他在阳光下的沉思，亚历山大大帝的赫赫战功显得无足轻重。这两则传为千古美谈的小故事表明了古希腊优秀人物对于灵魂生活的珍爱，他们爱思想胜于爱一切包括自己的生命，把灵魂生活看得比任何外在的事物包括显赫的权势更加高贵。

珍惜内在的精神财富甚于外在的物质财富，这是古往今来一切贤哲的共同特点。英国作家王尔德[5]到美国旅行，入境时，海关官员问他有什么东西要报关，他回答："除了我的才华，什么也没有。"使他引以自豪的是，他没有什么值钱的东西，但他拥有不能用钱来估量的艺术才华。正是这位骄傲的作家在他的一部作品中告诉我们："世间再没有比人的灵魂更宝贵的东西，任何东西都不能跟它相比。"

其实，无须举这些名人的事例，我们不妨稍微留心观察周围的现象。我常常发现，在平庸的背景下，哪怕是一点不起眼的灵魂生活的迹象，也会闪放出一种很动人的光彩。

有一回，我乘车旅行。列车飞驰，车厢里闹哄哄的，旅客们在聊天、打牌、吃零食。一个少女躲在车厢的一角，全神贯注地读着一本书。她读得那么专心，还不时地往随身携带的一个小本子上记些什么，好像完全没有听见周围嘈杂[6]的人声。望着她仿佛沐浴[7]在一片光辉中的安静的侧影，我心中充满感动，想起了自己的少年时代。那时候我也和她一样，不管置身于多么混乱的环境，只要拿起一本好书，就会忘记一切。如今我自己已经是一个作家，出过好几本书了，可是我却羡慕这个埋头读书的少女，无限缅怀[8]已经渐渐远逝的有着同样纯正追求的我的青春岁月。

每当北京举办世界名画展览时，便有许多默默无闻的青年画家节衣缩食，自筹旅费，从全国各地风尘仆仆来到首都，在名画前流连忘返[9]。我站在展厅里，望着这一张张热忱仰望的年轻的面孔，心中也会充满感动。我对自己说：有着纯正追求的青春岁月的确是人生最美好的岁月。

若干年过去了，我还会常常不由自主地想起列车上的那个少女和展厅里的那些青年，揣摩他们现在不知怎样了。据我观察，人在年轻时多半是富于理想的，随着年龄增长就容易变得越来越实际。由于生存斗争的压力和物质利益的诱惑，大家都把眼光和精力投向外部世界，不再关注自己的内心世界。其结果是灵魂日益萎缩和空虚，只剩下了一个在世界上忙碌不止的躯体。对于一个人来说，没有比这更可悲的事情了。我暗暗祝愿他们仍然保持着纯正的追求，没有走上这条可悲的路。

注释

[1] 帕斯卡尔（1623—1662），法国17世纪数学家、物理学家、哲学家。因他总结出帕斯卡尔定律，因此他的名字被确定为压强单位。代表作《帕斯卡尔思想录》以期论战的锋芒、思想的深邃以及文笔的流畅而成为世界文化思想史上的经典著作。它与《蒙田随笔录》、《培根人生论》一起，被人们誉为欧洲近代哲理散文三大经典。

[2] 阿基米德（前287—前212），古希腊著名数学家、物理学家，静力学流体静力学的奠基人。

[3] 亚历山大大帝（前356—前323），古代马其顿国王，世界历史上著名的军事家和政治家。他足智多谋，在担任马其顿国王的短短三年中，以其雄才大略东征西讨，先是确立了在全希腊的统治地位，后又

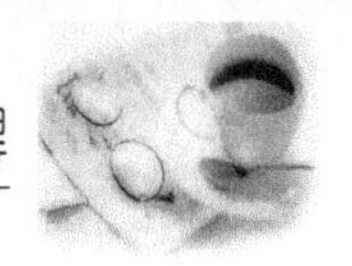

灭了波斯帝国，在横跨欧亚的大地上，建立起一个以巴比伦为首都的疆域广阔的国家，对人类社会文明的发展产生了重大影响。

[4] 第欧根尼（前404—前323），古希腊哲学家。据说，第欧根尼住在一个木桶里，他拥有的所有财产包括这个木桶、一件斗篷、一根棍子和一个面包袋。有一次，亚历山大大帝访问他，问他需要什么，并保证会兑现他的愿望。第欧根尼回答说："我希望你闪到一边去，不要遮住我的阳光。"亚历山大大帝后来说："我若不是亚历山大，我愿是第欧根尼。"

[5] 王尔德（1854—1900），英国唯美主义艺术运动的倡导者，著名作家、诗人、戏剧家。

[6] 嘈杂：（声音）杂乱；喧闹。

[7] 沐浴：比喻沉浸在某种环境中。

[8] 缅怀：追想（以往的事迹）。

[9] 流连忘返：流连指留恋不止。形容留恋景物或某种事物而不愿离去。

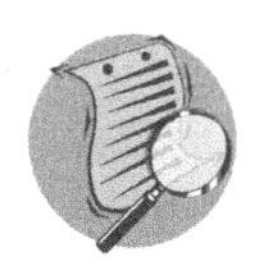

提示

本文是选自2004年第12期《读者》上的一篇说理性散文。周国平先生阐述了这样一个观点：作为肉身的人，并无高低贵贱之分。唯有作为灵魂的人，由于内心世界的巨大差异，才分出了高贵和平庸、高尚和卑鄙。

课文开头由法国思想家帕斯卡尔的一句名言"人是一支有思想的芦苇"引领课文，引出本文的中心论点：人的高贵在于灵魂。接着列举5个事例从不同的角度来论证自己的观点，这五个事例分别是：①阿基米德面对即将劈向自己的剑，依然专注于自己正在研究的"圆"；②第欧根尼置权势显赫的亚历山大大帝的询问于不顾，继续他阳光下的沉思；③王尔德在海关人员询问入境有什么报关物品时说："除了我的才华，什么也没有"；④少女置身于乱哄哄的车厢，全神贯注地看自己的书；⑤许多青年画家的物质生活匮乏，仍节衣缩食来首都看画展，在名画前流连忘返。作者举的例子，有中国的有外国的，有古代的有现代的，有人人皆知的著名人物，也有默默无闻的小人物，包括的非常全面，说服力很强。在文章结尾，作者祝愿人们能够永远保持纯正的追求。

什么是灵魂？什么是高贵的灵魂？作者把这种抽象的东西具体化了，每个人看完这篇文章都可以在文中找到答案：灵魂的高贵与否，和你的出身、金钱、地位、权势统统无关。换句话说：每个人都可以成为灵魂高贵的人！也许，我们永远也不会有富足的家庭，显赫的地位……但是我们可以有纯正的追求，有富足的精神，有高贵的灵魂，可以获得幸福和实现价值。人之初，性本善。青年人总是热血沸腾，理想崇高。随着年龄的增长，生存压力、社会压力的加大，物质利益的诱惑，人就会变得越来越实际，人的灵魂越来越空虚和萎缩。因此，作者劝诫人们要保持这种纯正的追求，不被任何环境所破坏。

作为一篇说理文，文章夹叙夹议，说理透彻，思路清晰。开头提出问题，中间论述问题，最后解决问题。鲜明的论点，运用引用论证、举例论证、对比论证等多种论证方法进行了精辟的论证。周国平是一位哲学家，同时也是一位作家。他深邃的哲理通过朴实的语言得到论证。

读完此文，我们掩卷沉思，每个人该怎样去工作，去学习，去实现自己的价值。这正是每一个年轻人应该思索的。

思考与练习

一、熟读课文，按照提出问题、分析问题、解决问题的思路给文章分段，并概括出每一段的主要内容。

二、文章表达的中心观点是什么？

三、学习课文后，你认为一个人灵魂的高贵可以体现在什么地方？找出身边的一些事例来论证。

四、一个人的高贵和出身、地位、财富、权势有关系吗？请谈谈自己的观点并写下来。

4. 伊索寓言两则

伊索

蚂蚁和麦粒

伊索是一位传说中的人物，公元前6世纪古希腊人，生活在小亚细亚。他以非凡的智慧和哲思，以动物为主角，运用拟人化手法，漫游各地，给人们讲寓言故事。和法国的拉封丹、德国的莱辛、俄国的克雷洛夫并称世界四大寓言家。

现存的《伊索寓言》，是古希腊、古罗马时代流传下来的故事，人们根据伊索留下的寓言故事，再加入一些流传已久的民间传说，汇集成册，统归在伊索名下。

夏季到了，长长的白昼令人陶醉。庄稼人忙着收割，把麦子堆满仓。

收割后，一颗麦粒掉在地上。这时，麦粒对自己说：

“下雨时，我就躲在土块下。伟大的未来，肯定正等待着我。我真幸运……”

不过，蚂蚁发现了麦粒。它乐得睁大了眼睛。

“我的运气真好，它可以增加我的粮食储备！”

蚂蚁背起麦粒，气喘吁吁地向远方蚁窝走去。

走啊走，蚂蚁觉得背上的麦粒越来越重。

“为什么你不放开我？”麦粒问。

蚂蚁回答：

“我向你保证，绝不可能放了你。把你放了，冬天，我们就没有储备粮了。我们蚂蚁就是这样，每个人都要把遇到的食品背回来。使人难以相信，放了你，我就可以休息！你呀，真把我弄得精疲力竭了……”

“你瞧，好蚂蚁，我不是让人吃的麦子，我是有生命的种子，命中注定要变成一棵庄稼。我们不能好好商量达成一个协议吗？”

蚂蚁很想休息片刻，它把种子放在地上，问：

“什么协议？”

“如果你把我放在这儿，放在田野上，”麦粒解释着，“也就是说，你放弃把我背到蚂蚁窝的打算。那么，在一年之内，要给你一百粒像我这样漂亮的麦粒。”

蚂蚁半信半疑地望着它。

“我不知道该不该签字……”

“我向你保证，敬爱的蚂蚁，请你相信我和我讲的话。如果今天你放了我，我给你一百个像我这样的麦粒。我要送到你的窝里，一百个麦粒！”

蚂蚁想：

“一百个换一个……！这可像精彩的魔术！”

接着，问麦粒：

“告诉我，你怎样办到？”

“这是个谜，”麦粒回答，“是生命之谜，你挖个小坑，把我埋在土里，那么，再等我一年，你再来。”

蚂蚁同意了麦粒的请求。并根据它的意愿，做了该做的一切。十二个月后，一天下午，蚂蚁又回到老地方。

麦粒实现了诺言，用一百个换了一个。这样，所有的蚂蚁都有了储备粮，安然地度过了

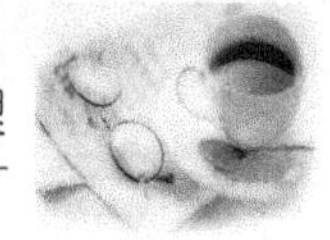

漫长的冬天。

像蚂蚁这样善于储备，肯定不怕漫长的冬夜。

这个故事是说，有时候，后退一步会给自己带来意想不到的收获。

狐狸和两只狗

两只狗在草坪上玩耍，突然发现了一大块肉，他们俩几乎同时扑了上去。

“这肉是我的，我先发现，我先抓住，汪汪，你放开！”一只狗叫到。

“你不讲理，明明是我先发现的，我先抓住的，这肉该归我！”另一只狗毫不示弱。

吵得不可开交，眼看着就要打起来了。

这时，有一只狐狸经过，他看到那块又大又肥的肉，口水都流下来了，真想把这块肉马上弄到手。回来眼珠一转，马上有了馊主意。

“喂，我说，小兄弟，有话好好说嘛，有什么好吵的，你们愿意告诉好心的我吗？”狐狸走上前去问道。

两只小狗哪里知道狐狸的居心不良，他们像是找到了大救星似的，抢着向狐狸说明原因。

狐狸摆出一副绝对公平的样子说：“你们俩说的都有道理，你们都有权利吃到这块肉。这件事好办，让我来把肉分成大小相同的两份，你们俩一人一份，不就解决了吗？”

两只狗一听，觉得狐狸说得对，感激地说：“那就麻烦您了。”

狐狸开始分肉了，他拿起肉看了看，故意把肉分成大小不等的两块，然后看了看在旁边焦急等待的狗说：“这样右边的大了些。”

他从右边那块肉上撕下一块，放进自己嘴里。站在右边的狗叫起来：“不行，现在左边的肉可比这边的大多了！”

狐狸点点头，说：“看来是这样，这又不公平。”他又从左边的肉上撕下一块，放进嘴里，美美地吃下去。可是这回站在左边的狗不同意了，因为这一次看来，右边的肉比左边的大了。

狐狸摇摇头，摸摸自己的胡子，假装奇怪地说：“对啊，怎么右边的肉又大了呢？”说完，又从右边的肉上撕下一块吞了下去。

就这样，狐狸一会儿撕左边的肉，一会儿撕右边的肉，结果两块肉越来越小。最后狗终于得到相等的两块肉，可是这两份肉加起来也只有手指头大。

吃了大肥肉的狐狸抹抹嘴，拍拍肚皮，便大摇大摆地走了，边走边说：“我的任务完成了，你们吃到了相等份量的肉，真正做到了绝对公平，再见！”

这个故事告诉人们，对于狡猾、虚伪的人，要看清他们的真面目，不要轻信甜言蜜语，不要被伪装的面目迷惑，才不至于上当受骗。

提示

寓言是一种孩子和成人都喜闻乐见的文学作品。这两篇文章都选自《伊索寓言》，这是一部世界闻名的文学作品，它对世界各国的影响都是很大的。

《蚂蚁和麦粒》、《狐狸和两只狗》两个故事内容浅显，道理深刻。《蚂蚁和麦粒》讲述了一只蚂蚁外出觅食，为寒冬储备粮食。它寻找到一粒麦粒，高高兴兴要运回家去。这时，麦粒说话了，它和蚂蚁进行了一番对话，它劝蚂蚁把自己放回土地，放回田野。如果蚂蚁答应它的请求，等到十二个月后，它可以还给

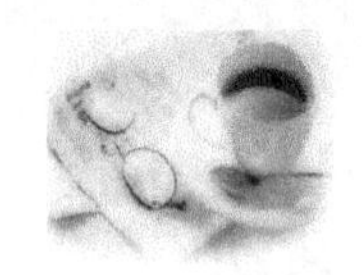

蚂蚁一百粒同样的麦粒。蚂蚁答应了，结果到了十二个月，麦粒兑现自己的诺言，还给蚂蚁一百粒麦粒。蚂蚁用一粒麦粒换回一百粒麦粒，让全部蚂蚁都安然度过了寒冬。小蚂蚁暂时的退让，为自己带来了更多的收获。这个故事告诉我们，一时的退让不是懦弱，它可能带来意想不到的收获。在生活中，诱惑无处不在，当人们面对诱惑时，要想压抑住这种诱惑是很难的。但是，如果能够放弃诱惑，暂时退让，也许可以收获更多。

《狐狸和两只狗》讲述了两只小狗，在玩耍时找到一块肉，都想据为己有，争得不可开交。正在争执不下的时候，一只狐狸正好经过此处，它假装公平地为两只狗分肉。狐狸故意把两块肉分成大小不一的两块，两只小狗当然不同意。于是，狐狸再把大块的多咬掉一些，两块又不一样了。这样，狐狸左咬一口，右咬一口，始终分不均两块肉，当两块肉剩的加起来只有手指头大小时，终于分平均了。狐狸抹抹油光光的嘴巴，得意的走了。这个故事告诉我们：对于狡猾、虚伪的人，要看清他们的真面目，不要轻信甜言蜜语，不要被伪装的面目迷惑，才不至于上当受骗。

两则故事的寓意浅显易懂，而且生活中这样的事例应该也很多，所以对人们的启迪很大，实用性很强。

思考与练习

一、仔细阅读课文，说说两则寓言的寓意。

二、联系自己的生活实际，举几则生活中这样的事例，谈谈自己的看法。

三、了解寓言常识，试着编一则寓言故事。

5. 葡萄熟了

佚　名

阿尔福雷德17岁那年在一次事故中双目失明了。此前，他是大学里的高才生，是校队出色的棒球手，是女生们青睐的美少年。可是这一切都随着突如其来的黑暗消失了。他无法面对这样的打击，他将自己封闭在屋子里，拒绝与外界来往。

阿尔福雷德住在格拉夫的教母知道他的近况后，立即邀请他到乡下来散心。

格拉夫是法国著名的葡萄酒产区，阿尔福雷德的教母就住在一大片葡萄园边上。到格拉夫后，阿尔福雷德的心境并没有随着田园风情好转。他每天都独自闷闷不乐地窝在教母家门口的躺椅里。一个礼拜六的午后，正当阿尔福雷德昏昏欲睡时，一个稚气的女声在他身后响起："嗨，你好，你就是那个新来的英国人吗？你真的什么也看不见？"阿尔福雷德没有吭声，每当有人向他问起这些，他的心里都会划过一种难言的刺痛，因为他能想到问话人那种无济于事的怜悯——哦，瞧他，真不幸！

但这次有点出乎意料，他听到轻微的脚步声走近了。接着，一只小手抓住他，又是那个稚嫩的声音："来，用手摸摸我的脸，这样就能知道我的模样了。"他的手被那只柔软的小手拉着轻轻按在了一张小脸上，能感觉出柔软的皮肤，圆圆的鼻子，还有，睫毛有点长，头发是蓬松的。阿尔福雷德不由问道："告诉我，你是谁呢？""我是黛尔。"那个声音回答说。

黛尔是教母邻居家的小女儿，刚满9岁，她父母经营着一个历史悠久的葡萄酒庄园。大概村子附近没有跟黛尔年龄相仿的玩伴，所以孤单的小女孩就瞄上了阿尔福雷德。起初，阿尔福雷德并不想跟黛尔有什么来往，因为生活已经让他够烦心的了。可黛尔并不在意他的冷淡，她总是"一厢情愿"地缠着他。

一天，黛尔用带点讨好的口气对阿尔福雷德说："我带你到我家的葡萄庄园里去玩好不好？"阿尔福雷德生硬地拒绝道："不行。""为什么呢？那里可漂亮了，葡萄已经熟了。"黛尔不解地问。阿尔福雷德才不管那里怎么样呢，他粗暴地打断她："我是个瞎子，我又看不见什么鬼葡萄！"黛尔细声细气地说："可是，可是我不是带你去看葡萄呀，你可以用手触

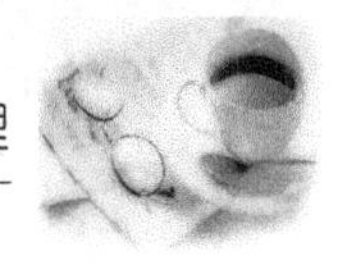

摸，用鼻子闻，用嘴巴尝，还可以用耳朵……”“耳朵怎么啦?”“耳朵可以听见早晨的露水从葡萄叶子上落地的声音，很小的声音，用心才能听见。”

是啊，即使看不到美丽的景致，还有心可以去聆听，去感觉啊，阿尔福雷德慢慢伸出他的手，在黛尔的牵引下向葡萄园走去。

生活的滋味果真不是单凭眼睛去发现的，整个夏天，经常可以看到阿尔福雷德和黛尔在葡萄园的身影。满山遍野种植着许多酿酒的优质葡萄，出身葡萄酒世家的黛尔引着阿尔福雷德尝遍了园子里的葡萄，娓娓[1]地告诉他每一款葡萄的名字：梅乐、解百纳、品丽珠、赤霞珠、苏蔚浓、白麝香，等等，有时，小女孩还调皮地跑来跑去，摘一些葡萄放在他嘴里，让他猜那些葡萄的名字，这似乎成了他们闲逛时的一件乐事。

收获葡萄的时节到来了，村里人按传统要开启陈年的葡萄酒庆贺。在这个热闹的宴会上，热情善良的葡萄园主把第一杯酒献给了阿尔福雷德，他小心的啜了一小口，咂[2]了咂嘴，随兴说道：“我感觉大概有一半比例的赤霞珠葡萄、三成的梅乐葡萄和两成左右的品丽珠葡萄，还有点醋栗的味道。”听了他的话，葡萄园主愣住了，因为他竟准确说出了那种葡萄酒的配方。过了片刻，又有一位客人换上另外一种酒请阿尔福雷德品尝，他依然准确说出了酿酒葡萄的比例。客人们接二连三地递给阿尔福雷德不同的葡萄酒，他居然屡试不爽。

这真是个奇迹，连阿尔福雷德自己也惊奇不已，但坐在一旁的黛尔并不感到特别，她明白其中的奥秘。小女孩不动声色地将自己面前的一小杯酒递给阿尔福雷德说：“你可不可以告诉我这杯酒里有些什么呢?”阿尔福雷德抿了一口，皱了皱眉头，又尝了一小口，然后笑着说道：“哦，由精选的苏蔚浓和白麝香葡萄合成的干白，这是你们庄园最好的酒，不过，恐怕有人刚才私下加了一点没有成熟的新鲜塞蜜容葡萄汁，百分之八十的比例。”黛尔顽皮地笑出声，她凑到阿尔福雷德耳朵边嘀咕道：“这是我们的酒，是我们的秘密，只有你能尝出来。”

冬天来临的时候，阿尔福雷德离开了格拉夫，他已经不再是那个因失明而变得阴郁乖戾[3]的小伙子了，生活对于他有了新的目标，而这些全部都依赖一个9岁的小女孩所赐。

回到英国后，阿尔福雷德很快在英国的品酒师圈里崭露头角[4]。一个品酒师通常是用舌头判定味道，用鼻子品评芳香，用眼睛观察色泽，而阿尔福雷德却是用心，他不仅用心品出了酒的味道，而且用心品出了酒的色泽芳香，更重要的是，他用心品出了酒的质地，体会到了酒的境界和韵感。时光流转，他以出神入化的品酒技能逐渐成为名声远播的顶级品酒大师，许多新款葡萄酒一经他鉴定都销路大开。

十多年过去，阿尔福雷德步入中年，在伦敦拥有了自己的葡萄酒鉴定公司。一天，一位年轻的法国游客来到阿尔福雷德的公司，她还带着一款新制的葡萄酒，她坚持请阿尔福雷德本人鉴定。在二楼安静的品酒屋，阿尔福雷德将杯子里的酒放近鼻子嗅嗅，然后抿了一小口，他怔了怔，随即微笑道：“由精选的苏蔚浓和白麝香合成，来自我一个朋友的葡萄酒庄园，而且还私下加了点新鲜的塞蜜容葡萄汁，百分之八十的比例。这一次葡萄熟了，我想她也长大了。”来客爽朗大笑着拉住阿尔福雷德的手，像好多年以前那样抚在她的脸上——葡萄熟了，带着年轻稳定的柔顺气息。小女孩已经长大成人了，脸上还泛着阿尔福雷德看不见的羞涩红润。

注释

[1] 娓娓：形容议论不倦或说话动听。

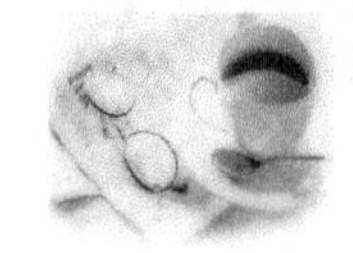

[2] 咂（zā）：用嘴唇吸。

[3] 乖戾：（性情、语言、行为）别扭，不合情理。

[4] 崭露（lù）头角：比喻突出地显露出才能和本领（多指青少年）。

提示

看似一个平凡的故事，大学里的高材生阿尔福雷德因一场事故双目失明，从此他的生活跌入深渊。教母邀请他到乡下散心，意外遇到了单纯、可爱、善良的黛尔。黛尔的到来，似一股春风刮走了笼罩在阿尔福雷德心头的阴霾，似一汪清泉洗去了阿尔福雷德心头的黑暗。她带着阿尔福雷德去葡萄园寻找葡萄的芬芳，品尝着每一种葡萄，尝遍了有着悠久历史的葡萄园中所有葡萄。奇迹出现了，阿尔福雷德居然可以品尝出不同的葡萄酒，并能够准确说出葡萄酒的配方。阿尔福雷德回到英国，很快在品酒师圈里崭露头角，经他品尝鉴定后的就都销路大开。

课题“葡萄熟了”是一个双关语，一方面是指葡萄成熟了，另一方面也指阿尔福雷德从逆境中重新站了起来，勇敢面对新的人生，使遗憾的人生重又掀开了新的一页。

本文语言朴实，故事娓娓道来，没有惊人的波澜，读者感受到的是一种纯洁明净的爱，在黛尔和阿尔福雷德之间，在读者心中缓缓流淌着。其实，这个故事告诉人们一个朴实的道理：即使身体有了残疾，但心智依然可以健康成长。生活对你关上了一扇门，必然同时会为你留下一扇窗。面对灾难，不要消极，不要埋怨生活的不公，关键要找到最适合自己的生活之路。

思考与练习

一、课题是“葡萄熟了”，文章结尾也写到“葡萄熟了”，你怎样理解这句话？

二、在阿尔福雷德身上有哪些值得我们学习的地方？请选择一个角度，写出最能触动自己心灵的感触。

三、你觉得黛尔身上有哪些品质是值得我们学习的？

6. 为我唱首歌吧

艾德里安·高斯蒂克

艾德里安·高斯蒂克是《纽约时报》畅销作家，主要作品有《24个胡萝卜的管理》、《胡萝卜管理策略》、《隐形员工》和《一天一根胡萝卜》等，已经翻译成十五种语言，畅销五十多个国家。

在伦敦儿童医院这间小小的病室里，住着我的儿子艾德里安和其他七个孩子。艾德里安最小，只有四岁，最大的是十二岁的弗雷迪，其次是卡罗琳、伊丽莎白、约瑟夫、赫米尔、米丽雅姆和莎丽。

这些小病人，除了10岁的伊丽莎白，全是白血病的牺牲品，他们活不了多久了。伊丽莎白天真可爱，有一双蓝色的大眼睛，一头闪闪发光的金发，孩子们都很喜欢她，同时，又对她满怀真挚的同情，这是我每天去看望儿子、与他和孩子们的交谈中知道的。唉，不幸之中的同伴，分享着每一件东西，甚至分享每个孩子父母所带来的爱。

伊丽莎白的耳朵后面做了一次复杂的手术，再过大约一个月，听力就会完全消失，再也听不见什么声音。伊丽莎白热爱音乐，热爱歌唱；她的歌声圆润舒缓、婉转动听，透露出作为一个音乐家的超人天赋，这些使她将要变聋的前景更加悲惨。不过，在同伴们的面前，她

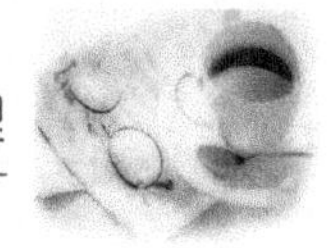

从不唉声叹气，只是偶尔地、当她以为没人看见她时，沉默的泪水会渐渐地、渐渐地充满两眼，扑簌簌流下苍白的脸蛋儿。

伊丽莎白热爱音乐胜过一切。她是那么喜欢听人唱歌，就像喜欢自己演唱一样。每当我给艾德里安铺好床后，她总是示意我去儿童游戏室。在那经过一天的活动后，安静的、空荡荡的房间里，她自己坐在一张宽大的椅子上，让我坐在她的旁边，紧紧拉着我的手，声音颤抖地恳求："给我唱首歌吧！"

我怎么忍心拒绝这样的请求呢？我们面对面坐着，她能够看见我嘴唇的翕动[1]，我尽可能准确地唱上两首歌。她呢，着迷似的听着，脸上透出专注喜悦的神情。我唱完，她就在我的额头上亲吻一下，表示感谢。

我说过，小伙伴们为伊丽莎白的境况感到忐忑不安[2]，他们决定要做一些事情使她快活。在十二岁的弗雷迪倡导下，孩子们做出了一个决定，然后带着这个决定去见他们认识的朋友希尔达·柯尔比护士。

最初，柯尔比护士听了他们的打算大吃一惊："你们想为伊丽莎白的十一岁生日举行一次音乐会？"她叫了起来，"而且只有三周时间！你们是发疯了吗？"这时候，她看见了孩子们渴望的神情，她不由自主地被感动了，她想了想，补充道："你们真是全疯啦！不过，让我来帮助你们吧！"

柯尔比护士抓紧时间履行[3]自己的诺言，她一下班就乘出租汽车去一所音乐学校，拜访老朋友玛丽·约瑟芬修女，她是音乐和唱诗班教师。她们见面简单地寒暄[4]后，玛丽问："柯尔比，你来这里有什么事情？"

"玛丽，"柯尔比说，"我问你，让一群根本没有音乐知识的孩子组成一个合唱队，并在三周后举行一次音乐会，这可能吗？"

"可能。"玛丽的回答是肯定的，"不是也许，而是可能。"

"上帝保佑您，玛丽！"柯尔比护士高兴得像孩子似的，"我知道你办得到。"

"请等一下，柯尔比，"被弄得糊里糊涂的玛丽打断她的话，"请说清楚一些，也许，我值不上这样的祝福哩。"

二十分钟后，两位老朋友在音乐学校的阶梯上分手。"上帝保佑你，玛丽！"柯尔比又重复一遍，"星期三下午三点钟见。"

当伊丽莎白去接受每天的治疗时，柯尔比护士把自己的计划告诉了弗雷迪和孩子们，弗雷迪询问："她叫什么名字？是叔叔还是阿姨？她怎么会叫玛丽·约瑟芬呢？"

"弗雷迪，她是一个修女，在伦敦最好的音乐学校当教师。她准备来训练你们唱歌——一切免费。"

"太好啦！"赫尔米一声尖叫，"我们一定会唱得挺棒的。"

事情就这么决定下来。在玛丽·约瑟芬修女娴熟的指导下，孩子们每天练习唱歌，当然是在伊丽莎白接受治疗时候。只有一个大难题，怎么把九岁的约瑟夫也吸收入合唱队？显然，不能丢下他不管，可是，他动过手术，再也不能使用声带了呀！

当其他孩子全被安排好在各自唱歌的位置上时，玛丽注意到约瑟夫正神色悲哀地望着她："约瑟夫，你过来，坐在我的身边，我弹钢琴，你翻乐谱，好吗？"

一阵近乎惊愕的沉默之后，约瑟夫的两眼炯炯发光[5]，随即合上，喜悦的泪水夺眶而出，他迅速在纸上写下一行字："修女阿姨，我不会识谱。"

玛丽低下头微笑地看着这个失望的小男孩儿，向他保证："约瑟夫，不要担心，你一定能识谱的。"

真是不可思议，仅仅三周时间，玛丽修女和柯尔比护士就把六个快要死去的孩子组成了

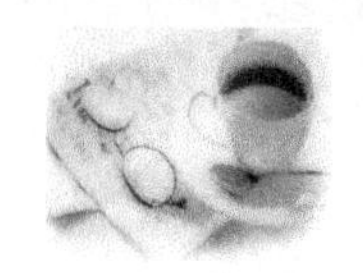

一个优秀的合唱队，尽管他们中没有一个具有出色的音乐才能，就连那个既不能唱歌也不能说话的小男孩儿也成了一个自信心十足的翻乐谱者。

同样出色的是，这个秘密的保守也十分成功。在伊丽莎白生日的这天下午，当她被领进医院的小教堂里，坐在一个"宝位"上（一辆手摇车里），她的惊奇显而易见，激动使她苍白、漂亮的面庞涨得绯红，她身体前倾，一动不动，聚精会神地听着。

尽管所有的听众——伊丽莎白、十位父母和三位护士——坐在仅离舞台三米远的地方，我们仍然难以清楚地看见每个孩子的面孔，泪水已经遮住了视线，但是，我们能够毫不费力地听见他们的歌唱。在演出开始前，玛丽告诉孩子们："你们知道，伊丽莎白的听力已是非常非常的微弱，因此，你们必须尽力大声地唱。"

音乐会获得了成功。伊丽莎白欣喜若狂，一阵浓浓的、娇媚的红晕在她苍白的脸上闪闪发光，眼里闪耀出奇异的光彩。她大声说，这是她最最快乐、最最快乐的生日！合唱队队员们十分自豪地欢呼起来，高兴得又蹦又跳；约瑟夫眉飞色舞、喜悦异常。我想，这时候，我们这些大人们流的眼泪更多。

谁都知道，患不治之症快要死去的孩子，他们忍受病痛同死神决斗的信念，他们的势不可挡[6]的勇气，使我们这些人的心都快要碎了。

这次最令人难忘、最值得纪念的音乐会，没有打印节目表，然而，我有生以来从没有听见，也不曾希望会听见，比这更动人心弦的音乐。即使到了今天，倘若我闭上眼睛，我仍然能够听见它那每一个震颤人心的音符。

如今，那六副幼稚的歌喉已经静默多年，那七名合唱队的成员正在地下安睡长眠，但是我敢保证，那个已经结婚、成了一个金发碧眼女儿的母亲的伊丽莎白，在她记忆的耳朵里，仍然能够听见那六个幼稚的声音、欢乐的声音、生命的声音、给人力量的声音，它们是她曾经听见的最后的声音。

注释

[1] 翕动：（嘴唇等）一张一合地动。

[2] 忐忑不安：忐忑指心神不定的样子。心里七上八下不能安定。

[3] 履行：实践（自己答应做的或应该做的事）。

[4] 寒暄：见面时谈天气冷暖之类的应酬话。

[5] 炯炯发光：炯炯指形容明亮（多用于目光）。形容目光明亮。

[6] 势不可挡：来势凶猛，不可抵挡。

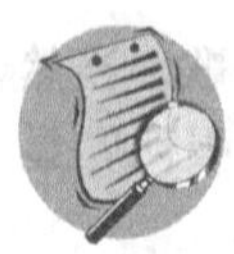

提示

文章讲述的是在一所儿童医院里的病室里住着八个小孩子。他们中除了十岁的伊丽莎白，全部都是白血病的患者。酷爱音乐的伊丽莎白在耳朵后面做了一次非常复杂的手术，大约再过一个月，听力就会完全消失。其他七个孩子准备在她 11 岁生日那天为她举行一次隆重的音乐会。七个没有任何音乐知识的孩子在护士的帮助下，利用短短的三周时间排练出一场音乐会，这一切都是在悄悄中进行的。那一天，精彩的音乐会获得了巨大的成功，伊丽莎白欣喜若狂。

读了这篇文章，不禁让人泪眼婆娑。这是一群有着金子一样心灵的善良孩子！在自己身患白血病的情况下，却用短短三周的时间为伊丽莎白排出了一场隆重的音乐会来庆祝伊丽莎白 11 岁的生日。七个孩子现在已经长眠于地下，但是他们的歌声，他们的善良，他们的伟大将永远留在伊丽莎白心里。这不是一场小

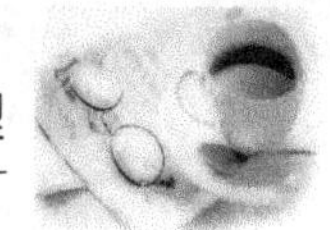

小的音乐会，这是一首爱的赞歌！伊丽莎白虽然永远失去了声音，但是拥有伴随她一生的友谊之歌！她的生命将因此而更精彩！

文章朴实的语言，真挚的情感，相信每个读者都可以从中读出不同的感动。

思考与练习

一、本文最让你感动的是什么地方？

二、用心观察一下，自己身边是否有这样令人感动的人或事，给大家讲一讲。

第十二单元

经典名著

在人类漫长的历史长河中，不同时代的文学大家们给我们留下了浩如烟海的精神财富。这些经过大浪淘沙沉淀下来的精神财富往往以一种经典名著的形式流芳百世。经典之所以成为经典，是因为她们蕴含了不朽的人生哲理、闪耀着不灭的思想光芒，因而可以代代相传，含饴后世，并不断引领人类前行。

读那些有闪光思想、高贵语言的书，能撼动心灵、拓展思考，并在读经典过程中，找寻到属于自己的灵魂需求。读红楼，我们知道什么是至情至真，可以窥视中国传统文化的博大精深；品三国，我们了解什么叫文韬武略，人生智慧；读水浒，我们体会什么是快意恩仇、义薄云天；看西游，我们看到了人性的自由和追求的执着……

经典不仅属于中国，更属于全人类。读任何经典，都会让我们的人文价值、人文精神不断升华和提高。因此，我们同样会为《巴黎圣母院》对真善美的歌颂和假恶丑的鞭挞而感同身受；为《简·爱》中出身低微却自信独立的坚强女孩简·爱的人生奋斗而喝彩；被《鲁滨孙漂流记》中主人公直面困难、勇于开拓、战胜自己的勇气所打动……

然而，面对这绚丽多姿的文学王国，我们往往没有足够的时间去领略其中最美的风光。为了满足广大青年学生在最短的时间里获得最多的知识的愿望，我们精选了古今中外 6 部经典文学作品，并以故事梗概的形式，将作品中最精华的部分呈现给广大读者，方便同学们阅读和了解。在此，我们仍想传达一种不变的愿望：故事梗概永远只是一棵参天大树的有限枝干，原著才是你与这些大家们心灵对话的最好载体，而且经典需要有现实的投射，有时需要与我们自己的生命相呼应，为人处世，优雅素养，润物无声，人性永恒。

1. 三国演义

罗贯中

罗贯中（约 1330—约 1400），汉族，名本，字贯中，号湖海散人，出生地有三说：分别是太原、青州、杭州。元末明初著名小说家、戏曲家、通俗文学家，中国章回小说的鼻祖。罗贯中有杰出的文学才能，他毕生致力于通俗文学的创作，一生著作颇丰，其作品有曲词、杂剧和小说等。最有名的分别是：剧本《赵太祖龙虎风云会》、《忠正孝子连环谏》、《三平章死哭蜚虎子》；小说《隋唐两朝志传》、《残唐五代史演义》、《三遂平妖传》、《粉妆楼》、代表作《三国演义》等。罗贯中是我国文学史上最早用全力从事小说创作的作家。

【作品略读】

东汉末年，宦官作乱，民不聊生。汉灵帝中平元年，张角兄弟发动黄巾起义，官军溃不成军。为抵抗黄巾军，幽州太守刘焉出榜招兵。刘备、关羽、张飞都前去观看招兵榜文。刘备乃中山靖王之后，汉景帝阁下玄孙，身长七尺五寸，虽沦落下层，以贩麻鞋、织席为生，但素怀大志，一心匡扶汉室。关羽身长九尺，髯长二尺，面如重枣，唇若涂脂，一身英气，只因杀死富豪，而流浪江湖。张飞身长八尺，豹头环眼，燕颌虎须，声若惊雷，势如奔马，

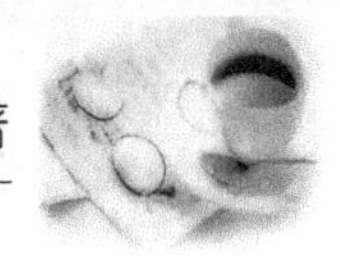

以卖酒杀猪为业，并在本地有一处庄子。三人萍水相逢，一见如故，都欲为国出力。刘、关二人被张飞拉到自家庄后的桃源饮酒。三人对天盟誓，结拜为弟兄，一道去投了刘焉。刘、关、张从军后先后败黄巾于琢郡、青州。不久，又救下被张角打败的董卓，但董卓见刘备是白身，甚为轻视。张飞大怒，要斩董卓，被刘备劝下。

刘、关、张与朱俊、孙坚进攻黄巾，大胜。朱俊、孙坚皆受皇帝封赏，只有刘备被冷落。过了很久，刘备才被封为定州中山府安喜县尉。到任四月，督邮来县巡视，刘备出城迎接，态度极为谦恭。督邮却非常傲慢，痛斥刘备诈称皇亲，虚报功绩；见刘备无礼物奉送，遂捏造“县尉害民”之罪，存心陷害。张飞知情后，骑马来到馆驿，将督邮头发揪住，扯出馆驿，拴于县衙门前马桩上，当着众多百姓，攀下柳条，往督邮两腿上狠力鞭打，一连打断了十几根柳条。督邮疼痛难忍，大叫：“玄德公救我性命！”刘备赶来，急喝张飞住手，督邮方得逃命而去。事后，刘关张三人前往代州投了刘恢。不久，又参加平定渔阳的战役，刘备因功被授平原县令，终于有了一只自己的人马。

中平六年，汉灵帝驾崩。外戚何进立刘辩为帝。不到半年，董卓在洛阳废刘辩，立年仅9岁的陈留王刘协为帝，此为汉献帝。董卓收吕布为义子，势力大增，横行洛阳，并毒死刘辩。满朝文武哭哭啼啼，对董卓无可奈何。位居末座的曹操却抚掌大笑，表示愿亲往相府谋刺董卓。计定之后，曹操佩带着司徒王允借给他的七星宝刀来到相府，进入董卓所住小阁，见吕布侍立于旁，不敢动手。董卓命吕布去挑选马匹赐与曹操，吕布离开后，董卓因身形胖大不耐久坐，于是倒身转面向内卧于床上。曹操见时机已到，急忙抽出宝刀，就要行刺，不料董卓从衣镜中看见曹操在背后拔刀，迅速转过身子问道：“孟德干什么？”吕布此时也牵马来到阁外。曹操灵机一动，忙持刀跪下说：“我有宝刀一口，献与恩相。”董卓拿过宝刀，递与吕布收了。曹操马上解下刀鞘交与吕布，言道：“我去试试恩相赐的马。”急牵马出相府，望东南逃去。当董卓、吕布醒悟过来要捉拿曹操时，曹操已远走高飞。

曹操从洛阳逃到中牟，被县令陈宫捉住。陈宫义释曹操，并与他一道来到成皋，投宿好友吕伯奢家中。吕伯奢家人磨刀欲杀猪款待曹操，曹操却怀疑他们要杀自己，竟将吕伯奢全家杀死，并扬言：“宁教我负天下人，休教天下人负我！”陈宫愤怒地离开了曹操。曹操只身前往陈留，拉扯起一支队伍。天下各路豪杰此时共推袁绍为盟主，联合十七路诸侯讨伐董卓。刘、关、张也参与了讨伐行动。曹操、袁术等八路诸侯与吕布对峙于汜水关。吕布部将华雄杀得联军损兵折将。危急时刻，弓马手关羽请求上阵，曹操令人斟上一杯热酒为关羽壮行。关羽出帐提刀，飞身上马，说道：“酒且斟下，我去便来！”只听得鼓声大振，喊声大作，不一会儿，关羽已跃马归来，提华雄头颅掷于地上，而酒还是热的。曹操大喜，犒赏刘、关、张。八路诸侯乘胜出击，吕布大败，逃至虎牢关。

董卓见吕布战败，盟军势大，遂烧洛阳，逼献帝迁都长安。盟军攻入洛阳，诸侯孙坚在宫井中得到传国玉玺，率军返回江东。曹操与袁绍发生矛盾，去了扬州。盟军土崩瓦解。各路军阀开始火并。袁绍攻公孙瓒战败，被赵云所救。赵云本是袁绍部将，见袁绍无忠君救民之心，于是弃袁绍而投了公孙瓒，但不受重用。在江东，孙坚攻打荆州，却被刘表军士用乱箭射死。此时，司徒王允在长安设下连环计，让董卓和吕布为争夺歌妓貂蝉而发生冲突，董卓被杀。董卓部将反扑，杀了王允全家。在军阀混战中，青州黄巾军又起，曹操前往收降了三十余万人，编为青州军，其余军士放归务农。曹操从此威名大振，朝廷封他为镇东将军，屯驻兖州。这时刘备因徐州牧陶谦去世，暂管徐州军政事务。

建安元年，董卓部将内讧，汉献帝逃往洛阳。曹操赶来保驾，迎汉献帝于许都，大权独揽，开始挟天子以令诸侯。父死而投奔袁术的孙策，以传国玉玺为抵押，借得袁术兵马，杀回江东，江东之民呼孙策为孙郎。其后不久，曹操出兵寿春，转战徐州，败袁术，杀吕布，

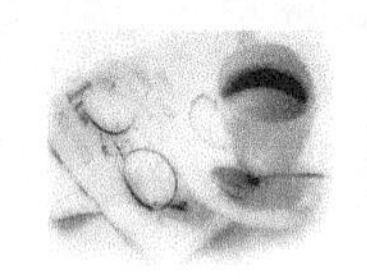

官封中郎将、关内侯，势力更大。汉献帝不甘心受曹操控制，暗下诏书，令董承设计除掉曹操。刘备这时正依附曹操，也参与了除曹预谋。为防曹操谋害，刘备于后园种菜，以为韬晦之计。一日，曹操青梅煮酒，邀刘备在小亭对饮，纵论天下英雄，并说天下英雄只有刘备和他俩人。刘备骤然一惊，手中筷子掉落在地。幸好当时雷声乍起，刘备急中生智，沉着地俯身拾筷，说道："一震之威，乃至于此！"巧妙地掩饰了过去。不久，刘备以截击袁术为名脱离了曹操。

建安五年正月，刘备在徐州灭掉袁术，将传国玉玺送与曹操，董承被家奴告密，谋杀曹操之事败露。曹操大怒，杀了董承全家，并亲率二十万大军进攻刘备。张飞献计劫曹操营寨，不料曹操早有准备，张飞败逃芒砀山。刘备只身逃往青州投靠袁绍。关羽被困下邳，为保护刘备妻子甘、糜二夫人，他以降汉不降曹操为条件投了曹操。曹操班师回许都，为使关羽失节，故意让关羽同甘、糜二夫人同住一处。关羽则秉烛于门外，通宵伫立，待二位夫人甚为恭敬。曹操见状极欲招降关羽，待之甚厚，送美女，赐金银，三日一小宴，五日一大宴。但关羽不为所动，只要了所赐的赤兔马。

刘备去往青州后，劝袁绍出兵攻打许都。袁绍派颜良出兵，连折曹操两员大将。曹操令关羽出阵，关羽手起一刀，即将颜良砍于马下，害得刘备险些被袁绍杀掉。文丑为颜良报仇，也被关羽斩于马下。关羽被曹操表奏朝廷，封为汉寿亭侯。不久，关羽得知刘备在袁绍处，于是带着甘、糜二夫人去寻刘备，一路闯过五关，斩杀曹操六员大将。等到了袁绍地盘，刘备却已去汝南投了刘辟。关羽只好继续前行，在卧牛山收了关西大汉周仓，几经周折，终于与张飞、刘备相会。三人决定结连荆州刘表以脱离袁绍。这时，孙策在江东被人射伤致死，其弟孙权继位，曹操奏封孙权为将军、会稽太守。

刘、关、张三人重会之后，曹操点兵进攻袁绍，两军相峙于官渡。袁绍不听许攸分兵袭击许都的建议，许攸弃袁绍而转投曹操。曹操采纳许攸之计，领兵烧了袁绍在乌巢积屯的粮草，袁军大败，部下张郃、高览投降曹操。曹操乘胜追击，于仓亭再次大败袁绍。此时，刘备率兵进攻许都，曹操回师并前往汝南对阵刘备。刘备等人败逃汉江，投荆州刘表，驻守新野。袁绍吐血而亡，曹操趁机控制了冀州，筑铜雀台于漳河之上，班师回许都。

建安十二年春，甘夫人诞下阿斗。经徐庶荐举，刘备与关、张前往南阳隆中请诸葛亮出山。前两次都扑了空。第三次去时正遇诸葛亮昼寝未起，张飞忍无可忍，怒气大发，要放火烧房，被关羽劝阻。刘备等了一个时辰，诸葛亮醒来，又去后堂更衣，半晌才出。刘备恭敬地向诸葛亮求教，诸葛亮感动于刘备礼贤下士，遂献据蜀、联吴抗曹之策，出山随刘备去往新野。

建安十三年七月，曹操率军五十万号称百万南征荆州。当时刘表新死，其子刘琮袭职，随即降曹操。曹操攻刘备，刘备不愿诱杀刘琮以夺取荆州，弃新野而移兵樊城。后又弃樊城向襄阳撤退，一路与民同行。众人劝刘备弃民先行，刘备不肯。来到襄阳城下，刘琮拒绝刘备入城，刘备只好前往江陵。行进途中，曹军杀来，冲散了刘备队伍。赵云单骑舍命苦战救下阿斗。张飞在长坂桥断后，他命二十余个骑兵在马尾上拴上树枝，往来奔跑，冲起尘雾，曹军莫知虚实，不敢冒进。张飞立马桥头，面对一字儿排在桥西的曹军，大吼三声，声震如雷，竟然吓死夏侯杰。曹军阵脚大乱，曹操急令退兵。刘备在关羽、诸葛亮的接应下退入江夏。这时，东吴也密切注视曹操动向，孙权亲率人马驻守柴桑。

为联吴抗曹，诸葛亮前往柴桑游说孙权，舌战群儒，答应抗曹胜利后，将荆州等九郡划归东吴。孙权允诺，令周瑜领兵抗曹。周瑜率兵住夏口，刘备移兵樊口，共拒曹操。周瑜嫉妒诸葛亮才华，先派诸葛瑾劝说诸葛亮事吴，不成，遂起心暗害。诸葛亮以大局为重，请鲁肃劝周瑜共同抗曹操。周瑜在三江口挫败曹军。曹操派蒋干过江劝周瑜投降。周瑜设群英会

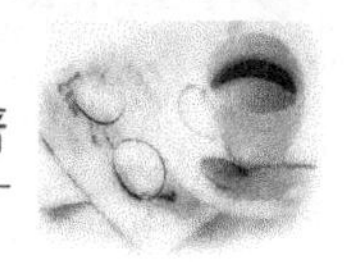

款待这位旧友，展示东吴兵强粮足，蒋干没有劝降机会。晚上，周瑜邀蒋干入帐共寝，故意将伪造的曹操水军都督蔡瑁、张允私通东吴的信件让蒋干看到。蒋干中计，回去报告曹操，曹操一怒之下杀了深得水军之妙的两位水军都督。周瑜又派庞统诈降曹营，曹操采纳了庞统的连环计，将战船首尾相连，形成一字长蛇阵。进入冬天，吴蜀联军准备就绪，决定采用火攻之计。而心高气傲的曹操则在战船上置酒设乐，大会诸将，持槊赋诗。谋士们一再提醒要防止吴蜀火攻，曹操皆不以为意。正当此时，大风刮起，黄盖指挥快船从对岸冲来，点燃了曹军连在一起的战船，曹兵大败。曹操被张辽救上小船，到了岸边，见丛林、军营火焰腾空。曹操急率人马撤退，在奔往乌林的路上，被吕蒙追杀；在去合肥的路上又被太史慈、陆逊伏击；前往彝陵逃命时，又先后被赵云、张飞冲杀，曹操胆战心惊。待惊魂稍定之后，曹操望华容道逃奔，见此处并无伏兵，不禁大笑道："人人都说周瑜、诸葛亮足智多谋，依我看来，到底是无能之辈。如在此处埋伏军队，我等就只好束手被擒了！"话音未落，一声炮响，两边五百校刀手一字摆开，关羽跨赤兔马，提青龙刀，拦住去路。曹操见是关羽，就拱手求告道："曹操兵败势危，到此无路，望将军以昔日之情为重！"关羽听了曹操哀告，又见曹军将士惊惊惶惶，哭拜于地，越发心中不忍，于是勒回马头，令众军四面散开，放了曹操一条生路。曹操败归许都，令曹仁驻守荆州。周瑜攻曹仁，被伏兵射中左肋。刘备众将则先后攻下南郡、襄阳、荆州，并招降了黄忠、魏延诸将，屯驻荆州。

建安十四年秋，孙权派鲁肃来讨荆州。刘备、诸葛亮答应取得西川后归还。此时，刘备的甘、糜二夫人已相继去世。周瑜献招亲之计，想借此囚禁刘备，索讨荆州。赵云陪同刘备前往南徐与孙权之妹孙尚香成亲，是为孙夫人。随后赵云又依诸葛亮之计，让孙夫人陪同刘备去江边祭祀，使刘备安全返回荆州。周瑜大怒，决心讨取荆州，他骗刘备说，说愿代取西川以换荆州。诸葛亮将计就计。结果周瑜终因不能取西川而被气死。孙权拜鲁肃为都督，总领兵马；庞统弃东吴而投奔刘备，被用为副军师。

诸葛亮筹划进兵西川，嘱托关羽严守荆州。不久，刘备入西川，占领成都，做了益州牧。孙权向关羽索还荆州，关羽拒绝。孙权欲攻打荆州，但闻知曹操要攻东吴，才未发兵。当曹操准备出兵之时，献帝与伏皇后密议，准备诛杀曹操。事情泄露，伏皇后三族被难，全国震惊。建安二十一年，曹操晋封魏王，在邺郡建造魏王宫。

刘备为保西川，出兵攻打汉中。建安二十四年，攻克汉中，刘备自立为汉中王，封诸葛亮为军师，关羽、张飞、赵云、马超、黄忠为五虎大将。曹操闻之大怒，要取汉中。司马懿献计，劝曹操联合东吴攻取荆州以打击刘备。孙权以吕蒙为大都督，同曹军合击关羽，关羽两臂俱被射伤。名医华佗为关羽刮骨疗毒。在与人饮酒对弈中，关羽伸开手臂，华佗下刀割破皮肉，用刀刮骨，悉悉有声，血流满大盆，左右将士掩面失色，关羽则饮酒谈笑自若。治伤之后，关羽带兵攻取樊城，不料吕蒙却乘虚夜袭荆州。关羽率荆州士人往夺荆州，但士人皆无战心，关羽大败，退守麦城。孙权派诸葛瑾劝降关羽，关羽不从，弃麦城向西川撤退，不料路遇伏兵，关羽被擒。孙权斩关羽首级献于曹操。曹操厚葬关羽首级于洛阳，追封荆王。

建安二十五年，曹操病死，曹丕继位。十月，曹丕逼汉献帝退位，封献帝为山阳公，自称大魏皇帝。

建安二十六年四月，刘备在成都称帝，改年号为章武元年。七月，刘备率兵七十万攻打东吴，欲报杀死二弟关羽之仇。张飞此时因悲痛失去理智，鞭打部将，被部将杀死，首级献于东吴。刘备葬完张飞，屯于白帝城督战。孙权派诸葛瑾往说刘备，望重结吴蜀联盟，共同对付曹丕，刘备不允。蜀军从巫峡建平起，直至彝陵界口，七百余里结连四十余寨，进攻东吴。黄忠中箭身亡。刘备攻猇亭，剐东吴降将。孙权任陆逊为大都督拒刘备。陆逊坚守不

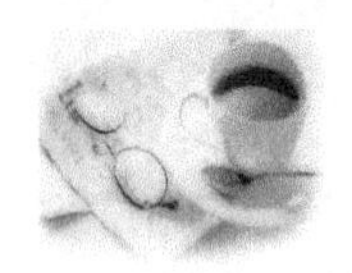

战，等待时机。刘备求战不得，移寨于山谷树林中避暑。陆逊趁蜀军人疲马困之时，夜里借东南风放火，尽烧蜀军连营七百里。刘备败走，被赵云救入白帝城。陆逊追击，被困八阵图。此时，曹丕派兵袭击东吴，陆逊退兵。

蜀汉章武三年，刘备在白帝城染病不起，召诸葛亮前来。刘备托以后事，并说出诸葛亮可取刘禅而代之的遗嘱。四月，刘备病逝，诸葛亮立刘禅为帝，是为蜀后主。

刘备死后，曹丕用司马懿之计，联合南蛮孟获、东吴孙权进攻蜀汉。诸葛亮击退了来犯之敌，派邓芝结好东吴，自此吴蜀通好，息了刀兵。曹丕退回许昌，任司马懿为尚书仆射。诸葛亮率军五十万南征孟获，采纳马谡心战为上、兵战为下的建议，七擒七纵孟获，以德服人，稳定了蜀汉后方。

蜀后主建兴四年，曹丕病死，其子曹睿即位，任司马懿为骠骑大将军。诸葛亮采用离间计，令马谡散布司马懿图谋叛魏的流言，使司马懿被削职回乡。诸葛亮乘机发兵汉中。蜀军出祁山，直抵渭水，长安告急。曹睿见势不妙，启用司马懿任平西都督，令其拒守长安。司马懿老谋深算，上任之后，即夺新城，斩了私通蜀汉的孟达，乘势直逼汉中咽喉街亭和列柳城。马谡自告奋勇，住守街亭。但他不听副将王平劝告，执意在山上林木深处安营下寨。司马懿率兵围山，断其水源。蜀军大败，街亭失守。随即司马懿又攻下列柳城。诸葛亮闻讯，迅速安排退兵之计。但此时司马懿已兵临诸葛亮所驻守的西城。眼见城中仅二千五百名老弱残兵，退、守两难，诸葛亮料定司马懿会认为自己平生谨慎，不会冒险，于是大开城门，让军士扮作百姓洒扫街道，自己则在城楼上凭栏而坐，焚香操琴。司马懿赶来，满腹狐疑，害怕有伏兵，急令撤退。当撤到武功山小路时，又遇诸葛亮事先布置的兵士大喊大叫，吓得魏军不敢久停，只得尽弃辎重而逃。西城解围后，诸葛亮退回汉中。司马懿中计后，叹道："吾不如孔明也!"为正军法，诸葛亮挥泪斩马谡，并向后主上表自贬，以右将军行丞相事。此后，诸葛亮又四出祁山，但都无功而返。这期间，孙权在武昌南郊筑坛登帝位，后定都建业。

建兴十二年，诸葛亮六出祁山，司马懿兵屯渭水相拒。诸葛亮在上方谷造木牛流马运送粮草，司马懿依样仿造，被蜀军劫去。诸葛亮又以木牛流马诱司马懿入上方谷，雷炸火烧曹军。不料因突遇大雨，火灭雷哑，司马懿父子才死里逃生。司马懿受挫后坚守不战，诸葛亮派使者送去巾帼、妇人缟素之服以及书信，以激他出战。司马懿看罢来信，心中大怒，却装出笑脸，说道："孔明看我像妇人吧！"接受了衣物，并厚待使者，向使者打听诸葛亮的饮食起居。听了使者话后，司马懿心内盘算：诸葛亮食少事烦，来日不多。于是愈加坚守不出，并静观其变。诸葛亮强支病体处理军务，却因积劳成疾，吐血不止。他自知命不久长，遂授兵书于姜维。八月，诸葛亮病逝于五丈原军中，享年五十四岁。姜维遵照诸葛亮遗嘱，以木雕诸葛亮像坐于车中，从五丈原徐徐退兵。司马懿追兵至，姜维命推出诸葛亮木像，司马懿吓得急令后退，蜀军乘势猛攻，曹军大败。司马懿退回洛阳。蜀汉全国举哀，葬诸葛亮于定军山。

诸葛亮病逝后，蜀后主刘禅宠信宦官，不理朝政，国势日趋衰微。魏景元四年，司马昭派钟会、邓艾伐蜀，刘禅投降，被封为安乐公，蜀汉灭亡。曹睿死后，魏国大权先被司马懿控制，后又被司马懿之子司马师、司马昭所掌握。魏咸熙二年，司马昭之子司马炎代魏而自称晋帝，魏灭亡。晋建国后，于咸宁六年灭东吴，自此三国结束分治，司马炎统一天下。

【作品简析】

《三国演义》原名《三国志通俗演义》，共一百二十回，是民间作者和文人作家共同的创作成果。作者罗贯中在民间传说、话本、戏曲的基础上，依据陈寿《三国志》和裴松之注的正史资料，并加以整理和再创作，写成了这部长篇巨制。书成以后，在流传过程中又经过许

多文人增删润色，直至清康熙年间，毛纶和毛宗岗父子又对它进行了一次全面的加工修改，提高了全书的艺术水平，成为现在通行的本子。

《三国演义》是中国小说史上最杰出的长篇历史小说，它记述了从汉灵帝中平元年黄巾起义到晋帝司马炎统一全国近一百年的历史，通过对三国纷争，钩心斗角的政治军事等的生动描写，深刻地揭示了封建统治阶级阴险暴虐的本质；通过描述各派政治势力在政治、军事、外交方面的频繁较量，总结出了人们丰富的斗争经验，闪现出智慧的光芒，在一定程度上有利于读者认真思考，增长才干，积极把握自己的命运。

《三国演义》是中国小说史上的重要里程碑。它以宏伟壮阔而又严密精巧的艺术结构，善于通过惊心动魄的矛盾冲突以及采用夸张、对比、烘托手法来塑造鲜明生动的人物形象。小说采用浅近的文言文，明快流畅，雅俗共赏；笔法富于变化，对比映衬，波澜曲折，摇曳多姿。结构宏伟有序，把百年来头绪纷繁、错综复杂的事件和众多的人物叙述得有条不紊，环环紧扣。《三国演义》的艺术成就更重要的是在战争描写和人物塑造上，小说最擅长描写战争，并能写出每次战争的特点。

《三国演义》的成书，标志着中国长篇小说已摆脱宋元讲史话本的原始状态，进入成熟发展的新时期。它代表了中国古典长篇小说取得的辉煌成就，也开辟了中国古典历史小说的先河；同时，小说的情节和人物的处理，也对戏曲艺术的发展有着直接影响。在中国文学史上有着难以估量的深远影响，成为人们不可或缺的精神食粮。

在世界文学史上，《三国演义》对战争的描写足以同俄国列夫·托尔斯泰的《战争与和平》相媲美，而《三国演义》则比之早出五个世纪。如今，《三国演义》已被译成多国文字行销世界各地，成了全世界人民共同的精神财富。

思考与练习

一、请在老师的指导下阅读原文。

二、杜牧《赤壁》诗中“东风不与周郎便，铜雀春深锁二乔”的句子写的是________战役？涉及的两个主要人物是________和________。

三、在《三国演义》中有一位英雄，他曾温酒斩华雄、千里走单骑、刮骨疗毒，被后人敬仰并尊为中国的“武圣”，这位英雄是________。

四、成语“万事俱备，只欠东风”是根据《三国演义》________（战役）中“周瑜定计火攻曹操”的故事演化而来的。请再写出源于《三国演义》的两个成语，并写出相应的人物及故事。

成语：____________人物及故事：____________

成语：____________人物及故事：____________

五、请简述小说中关羽、诸葛亮、刘备、张飞、曹操的性格特征，并说明相关的故事情节。

2. 水许传

施耐庵

施耐庵（1296—1371），原名彦端，字肇端，号子安，别号耐庵。汉族，江苏省兴化市人，也有人认为他是浙江钱塘（今杭州市）人，元末明初文学家。其生活的年代稍早于《三国演义》作者罗贯中。施耐庵博古通今，精通群经诸子，词章诗歌、天文、地理、医卜、星象等，35岁曾中进士，后弃官归里，闭门著述，与拜他为师的罗贯中一起研究《三国演义》、《三遂平妖传》的创作，同时搜集、整理关于梁山泊宋江等英雄人物的故事，最终写成中国古代四大名著之一的《水浒传》。

【作品略读】

北宋嘉祐三年，京师瘟疫成灾。太尉洪信奉仁宗之命，前往江西信州龙虎山召请张天师去东京祈禳瘟疫。洪信上山来到上清宫，张天师却已前去东京。洪信于是在庙中游览，出于好奇，他叫人掘开了伏魔殿石碑下的洞穴，无意间放走了关在洞中的36员天罡和72座地煞。这就是后来聚义水泊梁山的108条好汉的化身。

宋仁宗死后，又历经英宗、神宗、哲宗。哲宗时期，东京有一个轻浮破落户子弟名叫高俅，他不学无术但能踢得一脚好球，被哲宗弟弟端王相中，不久成了端王的亲信。哲宗驾崩后，端王当了皇帝，是为徽宗。徽宗即位不到半年，就把高俅提升为殿帅府太尉。高俅上任的第一天，就开始整治因病未到的教头王进，逼得王进带着老母亲逃离东京，投奔华阴史家村，被史进收留并拜为师父。半年之后，为躲避高俅追捕，王进只好告别史进投奔延安府。王进离去后，史进又与少华山的头领结交为友。华阴知县闻知此事后，诬陷史进私通草寇，派兵烧了史家村。

史进离了华阴，去寻王进。在渭州结识了渭州经略府提辖鲁达，一日，二人来到酒楼饮酒。饮酒正酣，忽闻隔壁传来啼哭声，搅了酒兴。鲁达顿时火冒三长，叫人将啼哭之人带过来。酒保带来金氏父女，金氏女儿啼哭着说：因来渭州投亲无着，状元桥肉铺的郑屠人称镇关西，乘人之危将小女子强娶为妾，并极尽折磨，后又赶出父女。那郑屠反要父女给他银钱。因无钱给他，所以啼哭。鲁达听后大怒，决心惩治郑屠。次日一早，鲁达送走金氏父女，来到状元桥肉铺，先叫那郑屠亲自操刀切肉，戏弄这厮一番之后，将郑屠引出肉铺，三拳将其打死，随即离了渭州。半月后，鲁达来到雁门县，无意中遇见了金老，得知他女儿嫁了此地赵员外。于是由赵员外出面，鲁达被介绍前往五台山当了和尚，法名智深。不久，鲁智深不守寺规，酒后大闹五台山，被方丈介绍去了东京大相国寺，管理菜园。一日，鲁智深在菜园习武，因不堪鸟扰当众连根拔起垂杨柳，被陪同夫人到岳庙进香的八十万禁军教头林冲瞧见，不禁高声喝彩。两人互通姓名，一见如故，结为兄弟。正高兴之际，丫环来报，说有人调戏林夫人。林冲赶往岳庙，发现竟是高太尉的干儿子高衙内所为，只好忍气吞声放了衙内。

高衙内见林冲妻子貌美，一心占为己有。爪牙富安向高俅献计，骗林冲带宝刀入白虎堂，然后当场拿下，以行刺罪发配沧州。高俅又指人买通公人，要他们在野猪林杀死林冲。幸有鲁智深暗中保护，林冲才保全性命。到了沧州，高俅又派爪牙火烧草料场。忍无可忍的林冲，杀死了高俅爪牙陆谦和富安，雪夜投奔梁山泊。山寨首领王伦却嫉贤妒能，要林冲下山打劫。林冲下山等了三天，才见有一人经过。此人却是路过此地的杨家将后人青面兽杨志，林冲与他拼杀多时，未见胜负。王伦劝住二人，邀杨志上山。林冲入伙坐了第四把交椅。杨志不愿入伙，下山去了东京。

杨志在东京投靠无门，生活局促，只好出卖祖传宝刀，凑些盘缠。泼皮牛二无理取闹，欲夺宝刀，被杨志杀死。杨志被问罪，充军北京大名府留守司。大名府留守当朝态势蔡京女婿梁中书看中了杨志的武艺，要杨志护送价值十万贯钱的生辰贺礼去东京为蔡京祝寿。赤发鬼刘唐打听到此消息后，便飞快地赶到山东郓城县东溪村找晁盖，劝晁盖劫下这批不义之财。晁盖请智多星吴用想办法。吴用前往石碣村请来阮小二、阮小五、阮小七，正巧公孙胜也赶到，于是七人聚会东溪村，决定在黄泥岗智取生辰纲。六月初，杨志一行人赶到黄泥岗。晁盖等扮作贩枣商人，趁杨志手下众人买酒解渴的机会，投下蒙汗药，劫走了所有生辰纲。杨志醒来，自知大祸临头，便去青州二龙山入伙做了强盗。而二龙山的头领正是救了林冲之后无处立足而上二龙山落草的鲁智深。

生辰纲被劫，蔡京下令济州府捉拿贼人。济州府尹派何涛经多方打听后，带人到郓城县

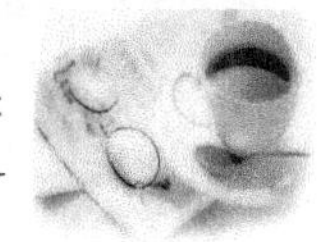

捉拿晁盖。郓城县押司宋江是晁盖好友，闻讯后火速赶往东溪村报信。晁盖放火烧了自己庄园，率众在石碣村大败何涛后投奔梁山泊。梁山泊首领王伦存心刁难，不肯收留。林冲大怒，杀了王伦，推举晁盖做了梁山泊首领。过了一些时日，晁盖为答谢宋江救命之恩，遂派刘唐带上书信、金银去郓城面见宋江。宋江退了金银，收了书信，告别刘唐返回住处，不料中途被阎婆拦住，将宋江强拉至家中。这阎婆曾受到宋江接济，为答谢宋江，她把女儿阎婆惜许配给了宋江。只因宋江不重女色，被冷落的阎婆惜竟同宋江手下人张三有了私情。宋江对此并不十分在意，只是不肯到阎婆惜家中。此番宋江推脱不得，勉强在阎婆惜房中住了一夜。岂料晁盖的书信却被阎婆惜发现，她一口咬定宋江暗通梁山泊，要报官。宋江苦苦哀求无效，怒杀阎婆惜，逃回宋家村。知县差朱仝、雷横捉拿宋江，朱、雷二人却有意放走宋江，让他躲进了柴进庄上。

在柴进处，宋江遇见了正发疟疾的武松，二人结为兄弟。不久，武松病愈，告别宋江回乡寻找哥哥武大郎。武松醉酒后路过景阳冈，打死了猛虎，被阳谷知县任命为步兵都头。后来，武松在阳谷县城碰到了哥哥。兄弟相逢，武大郎非常高兴，将武松引回家中。嫂子潘金莲见武松相貌魁梧，存心勾引，遭武松严词拒绝。不久，武松为知县押运财物去了东京。武松走后，潘金莲同本地一霸药商西门庆勾搭成奸，二人伙同王婆一起用药毒死了武大郎。武松回县得知此事，告状不准，盛怒之下，去狮子楼斗杀西门庆，随后又杀了潘金莲，祭奠哥哥。后被发配孟州。孟州小管营施恩厚待武松，求武松帮助夺回被蒋门神抢占去的快活林的店铺。武松酒醉后痛打蒋门神，夺回快活林。蒋门神是张团练的亲信，他通过张团练买通张都监，诬陷武松偷盗宝物，武松被判充军恩州牢城。被押上路，武松在飞云浦折断枷锁，杀死了想暗害他的 4 个公人，又折回孟州城，翻墙进入张都监后院的鸳鸯楼，杀死了正在设宴庆贺的蒋门神、张团练和张都监。武松逃出孟州后，在十字坡被孙二娘扮为行者，去往二龙山投奔鲁智深。途中，武松又在白虎山孔家庄遇见了前往投奔花荣的宋江。二人结伴而行，在瑞龙镇二人分手，宋江去往清风寨。

清风寨正知寨刘高是个文官，他嫉恨副知寨花荣。宋江一到就被刘高捉住，说宋江私通清风山草寇，花荣也为此受到牵连。清风山头人燕顺、王英等人闻讯后下山救了宋江、花荣，大家决定一同投奔晁盖。将至梁山泊，石勇捎来宋江父亲假托病故要他回家的家书，宋江赶回，被官府捉住，刺配江州。在江州，宋江得到戴宗和李逵的照顾，却因酒醉后在浔阳楼墙壁上题了反诗，被江州知府蔡京的儿子蔡九判处死刑。在法场正要准备行刑的时候，梁山泊英雄前来劫走了宋江。二十九位英雄在江州白龙庙聚会，返回梁山泊，宋江在山寨坐了第二把交椅。大家相安无事。

不久，宋江返家搬迁老父。宋江回山后，李逵也提出回家接母亲上山。行至中途，李逵遇李鬼冒自己名字打劫。拿住李鬼后，听李鬼说他有九十岁老母，李逵不仅放了李鬼，还赠给十两银子，劝他改恶从善。后来李逵发觉上当，杀了李鬼。回到家中，母亲已双目失明，李逵哄母亲说：儿做了官，接娘去享福，遂背着母上路。一日，行至沂岭，李逵为母取水，不料离开后母亲却被老虎吃掉。李逵大怒，连杀四虎，被猎户们迎进曹太公庄上。这时，逃来此处的李鬼妻认出了李逵，曹太公等人正准备暗算李逵，幸得梁山泊派来朱贵等人相助，李逵才得以脱险回山。

此后，来投梁山泊的杨雄、石秀、时迁被祝家庄欺侮，时迁被捉。为救时迁，晁盖、宋江发兵三次攻打荡平祝家庄，附近与祝家庄结盟的李家庄、扈家庄都投降了梁山泊。梁山泊名声大振。

过了一些日子，李逵下山来到柴进庄园，正遇上柴进收到叔父从高唐州的来信，言说高俅叔伯兄弟高廉的妻舅殷天锡要夺占柴家的花园。柴进同李逵火速赶往高唐州，此时花园已

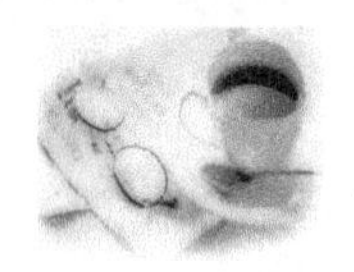

被夺去，李逵怒不可遏，大闹高唐州，打死殷天锡。知府高廉派兵捉拿，柴进被擒，柴进叔父被抄家。李逵逃回山寨报信，晁盖令宋江率领二十二员头领攻打高唐州，杀死高廉，救下柴进。朝廷闻知此事，派太尉高俅前往剿捕。高俅令呼延灼攻打梁山泊。呼延灼大败，逃往青州，又去为慕容知府效力，攻打桃花山、二龙山、白虎山的起义军。鲁智深聚合三山人马，并派人往梁山泊求援。宋江点派二十员头领同三山义军共打青州，活捉呼延灼。呼延豹投降，慕容知府被杀，三山头领也都一起投奔了梁山泊。此后，少华山史进被官府抓住，宋江又带兵闯华州，闹华山，杀太守，凯旋归山。

不久，凌州曾头市曾家五虎拦截投奔梁山泊的好汉和马匹，并恶言中伤梁山泊。晁盖大怒，亲点五千人马攻打曾头市。乱战中晁盖不幸被毒箭射中，回山身亡。宋江被推为山寨之主，改聚义厅为忠义堂。为了为大哥晁盖报仇，宋江想请北京大名府玉麒麟卢俊义入伙。卢俊义棍棒天下无双，性情和蔼，慷慨仗义。宋江派军师吴用去北京，扮作算命先生给卢俊义算命，说卢百日之内有身首异处之灾，将卢俊义骗至梁山泊。宋江劝卢俊义入伙，卢不肯，两个月后，宋江又送卢下了山。在卢俊义离家之后，管家李固竟与卢妻勾搭成奸，卢俊义回到北京，他们竟设下埋伏，将卢俊义捆送到梁中书处。卢俊义因私通梁山被判死刑。行刑那天，梁山泊好汉石秀劫法场，救出卢俊义，却因单枪匹马，寡不敌众，二人被擒。为救卢俊义和石秀，宋江发兵攻打北京城。梁中书向太师蔡京告急，蔡京采纳了关胜所献围魏救赵之计，率领一万五千人马直攻梁山泊。宋江闻讯，退兵回山，设计俘获关胜，击溃官军。随即宋江任命关胜为部先锋再攻北京城，战斗相持数月，直到次年元宵方攻破北京。梁中书从南门夺路而逃，卢俊义、石秀被救出，梁山大军返回梁山泊。不久，蔡京又派单廷硅、魏定国攻打梁山泊，皆被击溃。

义军稍事休整之后，宋江与卢俊义一道领兵攻打曾头市，杀了曾家五虎，回山祭奠晁盖之灵。接着又乘胜攻破了东平、东昌二府，大军凯旋而归。此时，梁山泊大小头领正好为108员，合了当年洪太尉所放走的魔王之数。众人齐聚忠义堂，宋江坐了第一把交椅，卢俊义坐了第二把交椅，梁山泊立起了“替天行道”的杏黄大旗。梁山泊的势力达到最强。

梁山泊兴旺之后，宋江有了被招安的打算，武松、李逵、鲁智深都坚决反对。年底，宋江前往东京去观赏明年元宵的灯火，柴进、李逵陪宋江到了东京。宋江偶然之中走进了李师师的府邸，徽宗皇帝也在场，正当宋江要向徽宗讨招安诏书的时候，李逵在外边打人放火，城内顿时一片大乱。宋江三人逃出东京，分散回山。李逵行至荆门镇投宿时，听庄主刘太公说宋江抢了他女儿上山，李逵万分愤怒，跑回梁山泊，砍倒了杏黄旗，要拿宋江问罪。后来经过对证，乃是牛头山贼人冒名干的坏事。李逵负荆请罪，去牛头山杀了贼人，救下了刘太公的女儿。

梁山泊的壮大，震惊了朝廷。宋徽宗派殿前太尉陈善保前往招安，李逵接过招安诏书，一把撕得粉碎。太师蔡京大怒，与高俅、童贯，面奏徽宗，由童贯进剿梁山泊。山寨众头领十面埋伏，两败童贯。童贯逃回东京。高俅又调遣十节度的兵力来攻梁山泊。宋江三败高俅，并将他活捉上山，以礼相待，要高俅转达渴望朝廷招安之意。高俅去后，宋江又派燕青去东京，燕青通过李师师求得徽宗下诏。没过几天，殿前太尉宿元景上山来宣读诏书，宋江带领众好汉接受了招安，打起“顺天”、“护国”旗帜，率众来到东京接受徽宗检阅。

此时北宋正遇辽兵侵犯，宋江受诏破辽。于是大军北进，攻下檀州，夺回蓟州，智取霸州，占领幽州，兵围燕京。辽主请罪投降。宋江班师还国，遵照徽宗旨意，将所夺州县又退还给了辽邦。回到京师，徽宗下诏，又令宋江去平定淮西王庆，随后又被派去平定河北田虎和江南方腊。在平定方腊军的过程中，义军损失惨重，虽然最后擒获了方腊，大功告成，但却阵亡了七十二条好汉。回师途中，鲁智深在杭州六和寺坐化，残废的武松不愿回京，也就在这里出了家。离开杭州后，林冲瘫痪不起，杨雄、时迁、杨志先后病死，燕青又悄然离

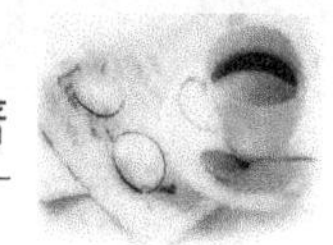

去。到了苏州，李俊、童威、童猛又离去。等到大军回京驻扎陈桥驿时，只剩了二十余名头领。蔡京、童贯、高俅、杨戬四大奸臣对宋江杀敌立功忌恨不已，当徽宗下诏嘉奖梁山泊众人、给宋江等封官之后，他们设计用水银害了卢俊义，又用毒药掺入御酒药死了宋江和李逵。一场轰轰烈烈的农民革命凄凉结束。

【作品简析】

在中国文学史上，《水浒传》第一次大规模地直接地描写了封建社会的主要矛盾——农民阶级与封建地主阶级的矛盾。全书以北宋末年宋江起义为题材，再现了中国古代农民起义的发生、发展直至失败的历史过程，是一部为起义英雄树碑立传的长篇章回小说。同时，《水浒传》也是一部由群众、民间艺人和文人作家共同创作的作品，小说中的不少人物和情节在宋元以来的民间传说、话本、戏剧中已略具雏形，施耐庵在此基础上进行加工创造，使之成为了流芳千古的中华艺术瑰宝。

和《三国演义》一样，《水浒传》同样是中国小说史上的重要里程碑，它们将中国古代长篇小说推到了成熟发展的新阶段。《水浒传》的思想成就在于它揭示了“乱自上作”、“官逼民反”的社会矛盾，充分肯定了农民起义“替天行道”的合理性，在写作艺术上，《水浒传》善于塑造个性鲜明的人物形象，如鲁智深、林冲、武松、宋江、李逵、阮小七等等，这些具有丰富性格内涵的人物典型，至今还散发着强大的生命力。

关于《水浒传》的思想内容与评价，历来都存在尖锐的分歧。争议的核心就在于对招安的描写。我们认为，这种描写恰恰表现了作者本人深刻的思想矛盾和这种思想产生的社会历史原因。农民本身反贪官不反皇帝的认识局限，忠君思想的深远影响，当时复杂的民族矛盾、统治阶级的招安政策，都是造成这场轰轰烈烈的农民起义最后凄凉收场的重要原因。但作品中弥漫的招安思想无法抹杀作者对农民革命斗争正义性的歌颂，和对贪官污吏、土豪恶霸等黑暗统治的鞭挞。作者笔下招安的悲惨结局同样宣示了作者对农民起义的深刻反思。

作为中国古典四大名著之一，《水浒传》一书影响巨大，它从18世纪中叶就开始流传到国外，深受世界人民的喜爱。《法国大百科全书》评价它说：“《水浒传》与西方骑士小说遥相呼应，《水浒传》对多种人物的英勇或懦弱的描写，都是对龌龊的社会所进行的愤怒的批判”，“《水浒传》堪称传奇作品的伟大典型”。无论从思想还是艺术方面，《水浒传》的成就都是前所未有的。

思考与练习

一、请在老师的指导下阅读原文。

二、填空

1.《水浒传》的作者是________，该书描写了北宋徽宗时，以________为首的108名好汉在水泊梁山聚义，打家劫舍，杀富济贫的豪举。

2. 我们所熟知的打虎英雄是《水浒传》中的________，他在该书中有许多脍炙人口的事迹，如手刃________，斗杀________，为兄报仇。在快活林里醉打________。

3.《水浒传》号称黑旋风的是________，他所使的武器是________，该人力大如牛，但险些被冒充他的________所害。

4. 绰号豹子头的________，原为东京八十万禁军教头，后被________设计误入________，刺配沧州，后雪夜上________。

三、请用简练的语言说出《水浒传》中英雄好汉们性格上的共同特征？

四、《水浒传》中你最欣赏的人物是谁？请口述一个有关他的故事。

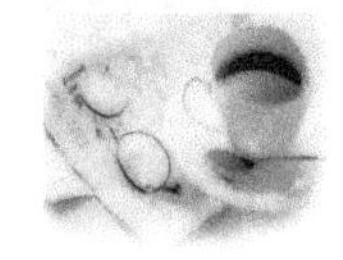

3. 西游记

吴承恩

吴承恩（约1500？—1582？），字汝忠，号射阳山人，汉族，明代淮安山阳（今江苏省淮安市）人，中国杰出的小说家。他生于一个世代书香却终沦落为小商人的家庭。吴承恩生性敏慧，博览群书，却屡试不中，科场失意，只能长期靠卖文补贴家用。吴承恩满腹才华，为人狂傲，不合流俗，癖爱野史奇闻、神话传说。为了表达扫荡邪恶的理想和对黑暗现实的愤慨，他选择民间传说的唐玄奘西天取经故事，并进行精心的艺术再加工，最终写成了中国四大名著之一的《西游记》。作品虽然采用传统的神魔题材，却有很强的现实针对性和现实批判性。

【作品略读】

在很久很久以前，东胜神洲海外傲来国大海中有一座花果山，山上一块仙石受太阳、月亮精华的孕育，一日崩裂，产一石卵，见风化作一只猴子。一个炎热的夏天，这石猴同一群猴子在山中避暑，无意间发现一股飞瀑自山顶流下。众猴说：“哪个能从这瀑布中钻进去看个究竟，我等即拜他为王。”石猴自告奋勇，钻入飞瀑，发现里面是一个宽敞、幽静的上写“水帘洞”的石洞。众猴拜石猴为王，遂称美猴王。又过了很多年，美猴王为求长生不死之术，离开花果山远游。在海上漂泊了八九年后，来到灵台方寸山斜月三星洞，菩提祖师收他为徒弟，赐名孙悟空。在这里，孙悟空学会了七十二种变化和一个跟头可以翻十万八千里的本领。本领学成，孙悟空回到了花果山。为操练群猴，悟空使起法术，将傲来国的兵器摄上了花果山，山中的妖、兽全拜在了孙悟空足下。后来，孙悟空到东海龙宫借宝，讨得了天河定底神珍铁，即重达一万三千五百斤的如意金箍棒。不久，又大闹阴曹地府，在生死簿上涂掉了所有猴子的名字。东海龙王和冥王先后表奏玉帝，请伏妖猴。玉帝采纳太白金星的建议，召孙悟空上天宫当了专管养马的小官弼马温。事后，悟空发现这是个不入流的官职，知道受了愚弄，愤然返回花果山水帘洞，立起“齐天大圣”的旗帜。玉帝命托塔李天王和哪吒三太子来捉悟空，结果被悟空打得大败。玉帝无奈，只好承认“齐天大圣”的名号，命悟空到天宫管理蟠桃园，以求乾坤安静。

悟空兢兢业业看管蟠桃园，一日，听土地说蟠桃乃是仙桃，六千年一熟，吃了会体健身轻，长生不老。孙悟空大喜，便偷吃光了园中大桃。不久，悟空得知王母娘娘要开蟠桃会，却没有请他，十分恼恨。蟠桃会这天，悟空骗走赤脚大仙，自己变化成赤脚大仙，赶赴蟠桃会，喝光了宴会用的仙酒，还闯入太上老君的丹房，吃尽了葫芦内的金丹，然后返回水帘洞。

玉帝对孙悟空扰乱蟠桃会甚是痛恨，命四大天王、托塔李天王和哪吒三太子下界去捉拿孙悟空。十万天兵却被悟空打败。玉帝又派二郎神来战孙悟空。二者各施变化神通，不分胜负。在二郎神同悟空大战之际，太上老君抛下金刚圈击中悟空，哮天犬又将孙悟空咬伤，这才将悟空拿住。玉帝传旨处死悟空，但因他吃过太上老君的仙丹，任凭刀砍斧剁，雷打火烧，皆不奏效。太上老君见状，禀告玉帝道：“这猴子吃了我的仙丹，不如让我领去，将他放在八卦炉中用文武火烧炼，既可炼出丹来，又可将他化为灰烬。”玉帝应允，于是太上老君将悟空放进了八卦炉中，经过七七四十九天烧炼，太上老君以为悟空已死，岂料悟空不仅依然活着，反而炼就一双火眼金睛。悟空跳出丹炉，挥动金箍棒一番乱打，大闹天宫。玉帝束手无策，只得求助西天如来佛祖。如来设计将孙悟空压在五指山下。悟空饥吃铁丸，渴饮

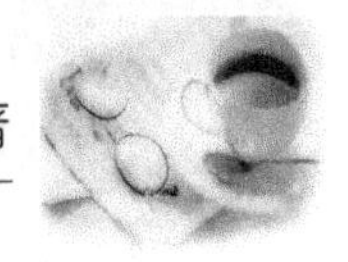

铜汁，在山下苦度了五百年。

五百年后，正是大唐太宗李世民时期。如来为劝化东土众人为善，命他的高徒金蝉子即后来的玄奘投胎陈状元家，但玄奘尚未出世时，父亲就被人害死，母亲也遭人霸占。他生下后，母亲把他捆在木板上抛入江中，后被金山寺和尚救下，做了和尚，法名玄奘。玄奘成年后，德行高尚，被唐太宗请入长安宣讲佛法。这时，观音菩萨受如来差遣，变成一个癞头和尚，将袈裟、锡杖赐与玄奘，说道：东土皆是小乘佛法，还无大乘佛法，而大乘佛法能超亡者升天，能度苦人脱苦，功德最大。指点玄奘去大西天天竺国大雷音寺如来处取大乘佛法三藏经。玄奘受观音开导之后，决定前往西天取经。唐太宗亲自摆驾送行，并口称玄奘为御弟，赐尊号为三藏，一直将玄奘送到长安城外。

唐僧一路上饥餐渴饮，向西而行。一日骑马夜过双叉岭，不料被虎魔王部下活捉，幸被太白金星赶来援救，唐僧脱险。几天后唐僧骑马来到了两界山，只听得一阵喊声如雷："我师父来也!"唐僧定睛一看，却是山下压着的一只猴子在喊叫。唐僧依这猴子的话上山揭去封条，孙悟空崩山而出，唐僧收悟空为徒，称为行者，师徒二人一同西行取经。过了数月，一日，行者棒杀了六名拦路抢劫的强盗，唐僧抱怨不已。行者气恼，不辞而别。正当唐僧一筹莫展的时候，观音送来了一顶嵌金花帽，吩咐唐僧给行者戴上，并口授了紧箍咒。当行者往龙王那里受劝返回来后，唐僧骗他戴上了花帽，谁知刚一戴上，行者头上就套上了一个金箍，怎么也取不下来。唐僧念起紧箍咒，行者头痛难忍。就这样，行者被唐僧管束，表示不敢再违师言。师徒二人继续前行，途经蛇盘山，唐僧的马匹被鹰愁涧中待罪苦度时光的西海龙王三太子吃掉。观音赶来将它变成白马，随唐僧取经。路上，为寻失窃袈裟，行者又大闹黑风山，菩萨收了黑风怪。

又过两月，一日来到高老庄投宿，高太公因招了个妖怪女婿，正在烦恼，见了唐僧师徒，就求降妖。行者变成太公之女，迷惑妖怪，随后现出原身，与妖大战。那妖怪化为狂风逃入山洞，并取出九齿钉耙来战行者。当听到行者说起唐僧的名字时，妖怪丢下钉耙，央求行者带他去见师父。此怪原是天宫的天蓬元帅，因触犯天规被罚往人间，却错投了猪胎。唐僧收他为徒，取法名叫猪悟能，别号八戒。

师徒三人继续前行，在黄风岭遭到了在如来佛那里得道的黄毛貂鼠精暗算，脱险后，他们来到了流沙河。唐僧被河中的妖怪抢走了，悟空、八戒去战，妖怪钻进水中不肯出来。悟空去求观音，观音派木叉前往，木叉叫出妖怪，让他拜唐僧为师，这就是沙悟净沙和尚，又称沙僧。沙僧原为天宫卷帘大将，只因犯了天条被玉帝贬下上界，受菩萨点化，在此等待西天取经的唐僧。

过了流沙河，师徒四人晓行夜宿，到了一座庄院。庄院内住着一个四十五岁的寡母和她的三个漂亮女儿，她们要招师徒三人为夫。原来这母女是黎山老母、观音、普贤、文殊四位菩萨变来试探师徒四人取经诚心的，结果三人都经受住了考验，只有猪八戒上当，愿为女婿，受尽苦头。

不久，众人又来到万寿山五庄观，悟空偷摘人参果，打倒人参果树，闯下大祸，幸亏观音赶来用净瓶甘露救活了人参果树，才避免了一场灾祸，得以脱身继续前行。又一日，众人在山中遇见白骨精，为吃唐僧肉它一变美女，二变老妇，三变老翁，迷惑唐僧，却屡次被孙悟空识破。最后一次悟空挥动金箍棒打杀了妖怪。不料唐僧大怒，骂悟空肆意作恶杀生，不听教诲，念起紧箍咒，并赶走了孙悟空。不几天，众人来到黑松林，唐僧被黄袍老怪变成了老虎，猪八戒斗不过老怪，只好去花果山寻孙悟空。悟空去天宫请求玉帝，收了这个二十八宿中的奎木狼星变成的怪物，并救下宝象国公主，现了唐僧原身。

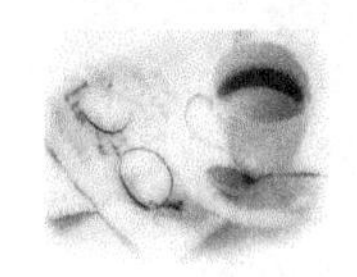

师徒继续赶路。路过平顶山莲花洞，历经曲折制伏了太上老君两个炼丹童儿变成的妖精金角大王和银角大王。在乌鸡国，打败了文殊菩萨的坐骑青毛狮子化身的妖怪，救活了含冤而死的乌鸡国国王。在枯松涧火云洞，牛魔王的儿子红孩儿又抢走了唐僧，悟空请来观音菩萨收了红孩儿去做了善财童子，唐僧脱离险境。在黑水河，西海龙王的外甥差点将唐僧蒸来吃掉。到了通天河，观音莲池内逃出的金鱼变成妖怪也暗算唐僧，后来观音收走了金鱼。唐僧师徒被河中老鼋驮过了通天河，老鼋求唐僧见到如来后代为询问自己寿命之事。唐僧允诺。

师徒四人风雨兼程，又遇到了许多磨难。路过金岘山，降伏李老君的青牛变作的妖怪。进入西梁女儿国，唐僧、八戒误饮子母河水，腹痛有胎；后采唐僧又被女儿国王留住要做夫妻。好不容易设计摆脱纠缠，却又被母蝎子精勾引。后师徒除了妖精，踏上大路，途中又遇强盗打劫，唐僧被吊树上。为救师父，悟空打杀了两个强盗，谁知唐僧怒气再生，怪悟空杀人太多，又赶走了他。悟空去后，一只六耳猕猴变成孙悟空模样加害唐僧。真悟空知道后去找假悟空理论，真假美猴王打得难解难分，一直打到西天。最后，如来识破了真相，真悟空打杀了假猴王。观音送悟空回到唐僧身边。

师徒又行数月，又遇火焰山阻挡去路。悟空去向牛魔王妻子罗刹女借芭蕉扇灭火，罗刹女因儿子红孩儿被观音收走而痛恨悟空，一扇竟将悟空扇到五万里外。悟空从菩萨处得到定风丹，再找罗刹女，罗刹女扇不动悟空，又被悟空变成小虫钻进腹内翻腾。罗刹女答应借扇，却将假宝扇交给悟空。悟空用扇子去扇，那火反而更旺。悟空知道上当，又变成罗刹女夫君牛魔王去骗取真扇，但他只听到了将扇变大的咒语，却不知变小的方法，结果被赶来的牛魔王发现。牛魔王变成八戒，又夺走了真扇。悟空无奈，请来托塔李天王和天兵天将帮助，降伏了牛魔王，再一次从罗刹女那里借出芭蕉扇，扇熄了火焰山。

过了火焰山，师徒四人继续赶路。一天，来到小雷音寺，唐僧入寺拜佛，看出有假的孙悟空却被假扮佛祖的妖怪困在金铙之内。其他三人也被妖怪捉住。天神亢金龙用角尖钻进金铙救出悟空，悟空打碎金铙，与妖怪多次打斗，皆不能胜。此时弥勒佛突然降临，说是他的司磬的黄眉童儿在此成精。唐僧被救，悟空放火烧了庙宇，继续向西前行。

接下来，师徒又经历了很多灾难，在七绝山驼罗庄悟空打杀了红鳞大蟒；在朱紫国悟空斗败了观音走失的金毛犼，治好了国王的怪病，救回了被抢走的正宫娘娘；在盘丝洞和黄花观，打杀了七个变成妖女的蜘蛛精和变作道士的蜈蚣精；在狮驼岭，遇上了三个法力广大的魔王，悟空抵敌不住，去西天求救，原来竟是如来的舅父大鹏金翅雕、文殊的青狮和普贤的白象作怪。师徒脱险后来比丘国，悟空斗败了寿星的白鹿变成的妖道。此后又遭陷空山无底洞金鼻白毛老鼠精色相相诱，还在灭法国国王、隐雾山豹子精那里吃尽苦头。

杀了豹子精，师徒四人来到凤仙郡，孙大圣劝善施霖。在天竺国玉华县，悟空、八戒、沙僧三人的兵器被豹头山虎口洞的妖怪盗走，太乙救苦天尊赶来，说妖怪是他走失的九头狮子所变。悟空三人取回兵器，告别天尊，师徒又在青龙山玄英洞降伏犀牛怪。不几日来到天竺国国都。在这里，悟空识破了月宫玉兔变成的假公主，救回了真公主，国王感谢不尽，礼送唐僧。众人一路匆匆而行，来至如来灵山脚下的玉真观。

次日，师徒四人在凌云渡乘上无底船，唐僧不慎落水，肉体凡胎成尸体漂去。师徒登上彼岸，步入灵山，来到如来佛雷音寺山门之外。如来传旨，面见唐僧，令阿傩、伽叶检取真经交给唐僧师徒。阿傩、伽叶趁机索取礼物，唐僧毫无准备，二人只传给无字经书。唐僧再次求佛，悟空一旁嚷道："如来，你把无字的白纸本儿给我们，我们拿他何用?" 如来笑道：

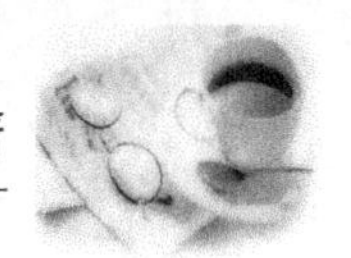

"你且休嚷，经书不可轻传，也不可空取。当年徒儿们给赵长者诵过一遍这种经书，讨得他三斗三升米粒黄金，我还说他们太卖贱了，教我们的后代儿孙没钱使用。你们空手来取，所以传了白本。"说毕，如来吩咐换有字真经给师徒。但阿傩、伽叶坚持索要礼物，唐僧无奈，只得把唐太宗赐的紫金钵盂送上，才换得真经。取了真经，师徒四人返归东土。路过通天河，老鼋来迎，驮唐僧师徒过河，问及所托之事。唐僧这才记起当年老鼋托自己向如采询问何日能转为人身之事，连赔礼道："忘了询问。"老鼋大怒，沉入河中，四人落水，经书也全部浸湿，师徒只得抢经晒经。至此，唐僧师徒经历了九九八十一难，功德完满。八大金刚将唐僧师徒送往长安向唐太宗交割真经后，随即返回灵山。唐僧被封为旃檀功德佛，孙悟空被封为斗战胜佛，头上金箍也自然脱落。猪八戒被封为净坛使者，沙僧被封为金身罗汉，白马被命为八部天龙，都成了正果。

【作品简析】

《西游记》共一百回。在表现主题上，《西游记》淡化了取经故事的宗教色彩，将弘扬佛法的宣传改造成了具有强烈现实内容和时代色彩的神话小说。《西游记》借助神魔题材，曲折地反映了明代的社会生活，寄托着作者对黑暗现实的揭露和批判。天宫神权统治的僵化与腐朽，是人间社会封建统治的艺术投影，下界妖魔鬼怪的猖獗，是现实世界各种罪恶势力的生动再现。而孙悟空在跟人世间的妖魔鬼怪或者他们的天界后台的斗争与交涉过程中显示出的斗争智慧和斗争艺术，也是现实社会中人民群众长期社会斗争经验的总结，生动地反映了人民驾驭自然、铲除邪恶的愿望和人定胜天的乐观精神。

在人物处理和形象塑造上，小说克服了民间传说偏重叙述故事，缺乏性格刻画的不足，描绘出了像孙悟空、猪八戒、白骨精等一系列生动的艺术形象。尤其是小说把唐僧降到次要地位，使体现人民自由理想与反抗精神的孙悟空成为中心人物，孙悟空形象的魅力不在于他的改邪归正，而在于他个性放纵不受条框的约束，在于他快意恩仇、富有正义却又时而复发的妖性。小说中，不少妖怪是可亲可爱，富有人情味，在中国小说史上，《西游记》是民间集体创作向文人创作过渡的桥梁。

《西游记》开辟了神魔长篇章回小说的新门类，书中将善意的嘲笑、辛辣的讽刺同严肃的批判巧妙结合的特点直接影响着中国讽刺小说的发展。可以说，《西游记》是中国古代长篇小说浪漫主义的高峰，也是世界文学史上浪漫主义杰作。《美国大百科全书》认为它"是一部具有丰富内容和光辉思想的神话小说"，《法国大百科全书》说："全书故事的描写充满幽默和风趣，给读者以浓厚的兴味。"从 18 世纪开始，它就被译为日文、朝文、英文、法文、德文、俄文、罗马尼亚文、波兰文等十几种文字流行世界各地，深受世界各国读者喜爱，成为世界文学中拥有最广泛读者群的杰作之一。

思考与练习

一、请在老师的指导下阅读原文。

二、填空

1.《西游记》是一部浪漫主义________小说。

2."孙悟空大闹天宫"的故事出自《西游记》，《西游记》全书共________回，书中主要人物孙悟空自号________。

3.《西游记》中有许多脍炙人口的故事，如三打________、大闹________、真假________、三借________。

三、写出几个《西游记》中具有神妙奇幻的想象，紧张曲折的情节？

四、结合相关情节，说说孙悟空的性格特点。

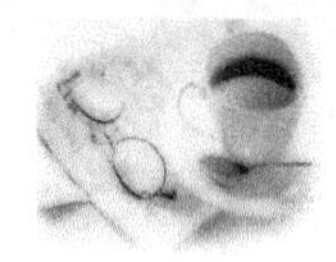

4. 红楼梦

曹雪芹

曹雪芹（1715？—1764），名霑，字梦阮，号雪芹，又号芹圃、芹溪、耐寒道人。曹雪芹生于江宁织造府内（位于今江苏省南京市）。他的祖辈、父辈是清廷内务府官员，甚得康熙皇帝信任。雍正时期，其家人因被人参奏，遭到查抄，全家迁往北京。少年时代的曹雪芹在南京过了一段荣华富贵的生活。迁到北京后，家道衰败，逐渐陷入“举家食粥”的贫困境地。晚年居住北京西郊，贫病交加，备尝酸辛。死后只有琴剑在壁，靠生前朋友资助才得以草草埋葬。曹雪芹经历了家世盛衰，广泛接触了当时的社会现实，对清王朝的统治以及官僚贵族阶层的腐朽和罪恶有比较清醒的认识。他用了二十多年的时间创作不朽巨著《红楼梦》，到他逝世时只完成了八十回。《红楼梦》今传本一百二十回的后四十回一般认为是高鹗续补的。

【作品略读】

在姑苏城仁清巷内的葫芦庙，住着一位穷书生名叫贾雨村，由于受乡宦甄士隐的资助，贾雨村上京赴考中了进士，并做了官。后因贪赃枉法，上任不久就被革去官职。贾雨村于是又来到扬州，做了巡盐御史林如海的幕客，教林女黛玉念书。一年之后，林如海妻子去世，林黛玉由贾雨村护送到了京都荣国府姥姥家。京都贾家地位显赫，世袭贵族，有荣国府、宁国府两座府邸。贾雨村因此得到黛玉舅父贾政的帮助，不到两月，便复职选任金陵应天府，从此官运亨通。

林黛玉住进荣国府后，受到外祖母贾母的百般疼爱，与表兄贾宝玉相处得也十分亲密，朝夕相处，一起玩耍。不久，金陵来信，言及黛玉舅母王夫人的同胞妹妹薛姨妈的儿子呆霸王薛蟠打死了人，应天府正在审理。没过几日，薛姨妈却带着儿子薛蟠和女儿薛宝钗进了荣国府。原来应天府知府贾雨村见薛家是专为宫廷采办购置各种用品的皇商，而且与贾府有亲，便徇情枉法，放了凶手薛蟠。

薛宝钗比贾宝玉稍稍年长，却有一只能同宝玉的通灵玉相配对的金锁。她到贾府后颇识礼节，处处随分从时，为人随和，很快就得到了贾府上下的喜欢。黛玉却孤僻自傲，对此她也颇感苦恼，认为宝玉喜欢宝钗，不喜欢自己，所以屡与宝玉发生口角，并暗自伤心垂泪。

为让儿子求取功名，贾政将宝玉送到一家塾读书，只准宝玉背诵《四书》，要求十分严格。宝玉惧怕父亲，整日就像老鼠躲避猫儿一样。但贾母却非常娇惯孙儿，视宝玉为心肝宝贝。

几个月过后，林如海身染重疾，黛玉被送回了家探视。黛玉去后不久，宁国府贾珍的儿媳秦可卿英年早逝。荣国府的管家少奶奶王熙凤被请去协助管理宁国府财物起居。送殡那天，王熙凤住在馒头庵，庵中老尼求王熙凤办理一件退婚案，为图别人三千两银子，王熙凤派人前去打通长安节度使的关节，竟活活拆散了一桩美满姻缘，并断送了两条人命。

林如海不久去世，林黛玉无所依靠，待丧事办完之后，又被接回贾府。不久，被选入宫的贾政之女贾元春被加封贤德妃，皇帝特许贾府建造省亲别院。于是贾府在荣、宁二府之间丈量出三里半的地面，开始修建省亲别院。省亲别院历时半年多建成，耗费了大量银资，单是采买戏子和服装道具一项就花银三万两。次年正月十五，元春回家省亲，赐省亲别院名为

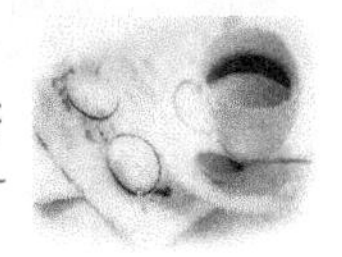

"大观园"，对园内房舍也分别赐了名称，并叫宝玉和众姐妹搬进大观园居住，宝玉住怡红院，黛玉住潇湘馆，宝钗住蘅芜院，探春住秋爽斋……宝玉在园内同众姐妹、丫环相处玩耍，十分自在。

开春三月，一天，宝玉和王熙凤却突然先后疯了，混混沌沌，满口疯话，并乱砸东西。贾政的小老婆赵姨娘劝贾母快为二人准备后事，被贾母痛骂了一顿。原来这是赵姨娘为争夺家财和地位而请马道婆作的魇魔法术欲咒死二人。幸亏不久后来了一个癞和尚和一个跛脚道人，他们拿着通灵宝玉念念有词，宝玉和王熙凤这才清醒过来。

又过了一个多月，一天中午，宝玉去看黛玉，听黛玉随口吟出了《西厢记》的唱词。宝玉进屋，也念了两句《西厢记》的唱词："若共你多情小姐同鸳帐，怎舍得叫你叠被铺床。"同丫环开开玩笑。黛玉一听立即变了脸色，哭着出门，说要去告诉舅父。宝玉慌了，急得赌咒发誓。次日是芒种节，落英遍地，黛玉去桃林葬花，她由落花凋零而想到自己命运凄苦，口吟《葬花词》，垂泪不已。不料躲在桃林后的宝玉听了竟大哭起来。黛玉见是宝玉，抽身就走。宝玉叫住黛玉，说道："你我从小一块儿长大，本该和气，为什么把宝姐姐、凤姐姐放在心里，不理我呢？"黛玉见宝玉一片痴情，心中很是感动，开始将宝玉视为知己。

端午节就要到了，元春自宫里送来了赏赐众姐妹的礼物，黛玉发现唯有宝玉、宝钗的礼物相同。心中不快，冷冷说："我没福气接受这礼物，比不得宝姑娘什么金啦玉的，我们不过是草木人儿罢了。"宝玉一听，急忙申辩："我心里除了老太太、父亲、母亲，第四个就是你了。"黛玉道："你心里有妹妹，只是见了姐姐就把妹妹忘了。"过了两天，宝玉和黛玉又发生口角，急得宝玉取下通灵玉来一顿乱砸，黛玉也气得呕吐不止。直到次日，宝玉去向黛玉赔了礼，两人才言归于好。

一日中午，宝玉到母亲王夫人住处，见丫头金钏儿在旁为母亲捶腿。宝玉以为母亲睡着，就同金钏儿开起玩笑，谁知王夫人翻身而起，劈手就给金钏儿一个嘴巴，骂金钏儿勾引宝玉，并叫人把金钏儿赶出贾府。金钏儿含冤投井而死。过了两天，与贾府素来不和的忠顺府派人采找贾政，说宝玉勾引走了他们府中的戏子，请贾府交人。贾政闻听大怒。赵姨娘所生儿子贾环又乘机进谗，诬告宝玉强奸金钏儿未遂，逼死人命。贾政更加怒不可遏，遂叫来宝玉，以流荡优伶、淫辱母婢为名，往死里乱打。贾母闻讯赶到，痛骂贾政，众人才将宝玉抬回房中。黛玉得知消息，慌忙赶去看望宝玉。宝玉见黛玉满脸泪痕，安慰她说："我叫疼是装的，别信真了。"当晚，宝玉叫丫头送旧帕两条给黛玉。黛玉悟出了旧帕的意思，感到可喜、可悲、可笑、可惧、可愧，就在帕上题了三首七绝，越发视宝玉为知己了。

宝玉被打之后，宝钗也天天去探望宝玉，却是劝宝玉读书上进。宝玉一听就生气，说："好好一个清净洁白女子，也学得沽名钓誉，入了国贼禄鬼之流。"宝钗听了，自觉没趣，只得离开。一日，宝玉正睡午觉，宝钗又去看宝玉，见丫头正给宝玉绣鸳鸯戏莲花样的兜肚，连连赞叹花样很好，拿过来帮助刺绣。这时，只听宝玉在梦中嚷道："什么是金玉姻缘！我偏说是木石姻缘！"宝钗听见不觉怔了，又坐了一会，就懒懒地离去。

宝玉身体逐渐复原，开始在大观园中与众姐妹兴起海棠诗社，每日吟诗行令，沉浸在女儿圈内，乐得做一个"富贵闲人"，更是把立身扬名抛到了脑后。

大观园外，贾府上下富贵尊荣，荒淫享乐，但经济状况已大不如前。在荣国府，王熙凤扣住小姐、丫环的月钱不发，用来放高利贷；王熙凤的公公贾赦看上贾母的丫头鸳鸯，打定主意要讨来作妾，被贾母骂了一顿；而元春的千两赏银以及其他收入已不够开支，王熙凤买通鸳鸯偷贾母的东西去当银子来贴补费用。在宁国府，年底黑山村来交租，折银两千五百

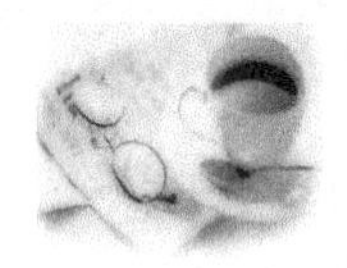

两。贾珍说："估计该交五千两，竟少了一半；我们共有八九个庄子，而今有两个庄子报了旱涝，真叫人别过年了！"

春节过后，王熙凤早产，一个多月不能理事。王夫人只好叫三女儿探春理家，并请宝钗协助。探春感叹"百足之虫死而不僵"。转眼几个月过去，宁国府贾珍之父贾敬在修道中误吃丹药而死。贾珍妻子尤氏见无人料理宁府事务，便将继母和两个妹妹尤二姐、尤三姐接到府中。王熙凤的丈夫贾琏见尤二姐漂亮温柔，在贾珍的撮合下，偷偷地同尤二姐结了婚。不久，王熙凤知道了此事，将尤二姐哄入荣国府，从精神上百般折磨，迫使尤二姐吞金而死。

这年八月，有人在大观园拾到绣春囊，王夫人见到这种伤风败俗的东西，气得浑身发抖，命人查抄大观园各房，撵走了模样儿标致的丫头晴雯等，只因被认为"轻薄"的。宝玉见此，深感大观园不久将散，悲痛不已。不久率直的晴雯含恨而死。

一年之后，贾母提起宝玉婚事，直夸宝钗温厚平和。王熙凤看贾母眼色行事，极力怂恿宝钗同宝玉成亲。患病的黛玉得知消息，病情加重，决定绝食待毙。不久，宝玉的通灵玉丢失，黛玉暗自庆幸宝黛姻缘有望，病情好转，不再绝食。但宝玉丢玉后却神志昏迷。年底，元春病逝宫内，贾府全家悲痛不已。

春节过后，贾母、王夫人见宝玉痴呆难愈，决定迎娶宝钗来为宝玉冲喜。王熙凤献掉包计，哄宝玉说是同黛玉成亲。宝玉成亲之日，黛玉呼着宝玉的名字，病逝潇湘馆。过了几天，宝玉神志渐渐清醒，得知黛玉死讯，不胜悲愤，却无可奈何。不久，御史以贾府作恶多端为由，弹劾贾府。同贾府有怨的锦衣府赵堂官带人查抄了宁国府。贾政也因处事迂腐，用人不善，而被朝廷降职。这时，依靠贾府而飞黄腾达的贾雨村反过来狠狠地踢了贾政一脚。贾府走向彻底衰败。接下来，贾母去世，王熙凤被休，命丧黄泉，凄惨而终。史、王、薛等家族也逐个败落。最后，宝玉看破红尘，抛弃家庭，丢下宝钗，出家为僧。

【作品简析】

《红楼梦》，原名《石头记》，是中国古代小说现实主义艺术发展的总结和巅峰之作，是思想和艺术都取得极高成就的伟大作品，堪称中国封建社会后期社会生活的百科全书。《红楼梦》通过对一个典型的封建贵族大家庭贾府由盛而衰的深刻剖析，描绘出一幅封建社会末期腐朽、黑暗和丑恶的真实画卷，表现了深广的历史内涵；作品通过描写贾宝玉、林黛玉、薛宝钗三人之间的爱情、婚姻纠葛，揭示了封建制度扭曲人性的罪恶本质；也映射了曹雪芹主要生活时期乾隆时代所谓康乾盛世的美丽外衣，对封建统治阶级和封建制度做了全面有力而深刻的批判，指出了这个制度最终走向衰亡的必然性。《红楼梦》内容的博大精深，不仅在中国文学史上，而且在世界文学史上都是罕见的。

鲁迅先生在《中国小说的历史的变迁》中说："自在《红楼梦》出来以后，传统的思想和写法都打破了。"何其芳在《论〈红楼梦〉》中也指出："曹雪芹的《红楼梦》是我国小说艺术成就的最高峰，是我们至今还不曾充分认识的小说艺术的宝库。我们今天的作家要克服许多艺术上的弱点，都可以从它取得有力的辅助。"《红楼梦》在艺术表现上的总的特色是，它像生活本身一样丰富复杂，又像生活本身一样生动真实，浑然天成。这是一部保存生活的原生态最好，而又充分地艺术化、典型化的一部作品，在普普通通的日常生活描绘中，蕴含着极为丰富的思想内容，具有极大的撼动人心的艺术魅力。如今，研究《红楼梦》所形成的专门学科"红学"，不仅在中国得到发展，而且在国际上也在产生着越来越深远的影响。

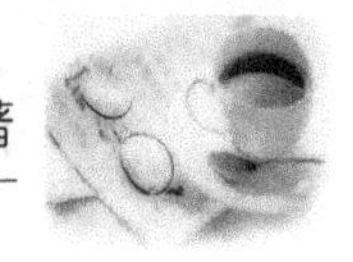

思考与练习

一、请在老师的指导下阅读原文。

二、填空

1.《红楼梦》的作者是________代小说家________，小说以________为中心，写当时具有代表性的________四大家族的兴衰来揭露封建社会后期的种种黑暗和罪恶，及其不可克服的内在矛盾，对腐朽的封建统治阶级和行将崩溃的封建制度做了有力的批判。

2.黛玉写的有关花的诗是________。

3.贾府的四春分别是：________、________、________、________。

三、请简述《红楼梦》中一处精彩的人物出场。

四、《红楼梦》第六回“刘姥姥一进荣国府”中，刘姥姥有这么一段话“我们也是知道艰难的，但俗语说的：‘瘦死的骆驼比马大’。你老拔根寒毛比我们的腰还壮哩！”刘姥姥的这段话是对谁说的？为何说这话？请简叙事情的经过。

5. 鲁滨逊漂流记

笛　福

丹尼尔·笛福（1660—1731），英国小说家，英国18世纪启蒙时期现实主义小说的奠基人，被誉为“英国小说和现代新闻报道”之父。他生于一个反对英国国教的新教徒家庭，父亲是商人，他自己早年也经商，曾到欧洲大陆各国从事贸易，富有冒险进取精神和同情心。后来经商破产，为谋生曾充当政府秘密情报员并开始写作。作品中反对国教迫害不同教派，并提出许多新政见新主张。他的文章影响了后来期刊文章和报纸的发展。因言论关系多次被捕。笛福59岁时才开始写小说，但很快展现了卓越的写作才能，并最终成为英国18世纪四大著名小说家之一。《鲁滨逊漂流记》是他发表的第一部冒险小说，出版后大受欢迎，在当时造成很大影响，至今仍然是享誉全球的文学名著。

【作品略读】

我出生于1632年9月30日。父亲靠做生意挣了一笔家财，在英国约克城娶了我母亲。我母亲娘家姓鲁滨逊，我就被起名叫鲁滨逊·克罗索。很小的时候我的脑子里便充满了遨游四海的念头，年迈的父亲则希望我在家乡靠自己的勤劳挣一份家财，过一辈子安乐的生活。我没有听从父亲的劝导，在1651年9月1日那个不祥的日子，我瞒着父母去航海。不料遇到风暴，船只沉没，我侥幸逃命，从陆路到了伦敦。

一路上，我不断地同自己作思想斗争，不知道是回家好，还是再去航海好。过了些日子，航海受苦的记忆渐渐从我的脑海里消失，我打消了回家的念头，准备再次去航海。

我第二次出海，是到非洲去经商，不仅赚了一笔钱，还学到不少数学和航海知识。可是在第三次出海时，我又遇到不幸，被土耳其的海盗船俘虏，做了海盗船长的奴隶。一天，我瞅准机会，划着小船逃了出来。我在海上漂流了几十天，被一艘葡萄牙商船解救，平安抵达巴西。在巴西，我经营种植园，开始了庄园主的生活。

事实上，我不愿意过这种生活，它跟我的天性不合，而且与我所喜欢的生活完全相反。另外几个庄园主建议同我再次航海，去非洲贩运黑奴，我受不住诱惑，便在1659年9月1日那个不吉利的日子上了船，因为8年前，我违抗父母的严命，从家里逃走去航海，也正是这一天。这一次，我们又遇上了风暴，大船在南美洲海岸附近触礁搁浅，全船人都被淹死，只有我一个人死里逃生，被海水冲到了一座小岛。

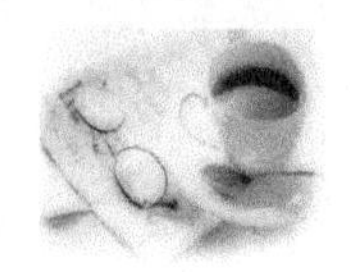

我虽然脱了险，但境况却非常糟糕。这是一个荒无人烟的小岛，我身边除了一把刀、一个烟斗和一小匣烟叶，别无他物。这使我忧心如焚，有好一会儿在岸上跑来跑去，像一个疯子。我从海岸向里面走了八分之一英里，想找些淡水喝，居然找到了，我高兴极了。我在树上过了一夜，醒来时天已大亮，发现那只搁浅的大船在夜里被潮水冲到小岛边上。我做了只木排，一次又一次上到大船，把船上的食物、酒、衣物、枪支、弹药、土木工具等一一运到岛上。我在山坳前面的草地上搭起帐篷，四周插上尖木桩，用船上截下来的缆索绕在木桩上做成篱笆，这样做的结果是不管是人还是兽，都没法冲进来。我把我的全部财产都搬到篱笆里面来，这就是我的住处了。

我要开始去过一种世界上前所未闻的忧郁而寂寞的生活了，所以我需要把这种经过从头至尾，按次序记下去。大约在我上岸十一二天后，我忽然想到，长此下去我会忘了日期。为了防止这种情况出现，我便用刀子在一个大柱子刻上这几字："我于 1659 年 9 月 30 日在此上岸"，把它做成一个大十字架，立在我第一次上岸的地方。在这个十字架的两边，我每天用刀子刻一道印痕，每 7 天刻一个大一倍的印痕，每一个月刻一个再大一倍的印痕。这样，我就有了一个日历，可以计算年月日了。

我从船上的那些物品中找到了笔、墨水、纸，开始每天记日记，以减轻心中的苦闷。我不再悲观绝望，开始一心一意安排自己的生活。我用了几个月的时间，在帐篷后面挖了一个很大的山洞，并做了桌椅书架等家具，还把我的房子隔成了好几部分。一天，我忽然看见地上抽出几根青绿色的茎子，我大为惊愕。又过了些时候，那些茎子上竟长出了十几个穗子，原来是我抖一个小布袋时掉下的十几颗谷种，种子居然还没有坏掉。六月左右，到了收获季节，我就把这些粮食穗子小心翼翼地保存起来，准备以后在岛上种植玉米、大麦和水稻。

就在我把我的住所完全修好的第二天，发生了可怕的地震，我的帐篷被压塌了，我被埋在山洞里，险些丧命。我不敢再住在山洞里，计划在平地造一所小茅屋。地震后，破船的位置发生了变化，不用木排就可以直接走到船跟前了。于是，我开始拆卸破船，凡是能拆下来的东西通通搬到岛上。

有一天，突然我生病了，疟疾发得很凶。我用烟叶来做药，还烧烟叶来熏自己的鼻子。几星期后，我的体力才得以恢复。我感谢上帝拯救了我，开始每天读《圣经》。我用心把全岛都勘察了一遍，发现在小岛的另一边有繁茂的树林，那里有许多鹦鹉、野兔、山羊、鸽子等野禽和小动物。我捕捉来鹦鹉和山羊，把它们带回住所，驯养为家畜。这样，等我的弹药用完的时候它们就可以供我作食物。

到了第三年，我在岛上的生活有了规律。每天恭拜上帝，早晨带枪出门觅食，下午加工制作食物。同时抽空管理农作物，制作各种生产工具和生活用具，并把多余的食物贮藏起来。在这里，我脱离了人世间的一切罪恶，我毫无所求：因为这里的一切已经足够我享受了。我心里已经没有贪求之念，我有一包钱币，大约值三十六金镑。可是这些倒霉的东西，对我来说一点用处都没有。我情愿拿它去换一只烟斗，一个磨谷子的手磨，或者一包红萝卜种子，一把豆子或一瓶墨水。可是现在它们放在一个空抽屉里，已经生了霉。

我在岛上已经拥有两个田庄了，凡是可以使我生活舒适的事情，只要有必要，我都不辞辛劳地把它完成。因为我认为，驯养着一批牲畜，就等于替自己建立了一座羊肉、羊奶、奶油和酪干的活仓库。我还培植了一些葡萄，每年冬天贮藏的葡萄干是我食物中最可口的美味。我用餐的时候，俨然像一位国王，一个人高高坐在上面，我的狗、猫则坐在我的左右，像是我的臣仆。我身上穿着山羊皮做的外衣和鞋袜，胡子长得可以挂上我的帽子，这个模样要是在英国被人看见，会叫人吓一跳的。可是这里只有我一个人，外表如何，无关紧要，所以我不在乎。

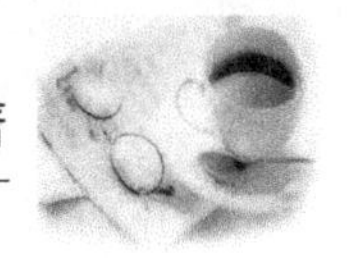

来到岛上第二十三年的冬天发生了一件令我意外的事。突然一群野人来到岛上，他们竟然在岸上烹调人肉来吃，离去时留下满地的血、骨头和肉块。我担惊受怕地过着日子，心想他们再来时要杀死他们。两年后，又来了一群野人，在他们正准备把带来的俘虏杀死美餐一顿的时候，其中一个俘虏向我跑来。我开枪打倒了追赶他的两个野人，救了那俘虏。他嘴里叽叽咕咕说些我根本听不懂的话，用各种各样的手势和古怪的姿势表示他的恭顺和感激之情。那天是星期五，我给他取名“星期五”，又教他学会说“主人”，然后我尽量叫他知道，我最憎恶的就是吃人肉，如果他敢吃一口人肉，我就杀死他。他成了我最忠实、最可爱、最诚恳的仆人，对我一往情深，就像一个孩子对他父亲一样。在安全问题上我一点用不着对他采取什么防范措施。这些野人与文明人有同样的能力、同样的理性和同样的感情，他们同样知恩图报、诚恳待人和忠贞不渝。有时候还要甚于文明人。

一年以后，我教星期五学会了说英语。他告诉我，曾有十七个遇险的白人坐小船到他们住的岛上去，跟野人一起生活。我想去救他们，同他们一起回到文明社会。于是我和星期五造了一只独木舟，这已是我到荒岛上来的第二十七个年头。除了做离开小岛的准备外，我还像过去一样，和星期五一道继续干农活，制作食物等。就在我们准备出发的时候，又有一群野人来到岛上，他们押着三个俘虏，其中一个是白人，另一个是星期五的父亲。野人们又要杀俘虏吃，我们开枪打死了十多个野人，救下了那个白人和星期五的父亲。那个白人是西班牙人，他是遇险的 17 个白人中的一个，我派他和星期五的父亲去解救其余的 16 个白人。他们走后，等到第八天，又发生了一件意外的事。一只英国船在附近的海岸抛锚，船长和另外两个人被反叛的水手抛弃在岸上。我带着星期五帮助船长夺回了船只，把三个闹事的水手留在岛上。我教给他们怎样做面包、种粮食、晒葡萄干等，并给那些将要来到岛上的西班牙人留下一封信，然后带着星期五在 1686 年 12 月 19 日乘英国船离开了海岛。我一共在岛上居住了 28 年两个月零 19 天。

回到英国约克城时，我离家已经整整 35 年了，没有人认识我。父母早已去世，只剩下两个侄子和两个妹妹在家。我又去巴西看我的种植园。这么多年，我的朋友忠实地将我的地租储存了起来，我成了一个拥有五千金镑的富翁。

我草率地结了婚，生了 3 个孩子。不久妻子又去世了，我搭侄儿的船又一次出海经商，这已经是 1694 年。我又回到了我居住过的小岛，那些西班牙人和英国水手都在岛上安了家，岛上的人口大大增加了。我替他们分配了土地，并解决了一些生活问题，满怀欢喜地地离开了他们。

【作品简析】

《鲁滨逊漂流记》（又译作《鲁滨孙漂流记》）（1719）是笛福的第一部长篇小说，也是最著名的小说。它是根据当时英国的一篇新闻报道写成的：1704 年，英国水手亚历山·塞尔柯克因在航海途中叛乱，被船长遗弃在距离智利海岸五百海里安菲南德岛上。他一个人在荒岛上生活了 4 年零 4 个月后被航海家发现而救回。作品主人公鲁滨逊是笛福按照自己的理想塑造出来的人物。鲁滨逊从小就不安于现状，具有冒险精神，他当过船员，多次出海，在巴西种植园工作过，在一次出海前往非洲贩卖黑奴时遭遇海难，流落荒岛 28 年，在岛上，他不惜劳苦，不畏艰险，克服了种种难以想象的困难，顽强地生存下来；他不信天命，相信“常识”，充分利用自己的聪明才智，战胜孤独，白手起家，开发荒岛，不仅使自己存活下来，而且创造了一个充满生机活力的新世界。他用代表工业文明的火枪和基督教的圣经，征服和感化土著人，体现了资产阶级殖民者的形象。

鲁滨逊是一个资产阶级的开拓者的形象，一个理想化的资产阶级的英雄。在他的身上体

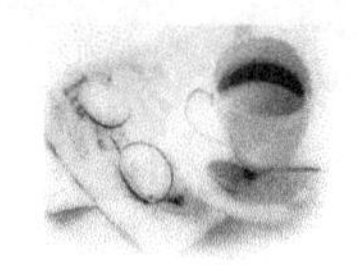

现了西方海洋文明熏陶下人们向外发展的好奇心、征服欲和冒险精神，小说歌颂了人的坚毅品质和吃苦耐劳的精神，作品中到处充满了蓬勃向上的激情。

《鲁滨逊漂流记》以现实生活中的中下层人物作为故事的主人公，运用简洁而又清晰的语言，对故事中的人和事做了准确而细致的描写，笛福尤其擅长描写环境，逼真的细节，虚构的情景描写使人如身临其境。笛福首次采用了第一人称的回忆录和游记的写作方式，故事都是由主人公自述，使读者倍感亲切可信。这种写作方式为后来英国现实主义小说开辟了新的道路。

思考与练习

一、填空：

1.《鲁滨逊漂流记》是一部成功的________小说，小说主人公鲁滨逊也因此成为欧洲文学史上的一个著名的文学形象。

2. 鲁滨逊在荒岛上生活了________年，高度浓缩地体现着人的本质和人类进步的历程，他成了一位独自创造文明的英雄。

二、《鲁滨逊漂流记》是笛福文学作品中最有影响的一部，在世界范围内广泛流传，它主要表现了一种什么样的精神？

三、请简述鲁滨逊的性格特点。

四、请你学习第一人称视角的写作方法，写一篇记叙文。

6. 简·爱

夏洛蒂·勃朗特

夏洛蒂·勃朗特（1816—1855）是英国19世纪著名三姊妹作家之一。她出生于英国北部偏僻山区一个清苦的牧师家庭，早年丧母，上过教规严厉、生活条件恶劣的寄宿学校，后来做了家庭教师。夏洛蒂一生与贫病为伍，几个姐妹都先她而病故，唯一的弟弟也潦倒早死，只有早鳏而性情孤僻的父亲与他为伴，直到自己38岁才克服父亲的反对结了婚，过了一段短暂而幸福生活，但不幸第二年就因病去世，只活了短短三十九年。夏洛蒂从小酷爱文学。她的代表作有长篇小说《简·爱》、《谢利》、《维莱特》、《教师》等。她的作品主要描写小资产阶级人物的孤独、反抗和奋斗。

贫病的家庭孕育了英国家喻户晓的三姐妹作家：夏洛蒂·勃朗特在《简·爱》中对女性独立性格的叙述，妹妹艾米莉·勃朗特在《呼啸山庄》中对充满联想气质的极端爱情和人格的描写，以及妹妹安妮·勃朗特在《艾格尼丝·格雷》中让人印象深刻的无法排遣的寂寞情绪，令人回味无穷。一家三姐妹占据了英语文学名人史中的三个重要席位，这在世界文坛都极其罕见。

【作品略读】

这是一个严寒的冬日下午，在温暖的休息室里，我的几个表兄妹全都簇拥在他们的母亲里德太太周围说笑。我却没有这个权力，只能躲在早餐室的窗帘后面悄悄地看书。这时，约翰·里德冲进来，这个十四岁的小恶棍恶狠狠地咒骂我是个靠别人养活的人，说着还把书照准我的脑袋扔过来。我一下子跌倒了，头撞在门上，鲜血直流。我不顾一切，发疯似地和他对打起来。里德舅妈飞奔过来，命令仆人把我关进阴森森的红房子里。我知道里德舅舅就是在这间屋子里去世的。我苦苦哀求里德舅妈饶恕我，放我出去。可始终没人理睬，直到我在极度的痛苦和恐惧中昏了过去。

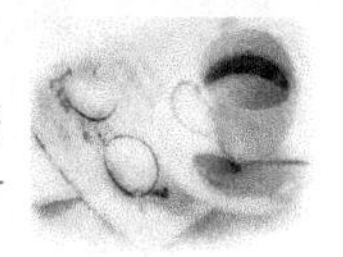

我因此大病一场，病中，只有女仆常常和我说话解闷。从仆人口中，我知道我的父亲和母亲双双死于斑疹伤寒，无依无靠的我被里德舅舅领回抚养。舅舅离开人世后，我成了舅妈的累赘。

大病初愈后，舅妈决定送我去一家慈善学校，并认定我是一个爱说谎和喜欢欺骗的坏孩子，还把这种情况介绍给学校的监护人布洛克尔赫斯。正月十九这个寒冷的早晨，一辆马车把我载往那个当时看来遥远而神秘的地方——雷沃德寄宿学校。

这个学校里有一群从九岁到二十岁之间不同年龄的姑娘，她们身着古怪的棕色布衣服，外面套着长长的荷兰麻布围裙，一起在昏暗的油灯下背诵《圣经》。我在这儿的第一顿早餐便是令人作呕的烧糊了的粥。我首先认识了十三岁的姑娘彭斯·海伦。令我大为不解的是，她在被鞭打和罚站时，总显得那样镇定和坚强。在我看来：当我们无缘无故地挨打时，就应该狠狠地回击，这样才能让打人者不敢再打。可是在海伦看来，生命是那么短暂，人们不能用记仇来积攒仇恨。

一天下午，最令我恐惧的事终于发生了。冷酷无情的布洛克尔赫斯先生来到学校，他把我当成魔鬼附身的小女孩，命令我站到小凳子上示众，让我蒙受莫大的耻辱。幸运的是，海伦那天使般的目光拯救了我，使我不至于歇斯底里地反抗。可是不久，在学校流行的斑疹伤寒却夺去了我好朋友的生命。在对海伦的无限思念中，在我唯一可以信赖的老师谭波尔小姐的关怀下，我默默奋斗了八年，终于结束了自己的学生生涯，留在这个学校做了一名教师。

我在雷沃德过着平静而毫无生机的生活。直到有一天，我在一张广告单上看见了桑菲尔德府聘请家庭教师的消息。我突然强烈地渴望着要到新的自由的天地里去。就这样，我做了桑菲尔德府的家庭教师。可主人并不在桑菲尔德住。与我做伴的是善良的管家菲克费尔斯太太。刚来这里时，她带我参观庄园，在三楼寂静的过道的一端，我却听见一阵十分悲惨而又不可思议的笑声。这笑声，我此后经常听到，每次都让我不寒而栗。

正月的一天下午，我为菲克费尔斯太太送一封信到干草村，并顺便出去散一下步。这时我突然听见远处“得得得”的马蹄声，一条大狗首先跑了过来。突然，从远方奔驰而来的骏马一下子被地面冰滑倒了，骑在马上的人一下子摔下来。我忙走上前去问：“我能帮什么忙吗？”“你就站旁边吧。”他一边回答一边爬起来。这时天空的月亮渐渐变亮，我清楚地看见了骑马的人：他中等身材，胸膛宽阔，脸黑黝黑，神情严峻。当得知我是罗切斯特先生请来的家庭教师时，这才引起了他的注意。最后，他要我帮着扶他上马，很快，他又消失在远方的夜幕中。

回到桑菲尔德府，我这才知道那人就是我的主人罗切斯特先生。几天后，我和他在休息室里正式认识了。在炉火的映照下，我发现他的身躯并不壮美，身材也不高，却有一种引人注目的力量。他听说我在雷沃德学校呆了8年，感到非常惊异，认为我在那样恶劣的学校还能呆那么久，生命力一定很顽强。我和罗切斯特先生的谈话非常坦率自然。从他那里，我知道我的学生瓦朗小姐并不是他的亲生女儿，他过去的法国情妇抛弃了他，可他却把那情妇的私生女收养了下来。当我和罗切斯特先生进行推心置腹的谈话时，我突然觉得，我的生活充满了乐趣。

有一天半夜，我突然听到那阴惨惨的笑声再次在过道中刺耳地响起，接着我发现罗切斯特先生的床上着了火。又一天半夜，我看到罗切斯特先生家神秘的客人梅森先生被人咬伤，罗切斯特先生却叮嘱我不要声张。此后，罗切斯特先生不知去向，有人说他爱上了年轻貌美、又有地位的英格拉姆小姐，我感到了一种难言的痛苦，于是强迫自己为自己画了一张像，下面写道：孤苦无依，相貌平凡的家庭教师；另外又画了一张多才多艺的名门闺秀布兰

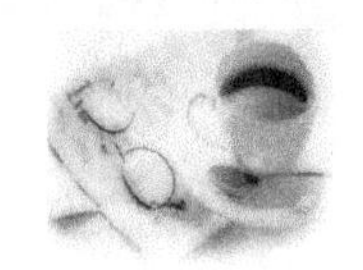

奇·英格拉姆的肖像，以此来控制自己对罗切斯特的感情。

当罗切斯特再次出现在桑菲尔德府时，果然带来了英格拉姆小姐等一群高贵的客人。一天黄昏，我和罗切斯特先生在花园散步，他告诉我，他将要同英格拉姆小姐订婚。我的理智告诉我，我必须离开桑菲尔德了。剧烈的痛苦使我的心里话和着眼泪终于爆发出来："你认为我穷、低微、不美、矮小，难道我就没有灵魂没有心吗？我的灵魂跟你的一样，我的心也跟你的完全一样！……我现在跟你说话，并不是通过习俗、惯例，甚至不是通过凡人的肉体，而是我的精神同你的精神在说话，就像两个灵魂都经过了坟墓，我们同时站在上帝的脚跟前，是平等的。"罗切斯特重复了我最后一句话，把我搂在怀里，出乎意料地突然问我："简，你愿意嫁给我吗？"在这一瞬间，我所渴望的巨大幸福一下子来临了，我们决定一个月后举行婚礼。

在婚礼的前一天晚上，我发现一个鬼影般的女人手持蜡烛，站到我的床前，她用血红的眼睛瞪着我，这令我恐惧不已。当我把这件事告诉罗切斯特时，他一下子呼吸急促，答应我在婚后解开这个谜。这个谜意外地在婚礼上解开了。婚礼正在进行时，一个律师和梅森先生站出来，大声宣布：婚礼存在着障碍，不能继续进行，罗切斯特先生现在有一个仍然活着的妻子。我简直如五雷轰顶。罗切斯特先生紧紧地搂着我的腰。在愤怒和绝望中，他咬紧牙关，诉说了他痛苦的秘密。原来，他的父亲为了将全部财产留给他的哥哥，就给他找了个愿出3万英镑嫁资的小姐，这就是他现在还活着的妻子伯莎·梅森。婚后伯莎·梅森从家族中遗传下来的疯病发作了。他们之间根本没有爱情，只是出于人道，罗切斯特用适当的照料和预防措施把她禁闭在三楼上。而庄园里那些不可思议的怪事都出自这个疯女人之手。

我努力地思考着我的命运，经历过这一切后，我的理智命令自己必须马上离开桑菲尔德，决不能以情妇的身份留在他的身边。虽然这是残忍的，但必须这样办。罗切斯特先生悲伤地叫着我的名字："简！简！那么你不爱我吗？你看重的只是我的妻子的地位和身份吗？"我痛苦地毫不屈服地答道："我只关心我自己，我越是孤独，越是没有支持，我就越尊重自己。"我趁着自己还有勇气，坚决地和罗切斯特告别。只听到我身后的是罗切斯特先生绝望的呼喊声。

于是，在一个天色朦胧的黎明，我心里流着血，悄悄地离开了那个曾经给予我生命活力和希望的地方，开始了漫无目的地流浪。一连几天，我沿村乞讨，风餐露宿，终于倒在一座房屋边。传教士圣·约翰先生收留了我。这屋子里还住着他的两个妹妹和女仆。后来，我才知道他们是竟是我的表兄妹，我把意外继承的遗产慷慨地平分给他们。他们也都很慈善。我的身体恢复后，又做起了乡村女教师。圣·约翰先生准备去遥远的印度传教。他本来热烈地爱着年轻貌美的奥立佛小姐，可是为了他神圣的事业，却选中我来做他的妻子。在他的再三说服下，我几乎就要屈服了，就要答应他了。这时，我却突然听到一声声的呼唤："简！简！"那是罗切斯特先生的声音。我急切地叫道："等着我，哦，我就要来了。"我狂奔到门口，跑到花园，那里却空无一人，只有群山在回应："你在哪儿？"就在这一刻，我已经选择了自己下一步将要走的路。

我重新回到梦牵魂绕的桑菲尔德府，但令人触目惊心的是，它已变成一片焦土。客店老板告诉我，罗切斯特的疯癫妻子在不久前的夜深人静之时，一把火烧了庄园，她自己也从三楼摔下来死了。而罗切斯特先生为了救疯妻，受了重伤，双目失明，单手残废住在离这儿三十多里远的芬丁。我悄悄地走近了罗切斯特，对他说："我永远也不愿离开你，先生，从今天起。"罗切斯特又惊又喜。紧接着，我们在教堂举行了婚礼。巨大的幸福重新回到了我们身边。过了两年，罗切斯特的眼睛竟然奇迹般地复明了。

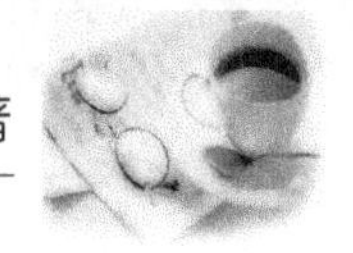

【作品简析】

《简·爱》是一部带有自传色彩的长篇小说，它一问世就震动了英国文坛。小说创造了英国文学中第一个对爱情、生活、社会乃至宗教都采取了独立自主、积极进取态度的极有个性的平民女性形象。

由于深感女作家在当时的英国没有地位，夏洛蒂·勃朗特发表这部小说时用了化名柯勒·贝尔。当时已经驰名文坛的萨克雷看了这本书后十分感动，称赞作品是“一位伟大天才的杰作”。他一下子就判断出这部小说尽管作者化名为男性，但实际只有感情细腻的女子才能写得出来。直到第二年夏洛蒂·勃朗特到了伦敦，大家才发现“柯勒·贝尔先生”原来是一个身材矮小、其貌不扬的乡下姑娘。而这时她小说中的主人公简·爱比起作者来要有名气得多了。因此，当时的文学圈干脆亲切地称呼她为简·爱小姐。

《简·爱》以回忆和自述的口气，记述了自幼父母双亡的孤女简·爱如何从小就受到收养她的舅母及其子女们的歧视和虐待，又如何在冷酷而艰苦的慈善学校成长为一个坚强的少女，踏上社会后如何刚刚品尝到爱情滋味却又遭到惊人变故，在经过出走、流浪乃至乞讨的生活后，最终同自己眷恋的男主人结合而最后获得幸福的人生奋斗经历。

虽然《简·爱》的情节类似于常见的“灰姑娘”模式，但主人公简·爱的形象却十分独特：她身材瘦小，相貌平常，一贫如洗，却有着不平凡的气质和丰富的内心世界。她始终在追求道德的完善，坚守着个性的独立，追求在平等基础上的不偏离传统道德的爱情和婚姻。她始终在个人情感与世俗观念的冲突中寻求着二者的统一。简·爱以精神和道德上所具有的美感力量吸引着千千万万的妇女，她几乎成了全世界听有妇女所效法的榜样。马克思称赞夏洛蒂的作品所解释的社会真实，比一切政治家、政论家和道德家加在一起揭示得还多，不能不说是对夏洛蒂莫大的肯定。

在写作手法上，笔法简洁而不夸张渲染是作品的一大特色。就反映现实生活而言，《简·爱》无疑是现实主义的作品，但与此同时，受哥特式小说的影响，也采用了许多梦境、幻觉、预感和象征，隐喻等手法，为我们呈现了一幅幅唯美而又忧郁的田园风景画，使作品具备了不少浪漫主义特色。

思考与练习

一、《简·爱》成功塑造了什么样的女性形象？

二、从《简·爱》这本书中我们学到了什么？

三、小说按照时间顺序写了主人公在四个主要地方的生活，这四个主要地方都是哪里？

第十三单元

写作训练

写作对每位同学并不陌生。大家从小学到高中都经历了一个基本的写作训练过程。通过训练，了解了一般写作的基础知识和基本要求。通过训练，培养了自己如何选材与炼意、如何构思与谋篇，如何抒写对生活的见闻感受等。写作的体验使我们懂得，它是一项复杂的精神生产劳动，不仅涉及作者的观察、思维和想象，还要涉及作者的认知、表述和审美等。

写作贯穿于人的一生。在大学阶段，写作仍是重要的学习内容。本单元共安排了四个部分，主要是对常见文体写作知识的概括与总结，以巩固和提升同学们的写作技能。在记叙文的写作中，要求同学们学会确立文章中心，再根据中心安排详略；在练习说明文写作时，对同学们提出的要求是应条理清楚地说明事物，并学会运用生动形象的说明方法；议论文写作则要求论点正确、鲜明、新颖以及论据翔实、可靠、典型；在讲解应用文写作时，结合不同的训练内容，让同学们从中了解常见应用文的写作知识和写作方法。通过讲练结合，使同学们的写作能力有一个更大的飞跃。

当今社会，科学高速发展、文明高度进步。每个人的学习、生活和工作都离不开各种信息的交流与传递。以写作方式来表达思想认识，概括科学成果，存储精神财富，越来越成为人们最重要的手段。祝愿同学们通过写作训练，提升语言表达能力和综合素质，为将来更好地融入主流社会奠定良好的基础。

1. 记叙文写作训练

【学习重点】

一、学会确立文章中心

二、根据中心安排详略

【写作指导】

任何文章都要有一个中心，中心是文章的灵魂与核心，贯穿于全篇的始终。如果没有中心，文章就如同一盘散沙。写作首先要确立文章的中心，也就是写作时常说的立意。我国传统的写作文风，历来是十分重视文章立意的，可谓“千古文章意为高”。明代哲学家、思想家王夫之曾说过：“意犹帅也，无帅之兵，谓之乌合。”清代小说家曹雪芹在《红楼梦》中借林黛玉之口，对前来向她请教写诗的女婢香菱说，写诗“第一要紧的是立意”。由此，我们看出，要想写好文章，一定要记住正确立意的重要性。

纵观古今中外的名篇佳作，无一不是在立意上下了真工夫的。那么，文章的中心，也就是立意从哪里来呢？文章中心的提炼不是凭空想出来的，而是来自于对生活的感受和认识。同学们在日常的实际生活当中，会接触到各种各样的人和事，这些大量的人和事就是实际材料，同时还会获得多方面的切身体验。我们在这些实际材料和体验的基础上，运用正确的立场、观点和方法，仔细地分析，会逐渐形成一些初步的认识。这些认识在进一步分析材料的过程中若能强化并明晰起来，就会形成文章的中心思想，这就是立意的过程。只有确定了文

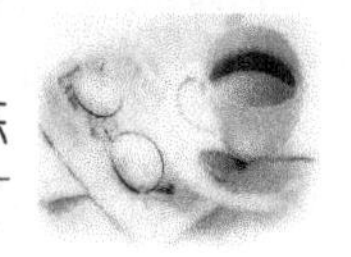

章的中心，才能围绕要表达的中心来选择和组织材料，才能根据中心的需要去安排结构，进行遣词造句等。

文章的中心是文章的灵魂和统率，是表明作者写作的意图。鉴别一篇文章的好坏，一看中心思想，二看表达形式，其中中心思想是第一位的。没有好的中心，再好的表达也会黯然失色，失去价值。那么，确定文章中心时，应注意哪些方面呢？

第一，正确。所谓正确即要对全部材料进行认真的分析，了解材料所包含的丰富内涵，体现出积极健康的思想，不片面、不偏激、不低级情趣等。

第二，鲜明。无论记人、叙事、写景、抒情，还是提倡什么，反对什么，都应该旗帜鲜明，态度坚定，不能含含糊糊，模棱两可，让人捉摸不透。

第三，深刻。深刻是指文章能够引发人的思考、给人以启迪。同学们平时积累的材料好比是大地，中心思想是埋藏在地下的金矿和石油，只有向下挖掘，才能找到金矿，打出石油。材料开掘得越深，中心就越明确，文章也就越有意义。中心深刻即要透过事物的表面现象，抓住其本质，反复思考，深入开掘，从事物的表层进入深层，从不甚深刻的本质到更深刻的本质，从而表达出一种真正深刻的人生启迪。例如，美国作家斯陀夫人根据自己的见闻感受所著的《汤姆叔叔的小屋》一书，真实而生动地描述了美国南方奴隶制的黑暗和反动。关于这部书的中心思想，斯陀夫人曾对亲戚说："只要我活着，就一定要让全国的人都知道奴隶制度的野蛮与残忍。"因为小说立意深刻，作品一出版就轰动了世界。由于这本书在美国南北战争中具有深远的影响，斯陀夫人受到美国总统林肯的接见。这一例子说明了写作一定要有深刻的中心思想。

第四，新颖。在确定文章的中心时，要善于运用独特的视角发现问题，以表达独特深入的认识和见解。确定的中心应在同类题材、同类文章中尽可能有独到的见解。不因循流行的观点和认识，写出不同于他人新意的中心。英国文学家王尔德说过这样一句话："第一个把女子比做花的是天才，第二个是庸才，第三个那简直是蠢才了。"由此可见，立意贵在创新，不能人云亦云。比如《财富》这个题目，很多人都会把"财富"理解为"钱"或"其他财物"，而有一位同学却把"家境的贫寒和生活的艰辛"当作"财富"，文章的立意是"家境贫寒使我懂得了生活的艰辛和劳动的意义"，"使我不断发愤努力"，"使我懂得了做人要有骨气，有尊严"，让人耳目一新。立意新颖并不是随意杜撰的，而是从生活中来的。平时注意观察和体验周围的生活，善于从常见的事物中认识到新的东西，写文章才能写出新意，才能使人百读不厌。

中心思想一旦确定下来，就对材料起到统率作用。它指导写作过程中对材料的取舍以及详略的安排。选取重要的、典型的、生动的材料来表现中心。和文章中心无关的弃置不取，和文章中心相关的也要分清主次。只有这样，才能使文章的中心表达的鲜明、突出，达到写作目的。

例如：初中课本中的《社戏》，中心是通过记叙"我"和农家小朋友一起去看社戏的愉快生活，赞扬农民孩子的优秀品质，表现作者对自由生活的向往。文章中心事件是"看戏"，作者主要写了"行船"、"看戏"、"偷豆"三件趣事，活灵活现，妙趣横生，文章的中心思想得到了充分的表现。但作者为什么还要用一些笔墨写外祖母家的其他生活，如钓鱼、放牛、吵架、六一公公送豆的事呢？这就是为了更好地表达中心。因为"我"所怀念的不是社戏本身，而是在看戏过程中与农家孩子结下的深厚友谊。这些材料虽然是"次要"的，但它如同绿叶一样，把"中心"这朵红花衬托得丰满、鲜艳。

从上面的讲解中我们了解到，一篇文章有详写、略写和不写的要求，才能使文章虚实相生，浓淡相宜，波澜起伏，错落有致，才能更好地使中心突出，主题鲜明。

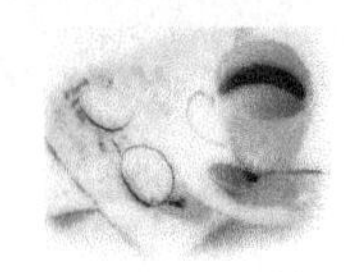

写记人记事的作文时，在材料与中心的关系处理上经常出现的毛病主要有以下几种。

第一，材料不具体。有的同学只是对材料做了一些简单的概括介绍，没有反映出人、事、物的具体情况。虽然文章也有中心，但没有生动感人的情节，全文看起来苍白无力，不能打动人，给人的感觉是“空”而不是“实”。

第二，中心不明确。事先没有做好详略的安排，没有写好提纲。在写作时只是把看到的、想到的一一罗列出来，想到哪儿，写到哪儿，或者从头到尾看似一本“流水账”，平淡无味。读者看后不清楚文章主要讲的什么意思。例如表现“一位善于启发学生的老师”，就应该选取这位老师如何在学习、生活等方面启发学生的典型事例去写，而不能写这位老师热爱学生，以及这位老师的幽默风趣和敬业精神等。

第三，不能围绕中心选材。犯有这样毛病的同学是事先占有了材料，也确定了中心，但没有真正掌握根据中心的需要安排详略的写法。有的同学选取的材料和观点不相符合，有的同学选取的材料详略不当，该详的不详，该略的不略，以至于影响了中心的表达。

【知识拓展】

怎样积累写作素材

搜集资料是语文学习过程中常常用到的一项基本技能。“巧妇难为无米之炊”，写作更是如此。囊中无物，何以取之。荀子在《劝学》中曾经指出：“不积跬步，无以至千里。”正如有的同学在作文中写的：“有时提起笔总觉得无话可说，有时心中有话却写不出来，有时眼前闪烁着事物的形象、颜色、姿态，笔下却形容不出来，而只好用‘好看极了’、‘好玩极了’、‘有意思极了’等简单模糊的字句。”这段话说明同学们都渴望自己拥有丰富的语言和写作素材，如果平时不注重积累，技法再多，也将是无源之水、无本之木。

积累写作素材的方法有以下几种。

第一，要多读。读是写的基础，读很重要。平时同学们根据老师推荐的文学作品，要积极去读。自己读到的好书，也可向同学推荐，彼此交流读书的乐趣。同学们通过阅读书籍，感知文学的魅力与博大。

第二，要多积累。在阅读的基础上，善于做读书笔记；并预备专门的手册，确定摘抄的格式与分类，摘抄好词、好句。做到不动笔墨不读书。

第三，要多背。背诵摘抄的好词、好句及好的段落及文章。只有好词、好句积累到一定程度，才能使书中优美的语言吸收内化，为自己所用。

第四，要多想。作为大学生，获取知识不仅从课本、网络、报刊杂志这些有字的书中得到滋养，还要学会读无字之书。平时积极扩大与外界的接触，从大自然和人类的生活中汲取有益的文化滋养。如参加大学生社会实践活动、青年志愿者活动、各种社团、与健听大学生联谊等，以增加生活体验，发展兴趣爱好。积极关注社会生活中的新人、新事、新观点，积累现代知识和丰富情感，不断从生活中摄取丰富的语汇和写作素材，为作文增添新鲜血液。

第五，要多练。将生活中的所见、所闻、所思，用日记、周记、随笔等形式记录下来。生活是创作的源泉，有了丰富的素材，写作时才会得心应手。

【写作练习】

1. 献给母亲的歌

提示　高尔基说过：“母爱是世间最伟大的力量。没有无私的、自我牺牲的母爱的帮助，

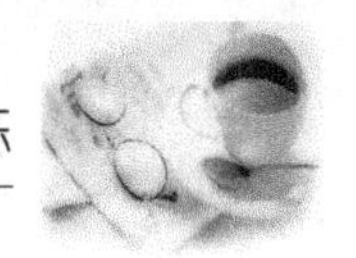

孩子的心灵将是一片荒漠。”回想在自己的成长历程中，母亲给予过我们无微不至的关爱，这种关爱包括生活、学习、做人、处世，所有这些都饱含着母亲对孩子的殷切希望。母爱是人间最平凡最伟大的爱，它像春天的甘露，洒落在我们的心田，温馨而甜美。每当想起母亲，心中便会油然而生一种感激。那就让我们把这份真挚的情感流露在笔端，来抒写对母亲的赞歌吧。

2. 感恩

提示 随着年龄的增长和生活经验的积累，我们每个人对生活的感悟会越来越多，感恩的意识会越来越强烈。小的时候，领受了父母的养育之恩，上学后，得到了老师的教育之恩，工作后，有了领导、同事的关怀、帮助之恩。作为社会大环境中的每一个成员，获得了一定的生存条件和发展机会，是社会给予每个人一定的生存条件和发展机会，可以说，社会大环境有恩于我们每个人。换一个角度思考，我们还可以感激伤害自己的人，因为他磨炼了自己的心态；还可以感激欺骗自己的人，因为他增长了自己的见识；还可以感激斥责自己的人，因为他助长了自己的智慧。请结合自己的经历和体验，用朴实的语言，真挚的感情来抒写对父母、或对老师、或帮助自己在挫折中不断成长的人。

3. 与命运抗争中成长

提示 我们知道，有很多听力障碍者都是在逆境中获取成功的，如唐英、杨军辉、周婷婷等。他们不因听力受损而自暴自弃，相反，他们克服了常人难以克服的困难，最终成为聋人群体中的佼佼者。他们是聋人朋友的骄傲，更是大家学习的榜样。想想自己，还有身边的同学，我们在成长的历程中，会经历比健听人更多的磨难，但我们没有放弃自己的追求。聋人除了听，什么都可以做。只要我们不放弃，永不言败，只要我们不懈的努力，我们和健听人一样能够实现自己的美好理想。请同学们选取自己成长过程中与命运抗争的几个片段，以表现自己积极向上的人生态度。

4. 我这个班

提示 同学们来自五湖四海，为了自己的人生理想来到了大学，汇聚这个班级中。同学们在这个温暖的大家庭里朝夕相处，一起学习，一起开展活动。那么，这个班级给你最深刻的印象是什么？有哪些特点？请你选取这个班级当中生动而令人回味的几个细节，可以写人，可以叙事。通过平实活泼的语言，来表现班级同学的精神面貌以及你对这个班级的热爱。

5. 我的大学生活

提示 大学是青年人追求知识、完善自我、实现理想的殿堂。在这里，同学们可以倾听专家讲学，可以去图书馆翻阅书刊，可以上网查询资料，可以参加各种社团活动，还可以和健听人交朋友。在大学，同学们有了更多的施展才能的地方，有表演小品的乐趣，有畅谈理想的激情，有参与运动的兴奋，有聆听党课的升华……请同学们结合自己的大学生活体验，选取其中自己最感兴趣的几件事加以描述，以展现大学生富有理想、乐于追求、积极进取的精神风貌。

6. 无声世界的梦想

提示 每个人都有自己的梦想，梦想是实现理想的原动力。聋人虽然失去了听力，身处无声世界，听不到各种美妙的声音，但聋人依然有自己的人生追求，有实现自身价值的美好愿望。同学们熟悉的邰丽华、杨军辉、李颖等，他们都是在追逐自己梦想的同时实现了自己的人生价值。同学们，你们的梦想是什么？请拿起手中之笔，抒写自己对美好生活的向往与追求吧。

7. 20年后的我

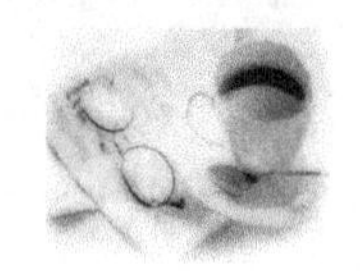

提示 同学们，每当你们站在镜子面前审视自己的时候，你想过自己 20 年后会变成什么样子吗？会从事什么样的工作呢？会有一个什么样的家庭呢？你那时又会是什么样的人？请放飞自己想象的翅膀，用多彩的画笔去尽情地描绘一下自己的明天吧！

8. 街头一景

提示 静态描写是指对景物静止状态的描写，动态描写是指对景物运动状态的描写。街头一景可以写人、写事、写物，可以写看到景物后触发的思想感情。无论写什么，最重要的是应抓住细节来描写，刻画得越细致越好。请仔细观察街头的景象，选取一处，尝试运用描写的方法。

9. 校园美景

提示 请仔细观察你的校园都有哪些美丽的景色？这些景色的特征是什么？请从多个角度描写你的校园。注意写出景物的时令特征和周围的环境特色，同时发挥联想和想象，也要把自己的感情写出来。借景抒情，使文章写得生动且富有情趣。

10. 夏日

提示 寒暑往来，四季更迭，又一个炎热的夏季来到了。你是否留意过夏日耀眼的阳光下焦灼的土地、寂静的湖水、慵懒的人群？请仔细观察夏日的某一天或某一时段，把你眼中的夏日描绘出来，并写出它留给你的思考和遐想吧！

2. 说明文写作训练

【学习重点】

一、条理清楚地说明事物

二、生动形象的说明方法

【写作指导】

说明文是一种以说明为主要表达方式的文体。“说”是对某事物的性质、特点、内容、成因、功用等加以解说；“明”是在解说时要有条理、清楚、完整的交代。“说”是手段，“明”是要达到的目的。说明事物特点和说明事理是说明文的两种类型。事物说明文的说明对象一般为具体事物。通过对具体事物的形状、构造、性质、特点、用途等作客观而准确地说明，使读者了解、认识这个或这类事物。事理说明文的说明对象一般为抽象事理。将抽象事理的成因、关系、原理等说清楚，使读者明白这个事理“为什么是这样”为主要目的。例如，《中国石拱桥》以赵州桥和卢沟桥为例，说明中国石拱桥“不但形式优美，而且结构坚固”的特征，属于事物说明文；《大自然的语言》科学地说明了物候学知识，属于典型的事理说明文。

说明文的基本要求是条理清楚地说明事物。同学们学习和掌握说明文，就必须安排好文章的结构和顺序，从而达到写作的目的。

说明文的结构主要由以下三部分组成。

一、开头总说

这部分内容主要是引出说明对象，即向读者揭示写作意图。例如叶圣陶先生在《苏州园林》一文的开头，首先总说苏州园林的整体印象，强调了苏州园林的重要地位和艺术价值。

二、中间分步解说

这部分内容主要是对说明对象诸多方面的特征进行分项阐述、解说。有以下几种具体

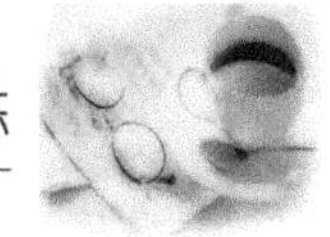

方法：

1. 按时间顺序写

即按照事物发展变化的先后顺序来说明事物。如《神奇的极光》中的第三部分“极光的来龙去脉”。先说长期以来，极光的成因机理未能得到满意的解释，在相当长的时间内，众说纷纭，无一定论；再说直到20世纪60年代，才逐步形成了极光的物理性描述；最后说现在人们认识到了极光的真正原因。这样按照时间顺序，把极光成因的认识过程很有条理地加以说明，使人们有了一个全面的了解。

2. 按空间顺序写

在介绍自然景物、名胜古迹和建筑设置时多用这种写法。写的时候注意选好参照点，用准方位词。例如《雄伟的人民大会堂》一文，先按空间顺序写外观的面积、体积、轮廓；再写内部的布局。大会堂的内部布局以中央大厅为中心，朝西是大礼堂，往北是宴会厅，往南是办公大楼。这样按照从外到内、由远及近、由中央到四周的空间顺序来介绍，既符合人民大会堂的建筑结构特点，又符合参观者的实际路线，写得很有条理。

3. 按逻辑顺序写

即按照事物自身的逻辑发展过程去说明事物，或从具体到抽象，从现象到本质，从原因到结果，从重要到次要，从总体到部分，逐层加以说明。如《死海不死》，先说明死海无鱼无草，人不被淹死的现象，然后揭示其“咸度很高”的本质。由现象到本质，循序渐进，条理性很强。

三、结尾总说

主要是对上述说明对象进行总的概括性说明。

在解说事物或事理时，不但要安排好全篇的结构和顺序，还要安排好段落的结构和顺序。先说什么，后讲什么，中间应该用哪些关联词语把它们按顺序排列起来，这都是应该认真对待的写作技巧问题。

了解了说明文应该条理清楚的说明事物或事理之后，就要注重语言的生动形象了。著名的教育家叶圣陶先生曾经说过“说明文不一定就是板起面孔说话。”就是指说明文应该具备生动形象的特征。总的说来，说明文语言简洁、平实、冷静，很少有文采。但简洁不等于干巴枯燥，平实不排除生动形象，冷静也不是毫无情趣。相反，说明文也是完全可以用生动形象的诠释，娓娓道来的描绘和激动人心的感染力来征服读者的。

把说明文写的生动形象有很多方法，下面仅介绍其中常见的三种方法。

① 有意穿插一些故事、传说或趣闻，以增强文章的表达效果。例如：

传说大约两千年前，罗马统帅狄杜进兵耶路撒冷，攻到死海岸边，下令处决俘虏来的奴隶。奴隶们被投入死海，并没有沉到水里淹死，却被波浪送回岸边。狄杜勃然大怒，再次下令将俘虏扔进海里，但是奴隶们依旧安然无恙。狄杜大惊失色，以为奴隶们受神灵保佑，屡淹不死，只好下令将他们全部释放。(周而复《死海不死》)

这一段为了说明死海的水因为含盐成分高导致浮力特别大的奇特景观，从而引述了一段有趣的传说，增加了文章的趣味性，使读者对死海的印象更加深刻。

② 适当运用描写的表达方式，以提高文章的表达水准。例如：

每个柱头上都雕刻着不同姿态的狮子。这些石刻狮子，有的母子相抱，有的交头接耳，有的像倾听水声，千态万状，惟妙惟肖。(茅以升《中国石拱桥》)

这是运用描写的方式介绍卢沟桥上的狮子，为读者呈现了一幅生动形象的画面。

③ 巧用比喻、拟人等修辞手法，以活跃文章的表达气氛。例如：

天上的云，真是姿态万千，变化无常。它们有的像羽毛，轻轻地飘在空中；有的像鱼鳞，一片片整整齐齐地排列着；有的像羊群，来来去去；有的像一床大棉被，严严实实地盖住了天空；还有的像峰峦，像河流，像雄狮，像奔马……它们有时把天空点缀得很美丽，有时又把天空笼罩得很阴森。刚才还是白云朵朵，阳光灿烂；一霎间却又是乌云密布，大雨倾盆。云就像是天气的“招牌”：天上挂什么云，就将出现什么样的天气。（朱泳燚《看云识天气》）

这一段先总说一句：“天上的云，真是姿态万千，变化无常。”接下来，作者运用比喻和排比句式，把云的万千姿态描绘得非常生动形象，激发了读者的想象力，使云的形态活灵活现地呈现在读者的面前。

上面介绍的三种方法都是从不同的角度来形象地说明事物，在说明文中，它们往往是相互配合使用的。但无论采用什么方法，都是为更好地说明事物，力求收到最佳的说明效果。

【知识拓展】

如何列写作提纲

提纲是文章的“蓝图”，是思路的书面化。有了提纲写作时才能心中有数。那么，什么是文章的提纲呢？提纲就是文章的要点，就是简明扼要的写作计划。提纲的编写过程也是对思路的整理过程。著名作家老舍先生曾经说过：“有了提纲，心里就有了底，写起来就顺理成章；先麻烦点，后来可省事。”

很多同学写作文时都没有写提纲的习惯，有的根本不知道写提纲的重要性，会写而不写，怕耽误时间；有的是根本就不会写，或者说不会写符合要求的提纲。如果写作前不写提纲，往往造成对想写的材料不作全面安排，想到哪里就写到哪里，就容易造成条理不清，层次混乱，或遗漏了某些主要内容，或者颠倒了材料的次序，或出现节外生枝的情况，或出现详略不当的毛病；有的时候甚至还刹不了尾，或者写不下去，卡了“壳”；有的时候，作文写完了，发现跑题了，要重新写。作文前的提纲就像盖房屋先要有设计图一样，有了设计图，然后按图打地基，立支架，砌砖上墙，铺瓦，装门窗。如果不先画好设计图，无法按图施工，想到哪里盖到哪里，就一定会出问题，弄不好，还得全部返工。因此，在练习写作时，必须重视编写作文提纲。

作文提纲一般有以下两种形式。

一是标题式提纲。这种要求写出每个段落的标题，即写作要点。这种提纲适合于对写作内容比较熟悉或写作时间比较短的情况。其特点是文字简洁、速度较快。

二是要点式提纲。这种提纲要求比较详细。既要写出文章的中心，又要写出文章的大致内容；同时，还要交代清楚文章的详略。

了解了提纲的两种形式的同时，还要在编写提纲时注意以下几个方面，这样才能列出符合要求的提纲。

第一，提纲要切合题意，即列出的提纲要符合作文的标题。如果提纲不符合题意，再好的提纲，也是形同虚设，毫无意义。

第二，提纲要体现段落层次。在编写作文提纲时，首先要考虑准备写几个段落，每个段落主要写哪些内容，选取哪些材料，这些内容和材料之间如何安排等。提纲是作文时的依据和框架，通过提纲，就能够大致了解作文的思路。

第三，提纲要体现体裁特点。同学们平时练习最多的是记叙文、说明文和议论文。对于不同的体裁，提纲的形式也有所不同。例如，作文题《门》，可以写成记叙文、说明文和议论文，在列提纲时就应该分别体现出不同的体裁特点。

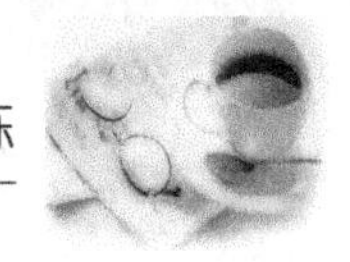

第四，提纲要简洁明了。提纲要根据需要或详细或简略，但详细不能繁杂琐碎，简略不能空洞无物。无论详细与简略，都应该做到简洁、精炼、准确和完整。例如有的同学写《学校新变化》的提纲是这样的：

1. 校园内绿树成荫，高楼耸立，人工湖绿波荡漾，橱窗里的文字和图片设计精美。

2. 新建的学生活动中心有多功能报告厅、排练厅、艺术展厅、体育活动中心……

3. 图书馆里，一排排整齐的书架上摆满了各种书籍和报刊，座无虚席。

上面列的提纲过于详细繁多，这些内容可以进行整合并精简成：

①校园四周景色优美；②学生活动中心设施齐全；③图书馆书目繁多，座无虚席。

提纲编写完成后要仔细检查，检查材料是否与中心符合，材料有无遗漏或重复，条理是否清晰，重点是否突出。提纲一经确定，就应该依据提纲进行写作。在写作过程中，如果有更新更好的思路，可以随时调整或修改提纲。

“磨刀不误砍柴工”，提纲是文章整体构思的文字化。写作文前一定要逐步养成拟写作提纲的好习惯。因为这是提高作文效率的有效方法，也是保证作文质量的有效方法。

【写作练习】

1. 介绍自己的专业

提示　大学设置了很多的专业，如艺术设计专业、动漫专业、计算机网络技术专业、摄影摄像技术专业等，专业的学习为同学们将来的发展奠定了良好的基础。请同学们向亲朋好友介绍一下你的专业，包括课程设置、学习方法以及本专业发展前景等。通过你的介绍，让他们对你的专业有一个大致的了解。

2. 推荐一本好书

提示　同学们从小到大都读过很多的书籍，读书增长了我们的智慧，启迪了我们的人生。请选择一本思想性和艺术性都比较精粹的作品，介绍给你的同学或你的朋友。在你的介绍中，要讲清楚自己推荐这本书的意义或值得阅读的原因。语言应生动优美，引人入胜。

3. 介绍家乡的一处美景

提示　请你向同学们介绍自己家乡的一处美丽风景或名胜古迹。介绍时首先确定所要介绍的风景点；第二，确定描写的顺序，比如是按照时间顺序写，还是按照参观顺序写；第三，要确定从几个方面写这个景点；第四，要用恰当的词句表现出景点的美，同时还要表达出自己的真情实感。

4. 介绍自己喜欢的美食

提示　“民以食为天”，我们每个人都品尝过很多美味佳肴，并留下深刻的印象。请你向同学们介绍一种自己喜欢的美食，包括这种食品的做法以及色泽、口感、价值等。要求通过你的介绍，使人有回味无穷的感觉。

5. 学习经验交流

提示　一位朋友想高中毕业报考美术专业，但绘画水平一直没有进步，他写信向你请教学习方法。请你给他回封信，真诚地鼓励帮助他一下，毫无保留地把你学习绘画时好的经验和感受介绍给对方，使他早日考上理想的大学。

6. 解说一幅漫画

提示　请选取一幅漫画，对这幅漫画做文字上的解说。首先观察漫画的标题和内容。画面内容包括画面反映的环境，人物的语言、神态，然后分析画家的作画意图，归纳出这幅画的中心思想。要求写成一篇解说性的说明文，文体应是以说明为主，也可综合运用说明、描写、叙述和议论的表达方法，注意说明顺序。

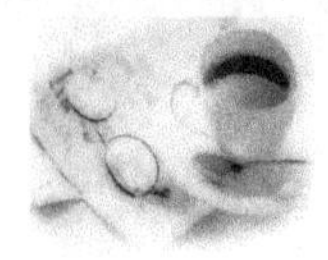

3. 议论文写作训练

【学习重点】

一、论点正确、鲜明、新颖

二、论据翔实、可靠、典型

【写作指导】

在日常生活中，我们不仅要对事物进行叙述、描写和说明介绍，还要经常对各种事物、社会生活进行评说，也就是发表自己的意见，阐明自己的主张，这就是议论。写成文章，就叫议论文。议论文包括三个要素，即论点、论据和论证。

要想写好一篇议论文，首先要培养自己提出中心论点的能力。中心论点就是作者对被议论的事物的观点、主张和看法，也是一篇议论文思路展开的中心线索和该篇议论文的中心思想的核心内容。论点通常是一个陈述性判断语句，直接表明作者主张什么，反对什么。但前提条件是中心论点必须正确，只有中心论点正确，文章才能写得有力量、有价值。

那么，怎样才能正确地提出文章的中心论点呢?

第一，论点明确，态度鲜明。作者对所议论的事物必须清楚地表达自己的观点和主张，不能含糊其辞，模棱两可。

第二，论点准确，要抓住议论的中心要害，不能主次不分，舍本求末。

第三，论点正确，精辟有力，不能是非不清，有悖情理。

第四，论点有新意，观点要有创新。同学们在写议论文时，不能生搬硬套，照抄别人现成的观点，而要经过自己的独立思考，写出独到的见解。这样，文章才有价值，才有意义，才能吸引读者，才能给读者以启迪。

议论文中心论点提出的方法有五种，同学们在写作时，根据实际需要选用。

第一，开门见山法。即在文章的第一自然段开宗明义的提出中心论点。如《谈骨气》一文第一句“我们中国人是有骨气的”就是文章的中心论点。

第二，叙述法。就是在叙述与中心论点有关的事由、背景、起因中提出中心论点。如毛泽东同志的《纪念白求恩》一文，在介绍了白求恩同志的经历、身份之后，再提出学习白求恩的国际主义精神和共产主义精神的中心论点。

第三，渗透法。就是中心论点始终不明确点明，由读者自己去归纳整理出论点。如鲁迅先生在《〈呐喊〉自序》中通过对自己思想发展变化历程的剖析，引发读者对追求真理，探索救国救民道路的深层次的思考。

第四，分解法。就是对一些较复杂的论题，在中心论点提出后，再分解为若干个分论点，分别从多个角度展开论述，最后再做综合。如《怀疑与学问》首先提出中心论点“治学必须有怀疑精神”，接着分别从“怀疑是从消极方面辨伪去妄的必要步骤”和“怀疑是从积极方面建设新学说、启迪新发明的基本条件”两个分论点展开论述，增强了中心论点的说服力。

第五，篇末点题法。即在文章的末尾处点明中心论点，这种方法在古代文章中较为常见。如《捕蛇者说》一文通过蒋氏对祖孙三代及乡邻遭受捕蛇之害的自述，反映了当时劳动人民的悲惨生活，在此基础之上，作者在文章结尾点明“赋敛之毒有甚是蛇”这一主题。

论据就是证明中心论点的材料。一篇议论文确立了中心论点之后，还需要有充分的事实

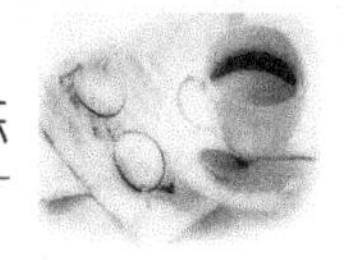

材料和理论依据证明观点的正确，这样写出来的文章才具有说服力，才符合议论文的写作要求。

《谈骨气》这篇文章中，作者为了证明“我们中国人是有骨气的”这一中心论点，列举了纵贯古今的三个事例：古代的一个穷人宁愿饿死不吃“嗟来之食”；南宋文天祥被俘后宁死不肯变节求荣；民主战士闻一多为了正义的事业宁可倒下去也不屈服。还引用了孟子的“富贵不能淫，贫贱不能移，威武不能屈”，文天祥的诗“人生自古谁无死，留取丹心照汗青”和毛泽东对闻一多的评价来阐释，从而印证中国人的骨气。这些材料充分而有力地证明了中心论点。

那么，哪些材料可以作为论据的材料呢？一是事实论据，二是道理论据。

事实论据是指确凿的事例、史实和各种统计的数据等。用事实论据来证明论点，就是我们常说的“摆事实”。在选定事实论据时，需要注意四个方面：第一，事实必须真实和准确，不能在细节上有张冠李戴的现象。在保证了真实和准确的情况下，就可以根据实际需要或选用一个人的事例，或选用许多人的事例，或选用著名人物的事例，或选用普通人物的事例。第二，要注意事实材料与观点的一致性。选用的事实材料只有与提出的论点相符合，论证才有力。第三，引用的事实论据要典型，即所用的论据应最有说服力。第四，论据的事实要新鲜。新鲜的论据容易引起读者的兴趣，印象深刻，增强说服力。

道理论据是指那些经过实践检验的精辟的理论、名言警句、民间谚语、格言以及社会公认的道理等。在使用道理论据时，需要注意的几点是：第一，引用的道理论据与论点要一致。第二，引言要准确，引文内容及出处都不能写错。第三，引言范围不受限制。古今中外的都可以引用。只有选用范围广泛的论据，才能做到触类旁通，言之有理，令人信服。

事实胜于雄辩。用好论据的前提，就是作者头脑中要有丰富的知识储备。同学们平时要关心时事，关注生活。多读书多看报，注意准确地积累资料。还要学会联想，可以是古今中外的，也可以是各门学科学到的知识，或者是耳闻目睹的生活事件等，能证明论点的都可以挑选。

【知识拓展】

运用多种表达方式

一、叙述

叙述是写作中使用频率最高的一种表达方式。指在文章中把人物的言行活动或事件的发生发展的过程记述下来。一般包括时间、地点、人物、事件、原因、结果六个要素。叙述的方法主要有顺叙、倒叙、插叙、平叙等。顺叙，是按照事件发生、发展的时间先后顺序进行叙述。顺叙是同学们经常使用且易于掌握和运用的记叙方法。使用顺叙注意详略得当，主次分明。如冰心的《小橘灯》是按照“我”和小姑娘接触的时间顺序组织材料的。倒叙，先写出事件的结果，造成悬念，然后再介绍事情的经过。如鲁迅的《祝福》，先写祥林嫂之死，再向读者交代她大半生的悲惨遭遇。使用倒叙要注意与顺叙部分的自然衔接，使文章过渡自然。插叙，是在叙述主要事件的过程中，根据表达的需要，插入另外一些与事件有关的内容。插叙之后仍按原线索继续叙述。如《驿路梨花》中交代小草房的来历一段。插叙用得好，可使文章内容更加充实。平叙，指叙述同一时间不同地点所发生的两件或两件以上的事，类似于评书中的“花开数朵，各表一枝”。如《为了六十一个阶级兄弟》一文，写了北京的情况，又写了平陆县委的情况，接着又写了三门峡市的情况等，交叉介绍了同一时间不同地点发生的事情。平叙运用得好，可使纷繁复杂的事情，井然有序。

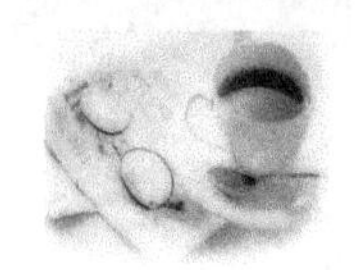

在叙述过程中，要有一条贯穿全文的线索，这条线索可以是人，可以是事，也可以是物。如《药》有一明一暗两条线索，明线是华老栓一家，暗线是夏瑜一家。《项链》中以项链为主线，围绕女主人公玛蒂尔德的行为、语言和心理活动展开故事情节，使塑造的玛蒂尔德这一形象一目了然。写文章时做到线索清晰、详略得当、重点突出，便会给人留下深刻印象。

二、描写

描写是指用生动、形象的语言文字把人物、事件、环境的形态、特征具体生动的刻画出来，使读者如见其人，如临其境。

描写和叙述常常结合起来运用，但二者有明显的不同。叙述着眼于交代、介绍，重在对事物的总体概括和过程的反映；描写着眼于刻划和描摹，重在表现细微之处或重要部分，唤起对具体形象的情感体验。

描写的类别主要有工笔与白描、直接描写与间接描写、人物描写和景物描写等。

工笔和白描。工笔是对事物作细致入微的描写。如朱自清《荷塘月色》中对荷花出神入化的描写。工笔常运用对比、比喻、拟人、夸张等修辞手法。白描是用质朴的文字寥寥数笔勾勒出事物形象的描写。这一方法是借用中国画中的传统技法，如鲁迅的《故乡》中对杨二嫂、闰土等人物的描写。

直接描写和间接描写。这是从描写的角度来区分的。直接描写又叫正面描写，即正面描绘出人物、景物和环境的面貌。如《陌上桑》中对罗敷的采桑工具、装饰的描写。间接描写就是借助其他人物或景物的描写以映衬和烘托所要刻画的人物，或者借助别人的评说来刻画人物。如《陌上桑》中通过“行者、少年、锄者、耕者”的举止反应来衬托罗敷的美貌。

人物描写、景物描写和场面描写，这是从描写的对象来区分的。人物描写是以人物的肖像、语言、行动、心理等进行的描写。如阿Q头上的一顶破毡帽，孔乙己身上的一件破长衫，闰土颈上的银项圈以及他们的语言、行动，无不表现出他们的身份、地位、思想、性格和生活际遇。景物描写包括自然景物描写和社会环境描写。如鲁迅的《从百草园到三味书屋》，通过对百草园这一景物的描绘来表现儿时天真、快乐的心理。场面描写是对一定时间和地点内以人物为中心的生活画面的描写。

三、抒情

抒情是在文章中抒发作者内心感受的一种表达方式。人们在写文章时不管是描述事物还是阐发事理，无不渗透着作者的感情。

抒情的方法主要有直接抒情和间接抒情两种。直接抒情是在叙事的过程中直接抒发自己的真情实感。间接抒情是依附于事、景、理，借助叙述、描写和议论来抒发内心的情感。

即事抒情，就是在叙事过程中边叙述边抒发感情，寓情于事。如《谁是最可爱的人》这篇文章，作者在对志愿军战士的英雄事迹的叙述中抒发感情。

即景抒情，就是在写景的过程中将主观感情融合到景物的描写当中，即寓情于景。如郁达夫的《故都之秋》，通过对北国秋季的不同景物的描写，抒发对北国秋天的依恋之情。《岳阳楼记》中对岳阳楼四季景致的描绘抒发作者内心的情感。

即物抒情，就是在对具体事物的描写中，来寄托或抒发作者的情感。如《一件珍贵的衬衫》中对衬衫的描写，抒发作者对周恩来总理的怀念感激之情。《荔枝蜜》抒发了作者对辛勤劳作的蜜蜂及像蜜蜂一样的人的赞美之情。

寓情于理，指的是在议论中抒情，也就是饱含着感情的议论。如余秋雨的《道士塔》，字里行间抒发了对敦煌文物被外国列强劫掠的愤怒之情，《一面》中最后一段作者对鲁迅先生的深深怀念之情。

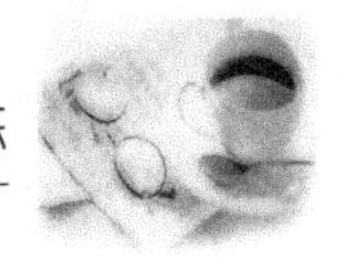

综上所述，在文章中准确的用好抒情方式，不仅可以达到以情动人，感染读者的效果，而且还具有开拓意识、深化主题的功用。

四、议论

议论是指作者所要阐述自己的观点和见解的表达方法。这种表达方式在说理性文章中经常用到。一篇或一段完整的议论通常由论点、论据、论证三个要素构成。在说理性文章中议论是一种行文方式，它要求论点明确、论据充分、论证周密。在记叙文中，议论是由叙述和描写引发出的对事物的感想、认识和评价，是画龙点睛之笔。

在议论文中一般采用的论证方法主要有四种。第一是演绎推理。演绎推理是通过一般原理或结论来论证某一具体事物的性质或特点，如毛泽东同志为纪念张思德而写的《为人民服务》一文中有一段著名的论述。在这段论述中毛泽东首先提出"为人民利益而死，就比泰山还重"这一观点，继而得出"张思德同志是为人民利益而死的"，"他的死是比泰山还要重的"这一结论。第二是归纳论证。即列举出一系列具体事例来论证推导出一般性的结论。如《谈骨气》一文，列举了文天祥宁死不屈、齐人不食嗟来之食、闻一多拍案而起等有骨气的事例，推论出中国人是有骨气的。第三是类比论证。也就是根据已知的事物推导出未知的同类事物的性质或结论的论证方法。如《邹忌讽齐王纳谏》中，邹忌把妻、妾、客三人对自己的态度与嫔妃、近臣、百姓对齐威王的态度进行类比，从而讽劝齐威王虚心纳谏才能战胜于朝廷。第四是因果论证。即由原因推导出结果，或由结果推导出原因的论证方法。

五、说明

说明是一种对事物、事理的解说和阐释，使人获取有关的知识。常用的说明方法主要有七种。第一，举例子。列举有代表性的事例，说明某类事物。如《中国石拱桥》，列举赵州桥和卢沟桥两个实例加以说明。第二，列数字。通过援引有关准确的数字，让人获取更为确切、鲜明的印象和认识。如《雄伟的人民大会堂》中一些准确数字的统计。第三，分类别。即分门别类地逐一加以介绍事物，使所介绍的内容更加清楚、明白。如《南州六月荔枝丹》中对荔枝的生态及生产的介绍。第四，下定义。即用简明扼要的语言给事物定义，使人明确所介绍事物的特性。如《神奇的极光》中对极光的解释。第五，概括介绍。即对说明的事物作概括性的总体说明，使读者对被说明的事物有个大致的了解，形成初步印象。如许多书籍"前言"部分的内容。第六，打比方。就是运用比喻来说明事物的方法，以增加说明的形象性。如《看云识天气》中对各种云的不同比喻。第七，作比较。即把有一定联系的两个或两个以上的事物放在一起进行比较，分析其异同，使人加深印象。如《蜘蛛》中把蜘蛛和蚕丝放在一起比较。

在学习运用说明方法时，一定要先抓住说明对象的特征；其次是要选好说明的角度；第三是要客观地说明事物，切勿夸大或缩小；最后要做到语言通俗简洁。

【写作练习】

1. 从一件小事（或一则社会现象）谈起

提示 现实生活中，即使是很细琐的事，很平常的现象，都可能会触动你，引发你的思考。看到好的现象，禁不住要赞扬几句，看到不好的行为，禁不住要批评几句。对同一社会现象，你的看法和有的人不一致，也会禁不住反驳几句。请你选取身边发生的那些有话可说，有理要讲的事件或是现象，并对这一事件或这一现象加以评论。要求论点正确，论据充分，说服力强。

2. 我看电子游戏

提示 同学们都很喜欢玩电子游戏，有些同学还很着迷上瘾，但老师和家长大多不赞成

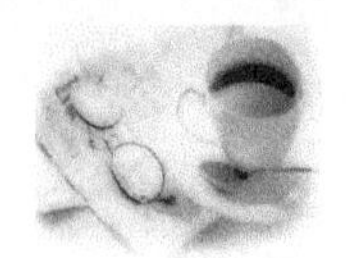

同学们玩电子游戏。你对玩电子游戏这个问题持怎样的看法？先仔细想一想玩电子游戏的好处和坏处；再想一想是不是适合正在读书的大学生玩；想一想自己玩电子游戏的体会；想一想身边的同学玩电子游戏的种种情况，然后明确自己的态度，表达自己的观点。写作时力求把道理说得深，说得透。

3. 大学生谈恋爱之我见

提示　在我们的周围，经常会看到谈恋爱的同学，他们成双入对，上课坐在一起，下课形影不离。你对他们的这种做法如何看待？首先从大学生生理和心理的成熟期角度考虑，还要从他们的学习态度、经济条件等方面加以分析。从谈恋爱的有利与不利两方面谈起，要观点正确、鲜明，还要有确凿的事例或道理论据支撑你的观点。

4. 大学生打工利弊谈

提示　在校大学生利用课余时间和节假日打工，人数日益增多。打工成了很多大学生生活中重要的组成部分。他们有的是为了减轻家庭负担，有的是结合所学知识提高自己的专业技能，还有的是为了培养自己的创业意识等。请你针对大学生打工这种现象，谈一谈大学生打工存在哪些利与弊，也可以采访一些打工的同学，用统计的数据和打工同学的亲身经历来阐述大学生打工这一现象。

5. “人比人，气死人”吗？

提示　有些人常说：“人比人，气死人。”意思是说人与人相比，自己不如别人就会很生气。我们知道，在学习、工作和生活中，只要有两个以上的人就会有个比较，有比较就会有差别。比不可避免，关键是比什么，怎样比。不会比的人，则天天生气；会比的人，不仅不会“气死人”，还能鼓舞人，教育人。你是怎样看待这个问题的，请发表自己的看法。写作时注意运用事实论据和道理论据。

6. “有钱就幸福”吗？

提示　钱，是许多人向往的东西。在有的人眼里，只要有了钱，就会拥有一个幸福的家庭；有了钱，就可以买名牌服装、名牌手表、名牌家电……钱是一切物质享受的基础。然而，生活中也有缺少钱的人，但他们依然幸福。那么，真正的幸福是什么？请你谈谈自己的看法。分析要求有理有据。

4. 应用文写作训练

【学习重点】

一、了解应用文写作的性质

二、掌握一般应用文的写法

【写作指导】

应用文是人们在日常的工作、学习和生活中所普遍使用的一种实用性文体。它是国家机关、社会团体、企事业单位和人民群众在日常工作、生产和生活中处理公务及个人事务所使用的具有直接实用价值和一定惯用格式的文章的总称。

从史料看，我国奴隶社会的殷商时期，人们把占卜吉凶的结果、祭祀祖先的活动经过等用符号刻记在龟甲兽骨上，这种“甲骨卜辞”可以说是最早的应用文。最早的应用文专集是春秋时的《尚书》，到了秦汉时期应用文种类逐渐增多，格式也比较细致具体。后经唐宋、明清时期的发展，应用文种类更为繁多。新中国成立后，经过一系列对繁文缛节的改革，应

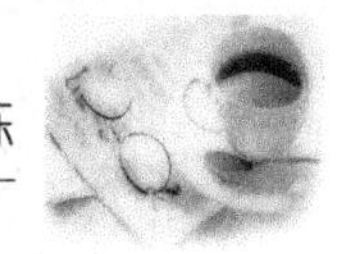

用文的写作得到了不断的完善。今天，随着社会的不断进步和科学文化技术的迅猛发展，应用文的使用范围也越来越广泛。无论国家机关、企事业单位或是个人，在传递信息、交流思想、介绍经验、联系工作和进行各种写作时，均离不开应用文。应用文已经成为一种用途最广、最大众化的文体。

应用文是一门实践性很强的文体，在日常生活中发挥着重要的作用。归纳起来有四个方面的作用。一是联系交往作用。人类社会发展到今天，人们的活动空间越来越宽阔，群体与群体、群体与个体、个体与个体之间的联系越来越密切、频繁，因此，应用文写作已成为人际交往的重要桥梁和途径。二是宣传教育作用。应用文能够帮助人们认清形势，提高认识，统一思想，协调行动。三是规范引导作用。用来制定政策、发布法规、指导工作的应用文，在特定范围内对机关、组织和个人起着规范和指导作用。四是资料凭证作用。许多应用文，由于储藏了重要的社会信息，在发挥显示作用后，仍具有为历史作证的史料价值。

应用文作为社会生活中一种不可或缺的重要文体，本身具有一些独特的个性特点。第一是实用性，即应用文具有处理和解决实际问题的实用价值。第二是时效性。应用文源于实际，为实际服务。它是为了解决各种实际问题、处理某些具体事务而写的，因此在写作上有明确的时间要求，必须在一定的时间内完成。第三是真实性。应用文要求内容实事求是，真实确凿，不能有半点虚假，这一点上与文学作品有很大的不同。第四是规范性。应用文是在长期的实践中约定俗成的，写作时必须遵照固定的格式。第五是针对性。应用文往往规定在一定的时间内有明确的阅读对象，不像文学作品阅读对象很宽泛。第六是平实性。应用文写作要求用事实说话，语言表达须简明扼要，清晰流畅。

应用文对语言的要求还有一些具体的规定。第一，要平实。即文风追求朴实自然，所讲事情符合实际情况，数字要准确无误，办法要切实可行。第二，要准确。即内容必须准确，不能夸大也不能缩小；词语准确，多使用陈述句，少用感叹句和疑问句；合理使用修辞手法；所列数字、事例必须准确。第三，要简洁。应用文写作文字必须简洁，篇幅应短小精悍，不说大话、空话和废话。

在应用文的写作过程中，还要注意观点和材料的统一。因为观点和材料是应用文的两个主要因素。所谓观点，就是指应用文所发表的主张、态度、看法以及所表达的意愿等。所谓材料，也就是那些用以说明观点的事实根据。日常应用文对观点和材料一般有两个要求：第一，观点既要集中，又要符合实际。日常应用文一般一事一写，即一篇文章所说明或处理的问题一般只有一个，而且提倡什么、反对什么、支持什么、该怎样做、不该怎样做等都要旗帜鲜明，不可模棱两可。第二，所引事实或材料要确凿，有说服力。观点是灵魂，所引材料是观点的根据。没有材料，观点站不住脚。缺乏材料或材料不得当，就不能恰当的表明观点。因此，应用文对材料的选择是非常严格的。为说明某一观点，翔实的材料是必要的，但并不是一味的堆积材料。日常应用文要求用精炼、恰当的材料来说明问题。

结合同学们日常生活中应用文的使用情况，现针对性地对一般应用文体的写作知识加以简要讲述。

一、启事

启事是一种公告性的应用文。“启”是陈述、告诉人。“事”就是事情。“启事”，就是把事情陈述出来，告诉大家的意思。机关、团体或个人，凡有事情要公开说明某事或请求大家支持或协助的时候，都可把它写成文字张贴出来，或登在报刊杂志上，或让电视台、广播电台播出，这种公开发表的文字都是“启事”。

启事的种类很多，根据事情内容的不同，分成好多种类。常见的启事有寻物启事、招领启事、招聘启事、招生启事、开业启事、征婚启事、征稿启事、迁址启事等。

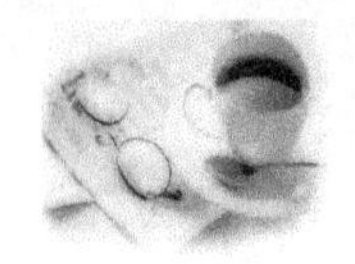

启事由标题、正文和落款三部分组成。

1. 标题

第一行中间位置写启事的名称。有两种写法：其一是事由＋文种，如“寻物启事”、“寻书启示”；其二是只写“启事”。

2. 正文

第二行空两格写启事的内容。启事的内容要简短而具体。内容多的还要分项逐条写清楚。如“迁址启事”中迁址的时间、地点和再联系方式等都要列出。但是，有的启事，如“招领启事”对失物的特征就不能介绍的很详细，防止被人冒领，如物件的个数、特征等就不应该写清楚，而应在失主认领时当面核对；但联系的地点、办法等，要写具体。

3. 落款

正文的右下方写启事者的姓名或单位名称，姓名或名称下方写发文日期。

【例文】

寻物启事

本人于×月×日乘51路公共汽车时，不慎将学生证、身份证、餐卡遗失。有拾到者请速与×市中药厂李×联系。定感谢！

电话：××××××××

启事人：张×

××年×月×日

征稿启事

为庆祝三十周年校庆，并为广大同学提供展现才华的舞台，特举办××大学首届校园新闻大赛。

大赛主题是学校发展新面貌；作品体裁设消息、通讯、图片新闻三大类。截稿日期从即日起至6月8日，参赛者将参赛稿件发送至30zhounian@163.com（邮件标题请注明“新闻大赛”并写清作者姓名、院系、班级及详细联系方式）。参赛者由作者独立完成，严禁抄袭，并请注意时效性。联系人：张××，电话：××××××。

校报记者团

××年×月×日

寻人启事

××市××县××村学生王××，女，15岁，身高1.58米，穿红色羽绒服，蓝牛仔裤，黑运动鞋，××××年4月16日出走至今未归。有知情者请与××市棉纺三厂王××联系，定有重谢。电话：××××××。

附照片。

启事人：王××

××年×月×日

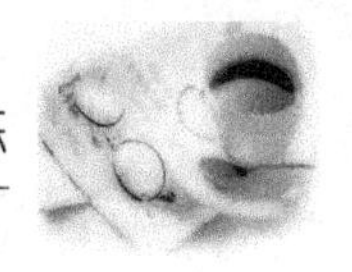

招领启事

本商场于×月×日上午拾到手提包一个，内装人民币若干元，还有手机、信用卡等物，望失主前来认领。

地点：××市QQ商场三楼办公室

电话：××××××

QQ商场办公室

××年×月×日

招聘启事

本公司随着公司业务的不断扩大，经市人才交流服务中心批准，现诚聘销售人员6名，具体条件如下。

1. 应聘条件：具有本市户品，大专以上学历，年龄45岁以下，身高1.65米以上，相貌气质佳，口头表达能力强。

2. 本公司对受聘人员试用3个月，正式聘任后工资待遇从优。

3. 招聘方法：应聘人员持个人简历、照片、学历证明到本公司报名。

时间：×月×日

上午：8：30—11：30

地点：×路×号

联系人：王明

电话：××××××××

××市三友有限公司

××年×月×日

迁址启事

各位新老客户：

本邮局从××年×月×日起，将搬至航海路××号（交通公司对面）新址营业，恭请各位前去办理各项业务。为此给大家造成的不便敬请谅解。

大学路邮政局（盖章）

××年×月×日

房屋出租启事

现有60平方米的临街门面房，最近装饰一新，诚招商家租赁。有意者，请速与张先生联系。

电话：××××××

地址：××大学城××街××号

刘先生

××年×月×日

更名启事

“五羊书店”现更名为“舞阳书店”。特此告知，欢迎广大读者惠顾。

张先生
××年×月×日

遗失声明

××市××中学不慎丢失财务专用公章一枚，声明作废。

附图样。

××中学
××年×月×日

二、通知

通知是一种上级对下级、组织对所属成员或同级单位之间部署工作、传达事情或召开会议等所使用的应用文。

通知一般包括标题、正文、结尾三部分。

1. 标题

第一行中间写“通知”两字，也可根据情况写“紧急通知”、“重要通知”、“××（单位）关于召开学术委员会的通知”，也可直接写“关于组织摄影比赛的通知”等。

2. 称谓

即通知对象的名称，第二行顶格写，下加冒号。一些内容简单通知中，正文内容已明确了通知的对象，称谓也可省略。

3. 正文

主要包括缘由、事项、要求三部分。缘由要简洁明了，说理充分；事项要具体明确、条理清楚、详略得当；要求应切实可行，便于具体操作。

4. 结尾

包括发出单位和日期两部分。分两行写。发出单位写在正文末尾的右下方，单位下方写通知的日期。有的还要加盖公章。

【例文】

关于开放自然博物馆的通知

我校自然博物馆收藏展示大量珍稀动植物标本。自本学期始，为配合教学工作，定期开放。开放时间为每周二、周四下午14：00—17：30。

××大学自然博物馆
××年×月×日

三、海报

海报就是机关、团体向公众报道或介绍有关戏剧、电影、体育、比赛、报告会、展览会等活动所使用的一种张贴式文体。“海报”的“海”是“大”、“范围广”的意思。内容要真实准确，形式要丰富多彩，讲究整体布局的新颖别致。有时为了形式上的生动活泼，可根据内容需要，配上适当的图画，以增强宣传感染力。海报的传播形式常常是大纸张、大字体醒

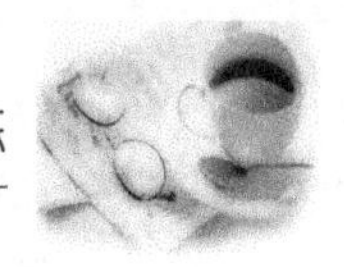

目地写出内容，张贴于人群密集的地方，有的直接刷写在墙壁上，也有的刊登在报纸上。

海报虽然形式上要求多种多样，但基本的写作格式仍然包括标题、正文和落款三部分。

1. 标题

标题一般写在正文上方中间位置，字体稍大。形式大致有以下三种。

(1) 只写“海报”两字。

(2) 直接书写活动内容。如“篮球表演赛”、“舞会”、“球讯”等。

(3) 举办单位＋活动内容。如“郑州蔬菜博览会”。

2. 正文

正文包括活动的时间、地点、内容、参加对象、参加方式、注意事项等。这部分内容一般采取分项列举式写法。结尾处可带有鼓动性、号召性的语句，如“售完即止，勿失良机!”、“欢迎踊跃观赛”等。

3. 落款

一般写在右下方，包括署名和日期。

【例文】

海 报

××市豫剧团演出豫剧《赵氏孤儿》。

时间：8 月 6～10 日每晚 20 时

票价：150 元　100 元　　80 元

地点：××影剧院

××影剧院

××年×月×日

篮球表演赛

本市篮球队——××市篮球队对抗激烈，扣人心弦。

时间：×月×日下午 4 点

地点：××体育馆

××市体育中心

××年××月××日

四、条据

条据是人们在日常学习、生活和工作中，借、领、收、还钱、还物时所写的一种最简便的作为凭证的条子。条据分为便条和单据两种。单据，也可叫条据。

1. 便条

便条用于人们临时遇到某事要告诉对方，不能面谈但又必须告知的，或是由于手续的需要，需要留存作为依据时所写的条子。便条书写内容比较简短，常常用一两句话即可。即使遇到重大的、繁复的事情，也是简明扼要，点到为止。便条一般不用邮寄，直接交、转交、留交均可。

常用的便条有以下几种。

(1) 请假便条　因突然有事或有病，不能按时上课或上班，需要向老师或领导等说明事由，讲明假期，请求准假的一种便条。

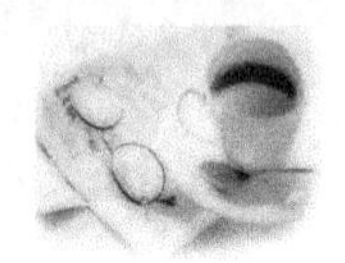

(2) 留言便条　因故未遇被访者，访者又不能久等，写一张留言条。留言条一般要写明来访目的或商量的事宜等。

(3) 托事便条　托朋友或熟人办事，或介绍自己的朋友请另一朋友帮忙，写一张托事条。托事条的目的往往是有求于人，因此，在撰写时务必用语要委婉、礼貌。

(4) 馈赠便条　同事、朋友、同学间互相赠送礼物时，附一张便条。便条上写明所赠礼品名称和数量，一并交与对方，请对方查收。如果是接到礼品，说明礼品收到，郑重道谢。

(5) 催索便条　把款项或物品借给别人，日久未还，自己又急需使用，写张便条，加以催索，请借着速还。催索便条注意措辞应婉转一些。

(6) 取借便条　需要某件物品或一笔款项时，一时不便，写一张便条，向人借用，说明还期。

(7) 邀约便条　朋友、熟人之间，邀约做客、邀请吃饭、约游名胜、约请观看演出，写张便条，以示邀请。

便条是一种最简单的书信，书写格式和一般书信差不多。下面具体介绍便条的写作方法。

(1) 标题　在第一行居中位置，写明便条的种类。如“请假条”、“留言条”。

(2) 称呼　第二行顶格写收条人姓名或称呼，在其后加冒号。如“张老师”、“李经理”。

(3) 正文　第三行空两格，用简单的几句话写明事情缘由。如请假条要写明因何事、何病及请假的日期，使对方一目了然；正文写完后，另起一行空两格，写上“此致”，再另起一行顶格写“敬礼”二字。

(4) 落款　在正文的下一行右下方署名，再在署名人下方写明日期。

2. 单据

(1) 借据　借据是向单位或个人借取钱物时给对方开出的凭证条据。要求写明什么时间借到何人（或单位）的什么东西，数量多少、何时归还等。

(2) 领据　领据是到仓库或其他有关部门领东西时写给对方的。要写明领取的时间、处所、物件及其数量、质量。

(3) 收据　收据是收到对方钱物时给对方开出的凭证条据。要求写明什么时间收到何人的什么东西，数量多少。

(4) 欠条　欠条是拖欠个人或单位的钱物时给对方开出的凭证条据。要求写明什么时间拖欠何人（或单位）的什么东西，数量多少。

(5) 发票　发票是商业单位或个体商户出售货物时或使用劳务等，给对方开出的单据。

(6) 送货单　送货单是工商厂家在客户购货后送出货物时开列的单据。

各种单据的格式和写法大致相同，一般由标题、正文和落款三部分组成。下面以“欠条”为例介绍写作方法。

(1) 标题　第一行居中位置直接写文种名“欠条”字样，表明单据的性质。也有的在此位置写上“暂借”或“今欠”字样的标题，但采用这种标题时正文应在下一行顶格写。

(2) 正文　在标题下一行空两格，要写清什么时间欠什么人或什么单位的什么东西，数量多少，并注明偿还日期。正文写完后可以紧接着写上“此据”，也可另起一行空两格写“此据”。

(3) 落款　落款应写明欠方单位名称和经手人的亲笔签名，如果是个人出具的欠条则需要署上欠方个人的姓名，并同时在署名下方注明欠条日期。单位的要加盖公章，个人的要加盖私章。

3. 写条据应注意的事项

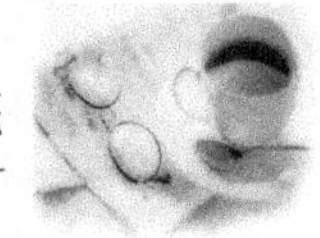

① 内容要简明，一般只写事实，不讲道理。

② 数字书写要规范。涉及钱和物的数字时，不能只用小写，一律用汉字大写，数字后还要写上“整”字。

③ 要使用法定的计量单位。

④ 要有经手人的亲笔签名。

⑤ 书写字迹要端正、清楚。文字和数字一般不能涂改，非改不可时，应在涂改处加盖公章或私章，或者另写一份。

【例文】

请假条

张老师：

今天早晨我突然头痛发高烧，经惠民医院医生检查患了重感冒，无法上课，暂请假三天(10月12～14日)，请批准。

此致

敬礼

学生：李明

10月12日

留言条

张宏先生：

我今天上午来找您，有重要事情商量，巧不相遇，不能久等。明日上午9点再来，请等我。

崔×

×月×日

托事条

李×：

明日去市区时麻烦你代购一本文心出版社出版的《应用文写作教程》(2009年第3版)一书。

谢谢！

王××

×月×日

领条

今领到材料仓库发给的工作服伍拾套，防护口罩肆拾个，手套陆拾双。

此据。

经手人：王××

××年×月×日

借据

今借到张××人民币陆佰伍拾圆整，定于10月8日前归还。

此据。

李××

××年×月×日

欠条

因购办公用品所带现金不够，现先付人民币肆仟贰佰元整，尚欠壹仟柒佰零陆元，定于6月16日送到。

××公司采购员王××

××年×月×日

收据

今收到朝阳中学书费人民币叁佰贰拾元整。系付初一年级课本费。

此据。

收款人：××

××年×月×日

五、自传

自传，是传主自述生平事迹的传记。要求以第一人称的口吻，记述自己比较完整的人生历程。它长于发挥自己对人生和社会的感慨。把自己真实的人性和时代风貌传递给读者。自传不同于一般写“自我”的文章。一般写“自我”的文章主要叙述自己经历的一件事或几件事，而自传则要勾勒出自己的人生全貌。

自传主要由标题、正文和落款三部分组成。

1. 标题

第一行居中写“自传”。

2. 正文

主要内容如下。

(1) 个人成长经历。包括自己的出生时间、家庭背景、求学经历以及工作经历等。

(2) 表现个性特征。这是自传的主体部分。一般结合自己的成长过程，分阶段地选取典型事例。通过典型事例表现自己人生道路的主要轨迹以及自己思想、性格的主要特征。

3. 落款

署名和注明日期。一般在正文的居右下方书写姓名，再在姓名下面写上年月日。

自传在写作时应注意三个方面的问题：一是要实事求是。即如实地写出自己的成长经历，文中涉及的时间和地点都要交代清楚。同时要客观地评价自己，符合自己的本来面貌。二是要注意叙述的完整性。自传应按照时间的先后顺序记述自己的人生历程。三是要突出重点。自传要求写得详细全面，但不能等同于写“履历”。既要避免直述经历不触及思想，又要避免平铺直叙，重点不突出，记流水账似的写法。自传可以夹叙夹议，对主要经历、情节要交代得具体、准确。主次应分明，简繁要得当。

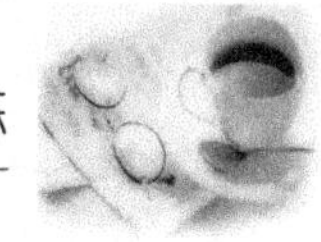

六、倡议书

倡议书是个人或集体提出的合理化建议，向广大群众或有关单位公开发出倡议，希望共同完成某项任务或开展某项公益活动所运用的一种专用书信。倡议书是一种建议和倡导，没有给人以强制性任务的感觉。它是在轻松倡导之中，宣传了真善美，使人们无形之中就能受到深刻的教育。

倡议书写作格式和一般书信相似，由标题、称呼、正文、结尾、落款五部分组成。

1. 标题

倡议书标题一般在第一行正中写上“倡议书”三个字即可，也可由倡议内容和“倡议书”三字共同组成，如“大学生节约用电倡议书”。

2. 称呼

倡议书的称呼可根据接受倡议的对象选用适当的称呼。如“同学们：”、“广大的妇女同胞们：”等；有的倡议书不写称呼，而在正文中指出。

3. 正文

正文是倡议书的主要部分，包括以下几方面内容。

(1) 写清倡议书的背景和目的。要求交代清楚倡议活动的原因以及当时的背景事实，并申明发出倡议的目的，这样人们才会理解和信服，才会积极的响应。如果这些因素交代不清，使人莫名其妙，就会难以变成自觉的行动。

(2) 写明倡议书的内容和要求。倡议的内容一定要具体，一般是分条写的。如开展哪些活动，做哪些事情，具体要求是什么，价值和意义有哪些，使人看后一目了然。

4. 结尾

结尾要表示倡议者的决心和希望，或者写出某种建议。倡议书的结尾一般不写表示敬意或祝愿的话。

5. 落款

落款即在右下方写明倡议者单位、集体或个人的名称或姓名，并署上发倡议的日期。

七、简历

简历是对自己的生活经历，包括求学经历、工作经历等，有选择、有重点地加以概括叙述的一种应用文体。

简历的结构由标题、正文、署名和日期四个部分组成。根据内容的多少，简历可分为全篇一段式和全篇分段式两种。

1. 全篇一段式

从姓名、出生地、籍贯、出生年月日、民族、团体党派写起。按照时间顺序记述自己的主要学习工作经历、主要才能、贡献以及工作、学习、生活中的典型意义的事等。

2. 全篇分段式

适用于经历相对丰富的人物。可以纵向总述经历之后，再分段叙述每个阶段的主要经历。

【例文】

求职简历

一、个人情况：姓名：________ 性别：________ 民族：________ 籍贯：________ 出生：________

二、受教育情况：×××年×月毕业于________________

三、工作经历：________________

四、个人重大成果：＿＿＿＿＿＿＿＿＿＿

五、求职意向：愿加盟贵公司＿＿＿＿部，希望获得＿＿＿＿一职，薪金＿＿＿＿或按公司规定执行。

联系电话：＿＿＿＿＿＿＿＿＿＿

联系地址：＿＿＿＿＿＿＿＿＿＿

×××

××年×月×日

八、求职信

求职信是个人向机关、团体、企业或有关领导谋求职业的一种专用书信。求职信主要有两个特点：一是自荐性，即要对自己的成绩、专长、兴趣和爱好作自我介绍；二是申请性，即具有表达愿望，提出要求、申请批准接纳的作用。一份好的求职信能体现出求职者清晰的思路和良好的表达能力。

一般来说，求职信属于书信一类，故其基本格式也符合书信的一般要求。求职信主要包括标题、称谓、正文、结尾、署名和日期六个方面的内容。

1. 标题

在第一行中间位置标明“求职信”三个字。标题应醒目、简洁、庄重。

2. 称谓

求职信的称呼与一般书信不同，书写时应正规。称呼要正确，其职务也要准确，这些细节很重要。如果用人单位明确可直接写上单位名称，并以“尊敬的”加以修饰，后以领导职务或统称“领导”落笔。若单位名称不明确，则可统称为“尊敬的人事部（人事处、人力资源部）领导”，最好不要直接冠以最高领导的职务，这样容易引起第一读者的反感。若写给具体的收信人，可以写“尊敬的××处长”、“尊敬的××董事长（总经理）先生”、“尊敬的教授（校长、老师）”等。自荐信的目的在于求职，因而称谓要求严谨、有礼貌，既不能随随便便，也不能过分亲昵。

求职信不管写给什么身份的人，都不要使用“××老前辈”、“××师兄（傅）”等不正规的称呼。如果打探到对方是高学历者，可以用“××博士”、“××硕士”称呼，则其人会更容易接受，无形中对求职者产生一种亲切感。

3. 正文

求职信正文包括说明求职信息的来源、应聘职位、个人基本情况、工作成绩等事项。

(1) 写出信息来源渠道　如“昨日在××大学就业指导中心获悉贵公司正在招聘动漫设计师，特写信应聘。希望能够获得这个工作机会。”记住不要在信中出现“冒昧”、“打扰”之类的客气话，因为他们的任务就是招聘人才。

如果你的目标公司没有公开招聘人才，即使你并不知道他们是否需要招聘新人时，你可以写一封自荐信去投石问路。如“久闻贵公司实力不凡，产品畅销全国，声誉卓著，故冒昧写信自荐，希望加盟贵公司。我的基本情况如下……”这种情况下用“冒昧”二字就显得很有礼貌。

(2) 简单扼要介绍自己与应聘职位有关的学历水平、经历、成绩等，使对方从阅读完毕之后就对你产生兴趣。

(3) 要说明能胜任职位的各种能力，这是求职信的核心部分。目的是表明自己具有专业知识和社会实践经验，具有与应聘工作要求相关的特长、兴趣、性格和能力。让对方感到你能胜任这个工作。切记千万不能写那些与职位毫不沾边的东西。

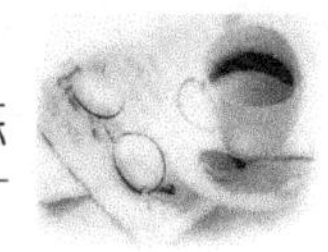

4. 结尾

求职信的结尾一般要表达两个内容，一是希望对方给予答复，并盼望能够得到参加面试的机会；二是表示敬意、祝福之类的词句。如“顺祝愉快安康”、“祝贵公司财源广进”、“深表谢意”，也可以写“此致”、“敬礼”之类的通用语。

结尾部分一定要写清楚自己的详细通讯地址、邮政编码、联系电话和电子信箱等。

5. 署名

直接写上自己的名字即可。

6. 日期

写在署名右下方，用阿拉伯数字书写，年、月、日都要写完整。

7. 附录

求职信一般要求和有效证件一并寄出，如学历证、职称证、身份证、获奖证书等的复印件，并在正文左下方一一注明。

九、申请书

申请书是个人、单位或集体向组织、机关、团体、领导表述愿望、提出请求时使用的一种文体。

申请书的应用范围十分广泛。根据用途可划分为以下几类。

1. 思想政治生活方面的申请

这种政治申请一般是指加入某些进步的党派团体。如申请加入中国共产党、中国共产主义共青团、中国少年先锋队、工会、参军等。

2. 工作学习方面的申请

这是指求学或在实际工作中所写的申请。如入学申请书、带职进修申请书、工作调动申请书等。

3. 日常生活方面的申请

日常生活中，我们的衣食住行常常会遇到一些问题，需要个人提出申请，才能够被组织、集体、单位考虑、照顾给予解决。如申请住房贷款、个人申请开业、申请困难补助等。

申请书的结构由标题、称谓、正文、结语和落款五部分构成。

(1) 标题　申请书的标题有两种形式，一是直接用文种“申请书”做标题；二是性质加文种构成，如“入党申请书”。

(2) 称谓　在标题的下一行顶格书写称谓，要写明接受申请书的单位名称或领导人姓名，后面加冒号。如“敬爱的党组织:”、“尊敬的校领导:”等。

(3) 正文　正文主要包括以下三方面内容。

① 申请内容。开篇就要向领导、组织提出申请什么，要开门见山，直截了当，不含糊其辞。

② 申请原因。讲清为什么申请，也就是说明申请书的目的、意义以及自己对申请事项的认识。

③ 决心和要求。这是便于组织了解写申请书人的认识和情况，要写得具体、详细、诚恳、有分寸，语言要朴实、简洁明了。

(4) 结语　申请书可以有结语也可以没有。结语一般是表示感谢和希望的话，如“请组织考验”、“望领导批准”、“请审查”、“请党组织看我的实际行动”等，也可表示敬意的话，如“此致”“敬礼”。

(5) 落款　一般在右下方书写申请人姓名，并在姓名下面注明年、月、日。

十、读书笔记

读书笔记是指人们在平时的学习和生活中，把自己阅读书籍或文章的精彩内容和心得体会整理记录下来的文字材料。写读书笔记能够提高阅读书籍和文章的效率，并能够提高写作能力和科学研究能力。

读书笔记一般分为四大种类。

1. 摘要式

摘要式读书笔记是指把书中或文章中的一些重要观点、精彩精辟段落，有用的数据和材料摘抄下来。目的是积累各种原始资料，为学习、工作和科研作准备。可以准确无误的摘录原文或原文系统；还可以摘录原文重要论点和精彩语句，比如名言、格言、谚语等；还可以摘录重要的数据。

2. 评注式

评注式读书笔记不仅要摘录，而且还要写出自己对读物的看法、评价，有时还要加以概括说明。常用的方法有书头批注，即在书中重要地方用笔打上符号，或在空白处加批注，或折页作记号，或夹纸条作记号；还可用提纲方法把书、文章论点、主要论据扼要记叙下来；还可用摘要式综合全文要点、记下主要内容；有时还可对全书或全文得失加以评论。

3. 心得式

心得式读书笔记也就是读后感。是在读书或读文章后写出的自己的认识、感想、体会和启发。常用的方法有：札记，即把摘记要点和心得结合起来写；心得，也叫读后感，是将读书后的体会、感想、收获写出来。另外，还有一种心得式笔记，即综合原文的观点和见解，提出自己的看法并记录下来。

4. 记载式

记载式有下列几种形式。

(1) 笔记本　成册笔记本可用来抄原文、写提纲、记心得、写综述。好处是便于保存，缺点是不便分类，但可按类单独成册。

(2) 活页本　是用来记录各种各样的笔记。活页本便于分类，节约纸张和日后查阅。

(3) 卡片　好处是便于分类，可按目排列，便于灵活调动又节省纸张，但篇幅小，内容不宜长。

(4) 剪报　这种方法是把报纸和有用的资料剪下来，篇幅长的文章可贴在笔记本或活页本上，篇幅短小的材料可贴在卡片上。剪报材料可加评注，也可分类张贴，要注明出处，以便使用。

(5) 全文复印　对于重要的读书材料，为保持完整性，可全文复印编目分类留用。

十一、总结

总结是个人或单位经过某一阶段的学习或工作后，进行回顾、分析、归纳，从中得出经验与教训，以便更好地指导今后学习和工作的一种应用性文体。总结有不同的类型，按范围分有：地区总结、单位总结、班组总结、个人总结等；按性质分有：工作总结、学习总结、教学总结、思想总结等；按时间分有年度总结、季度总结、月份总结等。

总结的结构一般分为标题、前言、正文、结尾和落款五部分。

1. 标题

标题是根据中心内容、目的要求来确定的。同一事物因总结的侧重点不同其标题也就不同。总结的标题字迹要醒目。总结标题有单标题，也有双标题。单标题就是只有一个题目，包含单位名称、时间、内容或种类三部分组成。如《××大学××系 2011 年工作总结》，也

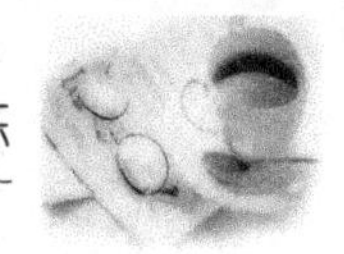

可省略其中一部分，如《三月份工作总结》，省略了单位。双标题就是分正副标题。正标题往往揭示主题，副标题标明单位名称、时间、内容等。例如《展望未来勇创佳绩——××市××教育局2011年工作总结》

2. 前言

前言即写在前面的话，是总结起始的段落。要求用简练的文字概括交代某一阶段的整个工作情况，包括工作背景、基础、成绩与效果等。其目的是让读者对总结的全貌有一个大致的了解、为阅读和理解全篇打下基础。

3. 正文

正文是总结的主体。这部分要抓住事情的本质，实事求是地反映出成绩与问题，科学地总结出经验与教训。正文部分要中心突出，重点明确、阐述透彻、逻辑性强、使人信服。这部分包含以下两方面的内容。

(1) 成绩和经验　这是正文的关键部分，需讲明具体的做法，还可以用事例、数据等方法表述。一般写法有两种，第一种是先写出做法、成绩之后再分析成功的原因以及从主客观条件中得出的经验教训。第二种是写做法、成绩的同时写出经验。成绩和经验是总结的中心和重点，是构成总结正文的支柱。

(2) 存在的问题和教训　这部分内容一般放在成绩与经验之后写。写总结既要看到取得的成绩，又要看到存在的问题，分清主流和枝节。这样的总结才能纠正错误，发扬成绩、继续努力。写存在的问题与教训语气要坦诚、实事求是。

4. 结尾

一般写今后努力的方向，或者写今后的打算。这部分内容要简洁一些。

5. 落款

署名写在结尾的右下方，在署名下边写上总结的年、月、日。如在标题中或副标题中已标明单位名称，则落款处只注明日期即可。

【知识拓展】

养成修改文章的好习惯

同学们学习写文章，不但要学会审题立意、构思谋篇，选材组材以及合理运用表达方式等一系列的写作方法，还要学会自行修改文章。通过修改文章，自己对作文中的思想内容、遣词造句、标点符号等，都能够进行一一检查和斟酌，从而发现其中的不足与缺漏，进而使文章逐步完善。

修改文章是写作过程中的最后一个环节，也是考察同学们写作能力的一个重要方面。文章很少是一次完成的。一般来说，文章写完之后，至少要再看两三遍，在看的过程中，进行反复修改，直至满意为止。同学们都知道，好文章是改出来的。因为人的认识在动笔之前不可能一次准确定位，思想认识需要在写作过程中反复地酝酿、加工，才能完善。尤其是语言的表达，语言更不可能一次运用恰当，更需要反复地推敲和修改。古今中外很多著名作家都很重视文字的修改，留下了许多修改文章的美谈。如欧阳修的《醉翁亭记》中的第一句："环滁皆山也"改了许多次，才最终定为这五个字。鲁迅的《藤野先生》原稿改动竟有几十处。美国著名作家海明威《老人与海》的手稿，也是在读了两百遍之后才定稿付印的。鲁迅先生曾说过："写完后至少看两遍，竭力将可有可无的字、句、段删去，毫不可惜"（引《答北斗杂志社问》）。名家修改文章尚且如此，那么对于练习写作的同学们来说，就更加重要了。在修改文章的过程中，端正了自己的写作态度，同时也使自己思想认识得到深化和

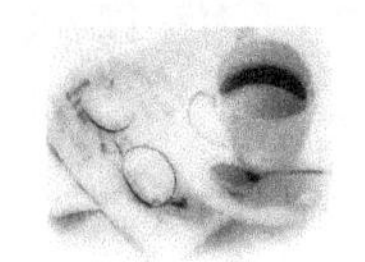

提高。

同学们修改文章时，可以从主题、材料、结构、语言四个方面入手。

第一，检查主题思想。在修改时，首先看主题思想是否正确、鲜明和集中，有无准确地把自己的思想观点充分地表达出来，同时还要检查文中各个部分的思想认识是否与主题紧密和一致，以防缺漏或偏颇。

第二，检查材料。所选材料是否详略得当，是否符合题意，是否真实、新颖、充实和典型。如果需要调整和改动，就要依据主题的需要进行增添或删改。

第三，检查结构。通读全文，看结构是否严谨、完整，段落层次是否连贯、清晰，开头与结尾是否照应，过渡是否自然、妥帖等。

第四，检查语句。细心阅读文中的每一句话，看句子表达有无语病，是否生动和准确，用词是否恰当，还要检查有无错字、别字、丢字、多字以及标点符号运用是否正确等。

另外，需要强调的是，以上四个方面是修改文章的基本要求，除此之外，在修改不同体裁的文章时，还应注意不同文体的写作侧重点，并做认真细致的考虑。

例如修改记叙文，就应该注意五个方面：第一，构思是否新颖；第二，观察事物是否认真细致；第三，文章的剪裁是否得当；第四，场面与特写镜头的描写是否具体；第五，语言是否生动，是否有感情色彩。

在修改说明文时应该注意的方面有：一看是否抓住了被说明事物的特征；二看说明的层次顺序是否清楚明了；三看说明的方法是否灵活；四看语言是否简明、准确而又有趣味。

在修改议论文时需要注意四个方面：第一，提出的论点是否正确，方法是否得当；第二，论据是否充分、准确，是否有针对性和说服力；第三，论证方法运用的是否得当有力，是否能围绕论点展开论述；第四，语言能否做到准确严谨，并具有科学性。

【写作练习】

1. 通知

你们班级定于明天晚 19 点在 2308 教室召开班会。假如你是班长，请你写一则通知，告知本班的全体学生。

2. 海报

(1) ××京剧团将在中原剧院演出京剧《茶馆》，时间定于下周二至周四每晚 19 时，票价有 100 元、150 元、200 元。请你写一则海报。

(2) 特殊教育学院学生会定于明晚 19:30 在校学生活动中心举办一场大学生手语歌曲晚会。请你写一则海报，告知全校学生。

3. 启事

(1) 金海超市已装修完工，定于六天后正式开始营业。该商店经营日常生活用品、家用电器等。请你帮助该超市写一则启事，告知广大顾客。

(2) 升龙酒店的工作人员今早八点在 205 房间拾到黑色皮包 1 个，内有女款手表 1 块，白色的摩托罗拉手机 1 部，人民币 1250元。请你帮该酒店写一则招领启事寻找失主。

(3) 摄影专业的王乐同学今天早晨在校学生食堂吃饭时，不慎将一款红色的三星手机、餐卡和一串钥匙丢失。请你以王乐的身份写一则寻物启事。

(4) 出租车司机姜华今天中午在车厢后座捡到了黑皮包一个，内有人民币 2000 元，另有信用卡、驾驶证、复员证等。请你帮姜华写一则寻物启事。

(5) 校团委为丰富校园生活，将在《校园专刊》增设"校园生活"栏目。特征求下列稿件：文艺作品、学习心得、读书笔记、新闻报道等。截稿日期从即日起至下周末。来稿要求

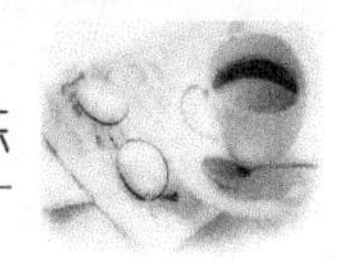

观点鲜明，文字简洁生动，字迹清晰，篇幅以不超过千字为宜。要求参赛者以电子稿形式发送到 liyun@126.com 邮箱。要求写明真实姓名和所在专业。请你写一则征稿启事。

(6) ××市××路 10 号现有 100 平方米临街门面房，最近装饰一新，需要向外租赁。假如你是该门面房的主人，请你写一则房屋出租启事。(注明联系方式)

4. 条据

(1) 假如你是向阳机械厂的一名采购员，正在参加培训班学习。今天上午你接到厂部的通知，要求从明天起下乡三天采购材料。请你向培训班的班主任张老师写一张请假条。

(2) 你所在的学校定于后天晚上 19：00-21：30，租借四季通达歌舞厅作联欢晚会活动场所，按协议租金为人民币 300 元。预约时已付订金 100 元，尚欠 200 元，定于活动结束后次日付清。假如你是校学生会主席，请你向四季通达歌舞厅写一张欠条。

(3) 假如你是一名辅导员，你于今天上午从学校后勤处借到了办公桌椅 1 套，电脑 1 台。请写一张借条。

(4) 校学生处通知各班班长到校办公大楼一楼 1014 房间领军训服装。假如你是班长，领取了 42 套军训服装。请你写一张领条。

(5) 假如你是中原商场采购部经理，今天收到长虹电器股份有限公司送来的货物 2158 型彩电 52 台。请你给对方的送货员开具一张收据。

(6) 假如张宏和你已经约好时间，他现在找你，但你突然有急事，二十分钟左右回来。请你给张宏写一张留言条。

5. 自传

提示　请结合自己的成长经历写一篇自传。要求按照时间顺序记述自己人生道路的主要轨迹和思想、性格的主要特征，同时还要表明自己乐于追求的人生态度。写作时要主次分明，简繁得当。避免平铺直叙和记流水账。对主要经历、情节要交代清楚准确。

6. 个人总结

提示　请结合自己本学期的学习表现，写一份个人学习总结。交代清楚自己学习的基本情况、取得的主要成绩和经验；分析查找存在的主要缺点和问题，并提出克服缺点、解决问题的办法；最后明确努力的方向。总结的材料要实事求是，成绩不夸大，缺点不缩小，要剪裁得体，详略适当，主次分明。总结要举出能说明经验教训的事例，把观点和材料统一起来。语言准确、简洁、平实。

7. 求职信

提示　圆方公司在《大河报》上登载了一则招聘启事，需要一名计算机打字员（或广告设计师）。请结合自己的具体情况，写一封求职信，向贵公司推荐自己。

8. 申请书

提示　学校文学社团正在招收新学员，要求新学员都要写一份入社申请书。请你根据自己的实际情况，写一份加入文学社团申请书。要求正确表达自己的愿望，符合申请书的格式。

9. 读后感

提示　同学们都读过很多的书和很多的文章，有时是书中的人物打动了自己，有时是书中的语言吸引住了自己。总而言之，你会有很多的感想和触动。请选择一本书或是一篇文章，确立自己的观点，然后加以阐述。要求观点明确、条理清晰、表达准确。

附　录

附录1　中华人民共和国国家通用语言文字法

（2000年10月31日第九届全国人民代表大会常务委员会第十八次会议通过
2000年10月31日中华人民共和国主席主席令第三十七号公布
自2001年1月1日起施行。）

第一章　总　　则

第一条　为推动国家通用语言文字的规范化、标准化及其健康发展，使国家通用语言文字在社会生活中更好地发挥作用，促进各民族、各地区经济文化交流，根据宪法，制定本法。

第二条　本法所称的国家通用语言文字是普通话和规范汉字。

第三条　国家推广普通话，推行规范汉字。

第四条　公民有学习和使用国家通用语言文字的权利。

国家为公民学习和使用国家通用语言文字提供条件。

地方各级人民政府及其有关部门应当采取措施，推广普通话和推行规范汉字。

第五条　国家通用语言文字的使用应当有利于维护国家主权和民族尊严，有利于国家统一和民族团结，有利于社会主义物质文明建设和精神文明建设。

第六条　国家颁布国家通用语言文字的规范和标准，管理国家通用语言文字的社会应用，支持国家通用语言文字的教学和科学研究，促进国家通用语言文字的规范、丰富和发展。

第七条　国家奖励为国家通用语言文字事业做出突出贡献的组织和个人。

第八条　各民族都有使用和发展自己的语言文字的自由。

少数民族语言文字的使用依据宪法、民族区域自治法及其他法律的有关规定。

第二章　国家通用语言文字的使用

第九条　国家机关以普通话和规范汉字为公务用语用字。法律另有规定的除外。

第十条　学校及其他教育机构以普通话和规范汉字为基本的教育教学用语用字。法律另有规定的除外。

学校及其他教育机构通过汉语文课程教授普通话和规范汉字。使用的汉语文教材，应当符合国家通用语言文字的规范和标准。

第十一条　汉语文出版物应当符合国家通用语言文字的规范和标准。

汉语文出版物中需要使用外国语言文字的，应当用国家通用语言文字做必要的注释。

第十二条　广播电台、电视台以普通话为基本的播音用语。

需要使用外国语言为播音用语的，须经国务院广播电视部门批准。

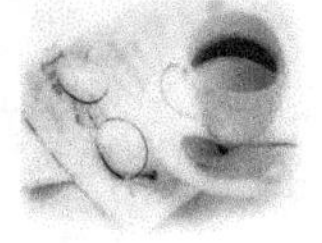

第十三条 公共服务行业以规范汉字为基本的服务用字。因公共服务需要，招牌、广告、告示、标志牌等使用外国文字并同时使用中文的，应当使用规范汉字。

提倡公共服务行业以普通话为服务用语。

第十四条 下列情形，应当以国家通用语言文字为基本的用语用字：

（一）广播、电影、电视用语用字；

（二）公共场所的设施用字；

（三）招牌、广告用字；

（四）企业事业组织名称；

（五）在境内销售的商品的包装、说明。

第十五条 信息处理和信息技术产品中使用的国家通用语言文字应当符合国家的规范和标准。

第十六条 本章有关规定中，有下列情形的，可以使用方言：

（一）国家机关的工作人员执行公务时确需使用的；

（二）经国务院广播电视部门或省级广播电视部门批准的播音用语；

（三）戏曲、影视等艺术形式中需要使用的；

（四）出版、教学、研究中确需使用的。

第十七条 本章有关规定中，有下列情形的，可以保留或使用繁体字、异体字：

（一）文物古迹；

（二）姓氏中的异体字；

（三）书法、篆刻等艺术作品；

（四）题词和招牌的手书字；

（五）出版、教学、研究中需要使用的；

（六）经国务院有关部门批准的特殊情况。

第十八条 国家通用语言文字以《汉语拼音方案》作为拼写和注音工具。

《汉语拼音方案》是中国人名、地名和中文文献罗马字母拼写法的统一规范，并用于汉字不便或不能使用的领域。

初等教育应当进行汉语拼音教学。

第十九条 凡以普通话作为工作语言的岗位，其工作人员应当具备说普通话的能力。

以普通话作为工作语言的播音员、节目主持人和影视话剧演员、教师、国家机关工作人员的普通话水平，应当分别达到国家规定的等级标准；对尚未达到国家规定的普通话等级标准的，分别情况进行培训。

第二十条 对外汉语教学应当教授普通话和规范汉字。

第三章　管理和监督

第二十一条 国家通用语言文字工作由国务院语言文字工作部门负责规划指导、管理监督。

国务院有关部门管理本系统的国家通用语言文字的使用。

第二十二条 地方语言文字工作部门和其他有关部门，管理和监督本行政区域内的国家通用语言文字的使用。

第二十三条 县级以上各级人民政府工商行政管理部门依法对企业名称、商品名称以及广告的用语用字进行管理和监督。

第二十四条 国务院语言文字工作部门颁布普通话水平测试等级标准。

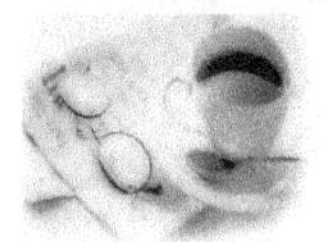

第二十五条 外国人名、地名等专有名词和科学技术术语译成国家通用语言文字，由国务院语言文字工作部门或者其他有关部门组织审定。

第二十六条 违反本法第二章有关规定，不按照国家通用语言文字的规范和标准使用语言文字的，公民可以提出批评和建议。

本法第十九条第二款规定的人员用语违反本法第二章有关规定的，有关单位应当对直接责任人员进行批评教育；拒不改正的，由有关单位作出处理。

城市公共场所的设施和招牌、广告用字违反本法第二章有关规定的，由有关行政管理部门责令改正；拒不改正的，予以警告，并督促其限期改正。

第二十七条 违反本法规定，干涉他人学习和使用国家通用语言文字的，由有关行政管理部门责令限期改正，并予以警告。

第四章　附　　则

第二十八条 本法自2001年1月1日起施行。

附录2　大学生必读书目100本（教育部高等教育司指定）

1.《语言问题》赵元任著，商务印书馆，1980年版
2.《语言与文化》罗长培著，北京出版社，1989年版
3.《汉语语法分析问题》吕叔湘著，商务印书馆，1979年版
4.《修辞学发凡》陈望道著，上海教育出版社，1979年版
5.《汉语方言概要》袁家骅等著，文字改革出版社，1983年版
6.《马氏文通》马建忠著，商务印书馆，1983年版
7.《汉语音韵》王力著，中华书局，1980年版
8.《训诂简论》陆宗达著，北京出版社，1980年版
9.《中国语言学史》王力著，山西人民出版社，1981年版
10.《中国文字学》唐兰著，上海古籍出版社，1979年版
11.《中国历代语言学论文选注》吴文祺、张世禄主编，上海教育出版社，1986年版
12.《普通语言学教程》（瑞士）索绪尔著，高名凯译，岑麒祥、叶蜚声校注，商务印书馆，1982年版
13.《语言论》高名凯著，商务印书馆，1995年版
14.《西方语言学名著选读》胡明扬主编，中国人民大学出版社，1988年版
15.《应用语言学》刘涌泉、乔毅编著，上海外语教育出版社，1991年版
16.《马克思恩格斯论文学与艺术》陆梅林辑注，人民文学出版社，1982年版
17.《在延安文艺座谈会上的讲话》毛泽东著，见《毛泽东选集》第3卷，人民出版社，1991年版
18.《邓小平论文艺》中共中央宣传部文艺局编，人民文学出版社，1989年版
19.《中国历代文论选》郭绍虞主编，上海古籍出版社，1979年版
20.《文心雕龙选译》刘勰著，周振甫译注，中华书局，1980年版
21.《诗学》亚里士多德著，罗念生译，人民文学出版社，1982年版
22.《西方文艺理论史精读文献》章安祺编，中国人民大学出版社，1996年版
23.《20世纪西方美学名著选》蒋孔阳主编，复旦大学出版社，1987年版
24.《西方美学史》朱光潜著，人民文学出版社，1979年版

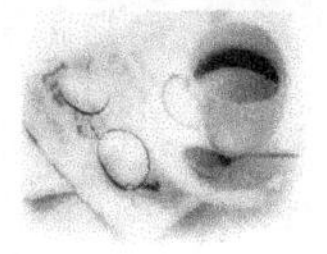

25.《文学理论》(美) 韦勒克、沃伦著，刘象愚等译，三联书店，1984年版
26.《比较文学与文学理论》(美) 韦斯坦因著，刘象愚译，辽宁人民出版社，1987年版
27.《诗经选》余冠英选注，人民文学出版社，1956年版
28.《楚辞选》马茂元选注，人民文学出版社，1980年版
29.《论语译注》杨伯峻译注，中华书局，1980年版
30.《孟子译注》杨伯峻译注，中华书局，1960年版
31.《庄子今注今译》陈鼓应译注，中华书局，1983年版
32.《乐府诗选》余冠英选，人民文学出版社，1959年版
33.《史记选》王伯祥选，人民文学出版社，1957年版
34.《陶渊明集》逯钦立校注，中华书局，1979年版
35.《李白诗选》复旦大学中文系古典文学教研组选注，人民文学出版社，1977年版
36.《杜甫诗选》萧涤非选注，人民文学出版社，1985年版
37.《李商隐选集》周振甫选注，上海古籍出版社，1986午版
38.《唐宋八大家文选》牛宝彤选，甘肃人民出版社，1986年版
39.《唐人小说》汪辟疆校录，上海古籍出版社，1978年版
40.《唐诗选》中国社会科学院文学所编，人民文学出版社，1978年版
41.《唐宋词选》中国社会科学院文学所编，人民文学出版社，1982年版
42.《宋诗选注》钱钟书选注，人民文学出版社，1989年版
43.《苏轼选集》王水照选注，上海古籍出版社，1984年版
44.《元人杂剧选》顾肇仓选注，人民文学出版社，1962年版
45.《辛弃疾词选》朱德才选注，人民文学出版社，1988年版
46.《西厢记》王实甫著，王季思校注，人民文学出版，1978年版
47.《三国演义》罗贯中著，人民文学出版社，1957年版
48.《水浒传》施耐庵著，人民文学出版社，1975年版
49.《西游记》吴承恩著，人民文学出版社，1955年版
50.《今古奇观》抱瓮老人辑，人民文学出版社，1979年版
51.《牡丹亭》汤显祖著，人民文学出版社，1982年版
52.《聊斋志异选》张友鹤选注，人民文学出版社，1978年版
53.《儒林外史》吴敬梓著，人民文学出版社，1977年版
54.《红楼梦》曹雪芹著，人民文学出版社，1982年版
55.《长生殿》洪昇著，人民文学出版社，1983年版
56.《桃花扇》孔尚任著，人民文学出版社，1958年版
57.《老残游记》刘鹗著，人民文学出版社，1959年版
58.《鲁迅小说集》人民文学出版社，1979年版
59.《野草》鲁迅著，人民文学出版社，1979年版
60.《女神》郭沫若著，人民文学出版社，1978年重印版
61.《郁达夫小说集》，浙江人民出版社，1982年版
62.《新月诗选》陈梦家编，上海书店复印，1985年
63.《子夜》茅盾著，人民文学出版社，1994年版
64.《家》巴金著，人民文学出版社，1979年版
65.《沈从文小说选集》沈从文著，人民文学出版社，1982年版

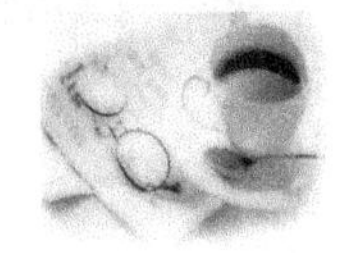

66.《骆驼祥子》老舍著，人民文学出版社，1999年版
67.《曹禺选集》曹禺著，人民文学出版社，1978年版
68.《艾青诗选》艾青著，人民文学出版社，1988年版
69.《围城》钱钟书著，人民文学出版社，1980年版
70.《赵树理选集》，人民文学出版社，1958年版
71.《现代派诗选》蓝棣之编选，人民文学出版社，1986年版
72.《创业史》（第一部）柳青著，中国青年出版社，1960年版
73.《茶馆》老舍著，收《茶馆〈龙须沟〉》，人民文学出版社，1994年版
74.《王蒙代表作》张学正编，黄河文艺出版社，1990年版
75.《白鹿原》陈忠实著，人民文学出版社，1993年版
76.《余光中精品文集》，安徽人民出版社，1999年版
77.《台湾小说选》，《台湾小说选》编辑委员会选编，人民文学出版社，1983年版
78.《中国当代文学作品选》王庆生主编，华中师范大学出版社，1997年版
79.《希腊的神话和传说》（德）斯威布著，楚图南译，人民文学出版社，1977年版
80.《俄狄浦斯王》（《索福克勒斯悲剧二种》）罗念生译，人民文学出版社，1961版
81.《神曲》（意）但丁著，王维克译，人民文学出版社，1980年版
82.《哈姆莱特》（《莎士比亚悲剧四》）卞之琳译，人民出版社，1988年版
83.《伪君子》（法）莫里哀著，李健吾译，上海译文出版社，1980年版
84.《浮士德》（德）歌德著，董问樵译，复旦大学出版社，1982年版
85.《悲惨世界》（法）雨果著，李丹、方于译，人民文学出版社，1978～1983年版
86.《红与黑》（法）司汤达著，郝运译，上海译文出版社，1986年版
87.《高老头》（法）巴尔扎克著，傅雷译，人民文学出版社，1954年版
88.《双城记》（英）狄更斯著，石永礼译，人民文学出版社，1993年版
89.《德伯家的苔丝》（英）哈代著，张谷若译，人民文学出版社，1957年版
90.《卡拉马佐夫兄弟》（俄）陀思妥耶夫斯基著，耿济之译，人民文学出版社，1981年版
91.《安娜·卡列尼娜》（俄）托尔斯泰著，周扬、谢索台译，人民文学出版社，1978年版
92.《母亲》（俄）高尔基著，瞿秋白等译，人民文学出版社，1980年版
93.《百年孤独》（哥伦比亚）加西亚·马尔克斯著，黄锦炎等译，上海译文出版社，1984年版
94.《喧哗与骚动》（美）福克纳著，李文俊译，上海译文出版社，1984年版
95.《等待戈多》（法）萨缪埃尔·贝克特著，收《荒诞派戏剧选》外国文学出版社，1998年版
96.《沙恭达罗》（印）迦梨陀娑著，季羡林译，人民文学出版社，1981年版
97.《泰戈尔诗选》（印）冰心译，湖南人民出版社，1981年版
98.《雪国》（日）川端康成著，高慧勤译，漓江出版社，1985初版
99.《一千零一夜》（阿拉伯）纳训译，人民文学出版社，1957年版
100.《外国文学作品选》（两卷本）郑克鲁编，复旦大学出版社，2008年版

参 考 文 献

[1] 徐中玉，齐森华．大学语文．第8版简编本．上海：华东师范大学出版社，2008.

[2] 周圣伟．大学语文教学用书．第8版．上海：华东师范大学出版社，2005.

[3] 王军云．应用文写作技巧与范例．北京：中国华侨出版社，2005.

[4] 刘金同，范晓梅．应用文写作教程．北京：清华大学出版社，2006.

[5] 贺新辉．古诗鉴赏辞典．北京：中国妇女出版社，1988.

[6] 谢卫平．大学语文．北京：机械工业出版社，2005.

[7] 陆建华．大学语文．北京：北京工业大学出版社，2005.

[8] 人民教育出版社中学语文室编著．九年义务教育三年级初级中学教科书，语文．北京：人民教育出版社，2001.

[9] 杨三成，张翠萍．大学语文．北京：新华出版社，2008.

[10] 张会文．聋人大学生汉语课程的开发．北京：华夏出版社，2009.

[11] 邢福义．大学语文．北京：中国人民大学出版社，2009.